深圳统计年鉴

SHENZHEN STATISTICAL YEARBOOK

2019

总第 29 期

深 圳 市 统 计 局
Statistics Bureau of Shenzhen Municipality
国家统计局深圳调查队
Survey Office of the National Bureau of Statistics in Shenzhen
编

中国统计出版社
China Statistics Press

图书在版编目（CIP）数据

深圳统计年鉴. 2019 / 深圳市统计局, 国家统计局深圳调查队编. -- 北京 : 中国统计出版社, 2019.12
ISBN 978-7-5037-8986-1

Ⅰ. ①深… Ⅱ. ①深… ②国… Ⅲ. ①统计资料－深圳－2019－年鉴 Ⅳ. ①C832.653-54

中国版本图书馆CIP数据核字(2019)第201284号

深圳统计年鉴-2019

作　　者/ 深圳市统计局　国家统计局深圳调查队
责任编辑/ 钟钰
执行编辑/ 李立红
出版发行/ 中国统计出版社有限公司
地　　址/ 北京市丰台区西三环南路甲6号
邮　　编/ 100073
电　　话/ 邮购（010）63376909　书店（010）68783171
网　　址/ http://www.zgtjcbs.com
印　　刷/ 深圳市美嘉美印刷有限公司
经　　销/ 新华书店
开　　本/ 890×1240毫米 1/16
字　　数/ 750千字
印　　张/ 25印张
版　　别/ 2019 年 12 月第 1 版
版　　次/ 2019 年 12 月第 1 次印刷
定　　价/ 320.00元

如有印装错误，本社发行部负责调换。

《深圳统计年鉴—2019》

编委会和编辑工作人员

Shenzhen Statistical Yearbook-2019

EDITORIAL BOARD AND EDITORIAL STAFF

编辑说明

1.为方便国外读者查阅，本年鉴在目录、统计表及指标解释等内容上按中英文对照编辑。

2.本年鉴全面系统地介绍了深圳市国民经济和社会发展情况，主要指标着重反映了2018年深圳市经济和社会各方面所取得的成就，也收录了深圳建市以来历年统计数据。统计资料内容分为19个部分，即：（1）综合；（2）国民经济核算；（3）人口和劳动力；（4）工业和能源；（5）建筑业；（6）运输和邮电；（7）农业；（8）固定资产投资；（9）房地产开发；（10）商业和物价；（11）财政收支；（12）金融保险业；（13）对外经济贸易和旅游；（14）劳动工资；（15）科学技术；（16）文化和教育；（17）卫生、社会保障和社会福利业；（18）城市建设和环境保护；（19）人民生活。为了便于读者正确使用资料，还附上了主要统计指标解释。

3.根据最新掌握到的统计资料以及国家新的统计制度之规定，本期年鉴对过去发表的一些重要统计资料重新予以核实，对部分历史数据进行了修订。因此，读者在使用历史资料时，凡与本年鉴有出入的，均以本年鉴为准。

4.本年鉴中的部分数据由于单位取舍不同产生的计算误差均未作机械调整。

5.为便于读者使用，本年鉴特编制了主要指标的定基指数、环比指数和年平均增长速度。

6.本年鉴使用的符号说明："..."表示该项统计指标数据不足本表最小单位数；"空白"表示数据为零或无该项数据；"#"表示其中项。

7.2017年起人口、社会劳动者人数、职工工资、"企业一套表"调查单位、地区生产总值及分行业增加值、新兴产业增加值、农业、工业、建筑业、固定资产投资、社会消费零售总额、发电量、能源等包含深汕特别合作区计入数，增速按同口径计算。

8.限于我们的水平，本年鉴仍存在不足乃至错漏，希望读者不吝批评指正，帮助我们改进编辑工作，以期更好地为广大读者服务。

9.由于第四次全国经济普查数据尚未发布，本年鉴与经济普查有关的专业如核算、工业、固定资产投资、建筑业、房地产、规模以上服务业、批发零售业和住宿餐饮业等2018年数据均采用年快报数，部分指标由于只有年报数据故暂时无法提供，上述专业2018年年报数据将在2020年出版的统计年鉴反映。

EDITOR'S NOTE

Ⅰ. The contents, pictures and lists of this book are translated into Chinese and English in order for the foreigners.

Ⅱ.Shenzhen Statistical Yearbook 2019 contains comprehensive statistics of Shenzhen's social and economic development in 2018 and selected data of some important years and of the period after the establishment of the city. This book is composed of 19 parts. They include: 1. General Survey; 2.National Economic Accounting; 3.Population and Labor Force; 4.Industry and Energy; 5.Construction; 6.Transport, Postal and Telecommunication services; 7.Agriculture; 8.Investment in Fixed Assets; 9.Real Estate; 10.Commerce and Price; 11.Fiscal Revenue and Expenditure; 12.Finance and Insurance; 13.Foreign Trade and Tourism; 14.Labor Force and Wage; 15. Science and Technology; 16.Culture and Education; 17.Public Health, Social Security and Social Welfare; 18.Urban Constructions and Environmental Protection; 19.People's Livelihood. Interpretation of major statistical indicators attached is a useful tool for readers of this book.

Ⅲ.We adjust some important historical data based on the nearest data and state new statistical system. So in any case the data of this book shall be deemed as the authoritative ones.

Ⅳ.Statistical discrepancies in this book due to rounding are not adjusted.

Ⅴ.This book specially edit the fixed-base index, chain base index and average annual growth rate in order for the convinces by reader's usage.

Ⅵ.Notations used in the yearbook: "..." indicates that the figure is not large enough to be measured with the smallest unit in the table,and "blank space" indicates data are zero, or are not available, "#" indicates major item in a category.

Ⅶ.Since 2017, the population, the number of employed persons, the wages of employees, the "enterprise set of table" survey units, the gross domestic product (GDP) and the added value of sub-industries, the added value of strategic emerging industries, statistics of agriculture, industry, construction, investment in fixed assets, the total retail sales, electricity, energy consumption have included ShenshanSpecial Cooperation Zone. The growth rate is calculated according to the same caliber.

Ⅷ.There are a lot of shortages and faults in the yearbook because of our limited level. For a better editing, we welcome all candid comments and criticism from our readers.

Ⅸ.Because the result of the Fourth National Economic Census have not yet been released, data of 2018 in this Yearbook related to the census such as national account, industry, investment, construction, real estate, service above designated size, wholesale and retail sale and catering adopt the result of flash annual report. Some data that only could be collected with annual report are not offered for the present. The data based on the annual report of these industries will be reflected in the Yearbook 2020.

目　录
CONTENTS

一、综合
GENERAL SURVEY

二、国民经济核算
NATIONAL ECONOMIC ACCOUNTING

三 、人口和劳动力
POPULATION AND LABOR FORCE

四、工业和能源
INDUSTRY AND ENERGY

五、建筑业
CONSTRUCTION

六、运输和邮电
TRANSPORT,POSTAL AND TELECOMMUNICATION SERVICES

七、农业
AGRICULTURE

八、固定资产投资
INVESTMENT IN FIXED ASSETS

九、房地产开发
REAL ESTATE DEVELOPMENT

十、商业和物价
COMMERCE AND PRICE

十一、财政收支
FISCAL REVENUE AND EXPENDITURE

十二、金融保险业
FINANCE AND INSURANCE

十三、对外经济贸易和旅游
FOREIGN TRADE AND TOURISM

十五、科学技术
SCIENCE AND TECHNOLOGY

十六、文化和教育
CULTURE AND EDUCATION

十七、卫生、社会保障和社会福利业
PUBLIC HEALTH,SOCIAL SECURITY AND SOCIAL WELFARE

十八、城市建设和环境保护
URBAN CONSTRUCTIONS AND ENVIRONMENTAL PROTECTION

十九、人民生活
PEOPLE' S LIVELIHOOD

01 第一部分

综合

GENERAL SURVEY

CHAPTER

1-1 行政区划（2018年）
ADMINISTRATIVE DIVISION（2018）

单位：个 (unit)

地 区	Region	街道办事处 Urban Subdistrict Office	居民委员会 Neighbourhood Committees
全 市	**Total**	**74**	**810**
福田区	Futian	10	115
罗湖区	Luohu	10	112
盐田区	Yantian	4	23
南山区	Nanshan	8	107
宝安区	Baoan	10	140
龙岗区	Longgang	11	119
龙华区	Longhua	6	108
坪山区	Pingshan	6	30
光明区	Guangming	6	31
大鹏新区	Dapeng	3	25

1-2 分区土地面积、人口及人口密度（2018年）
TOTAL LAND AREA， POPULATION AND DENSITY OF POPULATION IN DISTRICTS（2018）

地 区	Region	调查土地面积(平方公里) Land Area (sq.km)	年末常住人口(万人) Year-end Permanent Population (10 000pesons)	常住户籍人口 Permanent Registered Population	常住非户籍人口 Permanent Non-registered Population	人口密度(人/平方公里) Density Of Population (person/sq.km)
全 市	**Total**	**1 997.47**	**1302.66**	**454.70**	**847.97**	**6 484**
福田区	Futian	78.66	163.37	104.22	59.15	20 769
罗湖区	Luohu	78.75	103.99	60.64	43.35	13 205
盐田区	Yantian	74.99	24.29	7.54	16.75	3 239
南山区	Nanshan	187.53	149.36	92.16	57.21	7 965
宝安区	Baoan	396.61	325.78	57.29	268.49	8 214
龙岗区	Longgang	388.22	238.64	72.78	165.86	6 147
龙华区	Longhua	175.58	167.28	34.10	133.19	9 527
坪山区	Pingshan	166.31	44.63	7.40	37.22	2 684
光明区	Guangming	155.44	62.50	7.74	54.76	4 021
大鹏新区	Dapeng	295.38	15.30	3.88	11.42	518
深汕特别合作区	ShenshanSpecial Cooperation Zone	–	7.51	6.94	0.57	–

注： 1、按照国家目前的人口统计制度以及市政府《深圳市人口统计监测办法》，自2006年起，深圳户籍人口指拥有深圳红印户口，在深圳居住半年以上的人口。
Note: Since 2006, according to the country's current demographic system and Shenzhen demographic monitoring methods promulgated by Shenzhen Municipal government, the data of registered population refers to people who have registered and lived in Shenzhen over half a year.
2、按照相关规定，从2016年开始，原常住人口中的户籍人口、非户籍人口名称分别改为常住户籍人口和常住非户籍人口。
Since 2016, according to relevant regulations, the figure of registered population and non-registered population has changed to the figure of permanent registered population and permanent non-registered population.
3、全市人口密度不含深汕特别合作区。
Total density of population does not include ShenshanSpecial Cooperation Zone.

1-3 各时期国民经济和社会发展统计指标总量及年均增长速度

ANNUAL AVERAGE GROWTH RATE OF MAIN NATIONAL ECONOMIC AND SOCIAL DEVELOPMENT INDICATORS OF EACH PERIOD

年 份 Year		年末常住人口(万人) Year-end Permanent Population (10 000persons)	常住户籍人口 Permanent Registered Population	常住非户籍人口 Permanent Non-registered Population	年末就业人员合计(万人) Number of Employed Persons (10 000persons)	#在岗职工 Fully Employed Staff and Workers	#私营个体就业人员 Self-employed Individuals
1979		31.41	31.26	0.15	13.95	4.02	0.41
1980		33.29	32.09	1.20	14.89	4.86	0.38
"六五"时期	**"Sixth Five-year" Period**						
1981		36.69	33.39	3.30	15.36	5.31	0.13
1982		44.95	35.45	9.50	18.49	8.28	0.11
1983		59.52	40.52	19.00	22.37	12.57	0.22
1984		74.13	43.52	30.61	27.26	18.33	0.50
1985		88.15	47.86	40.29	32.61	22.66	0.64
年均增长速度(%)	**Annual Average Growth Rate(%)**	**21.5**	**8.3**	**101.9**	**17.0**	**36.1**	**11.0**
"七五"时期	**"Seventh Five-year" Period**						
1986		93.56	51.45	42.11	36.04	25.88	0.93
1987		105.44	55.60	49.84	44.30	32.29	1.10
1988		120.14	60.14	60.00	54.53	41.74	1.69
1989		141.60	64.82	76.78	93.65	48.24	2.19
1990		167.78	68.65	99.13	109.22	55.41	3.36
年均增长速度(%)	**Annual Average Growth Rate(%)**	**13.7**	**7.5**	**19.7**	**27.3**	**19.6**	**39.3**
"八五"时期	**"Eighth Five-year" Period**						
1991		226.76	73.22	153.54	149.32	64.89	4.87
1992		268.02	80.22	187.80	175.97	71.10	12.33
1993		335.97	87.69	248.28	220.81	78.11	38.84
1994		412.71	93.97	318.74	273.00	82.29	54.63
1995		449.15	99.16	349.99	298.51	88.75	72.17
年均增长速度(%)	**Annual Average Growth Rate(%)**	**21.8**	**7.6**	**28.7**	**22.3**	**9.9**	**84.7**
"九五"时期	**"Ninth Five-year" Period**						
1996		482.89	103.38	379.51	322.12	89.13	87.14
1997		527.75	109.46	418.29	353.53	91.18	103.59
1998		580.33	114.60	465.73	390.33	91.93	114.79
1999		632.56	119.85	512.71	426.89	92.52	120.86
2000		701.24	124.92	576.32	474.97	93.36	139.88
年均增长速度(%)	**Annual Average Growth Rate(%)**	**9.3**	**4.7**	**10.5**	**9.7**	**1.3**	**14.2**
"十五"时期	**"Tenth Five-year" Period**						
2001		724.57	132.04	592.53	491.30	94.88	152.68
2002		746.62	139.45	607.17	509.74	101.76	166.88
2003		778.27	150.93	627.34	535.89	108.20	187.72
2004		800.80	165.13	635.67	562.17	135.88	204.16
2005		827.75	181.93	645.82	576.26	165.38	210.87
年均增长速度(%)	**Annual Average Growth Rate(%)**	**3.4**	**7.8**	**2.3**	**3.9**	**10.4**	**8.6**
"十一五"时期	**"Eleventh Five-year" Period**						
2006		871.10	196.83	674.27	609.76	184.25	250.77
2007		912.37	212.38	699.99	647.11	193.04	279.83
2008		954.28	228.07	726.21	682.35	198.35	301.97
2009		995.01	241.45	753.56	723.61	220.16	326.52
2010		1 037.20	251.03	786.17	758.14	251.09	376.60
年均增长速度(%)	**Annual Average Growth Rate(%)**	**4.6**	**6.7**	**4.0**	**5.6**	**8.7**	**12.3**
"十二五"时期	**"Twelfth Five-year" Period**						
2011		1 046.74	267.90	778.85	764.54	261.43	408.35
2012		1 054.74	287.62	767.13	771.20	277.90	430.71
2013		1 062.89	310.47	752.42	899.24	445.84	441.83
2014		1 077.89	332.21	745.68	899.66	448.93	438.43
2015		1 137.87	354.99	782.88	906.14	447.41	446.22
年均增长速度(%)	**Annual Average Growth Rate(%)**	**1.9**	**7.2**	**-0.1**	**3.6**	**12.2**	**3.5**
"十三五"时期	**"Thirteenth Five-year"Period**						
2016		1 190.84	384.52	806.32	926.38	442.55	470.15
2017		1 252.83	434.72	818.11	943.29	447.32	477.87
2018		1 302.66	454.70	847.97	1 050.25	466.91	562.19
以1979年为基期年平均增长速度(%)	**Annual Average Growth Rate from 1979(%)**	**10.0**	**7.1**	**24.8**	**11.7**	**13.0**	**20.3**

年 份 Year	地区生产总值(万元) Gross Domestic Product (10 000yuan)	第一产业 Primary Industry	第二产业 Secondary Industry	第三产业 Tertiary Industry	人均地区生产总值(元) Gross Domestic Product Per Capita (yuan)	固定资产投资额(万元) Investment in Fixed Assets (10 000yuan)	#房地产开发投资 Investment in Real Estate Development
1979	19 638	7 273	4 017	8 348	606	5 938	
1980	27 012	7 803	7 036	12 173	835	13 801	
“六五”时期 "Sixth Five-year" Period							
1981	49 576	13 343	16 019	20 214	1 417	29 684	
1982	82 573	18 960	31 439	32 174	2 023	73 750	
1983	131 212	22 614	55 848	52 750	2 512	108 320	
1984	234 161	25 932	106 606	101 623	3 504	194 572	
1985	390 222	26 111	163 586	200 525	4 809	333 235	
年均增长速度(%) Average Annual Growth Rate(%)	**50.3**	**13.8**	**86.9**	**49.2**	**25.1**	**89.0**	
“七五”时期 "Seventh Five-year" Period							
1986	416 451	32 907	163 185	220 359	4 584	248 551	
1987	559 015	46 519	220 463	292 033	5 349	285 193	
1988	869 807	57 005	359 230	453 572	6 477	436 191	
1989	1 156 565	68 615	505 361	582 589	6 710	499 919	
1990	1 716 665	70 220	769 319	877 126	8 724	623 380	112 000
年均增长速度(%) Average Annual Growth Rate(%)	**22.4**	**8.7**	**33.1**	**16.2**	**2.6**	**13.3**	
“八五”时期 "Eighth Five-year" Period							
1991	2 366 630	808 36	1 126 084	1 159 710	11 997	912 324	255 600
1992	3 173 194	105 914	1 522 432	1 544 848	12 827	1 782 322	714 900
1993	4 531 445	108 615	2 420 214	2 002 616	15 005	2 477 875	1 027 700
1994	6 346 711	134 152	3 357 972	2 854 587	16 954	2 819 413	1 304 600
1995	8 427 933	124 122	4 223 744	4 080 067	19 558	2 758 243	1 030 368
年均增长速度(%) Average Annual Growth Rate(%)	**30.9**	**-0.6**	**33.4**	**29.6**	**6.7**	**34.6**	**55.9**
“九五”时期 "Ninth Five-year" Period							
1996	10 505 121	148 796	5 081 045	5 275 280	22 542	3 275 270	1 248 251
1997	13 023 008	147 660	6 209 018	6 666 330	25 772	3 930 657	1 366 545
1998	15 449 472	151 764	7 508 019	7 789 689	27 885	4 803 901	1 674 854
1999	18 246 876	150 445	9 154 443	8 941 988	30 088	5 695 878	2 152 541
2000	22 192 015	155 656	11 087 644	10 948 715	33 276	6 771 205	2 609 694
年均增长速度(%) Average Annual Growth Rate(%)	**16.5**	**2.9**	**17.2**	**15.8**	**6.7**	**19.7**	**20.4**
“十五”时期 "Tenth Five-year" Period							
2001	25 229 474	160 413	12 583 983	12 485 078	35 390	6 863 749	3 156 364
2002	30 172 384	166 587	14 980 113	15 025 684	41 018	7 881 459	3 884 445
2003	36 401 435	142 048	18 562 162	17 697 225	47 743	9 491 016	4 126 636
2004	43 502 928	123 264	22 643 124	20 736 540	55 099	10 925 571	4 342 432
2005	50 357 678	97 385	27 096 861	23 163 432	61 844	11 823 245	4 236 865
年均增长速度(%) Average Annual Growth Rate(%)	**16.4**	**-9.0**	**19.2**	**13.6**	**11.9**	**11.8**	**10.2**
“十一五”时期 "Eleventh Five-year" Period							
2006	59 206 612	68 851	31 449 697	27 688 064	69 702	12 736 693	4 620 940
2007	69 252 268	77 374	35 135 153	34 039 741	77 660	13 450 037	4 610 422
2008	79 414 328	83 804	39 799 045	39 531 479	85 088	14 676 043	4 404 897
2009	84 858 247	69 599	40 095 728	44 692 920	87 066	17 091 514	4 374 590
2010	100 022 183	68 391	47 379 750	52 574 042	98 437	19 447 008	4 584 693
年均增长速度(%) Annual Average Growth Rate(%)	**13.5**	**-16.5**	**13.4**	**13.6**	**8.6**	**10.5**	**1.6**
“十二五”时期 "Twelfth Five-year" Period							
2011	118 072 348	69 491	56 128 559	61 874 298	113 316	20 609 180	5 147 362
2012	133 196 818	68 164	60 559 131	72 569 523	126 765	23 144 319	7 368 421
2013	149 794 486	63 504	66 579 909	83 151 073	141 474	24 901 970	8 769 002
2014	164 494 770	57 579	72 242 462	92 194 729	153 677	27 174 226	10 694 855
2015	180 140 720	72 084	76 780 987	103 287 649	162 599	32 983 076	13 310 333
年均增长速度(%) Average Annual Growth Rate(%)	**9.7**	**-9.4**	**8.8**	**10.5**	**7.8**	**11.1**	**23.8**
“十三五”时期 "Thirteenth Five-year"Period							
2016	200 797 043	82 840	83 106 513	117 607 690	172 453	40 781 638	17 565 209
2017	224 900 586	195 721	93 180 979	131 523 886	183 544	51 473 152	21 358 565
2018	242 219 771	220 935	99 619 472	142 379 364	189 568	–	–
以1979年为基期年平均增长速度(%) Annual Average Growth Rate from 1979(%)	**22.0**	**-0.7**	**27.7**	**21.3**	**11.0**	–	–

1-3 续表 2 continued

年 份 Year	一般公共预算收入（万元） Local Financial Revenue (10 000yuan)	一般公共预算支出（万元） Local Financial Expenditure (10 000yuan)	农业总产值(万元) Gross Output Value of Agriculture (10 000yuan)	工业总产值（万元） Gross Output Value of Industry (10 000yuan)	轻工业 Light Industry	重工业 Heavy Industry	社会消费品零售总额（万元） Retail Sales of Consumer Goods (10 000yuan)
1979	1 721	2 971	13 106	7 128	6 307	821	11 259
1980	3 043	4 003	16 938	10 632	9 265	1 367	19 615
“六五”时期 "Sixth Five-year" Period							
1981	8 787	8 411	24 181	26 692	25 172	1 520	34 229
1982	9 163	8 815	26 929	38 833	34 453	4 380	54 185
1983	15 605	15 025	29 083	75 993	61 513	14 480	123 794
1984	29 435	27 954	40 416	172 132	137 698	34 434	201 107
1985	62 894	58 651	45 821	246 662	194 108	52 554	265 642
年均增长速度(%) Annual Average Growth Rate(%)	**83.3**	**71.1**	**9.1**	**91.3**	**89.0**	**104.5**	**68.4**
“七五”时期 "Seventh Five-year" Period							
1986	74 160	68 073	49 552	340 227	266 318	73 909	273 712
1987	87 521	69 688	73 772	558 311	433 738	124 573	324 364
1988	146 521	110 992	99 404	1 012 739	779 258	233 481	502 430
1989	228 668	173 007	108 015	1 477 470	1 080 785	396 685	545 741
1990	217 037	198 073	119 205	2 202 180	1 657 859	544 321	667 580
年均增长速度(%) Annual Average Growth Rate(%)	**28.1**	**27.6**	**14.9**	**46.9**	**43.2**	**60.3**	**20.2**
“八五”时期 "Eighth Five-year" Period							
1991	273 291	243 012	143 063	3 153 966	2 233 705	920 261	828 341
1992	429 599	420 035	185 297	4 347 007	2 971 348	1 375 659	1 148 908
1993	672 507	593 327	192 880	6 896 969	4 655 394	2 241 575	2 641 333
1994	743 992	746 181	224 776	11 014 065	6 351 224	4 662 841	3 639 756
1995	880 174	934 041	232 653	12 922 075	7 008 231	5 913 844	4 269 434
年均增长速度(%) Annual Average Growth Rate(%)	**32.3**	**36.4**	**-0.4**	**36.9**	**28.3**	**52.5**	**31.2**
“九五”时期 "Ninth Five-year" Period							
1996	1 317 490	1 380 376	273 246	15 305 964	8 580 027	6 725 937	4 888 502
1997	1 420 557	1 394 181	270 889	18 175 704	10 151 182	8 024 522	5 372 464
1998	1 643 884	1 767 714	298 174	21 573 817	11 141 650	10 432 167	5 732 419
1999	1 842 085	2 108 978	299 662	24 435 849	12 381 928	12 053 921	6 385 915
2000	2 219 184	2 250 441	311 359	30 715 227	13 731 333	16 983 894	7 350 188
年均增长速度(%) Annual Average Growth Rate(%)	**20.3**	**19.2**	**6.0**	**20.8**	**17.1**	**24.3**	**11.5**
“十五”时期 "Tenth Five-year" Period							
2001	2 624 944	2 537 019	327 111	37 476 713	13 861 331	23 615 382	8 320 412
2002	2 659 287	3 077 761	340 757	46 823 584	15 832 485	30 991 099	9 419 443
2003	2 908 370	3 489 526	337 406	67 976 472	21 459 058	46 517 414	10 951 323
2004	3 214 680	3 775 720	299 939	85 888 321	24 175 842	61 712 479	12 506 411
2005	4 123 785	5 991 560	217 369	101 745 351	27 406 557	74 338 794	14 416 103
年均增长速度(%) Annual Average Growth Rate(%)	**13.2**	**21.6**	**-**	**24.7**	**18.3**	**27.1**	**14.6**
“十一五”时期 "Eleventh Five-year" Period							
2006	5 008 827	5 714 231	180 017	122 784 801	29 658 032	93 126 769	16 804 604
2007	6 580 555	7 279 677	171 380	143 628 918	35 687 625	107 941 293	19 308 050
2008	8 003 603	8 898 555	187 859	162 837 576	44 451 550	118 386 026	22 765 855
2009	8 808 168	10 008 394	154 760	158 286 329	39 239 987	119 046 342	25 679 436
2010	11 068 166	12 660 668	150 467	188 796 600	46 801 421	141 995 179	30 007 629
年均增长速度(%) Annual Average Growth Rate(%)	**21.8**	**16.1**	**-**	**14.8**	**12.8**	**15.5**	**15.6**
“十二五”时期 "Twelfth Five-year" Period							
2011	13 395 728	15 905 599	152 533	212 730 916	53 500 744	159 230 172	35 208 736
2012	14 820 800	15 690 071	148 572	223 089 847	58 544 922	164 544 925	40 087 794
2013	17 312 618	16 908 280	139 479	240 440 285	64 571 965	175 868 320	45 004 559
2014	20 827 326	21 661 841	129 156	258 099 411	67 789 093	190 310 318	49 189 983
2015	27 268 543	35 216 708	159 515	266 080 844	60 837 504	205 243 340	50 178 375
年均增长速度(%) Annual Average Growth Rate(%)	**19.8**	**22.7**	**-**	**7.8**	**6.0**	**8.3**	**11.3**
“十三五”时期 "Thirteenth Five-year"Period							
2016	31 364 923	42 110 429	167 329	285 477 743	63 626 629	221 851 114	55 127 556
2017	33 321 303	45 938 003	388 609	335 504 139	61 190 305	274 313 834	60 161 866
2018	35 384 414	42 825 598	424 606	360 006 272	64 274 890	295 731 382	61 688 671
以1979年为基期年平均增长速度(%) Annual Average Growth Rate from 1979(%)	**29.0**	**27.8**	**-**	**31.1**	**26.5**	**37.3**	**23.3**

年 份	Year	全社会货运量(万吨) Freight Traffic Volume (10 000tons)	全社会客运量(万人) Passenger Traffic (10 000person)	港口货物吞吐量(万吨) Cargo Handled at Seaport (10 000tons)	邮电业务总量(万元) Revenue from Postal and Telecommunic-ations Services (10 000yuan)	进出口总额(万美元) Total Imports and Exports (USD10 000)	出口总额 Exports	进口总额 Imports
1979				10	138	1 676	930	746
1980				30	190	1 751	1 124	627
"六五" 时期	**"Sixth Five-year" Period**							
1981				70	340	2 807	1 745	1 062
1982				91	520	2 534	1 597	937
1983				141	567	78 642	6 230	72 412
1984				210	923	107 247	26 539	80 708
1985				327	1 761	130 632	56 340	74 292
年均增长速度(%)	**Annual Average Growth Rate(%)**			**36.1**	**56.1**	**136.9**	**118.8**	**159.9**
"七五" 时期	**"Seventh Five-year" Period**							
1986		1 521	3 973	302	2 633	184 696	72 552	112 144
1987		1 627	4 268	485	4 880	255 784	141 354	114 430
1988		1 704	5 858	734	14 826	344 277	184 949	159 328
1989		1 383	6 349	956	21 293	375 259	217 428	157 831
1990		1 349	8 833	1 292	55 356	1 570 136	815 165	754 971
年均增长速度(%)	**Annual Average Growth Rate(%)**			**31.6**	**78.9**	**33.2**	**39.7**	**27.2**
"八五" 时期	**"Eighth Five-year" Period**							
1991		1 486	6 400	1 563	84 927	1 947 635	986 240	961 395
1992		1 801	8 135	1 956	114 492	2 357 562	1 200 019	1 157 543
1993		2 050	10 218	2 541	174 045	2 820 392	1 421 776	1 398 616
1994		2 604	8 531	3 002	259 432	3 498 281	1 830 921	1 667 360
1995		3 542	8 261	3 080	368 945	3 876 960	2 052 736	1 824 224
年均增长速度(%)	**Annual Average Growth Rate(%)**	**21.3**	**-1.3**	**19.0**	**46.1**	**19.8**	**20.3**	**19.3**
"九五" 时期	**"Ninth Five-year" Period**							
1996		3 647	8 281	3 021	462 261	3 905 342	2 120 781	1 784 561
1997		3 853	8 515	3 357	610 111	4 500 921	2 561 844	1 939 077
1998		4 050	8 484	3 444	764 658	4 527 417	2 639 611	1 887 806
1999		4 274	8 754	4 663	982 686	5 042 750	2 820 811	2 221 939
2000		4 697	9 346	5 697	1 336 000	6 393 982	3 456 333	2 937 649
年均增长速度(%)	**Annual Average Growth Rate(%)**	**5.8**	**2.5**	**13.1**	**29.4**	**10.5**	**11.0**	**10.0**
"十五" 时期	**"Tenth Five-year" Period**							
2001		5 147	9 869	6 643	1 419 000	6 861 055	3 747 955	3 113 100
2002		5 683	10 632	8 767	1 644 200	8 723 148	4 655 704	4 067 444
2003		6 478	10 471	11 220	1 980 300	11 739 941	6 296 201	5 443 733
2004		7 168	12 019	13 537	2 660 100	14 728 302	7 784 632	6 943 670
2005		8 249	12 602	15 351	3 208 000	18 281 689	10 151 829	8 129 860
年均增长速度(%)	**Annual Average Growth Rate(%)**	**15.9**	**6.2**	**21.9**	**26.3**	**23.4**	**24.0**	**22.6**
"十一五" 时期	**"Eleventh Five-year" Period**							
2006		11 429	13 965	17 598	3 795 000	23 738 573	13 609 556	10 129 017
2007		13 678	15 056	19 994	5 135 400	28 753 345	16 849 299	11 904 046
2008		19 570	154 283	21 125	6 117 500	29 995 499	17 971 995	12 023 504
2009		22 367	146 316	19 365	6 765 200	27 016 306	16 197 825	10 818 481
2010		26 174	156 203	22 098	2 937 000	34 674 930	20 418 355	14 256 575
年均增长速度(%)	**Annual Average Growth Rate(%)**	**-**	**-**	**7.6**	**20.5**	**13.5**	**14.8**	**10.8**
"十二五" 时期	**"Twelfth Five-year" Period**							
2011		28 901	168 447	22 325	3 562 600	41 409 312	24 551 760	16 857 552
2012		28 678	184 982	22 807	5 635 800	46 683 020	27 136 163	19 546 857
2013		27 512	12 059	23 398	6 229 900	53 747 437	30 570 191	23 177 246
2014		29 382	15 103	22 324	7 619 900	48 774 049	28 436 157	20 337 892
2015		32 475	16 511	21 706	10 403 200	44 245 863	26 403 895	17 841 968
年均增长速度(%)	**Annual Average Growth Rate(%)**	**-**	**-**	**-0.4**	**-**	**5.0**	**5.3**	**4.5**
"十三五" 时期	**"Thirteenth Five-year"Period**							
2016		31 164	17 009	21 410	17 150 200	39 843 893	23 754 674	16 089 218
2017		32 269	18 142	24 136	16 455 500	41 414 596	24 435 790	16 978 806
2018		32 764	19 872	25 127	27 692 740	45 392 183	24 633 543	20 758 640
以1979年为基期年平均增长速度(%)	**Annual Average Growth Rate from 1979(%)**	**-**	**-**	**22.2**	**-**	**26.4**	**26.5**	**26.3**

1-3 续表 4 continued

年 份 Year		国内金融机构人民币存款(万元) RMB deposits of domestic financial institutions (10 000yuan)	国内金融机构人民币贷款(万元) RMB loans of domestic financial institutions (10 000yuan)	医院数(个) Hospital (unit)	医院病床(张) Hospital Beds (unit)	卫生技术人员(人) Medical Technical Personnel (person)	# 执业医师(人) Licensed Doctors (person)
1979		10 125	7 523	25	597	988	364
1980		20 284	13 422	24	643	1 088	438
"六五"时期	**"Sixth Five-year" Period**						
1981		48 713	23 944	24	790	1 270	518
1982		63 707	63 013	26	717	1 609	708
1983		112 554	119 471	30	1 023	2 343	1 073
1984		349 763	451 034	29	1 634	3 064	1 484
1985		302 567	537 014	31	1 885	3 857	1 862
年均增长速度(%)	**Annual Average Growth Rate(%)**	**71.7**	**109.1**	**5.3**	**24.0**	**28.8**	**33.6**
"七五"时期	**"Seventh Five-year" Period**						
1986		551 112	730 855	32	2 028	4 657	2 217
1987		808 545	1 065 176	34	2 225	5 117	2 408
1988		1 317 381	1 536 202	35	2 496	5 715	2 754
1989		1 376 310	1 789 834	35	2 838	6 451	3 103
1990		1 946 923	2 386 157	38	3 108	6 996	3 426
年均增长速度(%)	**Annual Average Growth Rate(%)**	**45.1**	**34.8**	**4.2**	**10.5**	**12.6**	**13.0**
"八五"时期	**"Eighth Five-year" Period**						
1991		3 009 164	2 797 500	41	3 498	7 618	3 737
1992		5 504 616	3 707 067	45	4 466	8 571	4 247
1993		6 573 461	5 015 868	45	5 168	9 888	4 798
1994		9 333 699	6 421 390	48	6 040	11 034	5 347
1995		12 029 322	7 863 364	63	6 640	12 449	6 050
年均增长速度(%)	**Annual Average Growth Rate(%)**	**43.9**	**26.9**	**10.6**	**16.4**	**12.2**	**12.0**
"九五"时期	**"Ninth Five-year" Period**						
1996		15 334 600	9 652 000	65	7 105	14 652	7 266
1997		18 227 000	12 025 800	72	7 813	14 932	7 400
1998		22 383 700	15 503 700	72	8 353	14 975	7 191
1999		25 589 900	18 481 600	71	8 720	15 143	7 062
2000		31 690 000	22 921 800	72	9 616	15 720	7 418
年均增长速度(%)	**Annual Average Growth Rate(%)**	**21.4**	**23.9**	**2.7**	**7.7**	**4.8**	**4.2**
"十五"时期	**"Tenth Five-year" Period**						
2001		40 925 700	28 607 500	75	10 542	17 135	8 097
2002		49 527 300	35 142 800	77	11 808	18 615	7 853
2003		60 794 800	45 250 500	85	12 607	21 234	8 909
2004		71 007 500	52 427 700	87	14 186	22 895	9 846
2005		84 781 600	61 680 400	97	15 577	25 681	10 961
年均增长速度(%)	**Annual Average Growth Rate(%)**	**21.8**	**21.9**	**6.1**	**10.1**	**10.3**	**8.1**
"十一五"时期	**"Eleventh Five-year" Period**						
2006		95 404 200	67 553 200	99	16 193	43 266	16 238
2007		114 957 900	79 654 500	101	16 766	46 877	17 450
2008		130 112 400	90 584 600	100	18 435	50 608	18 807
2009		169 381 900	116 463 400	101	19 872	53 778	19 963
2010		202 107 500	137 081 600	107	21 166	54 081	20 122
年均增长速度(%)	**Annual Average Growth Rate(%)**	**19.0**	**17.3**	**2.0**	**6.3**	**16.1**	**12.9**
"十二五"时期	**"Twelfth Five-year" Period**						
2011		227 823 900	157 149 600	110	22 322	58 059	21 517
2012		259 102 400	173 054 700	115	26 124	61 961	22 831
2013		298 309 900	198 035 800	117	27 079	65 782	24 221
2014		445 892 900	228 053 900	122	28 853	69 936	25 728
2015		518 061 800	271 299 900	123	31 425	74 884	27 834
年均增长速度(%)	**Annual Average Growth Rate(%)**	**-**	**-**	**2.8**	**8.2**	**6.7**	**6.7**
"十三五"时期	**"Thirteenth Five-year"Period**						
2016		577 933 000	340 342 900	134	38 124	78 826	29 300
2017		627 604 000	399 406 100	135	39 899	85 282	31 838
2018		668 905 100	470 245 800	139	43 569	93 660	34 747
以1979年为基期年平均增长速度(%)	**Annual Average Growth Rate from 1979(%)**	**-**	**-**	**4.5**	**11.6**	**12.4**	**12.4**

注: 2015年起，人民银行调整了金融机构存贷款统计口径，2014年数据相应调整。

Note:From 2015,the statistial range of RMB deposits(loans) of domestic financial institutions have been adjusted,the data of 2014 have been adjusted by the same caliber.

年 份 Year		在校学生数(人) (person) Students Enrollment		城镇单位在岗职工工资总额(万元) Total Wage Bill of Fully Employed Staff and Workers in Urban Units (10 000yuan)	在岗职工年平均工资(元) Average Wage of Fully Employed Staff and Workers (yuan)	居民人均可支配收入(元) Per Capita Disposable Income of Residents (yuan)
	普通高等学校 Institutions of Higher Education	普通中学 Regular Secondary Schools	小学 Primary Schools			
1979		13 686	47 022	2 952	769	
1980		12 296	49 168	4 366	979	
“六五”时期 "Sixth Five-year" Period						
1981		13 088	51 560	5 930	1 132	
1982		17 080	54 538	10 000	1 366	
1983	216	20 982	56 319	16 142	1 545	
1984	1 236	27 636	62 021	35 306	2 179	
1985	3 206	35 334	70 277	51 912	2 418	1 915
年均增长速度(%) Annual Average Growth Rate(%)		**23.5**	**7.4**	**64.1**	**19.8**	
“七五”时期 "Seventh Five-year" Period						
1986	3 478	40 208	77 884	59 773	2 452	1 817
1987	4 330	44 910	84 601	80 013	2 677	2 091
1988	4 710	43 267	96 474	134 218	3 388	2 569
1989	4 419	45 056	104 041	179 042	3 858	3 657
1990	3 964	46 473	111 711	227 392	4 304	4 127
年均增长速度(%) Annual Average Growth Rate(%)	**4.3**	**5.6**	**9.7**	**34.4**	**12.2**	**16.6**
“八五”时期 "Eighth Five-year" Period						
1991	3 779	50 625	118 460	307 950	5 016	4 564
1992	3 653	55 857	127 978	403 790	5 931	5 783
1993	3 680	60 337	139 272	619 647	8 145	7 737
1994	4 227	66 073	147 186	852 332	10 572	10 503
1995	5 291	71 540	157 210	1 076 083	12 276	12 771
年均增长速度(%) Annual Average Growth Rate(%)	**5.9**	**9.0**	**7.1**	**36.5**	**23.3**	**25.3**
“九五”时期 "Ninth Five-year" Period						
1996	6 493	76 949	170 983	1 284 558	14 507	16 296
1997	7 601	82 155	190 192	1 479 515	16 531	18 579
1998	8 497	86 009	215 652	1 674 771	18 381	19 214
1999	10 568	91 260	256 060	1 890 338	20 714	19 520
2000	14 123	106 996	313 852	2 113 366	23 039	20 906
年均增长速度(%) Annual Average Growth Rate(%)	**21.7**	**8.4**	**14.8**	**14.6**	**13.2**	**10.4**
“十五”时期 "Tenth Five-year" Period						
2001	18 743	126 190	363 657	2 441 713	25 941	22 760
2002	26 778	150 654	415 097	2 832 799	28 218	24 941
2003	32 106	179 628	469 684	3 259 896	30 611	25 936
2004	41 251	211 224	526 419	4 192 834	31 928	27 596
2005	45 314	240 508	566 278	5 167 453	32 476	21 494
年均增长速度(%) Annual Average Growth Rate(%)	**26.3**	**17.6**	**12.5**	**18.1**	**7.4**	**7.5**
“十一五”时期 "Eleventh Five-year" Period						
2006	51 220	256 630	564 891	6 296 568	35 107	22 567
2007	58 910	279 180	575 160	7 335 805	38 798	24 301
2008	64 675	298 939	585 852	8 674 142	43 454	26 729
2009	66 952	316 024	589 481	10 029 764	46 723	29 245
2010	67 324	334 752	618 459	12 338 778	50 456	32 381
年均增长速度(%) Annual Average Growth Rate(%)	**8.2**	**6.8**	**1.8**	**19.0**	**9.2**	**8.5**
“十二五”时期 "Twelfth Five-year" Period						
2011	70 004	346 942	651 307	14 384 948	55 143	36 505
2012	75 570	359 643	683 058	16 421 777	59 010	40 742
2013	82 401	371 735	730 232	28 135 080	62 619	44 653
2014	87 674	378 690	793 178	32 879 754	72 651	40 948
2015	90 511	385 221	864 841	36 627 244	81 034	44 633
年均增长速度(%) Annual Average Growth Rate(%)	**6.1**	**2.8**	**6.9**	**24.3**	**9.9**	**-**
“十三五”时期 "Thirteenth Five-year"Period						
2016	91 883	396 455	910 974	39 940 453	89 757	48 695
2017	96 702	417 641	964 510	44 697 603	100 173	52 938
2018	103 829	448 004	1 027 969	52 364 784	111 709	57 544
以1979年为基期年平均增长速度(%) Annual Average Growth Rate from 1979(%)	**19.3**	**9.4**	**8.2**	**28.3**	**13.6**	**-**

注： 普通高等学校在校学生数年平均增长速度以1983年为基期。

Note:Annual average growth rate of the student number in institutions of higher education is based on 1983.

1-4 主要年份国民经济主要指标比例关系

PERCENTAGE OF MAIN NATIONAL ECONOMIC INDICATORS IN MAIN YEARS

年 份 Year	以就业人员人数为100 Employed Persons=100			以地区生产总值为100 Gross Domestic Product=100		
	第一产业Primary Industry	第二产业 Secondary Industry	第三产业Tertiary Industry	第一产业Primary Industry	第二产业 Secondary Industry	第三产业Tertiary Industry
1979				37.0	20.5	42.5
1980				28.9	26.0	45.1
1985				6.7	41.9	51.4
1990	6.1	69.8	24.1	4.1	44.8	51.1
1995	1.5	66.0	32.5	1.5	50.1	48.4
2000	0.8	57.0	42.2	0.7	50.0	49.3
2001	0.7	55.7	43.6	0.6	49.9	49.5
2002	0.8	55.8	43.5	0.6	49.6	49.8
2003	0.8	57.0	42.2	0.4	51.0	48.6
2004	0.5	57.6	41.9	0.3	52.0	47.7
2005	0.5	57.7	41.8	0.2	53.8	46.0
2006	0.3	57.4	42.3	0.1	53.1	46.8
2007	0.1	54.1	45.8	0.1	50.7	49.2
2008	0.1	54.1	45.8	0.1	50.1	49.8
2009	0.1	53.9	46.0	0.1	47.2	52.7
2010	…	51.5	48.5	0.1	47.4	52.5
2011	…	50.1	49.9	0.1	47.5	52.4
2012	…	52.0	48.0	0.1	45.4	54.5
2013	…	48.6	51.4	…	44.5	55.5
2014	…	48.0	52.0	…	43.9	56.1
2015	…	46.6	53.4	…	42.6	57.4
2016	…	45.2	54.8	…	41.4	58.6
2017	0.2	44.4	55.4	0.1	41.4	58.5
2018	0.2	42.3	57.5	0.1	41.1	58.8

1-4 续表 1 continued

年 份 Year	以工业总产值为100 Gross Output Value of Industry=100		以固定资产投资总额为100 Investment in Fixed Assets=100	
	轻工业 Light Industry	重工业 Heavy Industry	非房地产开发项目 Non-Real Estate Development	房地产开发项目 Real Estate Development
1979	88.5	11.5	100.0	
1980	87.1	12.9	100.0	
1985	78.7	21.3	100.0	
1990	75.3	24.7	82.0	18.0
1995	54.2	45.8	62.6	37.4
2000	44.7	55.3	61.5	38.5
2001	37.0	63.0	54.0	46.0
2002	33.8	66.2	50.7	49.3
2003	31.6	68.4	56.5	43.5
2004	28.1	71.9	60.3	39.7
2005	26.9	73.1	64.2	35.8
2006	24.2	75.8	63.7	36.3
2007	24.8	75.2	65.7	34.3
2008	27.3	72.7	70.0	30.0
2009	24.8	75.2	74.4	25.6
2010	24.8	75.2	76.4	23.6
2011	25.1	74.9	75.0	25.0
2012	26.2	73.8	68.2	31.8
2013	26.9	73.1	64.8	35.2
2014	26.3	73.7	60.6	39.4
2015	22.9	77.1	59.6	40.4
2016	22.3	77.7	56.9	43.1
2017	18.2	81.8	58.5	41.5
2018	17.9	82.1	57.3	42.7

1-4 续表 2 continued

年 份 Year	以货运量为100 Freight Traffic=100			
	铁路 Railways	公路 Highways	水运 Waterways	民航 Civil Aviation
1979				
1980				
1985				
1990	10.9	78.2	10.9	
1995	6.2	76.8	16.9	0.1
1996	5.8	77.1	17.0	0.1
1997	7.0	76.8	16.1	0.1
1998	6.4	79.3	14.2	0.1
1999	6.0	81.5	12.3	0.1
2000	6.0	81.4	12.5	0.1
2001	5.7	82.9	11.3	0.1
2002	4.8	84.8	10.3	0.1
2003	4.9	83.9	11.1	0.1
2004	4.9	83.2	11.7	0.2
2005	4.8	83.4	11.7	0.2
2006	2.7	69.3	27.8	0.2
2007	2.4	67.8	29.6	0.2
2008	2.1	76.6	21.2	0.2
2009	2.1	78.8	18.8	0.2
2010	1.5	75.8	22.4	0.3
2011	1.4	75.0	23.3	0.3
2012	1.4	76.7	21.7	0.2
2013	1.3	73.0	25.4	0.2
2014	0.4	71.4	27.9	0.3
2015	0.2	76.3	23.3	0.2
2016	0.3	76.3	23.1	0.3
2017	0.2	74.2	25.3	0.3
2018	0.2	75.1	24.3	0.3

1-5 主要年份国民经济和社会发展主要指标平均每人水平

PER CAPITA MAIN NATIONAL ECONOMIC AND SOCIAL DEVELOPMENT INDICATORS IN MAIN YEARS

单位：元 (yuan)

年 份 Year	地区生产总值 Gross Domestic Product	农业总产值 Gross Output Value of Agriculture	工业总产值 Gross Output Value of Industry	一般公共预算收入 Local Financial Revenue	社会消费品零售总额 Retail Sales of Consumer Goods	城镇单位在岗职工年平均工资 Average Wage Bill of Fully Employed Staff and Workers in Urban Units	居民可支配收入 Per Capita Disposable Income of Residents
1980	835	524	329	94	606	979	
1985	4 809	565	3 040	775	3 274	2 418	1 915
1990	8 724	606	11 192	1 403	3 393	4 304	4 127
1995	19 558	540	29 986	2 042	9 907	12 276	12 771
2000	33 276	467	46 057	3 328	11 021	23 039	20 906
2001	35 390	459	52 569	3 682	11 671	25 941	22 760
2002	41 018	463	63 654	3 615	12 805	28 218	24 941
2003	47 743	443	89 156	3 815	14 363	30 611	25 936
2004	55 099	380	108 783	4 072	15 840	31 928	27 596
2005	61 844	267	124 952	5 064	17 704	32 476	21 494
2006	69 702	211	144 550	5 897	19 784	35 107	22 567
2007	77 660	192	161 067	7 379	21 652	38 798	24 301
2008	85 088	201	174 470	8 575	24 392	43 454	26 729
2009	87 066	159	162 404	9 037	26 347	46 723	29 245
2010	98 437	148	185 804	10 893	29 532	50 456	32 381
2011	113 316	146	204 162	12 856	33 791	55 143	36 505
2012	126 765	141	212 317	14 105	38 152	59 010	40 742
2013	141 474	132	227 083	16 351	42 504	62 619	44 653
2014	153 677	121	241 127	19 458	45 955	72 651	40 948
2015	162 599	144	240 171	24 613	45 292	81 034	44 633
2016	172 453	144	245 180	26 937	47 346	89 757	48 695
2017	183 544	317	273 809	27 194	46 811	100 173	52 938
2018	189 568	332	281 750	27 693	48 279	111 709	57 544

1-5 续表 continued

年 份 Year	生活用电量(千瓦时) Electricity for Residential Consumption (kwh)	每百人拥有电话(部) Number of Telephone Sets Per 100 Persons (set)	每万人拥有 Per 10 000 persons 医生(人) Number of Doctors (person)	每万人拥有 Per 10 000 persons 医院病床(张) Number of Beds in Hospital (bed)	人均公园绿地面积(平方米) Urban Public Green Areas (sq.m)
1980			13	19	
1985			21	21	
1990	302	7	20	19	
1995	292	18	13	15	12.7
2000	500	57	11	14	14.2
2001	495	84	11	15	14.7
2002	439	118	11	16	14.9
2003	537	158	12	16	15.1
2004	548	174	13	18	16.0
2005	660	212	14	19	16.1
2006	687	215	20	19	16.1
2007	805	244	21	18	16.1
2008	752	246	21	19	16.2
2009	812	234	21	20	16.3
2010	814	243	20	20	16.4
2011	858	274	22	21	16.5
2012	993	296	23	25	16.6
2013	982	286	24	25	16.7
2014	1 124	362	25	27	16.8
2015	1 127	296	25	28	16.9
2016	1 154	264	26	32	16.5
2017	1 150	254	27	32	16.0
2018	1 083	263	28	34	15.4

1-6 主要年份国民经济和社会发展主要指标平均每天水平

AVERAGE DAILY LEVEL OF MAIN NATIONAL ECONOMIC AND SOCIAL DEVELOPMENT INDICATORS IN MAIN YEARS

年 份 Year	地 区 生产总值 (万元) Gross Domestic Product (10 000yuan)	工业总产值(万元) Gross Output Value of Industry (10 000yuan)	农业总产值(万元) Gross Output Value of Agriculture (10 000yuan)	一般公共预算收入(万元) Local Financial Revenue (10 000yuan)	货运量 (万吨) Freight Traffic (10 000 tons)	客运量 (万人) Passengers Traffic (10 000 person-times)
1979	54	20	36	5		
1980	74	29	46	8		
1985	1 069	676	126	172		
1990	4 703	6 033	327	595	3.70	24.20
1995	23 090	35 403	637	2 411	9.70	22.63
2000	60 800	84 151	853	6 080	12.87	25.61
2001	69 122	102 676	896	7 192	14.10	27.04
2002	82 664	128 284	934	7 286	15.57	29.13
2003	99 730	186 237	924	7 968	17.75	28.69
2004	119 186	235 310	822	8 807	19.64	32.93
2005	137 966	278 754	596	11 298	22.60	34.53
2006	162 210	336 397	493	13 723	31.31	38.26
2007	189 732	393 504	466	18 029	37.47	41.25
2008	217 574	446 130	515	21 928	53.62	422.69
2009	232 488	433 661	424	24 132	61.28	400.86
2010	274 033	517 251	412	30 324	71.71	427.95
2011	323 486	582 824	418	36 701	79.18	461.50
2012	364 923	611 205	407	40 605	78.57	506.80
2013	410 396	658 741	382	47 432	75.38	33.04
2014	450 671	707 122	354	57 061	80.50	41.38
2015	493 536	728 989	437	74 708	88.97	45.23
2016	550 129	782 131	523	85 931	85.38	46.60
2017	616 166	919 189	1 065	91 291	88.41	49.70
2018	663 616	986 319	1 163	96 944	89.76	54.44

1-6 续表 continued

年 份 Year	用电量 (万千瓦时) Electricity Consumption (10 000kwh)	公共汽（电）车客运人数 (万人次) Bus Passengers (10000 person-times)	社会消费品零售总额(万元) Retail Sales of Consumer Goods (10 000yuan)	出生人数 (人) Births (person)	死亡人数 (人) Deaths (person)	结婚 (对) Marriages (couple)	离婚 (对) Divorces (couple)
1979			31	22	5		
1980			54	19	5	6	
1985		14.20	728	15	4	18	
1990	985	60.13	1 829	29	5	28	1
1995	2 503	96.96	11 697	35	5	36	3
2000	5 215	117.26	20 138	49	9	39	6
2001	5 816	128.96	22 795	49	6	39	6
2002	7 120	141.60	25 807	62	5	40	6
2003	8 861	139.00	30 004	44	6	53	9
2004	10 693	143.80	34 264	54	6	79	13
2005	12 060	278.40	39 496	66	7	64	15
2006	13 348	337.22	46 040	72	6	112	17
2007	15 557	497.61	52 899	94	7	98	19
2008	15 993	535.44	62 372	101	7	113	19
2009	16 046	585.21	70 355	97	8	134	21
2010	18 179	642.82	82 213	102	17	105	22
2011	19 069	647.61	96 462	114	8	149	27
2012	19 784	625.49	109 830	168	12	146	32
2013	19 994	603.23	123 300	163	9	147	43
2014	21 608	618.46	134 767	185	22	166	43
2015	22 344	566.83	137 475	196	13	165	62
2016	23 317	511.78	151 034	239	14	167	68
2017	24 232	453.22	157 142	319	19	171	70
2018	25 130	446.25	169 010	290	17	180	76

1-7 企业登记发展情况

THE DEVELOPMENT OF ENTERPRISES REGISTRATION

单位：户　　　　(unit)

年份 Year	企业总数 Total Number of Enterprises	按企业登记类型分 Grouped By Status of Enterprises Registration			按产业分 Grouped By Industry			按注册资本分 Grouped By Registered Capital					
		内资企业 Domestic-funded Enterprises	外资企业 Foreign-funded Enterprises	私营企业 Private Enterprises	第一产业 Primary Industry	第二产业 Secondary Industry	第三产业 Tertiary Industry	100—499万元 (10 000 yuan)	500—999万元 (10 000 yuan)	1000—2999万元 (10 000 yuan)	3000—4999万元 (10 000 yuan)	5000—9999万元 (10 000 yuan)	1亿元以上 (Over 100 million yuan)
1979	501	497	4		1	219	281						
1980	839	821	18		1	400	438						
1981	1 125	1 086	39		2	383	740						
1982	1 798	1 710	88		3	713	1 082						
1983	2 177	1 940	237		6	710	1 461						
1984	4 314	3 761	553		10	1 258	3 046						
1985	6 853	5 972	881		14	1 950	4 889						
1986	7 958	6 902	1 056		21	2 601	5 336						
1987	15 448	14 328	1 120		163	5 718	9 567						
1988	16 341	14 387	1 954		175	4 022	12 144						
1989	18 596	16 026	2 570		212	4 993	13 391	579	365	566	200	203	212
1990	19 827	15 403	3 895	529	210	5 807	13 810	651	425	646	229	231	232
1991	22 948	16 629	5 295	1 024	227	6 947	15 774	767	497	756	257	259	260
1992	28 676	18 469	7 639	2 568	235	9 166	19 275	1 022	643	994	337	324	318
1993	41 768	25 742	11 802	4 224	295	13 070	28 403	1 820	1 021	1 538	492	448	420
1994	55 867	31 916	14 767	9 184	269	17 249	38 349	2 568	1 326	1 988	601	533	487
1995	70 785	37 860	16 765	16 160	426	21 255	49 104	3 431	1 596	2 416	717	627	557
1996	82 952	44 410	18 011	20 531	456	22 783	59 713	4 418	1 861	2 862	800	714	616
1997	92 244	47 659	17 093	27 492	452	24 216	67 576	5 916	2 179	3 464	924	833	701
1998	92 699	45 027	16 161	31 511	422	23 966	68 311	7 198	2 466	3 904	1 046	918	763
1999	101 942	47 100	17 997	36 845	428	26 453	75 061	8 867	2 818	4 353	1 144	1 013	829
2000	107 457	46 220	18 151	43 086	397	27 769	79 291	10 982	3 239	4 897	1 259	1 107	911
2001	120 391	46 328	19 175	54 888	382	31 114	88 895	14 399	3 780	5 711	1 407	1 262	1 025
2002	123 923	37 519	19 461	66 943	341	32 103	91 479	18 483	4 406	6 518	1 544	1 381	1 134
2003	151 036	39 316	21 883	89 837	359	39 659	111 018	24 219	5 200	7 532	1 715	1 547	1 254
2004	181 314	34 278	22 728	124 308	349	47 695	133 270	31 996	6 317	8 730	1 878	1 696	1 388
2005	209 443	32 998	24 252	152 193	333	55 579	153 531	39 404	7 618	9 824	2 030	1 837	1 483
2006	244 291	25 480	27 055	191 756	347	65 220	178 724	47 121	8 925	10 901	2 169	1 979	1 602
2007	283 734	24 423	32 248	227 063	348	75 381	208 005	53 798	11 055	11 961	2 326	2 111	1 719
2008	281 238	18 473	32 898	229 867	309	74 044	206 885	59 538	12 658	12 781	2 437	2 197	1 802
2009	307 242	16 793	33 386	257 063	302	80 052	226 888	67 746	13 773	13 874	2 585	2 314	1 910
2010	360 912	16 087	35 207	309 618	312	88 870	271 730	78 118	15 220	15 379	2 776	2 483	2 060
2011	417 531	14 278	36 096	367 157	313	92 747	324 471	90 779	18 071	19 513	2 953	3 100	2 690
2012	481 030	12 584	36 969	431 477	344	93 601	387 085	108 436	22 280	24 010	3 461	3 944	3 153
2013	630 060	10 004	38 241	581 815	475	105 257	524 328	154 473	32 900	34 219	4 435	5 841	5 280
2014	843 977	8 250	39 758	795 969	1 340	119 645	722 992	246 435	54 903	53 509	6 967	9 628	9 141
2015	1 133 953	7 873	43 017	1 083 063	1 989	139 431	992 533	361 563	92 836	83 267	10 359	16 040	14 747
2016	1 504 255	8 685	42 621	1 452 949	2 916	166 786	1 334 553	669 393	191 040	114 323	12 034	24 068	19 555
2017	1 769 876	8 602	50 769	1 710 505	3 711	183 071	1 583 094	793 485	208 444	159 248	18 104	31 721	27 997
2018	1 974 650	8 370	65 282	1 900 998	4 188	195 973	1 774 489	714 932	205 654	157 972	17 804	33 296	27 736

注：　本表数据来源为深圳市市场监督管理局。

Note: Data in this table are provided by Market Supervision and Regulation Bureau of Shenzhen Municipality.

1-8 “企业一套表”年报分区分行业调查单位（2018年）

NUMBER OF SURVEY UNITS OF “ENTERPRISE SET OF TABLE” BY SECTOR BY DISTRICT（2018）

单位：个 （unit）

地区	District	调查单位 Survey units	工业 Industry	建筑业 Constru-ction	批发零售业 Wholesale and Retail Sales	住宿餐饮业 Hotel and Catering Services	房地产开发经营业 Real Estate	服务业 Services
全　市	**Total**	**26 737**	**9 004**	**1 120**	**7 359**	**1 100**	**645**	**7 509**
福田区	Futian	4 622	120	416	1 998	284	135	1 669
罗湖区	Luohu	2 318	118	96	997	184	76	847
盐田区	Yantian	469	70	9	80	29	32	249
南山区	Nanshan	5 921	798	207	1 820	256	117	2 723
宝安区	Baoan	5 203	3 234	87	889	138	76	779
龙岗区	Longgang	3 516	1 665	175	843	80	118	635
龙华区	Longhua	2 450	1 324	64	532	76	46	408
坪山区	Pingshan	760	522	48	81	18	24	67
光明区	Guangming	1 297	1 082	9	101	11	5	89
大鹏新区	Dapeng	156	65	9	15	24	8	35
深汕特别合作区	ShenshanSpecial Cooperation Zone	25	6		3		8	8

注：　本表中调查单位为年报应报数，与专业报表中的企业单位数存在口径差异。

Note: The number of survey units is the number of units to be reported in the annual report, it differs from the number of enterprise units in the professional report.

1-9 规模以上服务业（其他）企业分行业主要财务指标(2018年)
FINANCE INDICATORS OF SERVICE ENTERPRISES (OTHER) ABOVE THE DESIGNATED SIZE BY SECTOR(2018)

指标名称	Item	企业单位数(个) Number of Enterprises (unit)
总计	**Total**	**6 370**
交通运输、仓储和邮政业	Transport,Storage and Post	1 143
信息传输、软件和信息技术服务业	Information Transmission,Software and Information Technology	1 471
房地产业	Real Estate	918
租赁和商务服务业	Leasing and Business Services	1 395
科学研究和技术服务业	Scientific Research and Technical Services	798
水利、环境和公共设施管理业	Management of Water Conservancy,Enviroment and Public Facilities	81
居民服务、修理和其他服务业	Service to Households,Repair and Other Services	202
教育	Education	139
卫生和社会工作	Health and Social Service	75
文化、体育和娱乐业	Culture,Sports and Entertainment	148

注： 房地产业不含房地产开发经营。
Note: Real estate development and management is not included in the real estate.

营业收入(亿元) Business Revenue (100 million yuan)	应付职工薪酬(亿元) Benefit Payable of the Employee (100 million yuan)	从业人员平均人数(人) Average Employed Persons (person)
11 177	**2 203**	**1 717 914**
2 587	438	321 156
4 511	675	320 764
839	270	328 078
1 603	368	381 244
1 105	280	160 958
95	19	23 391
115	51	99 263
81	35	33 240
76	22	19 813
164	44	30 007

1-10 规模以上服务业（其他）企业分区主要财务指标(2018年)

FINANCE INDICATORS OF SERVICE ENTERPRISES (OTHER) ABOVE THE DESIGNATED SIZE BY DISTRICT(2018)

地 区	Region	企业单位数（个）Number of Enterprises (unit)	营业收入（亿元）Business Revenue (100 million yuan)	应付职工薪酬(亿元) Benefit Payable of the Employee (100 million yuan)	从业人员平均人数（人）Average Employed Persons (person)
全 市	**Total**	**6 370**	**11 177**	**2 203**	**1 717 914**
福田区	Futian	1 541	2 771	661	527 603
罗湖区	Luohu	732	1 032	237	214 739
盐田区	Yantian	223	222	40	37 693
南山区	Nanshan	2 253	5 053	777	468 003
宝安区	Baoan	627	1 071	236	219 603
龙岗区	Longgang	518	480	128	144 899
龙华区	Longhua	317	281	61	70 414
坪山区	Pingshan	51	21	6	7 014
光明区	Guangming	73	60	14	14 111
大鹏新区	Dapeng	28	181	44	13 142
深汕特别合作区	ShenshanSpecial Cooperation Zone	7	5	1	693

主要统计指标解释

行政区划　指国家对行政区域的划分。根据有关法规规定，我国的行政区域划分如下：(1)全国分为省、自治区、直辖市；(2)省、自治区分为自治州、县、自治县、市；(3)自治州分为县、自治县、市；(4)县、自治县分为乡、民族乡、镇；(5)直辖市和较大的市分为区、县；(6)国家在必要时设立的特别行政区。

平均增长速度　平均增长速度表明社会经济现象在一个较长的时期内逐期平均增长变化的程度，它不能根据各个环比增长速度直接求得，但与平均发展速度之间存在着一定的数量关系：平均增长速度＝平均发展速度－1。

平均发展速度是一种根据环比发展速度计算的序时平均数,由于各时期对比的基础不同，所以计算平均发展速度不能采用一般的序时平均数的计算方法，计算方法分为水平法和累计法。水平法，又称几何平均法，即将环比发展速度按连乘法用几何平均数公式计算。累计法，也称方程法，根据一段时期内各年发展水平总和与基期水平的关系，列出方程式计算平均发展速度。水平法着重考虑最后一年所达到的发展水平；累计法着重考虑整个时期累计发展水平的总量。

企业(单位)登记注册类型　是以在工商行政管理机关登记注册的各类企业为划分对象，以工商行政管理部门对企业登记注册的类型为依据，将企业登记注册类型分为内资企业、港澳台商投资企业和外商投资企业三大类。内资企业包括国有企业、集体企业、股份合作企业、联营企业、有限责任公司、股份有限公司、私营公司和其他企业；港澳台商投资企业和外商投资企业分别包括合资经营企业、合作经营企业、独资经营企业和股份有限公司。对不在工商行政管理部门进行登记注册的行政机关、事业单位和社会团体，主要按其经费来源和管理方式进行划分。

私营企业　指由自然人投资设立或由自然人控股，以雇佣劳动为基础的营利性经济组织。包括按照《公司法》、《合伙企业法》、《私营企业暂行条例》规定登记注册的私营有限责任公司、私营股份有限公司、私营合伙企业和私营独资企业。

外资企业　指依照《中华人民共和国外资企业法》及有关法律的规定，在中国内地由外国投资者全额投资设立的企业。

Explanatory Notes on Main Statistical Indicators

Divisions of Administrative Areas refers to the division of administrative areas by the State. The relative laws stipulate that 1) the whole country is divided into provinces, autonomous regions and municipalities directly under the Central Government; 2) provinces and autonomous regions are further divided into autonomous prefectures, counties, autonomous counties and cities; 3) autonomous prefectures are further divided into counties, autonomous counties and cities; 4) counties and autonomous counties are further divided into townships, ethnic townships and towns; 5) municipalities directly under the Central Government and large cities are divided into districts and counties, 6) the State shall, when necessary, establish special administrative regions.

Average Annual Growth Rate shows the average growth rate of social and economic development during a longer period. It can not be directly calculated by chain based growth rate. The relation is:

Average Annual Growth Rate = Average Speed of Development - 1

Average speed of development is the time series average of speed which calculated by chain based. Because the reference bases during the different periods are not same, average speed of development can not be calculated by the general method. Level approach and accumulative approach for calculating average speed of development rate are applied. The "level approach" , or the method of calculating the geometric average, is derived by the formula of geometric average of the chain-based speeds of development, or comparing the level of the last year of the interval with that of the beginning year; the other is called the "accumulative approach" or the "algebraic average" , "equation" method, which is derived by the summation of the actual figure of each year in the interval divided by the figure in the base year. The level approach focuses on the level of the last year, while the accumulative approach emphasizes the aggregate development in the duration.

Registration Status of Enterprises Enterprises are classified into 3 categories, namely domestic-funded enterprises, enterprises with investment from Hong Kong, Macau and Taiwan, and enterprises with foreign investment, according to the registration status of an enterprise in industrial and commercial administration agencies. Domestic-funded enterprises include State-owned enterprises, collective-owned enterprises, cooperative enterprises, joint ownership enterprises, limited liability corporations, share-holding corporations Ltd., private enterprises and other enterprises. Included in the enterprises with investment from Hong Kong, Macau and Taiwan and enterprises with foreign investment are joint-venture enterprises, cooperative enterprises, sole investment enterprises and share-holding corporations Ltd. For government agencies, institutions and social organizations which are not registered in industrial and commercial administration agencies, they are classified mainly by their sources of funding and manner of management.

Private Enterprises refer to profit-making economic units invested and established by natural persons, or controlled by natural persons using employed labour. Included in this category are private limited liability corporations, private share-holding corporations Ltd., private partnership enterprises and private-funded enterprises registered in accordance with the Company Law, the Law on Partnership Business and Interim Regulations on Private Enterprises .

Enterprises with Sole (exclusive) Foreign Investment refer to enterprises established in the mainland of China with exclusive investment from foreign investors in accordance with the Law of the People' s Republic of China on Wholly Foreign-owned Enterprises and other relevant laws.

Share-holding Corporations Ltd. with Foreign Investment refer to share-holding corporations Ltd. established with the approval from the former Ministry of Foreign Trade and Economic Relations in line with relevant State regulations, where the share of investment from foreign investors exceeds 25% of the total registered capital of the corporation. In case the share of foreign investment is less than 25% of the total registered capital, the enterprise is to be classified as domestic–funded share–holding corporation Ltd.

02 第二部分

国民经济核算

NATIONAL ECONOMIC ACCOUNTING

CHAPTER

2-1 国民经济核算主要指标
MAIN INDICATORS OF NATIONAL ECONOMIC ACCOUNTING

项 目	Item	2000	2010	2017	2018
地区生产总值 (亿元)	Gross Domestic Product (100 million yuan)	2 219.20	10 002.22	22 490.06	24 221.98
第一产业	Primary Industry	15.57	6.84	19.57	22.09
第二产业	Secondary Industry	1 108.76	4 737.98	9 318.10	9 961.95
第三产业	Tertiary Industry	1 094.87	5 257.40	13 152.39	14 237.94
地区生产总值增长速度(%)	Growth Rates of Gross Domestic Product (%)	16.3	12.2	8.8	7.6
第一产业	Primary Industry	3.1	−9.2	27.0	3.9
第二产业	Secondary Industry	18.5	13.8	9.2	9.3
第三产业	Tertiary Industry	13.8	10.5	8.4	6.4
地区生产总值构成 (%)	Composition of Grosss Domestic Product (%)	100	100	100	100
第一产业	Primary Industry	0.7	0.1	0.1	0.1
第二产业	Secondary Industry	50.0	47.4	41.4	41.1
第三产业	Tertiary Industry	49.3	52.5	58.5	58.8
地区生产总值贡献率(%)	Share of the Contribution of the Three Strata of Industry (%)	100	100	100	100
第一产业	Primary Industry	0.1	…	0.2	0.1
第二产业	Secondary Industry	62.5	59.8	44.5	51.8
第三产业	Tertiary Industry	37.4	40.2	55.3	48.1
地区生产总值拉动率(%)	Contribution of the Three Strata of Industry to GDP Growth (%)	16.3	12.2	8.8	7.6
第一产业	Primary Industry	…	…	…	…
第二产业	Secondary Industry	10.2	7.3	3.9	3.9
第三产业	Tertiary Industry	6.1	4.9	4.9	3.7
人均地区生产总值(元)	Per Capita Gross Domestic Product (yuan)	33 276	98 437	183 544	189 568
人均地区生产总值增长速度 (%)	Growth Rates of Per Capita Gross Domestic Product (%)	5.8	7.7	3.9	3.2
支出法地区生产总值(亿元)	Gross Domestic Product by Expenditure Approach (100 million yuan)	2 219.20	10 002.22	22 490.06	
最终消费支出	Final Consumption Expenditures	862.55	4 104.02	9 262.78	
资本形成总额	Gross Capital Formation	895.61	3 117.82	7 807.09	
货物和服务净流出	Net Exports of Goods and Services	461.03	2 780.38	5 420.19	
支出法地区生产总值构成(%)	Composition of Gross Domestic Product by Expenditure Approach(%)	100	100	100	
最终消费支出	Final Consumption Expenditures	38.9	41.0	41.2	
资本形成总额	Gross Capital Formation	40.3	31.2	34.7	
货物和服务净流出	Net Exports of Goods and Services	20.8	27.8	24.1	

2-2 地区生产总值

GROSS DOMESTIC PRODUCT

单位：万元 （10 000 yuan）

年 份 Year	地区生产总值 Gross Domestic Product	第一产业 Primary Industry	第二产业 Secondary Industry	第三产业 Tertiary Industry	#工业 Industry	#建筑业 Construction
1979	19 638	7 273	4 017	8 348	2 313	1 704
1980	27 012	7 803	7 036	12 173	3 726	3 310
1981	49 576	13 343	16 019	20 214	8 311	7 708
1982	82 573	18 960	31 439	32 174	9 540	21 899
1983	131 212	22 614	55 848	52 750	22 466	33 382
1984	234 161	25 932	106 606	101 623	51 802	54 804
1985	390 222	26 111	163 586	200 525	102 137	61 449
1986	416 451	32 907	163 185	220 359	106 606	56 579
1987	559 015	46 519	220 463	292 033	164 445	56 018
1988	869 807	57 005	359 230	453 572	274 787	84 443
1989	1 156 565	68 615	505 361	582 589	400 579	104 782
1990	1 716 665	70 220	769 319	877 126	644 947	124 372
1991	2 366 630	80 836	1 126 084	1 159 710	928 846	197 238
1992	3 173 194	105 914	1 522 432	1 544 848	1 176 087	346 345
1993	4 531 445	108 615	2 420 214	2 002 616	1 810 085	610 129
1994	6 346 711	134 152	3 357 972	2 854 587	2 671 299	686 673
1995	8 427 933	124 122	4 223 744	4 080 067	3 372 392	851 352
1996	10 505 121	148 796	5 081 045	5 275 280	4 198 625	882 420
1997	13 023 008	147 660	6 209 018	6 666 330	5 222 504	986 514
1998	15 449 472	151 764	7 508 019	7 789 689	6 377 088	1 130 931
1999	18 246 876	150 445	9 154 443	8 941 988	7 930 052	1 224 391
2000	22 192 015	155 656	11 087 644	10 948 715	9 828 530	1 259 114
2001	25 229 474	160 413	12 583 983	12 485 078	11 310 767	1 273 216
2002	30 172 384	166 587	14 980 113	15 025 684	13 670 904	1 309 209
2003	36 401 435	142 048	18 562 162	17 697 225	17 081 204	1 480 958
2004	43 502 928	123 264	22 643 124	20 736 540	21 092 158	1 550 966
2005	50 357 678	97 385	27 096 861	23 163 432	25 559 271	1 537 590
2006	59 206 612	68 851	31 449 697	27 688 064	29 775 384	1 674 313
2007	69 252 268	77 374	35 135 153	34 039 741	33 338 681	1 796 472
2008	79 414 328	83 804	39 799 045	39 531 479	37 763 311	2 035 734
2009	84 858 247	69 599	40 095 728	44 692 920	37 732 436	2 363 292
2010	100 022 183	68 391	47 379 750	52 574 042	44 455 213	2 924 537
2011	118 072 348	69 491	56 128 559	61 874 298	52 628 102	3 500 457
2012	133 196 818	68 164	60 559 131	72 569 523	56 722 281	3 836 850
2013	149 794 486	63 504	66 579 909	83 151 073	62 226 265	4 531 743
2014	164 494 770	57 579	72 242 462	92 194 729	67 736 986	4 680 969
2015	180 140 720	72 084	76 780 987	103 287 649	72 141 744	4 797 208
2016	200 797 043	82 840	83 106 513	117 607 690	78 002 175	5 265 711
2017	224 900 586	195 721	93 180 979	131 523 886	87 391 366	5 940 681
2018	242 219 771	220 935	99 619 472	142 379 364	92 539 955	7 244 599

注：1.本表按当年价格计算。2013-2017年，使用《国民经济行业分类》（GB/T 4754-2011），2018年开始使用《国民经济行业分类》（GB/T 4754-2017）。
Note:Data of this table are calculated at curret prices. The Industrial Classification of the National Economy (GB/T 4754-2011) is introduced in 2013 -2017, the Industrial Classification of the National Economy (GB/T 4754-2017) is introduced from 2018.
2、根据研发支出纳入GDP核算及全国第三次农业普查结果，对1995-2016年地区生产总值进行了修订。
According to the new GDP Accounting Methodology and the Third National Agricultural Census,the data of GDP from 1995 to 2016 have been revised.

单位：万元 2-2 续表 continued（10 000 yuan）

年 份 Year	#交通运输、仓储和邮政业 Transportation,Storage and Post Services	#批发和零售业 Wholesale and Retail Sales	#住宿和餐饮业 Hotels and Catering Services	#金融业 Financial Intermediation	#房地产 Real Estate	人均地区生产总值(元) Gross Domestic Product Per Capita(yuan)
1979	1 175	3 111	1 050	1 586	467	606
1980	1 798	4 301	1 452	2 325	688	835
1981	2 908	7 104	2 398	3 883	1 152	1 417
1982	4 890	10 758	3 631	6 274	1 850	2 023
1983	7 715	16 868	5 694	11 183	3 181	2 512
1984	14 866	29 948	10 108	22 865	6 301	3 504
1985	25 519	55 943	18 882	46 522	14 759	4 809
1986	35 475	59 200	21 278	50 620	15 420	4 584
1987	54 144	71 776	30 897	62 962	17 347	5 349
1988	71 317	114 899	41 883	119 543	35 016	6 477
1989	90 993	117 160	42 744	150 856	53 831	6 710
1990	112 692	152 877	51 823	240 157	91 396	8 724
1991	147 651	239 760	59 056	266 849	155 372	11 997
1992	166 595	333 580	84 904	332 492	236 652	12 827
1993	190 248	449 485	144 272	405 899	328 708	15 005
1994	245 271	583 961	288 170	596 275	472 171	16 954
1995	400 843	779 177	405 147	887 865	673 506	19 558
1996	500 073	1 128 234	432 463	1 118 350	842 883	22 542
1997	487 346	1 339 511	478 192	1 562 531	955 661	25 772
1998	546 558	1 532 951	538 158	1 809 703	1 062 525	27 885
1999	629 825	1 822 078	573 446	1 965 044	1 193 283	30 088
2000	788 014	2 271 487	613 559	2 215 391	1 585 464	33 276
2001	857 909	2 618 467	633 105	2 393 224	1 818 950	35 390
2002	1 057 835	3 174 034	728 976	2 487 213	2 348 995	41 018
2003	1 300 797	3 901 304	713 120	2 620 765	3 184 157	47 743
2004	1 893 093	4 601 915	841 186	2 730 844	4 110 367	55 099
2005	2 211 684	5 202 044	971 905	3 056 820	4 449 012	61 844
2006	2 576 875	5 738 239	1 166 653	4 626 637	5 202 637	69 702
2007	2 991 969	6 608 000	1 262 695	7 657 042	6 130 153	77 660
2008	3 077 314	7 729 584	1 655 958	9 693 615	4 900 481	85 088
2009	3 057 686	8 643 036	1 708 693	10 991 122	6 772 994	87 066
2010	3 523 205	10 687 180	2 033 964	13 170 664	7 495 301	98 437
2011	3 859 435	13 230 138	2 344 084	15 649 317	8 579 914	113 316
2012	4 110 301	16 297 209	2 547 355	17 163 650	10 888 097	126 765
2013	4 637 611	18 484 128	2 735 863	19 510 048	12 032 709	141 474
2014	5 008 847	19 621 414	3 179 989	21 949 263	13 238 647	153 677
2015	5 412 684	20 227 552	3 383 971	25 015 717	15 644 076	162 599
2016	6 269 582	21 750 741	3 588 184	28 107 273	17 775 690	172 453
2017	7 012 865	23 674 321	3 941 034	29 242 564	18 943 155	183 544
2018	7 332 629	25 086 996	4 194 765	30 672 138	20 804 227	189 568

2-3 地区生产总值三次产业构成

COMPOSITION OF GROSS DOMESTIC PRODUCT BY THREE INDUSTRIES

单位：%　　　　　　　　　　　　　　　　　　　　　　　　　　　　　　　　　　　　(%)

年 份 Year	地区生产总值 Gross Domestic Product	第一产业 Primary Industry	第二产业 Secondary Industry	第三产业 Tertiary Industry	#工业 Industry	#建筑业 Construction
1979	100	37.0	20.5	42.5	11.8	8.7
1980	100	28.9	26.0	45.1	13.8	12.2
1981	100	26.9	32.3	40.8	16.8	15.5
1982	100	22.9	38.1	39.0	11.6	26.5
1983	100	17.2	42.6	40.2	17.1	25.5
1984	100	11.1	45.5	43.4	22.1	23.4
1985	100	6.7	41.9	51.4	26.2	15.7
1986	100	7.9	39.2	52.9	25.6	13.6
1987	100	8.3	39.4	52.3	29.4	10.0
1988	100	6.6	41.3	52.1	31.6	9.7
1989	100	5.9	43.7	50.4	34.6	9.1
1990	100	4.1	44.8	51.1	37.6	7.2
1991	100	3.4	47.6	49.0	39.3	8.3
1992	100	3.3	48.0	48.7	37.1	10.9
1993	100	2.4	53.4	44.2	39.9	13.5
1994	100	2.1	52.9	45.0	42.1	10.8
1995	100	1.5	50.1	48.4	40.0	10.1
1996	100	1.4	48.4	50.2	40.0	8.4
1997	100	1.1	47.7	51.2	40.1	7.6
1998	100	1.0	48.6	50.4	41.3	7.3
1999	100	0.8	50.2	49.0	43.5	6.7
2000	100	0.7	50.0	49.3	44.3	5.7
2001	100	0.6	49.9	49.5	44.8	5.0
2002	100	0.6	49.6	49.8	45.3	4.3
2003	100	0.4	51.0	48.6	46.9	4.1
2004	100	0.3	52.0	47.7	48.5	3.6
2005	100	0.2	53.8	46.0	50.8	3.1
2006	100	0.1	53.1	46.8	50.3	2.8
2007	100	0.1	50.7	49.2	48.1	2.6
2008	100	0.1	50.1	49.8	47.6	2.6
2009	100	0.1	47.2	52.7	44.5	2.8
2010	100	0.1	47.4	52.5	44.4	2.9
2011	100	0.1	47.5	52.4	44.6	3.0
2012	100	0.1	45.4	54.5	42.6	2.9
2013	100	…	44.5	55.5	41.6	3.0
2014	100	…	43.9	56.1	41.2	2.9
2015	100	…	42.6	57.4	40.0	2.7
2016	100	…	41.4	58.6	38.9	2.6
2017	100	0.1	41.4	58.5	38.8	2.7
2018	100	0.1	41.1	58.8	38.2	3.0

2-4 地区生产总值指数

INDICES OF GROSS DOMESTIC PRODUCT

（以1979年为100）　　　　（1979=100）

年 份 Year	地区生产总值 Gross Domestic Product	第一产业 Primary Industry	第二产业 Secondary Industry	第三产业 Tertiary Industry	#工业 Industry	#建筑业 Construction	人均地区生产总值 Gross Domestic Product Per Capita
1980	162.7	103.0	175.8	209.5	163.3	197.0	163.0
1981	250.2	132.0	445.6	307.9	406.5	512.1	231.8
1982	396.4	182.2	730.5	504.9	415.5	1 266.1	314.8
1983	627.5	192.8	1 181.7	873.5	869.2	1 713.0	389.3
1984	1 003.3	198.8	2 347.6	1 392.7	2 003.6	2 932.6	486.6
1985	1 249.4	196.8	4 011.2	1 550.9	4 383.4	3 378.4	499.1
1986	1 283.1	231.8	4 269.3	1 537.1	4 825.1	3 324.3	457.7
1987	1 609.0	242.0	5 767.9	1 882.1	7 226.5	3 287.7	524.1
1988	2 186.6	225.1	8 306.0	2 547.1	10 603.7	4 398.9	628.3
1989	2 595.5	280.0	11 472.9	2 678.4	15 030.4	5 423.9	642.8
1990	3 439.1	298.5	16 760.4	3 286.1	22 789.5	6 508.7	720.6
1991	4 677.1	312.8	23 700.4	4 358.6	31 743.9	10 023.4	768.5
1992	6 229.9	313.7	30 607.2	6 090.4	38 297.6	17 530.9	816.2
1993	8 155.5	316.0	42 975.4	7 448.8	52 846.0	26 192.0	875.2
1994	10 677.8	296.3	58 131.1	9 463.8	74 928.7	29 569.3	924.5
1995	13 227.0	289.9	70 891.1	12 018.9	92 702.6	33 803.6	994.8
1996	15 536.5	295.4	82 789.4	14 254.2	110 656.0	35 406.1	1 080.5
1997	18 206.7	295.2	96 546.4	16 844.2	130 287.0	39 175.2	1 167.8
1998	21 083.9	302.6	113 120.0	19 266.0	153 331.2	44 746.7	1 233.4
1999	24 387.9	323.8	132 489.3	21 966.4	181 117.4	49 804.2	1 303.4
2000	28 366.1	333.9	156 948.8	24 995.1	219 191.5	51 114.1	1 378.6
2001	32 492.7	355.7	179 593.2	28 690.2	254 028.8	52 640.8	1 477.3
2002	37 622.4	377.5	211 073.8	32 751.6	302 438.4	54 803.2	1 657.7
2003	44 823.3	321.5	263 911.8	37 150.6	382 601.3	60 414.9	1 905.5
2004	52 624.3	262.5	319 807.6	42 131.5	471 135.1	59 558.7	2 160.3
2005	60 651.6	208.9	376 946.0	47 310.5	561 072.1	59 711.8	2 414.2
2006	70 788.8	145.1	439 342.7	55 400.7	656 927.6	64 324.1	2 701.1
2007	81 271.7	133.7	501 631.7	64 043.1	754 110.7	66 287.1	2 954.0
2008	91 305.9	110.8	562 545.7	72 137.3	849 814.7	67 028.2	3 170.8
2009	101 633.5	93.5	622 274.9	80 897.9	936 417.6	80 562.8	3 379.8
2010	114 072.0	84.8	708 245.7	89 377.1	1 063 883.8	95 063.3	3 638.7
2011	125 518.8	79.6	791 103.3	97 024.2	1 189 760.9	104 264.8	3 904.4
2012	138 278.2	81.8	852 194.7	109 093.0	1 281 761.1	112 149.1	4 265.4
2013	152 962.1	61.0	934 857.5	121 638.7	1 409 826.4	117 307.7	4 682.3
2014	166 448.0	55.2	1 008 238.8	133 398.7	1 525 632.3	119 145.5	5 040.1
2015	181 260.1	57.5	1 083 524.0	146 905.2	1 641 972.8	123 218.5	5 302.9
2016	197 797.6	57.3	1 171 797.1	161 384.8	1 774 362.4	134 579.3	5 506.0
2017	215 105.0	72.7	1 279 741.5	174 924.6	1 942 016.1	141 500.5	5 723.3
2018	231 526.8	75.5	1 399 128.8	186 102.6	2 117 490.6	161 119.0	5 907.5
年平均增长率 Average Annual Growth Rate	**22.0**	**-0.7**	**27.7**	**21.3**	**29.1**	**21.6**	**11.0**

注：　本表按可比价格计算。
Note: Data in this table are calculated at constant prices.

2-5 地区生产总值指数

INDICES OF GROSS DOMESTIC PRODUCT

（以上年为100） (Preceding Year=100)

年份 Year	地区生产总值 Gross Domestic Product	第一产业 Primary Industry	第二产业 Secondary Industry	第三产业 Tertiary Industry	#工业 Industry	#建筑业 Construction	人均GDP Gross Domestic Product Per Capita
1980	162.7	103.0	175.8	209.5	163.3	197.0	163.0
1981	153.8	128.2	253.5	146.9	248.9	259.9	142.2
1982	158.4	138.0	163.9	164.0	102.2	247.2	135.8
1983	158.3	105.8	161.8	173.0	209.2	135.3	123.7
1984	159.9	103.1	198.7	159.4	230.5	171.2	125.0
1985	124.5	99.0	170.9	111.4	218.8	115.2	102.6
1986	102.7	117.8	106.4	99.1	110.1	98.4	91.7
1987	125.4	104.4	135.1	122.4	149.8	98.9	114.5
1988	135.9	93.0	144.0	135.3	146.7	133.8	119.9
1989	118.7	124.4	138.1	105.2	141.7	123.3	102.3
1990	132.5	106.6	146.1	122.7	151.6	120.0	112.1
1991	136.0	104.8	141.4	132.6	139.3	154.0	106.6
1992	133.2	100.3	129.1	139.7	120.6	174.9	106.2
1993	130.9	100.7	140.4	122.3	138.0	149.4	107.2
1994	130.9	93.8	135.3	127.1	141.8	112.9	105.6
1995	123.9	97.9	122.0	127.0	123.7	114.3	107.6
1996	117.5	101.9	116.8	118.6	119.4	104.7	108.6
1997	117.2	99.9	116.6	118.2	117.7	110.6	108.1
1998	115.8	102.5	117.2	114.4	117.7	114.2	105.6
1999	115.7	107.0	117.1	114.0	118.1	111.3	105.7
2000	116.3	103.1	118.5	113.8	121.0	102.6	105.8
2001	114.5	106.5	114.4	114.8	115.9	103.0	107.2
2002	115.8	106.1	117.5	114.2	119.1	104.1	112.2
2003	119.1	85.2	125.0	113.4	126.5	110.2	114.9
2004	117.4	81.7	121.2	113.4	123.1	98.6	113.4
2005	115.3	79.6	117.9	112.3	119.1	100.3	111.8
2006	116.7	69.5	116.6	117.1	117.1	107.7	111.9
2007	114.8	92.1	114.2	115.6	114.8	103.1	109.4
2008	112.3	82.9	112.1	112.6	112.7	101.1	107.3
2009	111.3	84.3	110.6	112.1	110.2	120.2	106.6
2010	112.2	90.8	113.8	110.5	113.6	118.0	107.7
2011	110.0	93.8	111.7	108.6	111.8	109.7	107.3
2012	110.2	102.7	107.7	112.4	107.7	107.6	109.2
2013	110.6	74.6	109.7	111.5	110.0	104.6	109.8
2014	108.8	90.4	107.8	109.7	108.2	101.6	107.6
2015	108.9	104.2	107.5	110.1	107.6	103.4	105.2
2016	109.1	99.6	108.1	109.9	108.1	109.2	103.8
2017	108.8	127.0	109.2	108.4	109.4	105.1	103.9
2018	107.6	103.9	109.3	106.4	109.0	113.9	103.2

注： 1、本表按可比价格计算。
Note: Data in this table are calculated at constant prices.
2、2011年由于国家统计局在我市开展房屋租赁业调查试点，涉及核算方法调整，因此本表2011年数据按上年同口径计算。
The data of 2011 in this table are calculated at the same caliber of last year, because of accounting method adjustments by National Bureau of Statistics survey pilot to carry out the rental industry in the city.

2-6 三次产业贡献率

SHARE OF THE CONTRIBUTIONS OF THE THREE STRATA OF INDUSTRY

单位：% (%)

年 份 Year	地区生产总值 Gross Domestic Product	第一产业 Primary Industry	第二产业 Secondary Industry	第三产业 Tertiary Industry	#工业 Industry	#建筑业 Construction
1980	100	1.9	12.3	85.8	6.5	5.8
1981	100	13.5	31.4	55.1	17.8	13.6
1982	100	14.0	19.8	66.2	0.4	19.4
1983	100	1.9	19.8	78.3	12.6	7.2
1984	100	0.6	31.6	67.8	19.3	12.3
1985	100	−0.3	68.7	31.6	61.9	6.8
1986	100	42.3	77.8	−20.1	83.9	−6.1
1987	100	1.3	46.7	52.0	47.2	−0.5
1988	100	−1.2	44.7	56.5	37.4	7.3
1989	100	5.5	78.8	15.7	69.3	9.5
1990	100	0.9	63.7	35.4	58.9	4.8
1991	100	0.5	57.0	42.5	46.3	10.7
1992	100	…	45.2	54.8	27.0	18.2
1993	100	0.1	65.3	34.6	48.4	16.9
1994	100	−0.3	61.1	39.2	56.1	5.0
1995	100	−0.1	50.9	49.2	44.7	6.3
1996	100	0.1	52.4	47.5	49.8	2.6
1997	100	…	52.4	47.6	47.1	5.3
1998	100	0.1	58.6	41.3	51.3	7.3
1999	100	0.3	59.6	40.1	53.9	5.8
2000	100	0.1	62.5	37.4	61.3	1.2
2001	100	0.3	49.6	50.1	48.4	1.2
2002	100	0.3	55.4	44.3	54.1	1.3
2003	100	−0.5	66.3	34.2	63.8	2.5
2004	100	−0.5	64.7	35.8	65.0	−0.3
2005	100	−0.4	64.3	36.1	64.2	…
2006	100	−0.4	53.3	47.1	51.9	1.4
2007	100	−0.1	51.5	48.6	50.9	0.6
2008	100	−0.1	52.5	47.6	52.3	0.2
2009	100	−0.1	50.1	50.0	46.0	4.1
2010	100	…	59.8	40.2	56.2	3.6
2011	100	…	55.2	44.8	52.4	2.8
2012	100	…	36.5	63.5	34.4	2.2
2013	100	−0.1	42.7	57.4	41.6	1.2
2014	100	…	41.4	58.6	40.9	0.5
2015	100	…	38.7	61.3	37.4	1.0
2016	100	…	38.1	61.9	35.4	2.7
2017	100	0.2	44.5	55.3	42.8	1.6
2018	100	0.1	51.8	48.1	47.2	4.7

注：产业贡献率指各产业增加值增量与GDP增量之比。

Note:Industrial contribution rate refers to the proportion of the increment of every industrial value added to the increment of GDP.

2-7 三次产业拉动力

CONTRIBUTION OF THE THREE STRATA OF INDUSTRY

单位：百分点 (percentage points)

年 份 Year	地区生产总值 Gross Domestic Product	第一产业 Primary Industry	第二产业 Secondary Industry	第三产业 Tertiary Industry	#工业 Industry	#建筑业 Construction
1980	62.7	1.2	7.7	53.8	4.1	3.6
1981	53.8	7.3	16.9	29.6	9.6	7.3
1982	58.4	8.2	11.5	38.7	0.2	11.3
1983	58.3	1.1	11.5	45.7	7.3	4.2
1984	59.9	0.4	18.9	40.6	11.6	7.3
1985	24.5	−0.1	16.8	7.8	15.2	1.6
1986	2.7	1.1	2.1	−0.5	2.3	−0.2
1987	25.4	0.3	11.9	13.2	12.0	−0.1
1988	35.9	−0.4	16.0	20.3	13.4	2.6
1989	18.7	1.0	14.7	3.0	13.0	1.7
1990	32.5	0.3	20.7	11.5	19.1	1.6
1991	36.0	0.2	20.5	15.3	16.7	3.8
1992	33.2	…	15.0	18.2	9.0	6.0
1993	30.9	…	20.2	10.7	15.0	5.2
1994	30.9	−0.1	18.9	12.1	17.4	1.5
1995	23.9	…	12.2	11.7	10.7	1.5
1996	17.5	…	9.2	8.3	8.7	0.5
1997	17.2	…	9.0	8.2	8.1	0.9
1998	15.8	…	9.3	6.5	8.1	1.2
1999	15.7	…	9.4	6.3	8.5	0.9
2000	16.3	…	10.2	6.1	10.0	0.2
2001	14.5	…	7.2	7.3	7.0	0.2
2002	15.8	…	8.8	7.0	8.5	0.2
2003	19.1	−0.1	12.7	6.5	12.2	0.5
2004	17.4	−0.1	11.3	6.2	11.3	−0.1
2005	15.3	−0.1	9.9	5.5	9.8	…
2006	16.7	−0.1	8.9	7.9	8.7	0.2
2007	14.8	…	7.6	7.2	7.5	…
2008	12.3	…	6.5	5.8	6.4	…
2009	11.3	…	5.7	5.6	5.2	0.5
2010	12.2	…	7.3	4.9	6.9	0.4
2011	10.0	…	5.5	4.5	5.2	0.3
2012	10.2	…	3.7	6.5	3.5	0.2
2013	10.6	…	4.5	6.1	4.4	0.1
2014	8.8	…	3.6	5.2	3.6	…
2015	8.9	…	3.4	5.5	3.3	0.1
2016	9.1	…	3.5	5.6	3.2	0.2
2017	8.8	…	3.9	4.9	3.8	0.1
2018	7.6	…	3.9	3.7	3.6	0.4

注： 1、本表按可比价格计算。
Note: The data in this table are calculated at constant prices.
2、产业拉动指GDP增长速度与各产业贡献率之乘积。
Industrial pulling rate is the growth rate of GDP multiplying industrial contribution rate.

2-8 各行业增加值

VALUE ADDED BY SECTOR

单位：万元

指标名称	Item	2013
合计	**Total**	**149 794 486**
农林牧渔业	Agriculture, Forestry, Animal Husbandry and Fishery	65 499
工 业	Industry	62 226 265
建筑业	Construction	4 531 743
批发和零售业	Wholesale and Retail Sales	18 484 128
交通运输、仓储和邮政业	Transportation,Storage and Post	4 637 611
住宿和餐饮业	Hotels and Catering Services	2 735 863
信息传输、软件和信息技术服务业	Information Transmission, Software and Information Technology	8 144 830
金融业	Financial Intermediation	19 510 048
房地产业	Real Estate	12 032 709
租赁和商务服务业	Leasing and Business Services	4 356 765
科学研究和技术服务业	Scientific Research and Technical Service	3 744 517
水利、环境和公共设施管理业	Management of Water Conservancy, Environment and Public Facilities	620 983
居民服务、修理和其他服务业	Services to Households, Repair and Other Services	1 601 021
教育	Education	2 185 356
卫生和社会工作	Health and Social Work	1 624 419
文化、体育和娱乐业	Culture ,Sports and Entertainment	704 226
公共管理、社会保障和社会组织	Public Management, Social Security and Social Organizations	2 588 503
第一产业	Primary Industry	63 504
第二产业	Secondary Industry	66 579 909
第三产业	Tertiary Industry	83 151 073

(10 000 yuan)

2014	2015	2016	2017	2018
164 494 770	**180 140 720**	**200 797 043**	**224 900 586**	**242 219 771**
59 854	74 991	86 264	203 482	229 157
67 736 986	72 141 744	78 002 175	87 391 366	92 539 955
4 680 969	4 797 208	5 265 711	5 940 681	7 244 599
19 621 414	20 227 552	21 750 741	23 674 321	25 086 996
5 008 847	5 412 684	6 269 582	7 012 865	7 332 629
3 179 989	3 383 971	3 588 184	3 941 034	4 194 765
9 315 633	11 057 951	13 978 635	17 670 591	
21 949 263	25 015 717	28 107 273	29 242 564	30 672 138
13 238 647	15 644 076	17 775 690	18 943 155	20 804 227
4 786 865	4 998 169	5 289 310	7 010 345	
4 250 449	5 003 534	5 446 924	6 993 057	
686 581	855 666	997 599	1 213 703	
1 842 242	2 077 904	2 324 667	2 249 770	
2 585 833	3 056 083	3 884 656	3 957 370	
1 866 707	2 159 827	2 786 040	3 005 223	
740 815	809 216	1 003 411	1 060 613	
2 943 676	3 424 427	4 240 181	5 390 446	
57 579	72 084	82 840	195 721	220 935
72 242 462	76 780 987	83 106 513	93 180 979	99 619 472
92 194 729	103 287 649	117 607 690	131 523 886	142 379 364

2-9 各行业增加值比重

PROPORTION OF VALUE ADDED BY SECTOR

单位：%　　(%)

指标名称	Item	2014	2015	2016	2017	2018
合计	**Total**	**100**	**100**	**100**	**100**	**100**
农林牧渔业	Agriculture, Forestry, Animal Husbandry and Fishery				0.1	0.1
工 业	Industry	41.2	40.0	38.9	38.8	38.2
建筑业	Construction	2.9	2.7	2.6	2.7	3.0
批发和零售业	Wholesale and Retail Sales	11.9	11.2	10.8	10.5	10.4
交通运输、仓储和邮政业	Transportation,Storage and Post	3.0	3.0	3.1	3.1	3.0
住宿和餐饮业	Hotels and Catering Services	1.9	1.9	1.8	1.8	1.7
信息传输、软件和信息技术服务业	Information Transmission, Software and Information Technology	5.7	6.1	7.0	7.9	
金融业	Financial Intermediation	13.3	13.9	14.0	13.0	12.7
房地产业	Real Estate	8.1	8.7	8.9	8.4	8.6
租赁和商务服务业	Leasing and Business Services	2.9	2.8	2.6	3.1	
科学研究和技术服务业	Scientific Research and Technical Service	2.6	2.8	2.7	3.1	
水利、环境和公共设施管理业	Management of Water Conservancy, Environment and Public Facilities	0.4	0.5	0.5	0.5	
居民服务、修理和其他服务业	Services to Households, Repair and Other Services	1.1	1.2	1.2	1.0	
教育	Education	1.6	1.7	1.9	1.8	
卫生和社会工作	Health and Social Work	1.1	1.2	1.4	1.3	
文化、体育和娱乐业	Culture ,Sports and Entertainment	0.5	0.4	0.5	0.5	
公共管理、社会保障和社会组织	Public Management, Social Security and Social Organizations	1.8	1.9	2.1	2.4	
第一产业	Primary Industry				0.1	0.1
第二产业	Secondary Industry	43.9	42.6	41.4	41.4	41.1
第三产业	Tertiary Industry	56.1	57.4	58.6	58.5	58.8

2-10 各行业增加值增长率
GROWTH RATE OF VALUE ADDED BY INDUSTRIES

单位：%　　　　(%)

指标名称	Item	2014	2015	2016	2017	2018
合计	**Total**	**8.8**	**8.9**	**9.1**	**8.8**	**7.6**
农林牧渔业	Agriculture, Forestry, Animal Husbandry and Fishery	-9.1	4.9	0.3	25.2	4.1
工　业	Industry	8.2	7.6	8.1	9.4	9.0
建筑业	Construction	1.6	3.4	9.2	5.1	13.9
批发和零售业	Wholesale and Retail Sales	6.9	5.0	5.9	5.8	3.9
交通运输、仓储和邮政业	Transportation,Storage and Post	8.1	9.8	10.9	21.5	10.2
住宿和餐饮业	Hotels and Catering Services	11.6	3.8	2.8	5.9	2.4
信息传输、软件和信息技术服务业	Information Transmission, Software and Information Technology	12.3	13.4	25.3	20.5	
金融业	Financial Intermediation	10.3	12.6	11.7	2.0	3.6
房地产业	Real Estate	10.2	13.8	-0.7	3.4	6.9
租赁和商务服务业	Leasing and Business Services	8.2	3.6	4.6	20.5	
科学研究和技术服务业	Scientific Research and Technical Service	9.9	16.0	5.8	17.6	
水利、环境和公共设施管理业	Management of Water Conservancy, Environment and Public Facilities	9.7	16.7	12.0	20.1	
居民服务、修理和其他服务业	Services to Households, Repair and Other Services	14.2	6.7	7.1	-10.0	
教育	Education	15.6	16.5	21.7	6.1	
卫生和社会工作	Health and Social Work	13.8	13.5	22.0	6.3	
文化、体育和娱乐业	Culture ,Sports and Entertainment	3.9	7.8	20.4	3.3	
公共管理、社会保障和社会组织	Public Management, Social Security and Social Organizations	9.8	8.7	18.1	11.0	
第一产业	Primary Industry	-9.6	4.2	-0.4	27.0	3.9
第二产业	Secondary Industry	7.8	7.5	8.1	9.2	9.3
第三产业	Tertiary Industry	9.7	10.1	9.9	8.4	6.4

2-11 各行业增加值构成项目（2017年）

COMPONENTS OF VALUE ADDED BY SECTOR（2017）

单位：万元 (10 000 yuan)

行业	Sector	地区生产总值 Gross Domestic Product	劳动者报酬 Laborers' Remun-eration	生产税净额 Net Taxes on Production	固定资产折旧 Depreciation of Fixed Assets	营业盈余 Operating Surplus
合计	**Total**	**224 900 586**	**109 120 647**	**31 029 085**	**21 326 687**	**63 424 167**
农林牧渔业	Agriculture, Forestry, Animal Husbandry and Fishery	203 482	203 482			
工 业	Industry	87 391 366	44 108 969	11 197 471	10 468 284	21 616 642
建筑业	Construction	5 940 681	3 430 664	830 231	237 188	1 442 598
批发和零售业	Wholesale and Retail Sales	23 674 321	12 231 090	7 236 905	551 540	3 654 786
交通运输、仓储和邮政业	Transportation,Storage and Post	7 012 865	4 206 102	537 821	1 377 332	891 610
住宿和餐饮业	Hotels and Catering Services	3 941 034	2 877 677	279 190	278 805	505 362
信息传输、软件和信息技术服务业	Information Transmission, Software and Information Technology	17 670 591	5 968 272	1 418 627	1 170 759	9 112 933
金融业	Financial Intermediation	29 242 564	7 373 304	3 684 615	329 920	17 854 725
房地产业	Real Estate	18 943 155	4 394 963	3 919 223	4 120 070	6 508 899
租赁和商务服务业	Leasing and Business Services	7 010 345	5 212 237	878 272	998 563	− 78 727
科学研究和技术服务业	Scientific Research and Technical Service	6 993 057	4 821 608	571 676	366 905	1 232 868
水利、环境和公共设施管理业	Management of Water Conservancy, Environment and Public Facilities	1 213 703	575 574	123 004	263 198	251 927
居民服务、修理和其他服务业	Services to Households, Repair and Other Services	2 249 770	1 880 280	99 718	58 347	211 425
教育	Education	3 957 370	3 462 300	52 097	343 779	99 194
卫生和社会工作	Health and Social Work	3 005 223	2 650 553	27 605	238 711	88 354
文化、体育和娱乐业	Culture ,Sports and Entertainment	1 060 613	716 786	134 220	178 038	31 569
公共管理、社会保障和社会组织	Public Management, Social Security and Social Organizations	5 390 446	5 006 786	38 410	345 248	2
第一产业	Primary Industry	195 721	195 721			
第二产业	Secondary Industry	93 180 979	47 458 316	12 019 281	10 689 694	23 013 688
第三产业	Tertiary Industry	131 523 886	61 466 610	19 009 804	10 636 993	40 410 479

注：本表按当年价格计算。

Note: Data of this table are calculated at current prices。

2-12 支出法地区生产总值
GROSS DOMESTIC PRODUCT BY EXPENDITURE APPROACH

单位：万元 (10 000 yuan)

年 份Year	支出法地区生产总值 Gross Domestic Product by Expenditure Approach	最终消费Final Consumption Expenditure	资本形成总额 Gross Capital Formation	货物和服务净流出 Net Exports of Goods and Services	最终消费率 (消费率)(%) Final Consumption Rate (%)	资本形成率 (投资率) (%) Capital Formation Rate (%)
1992	3 173 194	1 158 215	1 526 307	488 672	36.5	48.1
1993	4 531 445	1 617 614	2 213 934	699 897	35.7	48.9
1994	6 346 711	2 093 226	3 017 863	1 235 622	33.0	47.6
1995	8 427 933	2 742 791	3 807 527	1 877 615	32.5	45.2
1996	10 505 121	3 508 245	4 660 386	2 336 490	33.4	44.4
1997	13 023 008	4 507 268	5 406 112	3 109 628	34.6	41.5
1998	15 449 472	5 432 212	6 357 560	3 659 700	35.2	41.2
1999	18 246 876	6 478 688	7 569 528	4 198 660	35.5	41.5
2000	22 192 015	8 625 540	8 956 134	4 610 341	38.9	40.3
2001	25 229 474	10 811 876	9 784 206	4 633 392	42.9	38.8
2002	30 172 384	13 772 558	11 425 350	4 974 476	45.6	37.9
2003	36 401 435	17 033 512	13 825 437	5 542 486	46.8	38.0
2004	43 502 928	20 486 914	16 865 205	6 150 809	47.1	38.8
2005	50 357 678	17 984 720	21 489 620	10 883 338	35.7	42.7
2006	59 206 612	21 196 299	23 805 590	14 204 723	35.8	40.2
2007	69 252 268	25 014 503	25 397 333	18 840 432	36.1	36.7
2008	79 414 328	29 261 285	26 939 868	23 213 175	36.8	33.9
2009	84 858 247	34 493 436	27 314 916	23 049 895	40.6	32.2
2010	100 022 183	41 040 155	31 178 180	27 803 848	41.0	31.2
2011	118 072 348	47 296 824	37 352 900	33 422 624	40.1	31.6
2012	133 196 818	55 146 505	39 500 176	38 550 137	41.4	29.7
2013	149 794 486	60 104 622	46 636 489	43 053 375	40.1	31.1
2014	164 494 770	68 825 568	51 675 598	43 993 604	41.8	31.4
2015	180 140 720	75 965 321	56 883 034	47 292 365	42.2	31.6
2016	200 797 043	83 311 563	69 005 378	48 480 102	41.5	34.4
2017	224 900 586	92 627 786	78 070 930	54 201 870	41.2	34.7

注： 本表按当年价格计算。
Note: Data of this table are calculated at current prices.

2-13 各区生产总值

GROSS DOMESTIC PRODUCT BY DISTRICT

单位：万元

年 份 Year	全市 Total	福田区 Futian	罗湖区 Luohu	盐田区 Yantian	南山区 Nanshan
2000	21 874 515	5 027 506	2 937 569	506 406	5 035 461
2001	24 824 874	5 656 978	3 175 776	609 770	5 710 571
2002	29 695 184	6 688 282	3 717 578	801 778	6 771 890
2003	35 857 235	7 972 713	4 271 370	1 039 501	8 285 677
2004	42 821 428	9 210 878	4 894 426	1 238 610	9 849 216
2005	49 509 078	10 340 815	5 301 055	1 474 060	11 363 967
2006	58 135 624	11 647 097	5 933 161	1 721 439	12 665 819
2007	68 015 706	13 133 597	7 108 138	2 021 615	14 658 195
2008	77 867 920	15 204 504	8 162 693	2 264 261	16 713 631
2009	82 902 842	16 359 674	8 848 615	2 520 353	17 294 987
2010	97 733 062	18 788 014	10 363 416	2 881 114	20 459 279
2011	115 158 598	20 934 837	12 024 593	3 270 442	24 432 827
2012	129 714 672	23 757 257	13 582 520	3 661 787	28 360 020
2013	145 726 689	27 146 439	14 942 336	4 104 196	32 230 645
2014	160 018 207	29 590 406	16 253 301	4 501 469	34 649 427
2015	175 028 634	32 561 471	17 275 004	4 864 379	37 155 228
2016	200 797 043	35 745 612	19 762 459	5 402 693	39 784 758
2017	224 900 586	38 205 692	21 616 969	5 859 975	46 177 993
2018	242 219 771	40 182 592	22 536 945	6 127 631	50 183 646

注：1、本表按当年价格计算。
Note: Data of this table are calculated at current prices。
2、注：2007年以来，深圳陆续设立功能新区及新行政区，表中大宝安区数据2007年及以前为原宝安区数据，2008-2012年包含宝安区和光明新区，2013-2016年包含宝安区、龙华新区和光明新区，2017年包含宝安区和光明新区。大龙岗区数据2008年及以前为原龙岗区数据，2009-2012年包含龙岗区和坪山新区，2013-2016年包含龙岗区、坪山新区和大鹏新区，2017年包含龙岗区和大鹏新区。
Since 2007, functional zones and new administrative districts have been established in Shenzhen. The data of Original Baoan were the data of Baoan in 2007 and before, included Baoan and Guangming in 2008-2012, included Baoan, Longhua and Guangming in 2013-2016, included Baoan and Guangming in 2017. The data of Original Longgang were the data of Longgang in 2008 and before, included Longgang and Pingshan in 2009-2012, included Longgang, Pingshan and Dapeng in 2013-2016, included Longgang and Dapeng in 2017.
3、分区地区生产总值数据2016年以前未做研发支出纳入修订。
R&D expenditure wasn't included in GDP before 2016 in this table.

(10 000 yuan)

大宝安区 Original Baoan	宝安区 Baoan	龙华区 Longhua	光明区 Guangming	大龙岗区 Original Longgang	龙岗区 Longgang	坪山区 Pingshan	大鹏新区 Dapeng	深汕特别合作区 ShenshanSpecial Cooperation Zone
4 681 824				3 685 749				
5 309 682				4 362 097				
6 484 846				5 230 810				
7 847 425				6 440 549				
9 775 229				7 853 069				
11 736 821				9 292 360				
15 252 352				10 915 756				
18 240 558				12 853 603				
20 868 748	19 007 885		1 860 863	14 654 083				
22 321 547	20 097 230		2 224 317	15 557 666	13 875 047	1 682 619		
26 910 483	24 039 809		2 870 674	18 330 756	16 054 058	2 276 698		
32 882 453	29 023 850		3 858 603	21 613 446	18 834 935	2 778 511		
35 078 623	30 032 656		5 045 967	25 274 465	21 821 979	3 452 486		
39 435 743	20 442 625	13 157 156	5 835 962	27 867 330	21 532 826	3 871 849	2 462 655	
44 982 436	23 681 533	14 980 767	6 320 136	30 041 168	23 210 811	4 237 273	2 593 084	
49 480 569	26 416 174	16 355 110	6 709 285	33 691 983	26 366 531	4 580 534	2 744 918	
56 978 613	30 712 452	18 845 820	7 420 341	43 122 908	34 704 725	5 307 729	3 110 454	
43 054 385	34 531 796	21 394 243	8 522 589	42 023 904	38 711 358	6 079 395	3 312 546	488 030
	36 121 814	24 018 151	9 205 900		42 878 617	7 016 584	3 416 572	531 319

2-14 各区生产总值指数

INDICES OF GROSS DOMESTIC PRODUCT BY DISTRICT

（以上年为100）

年 份 Year	全市 Total	福田区 Futian	罗湖区 Luohu	盐田区 Yantian	南山区 Nanshan
2001	114.3	113.4	111.3	116.5	115.1
2002	115.8	113.7	111.8	126.6	115.6
2003	119.2	116.5	111.5	127.0	121.7
2004	117.3	112.9	111.4	116.5	117.1
2005	115.1	110.9	107.8	118.5	114.8
2006	116.6	114.0	113.4	116.2	112.7
2007	114.8	112.7	112.9	116.0	110.6
2008	112.1	110.3	109.1	110.9	112.1
2009	110.8	110.2	107.7	110.2	111.4
2010	112.4	110.8	108.7	110.5	112.2
2011	110.0	108.5	108.2	110.0	111.6
2012	110.0	109.0	108.6	110.0	111.6
2013	110.5	110.3	109.2	110.1	112.0
2014	108.8	108.9	108.0	108.9	109.0
2015	108.9	109.0	108.0	108.9	109.3
2016	109.1	108.7	109.1	108.8	109.3
2017	108.8	108.2	108.4	108.6	109.1
2018	107.6	107.4	107.3	107.1	104.5

注： 本表按可比价格计算。
Note: Data in this table are calculated at constant prices.

(Preceding Year=100)

大宝安区 Original Baoan	宝安区 Baoan	龙华区 Longhua	光明区 Guangming	大龙岗区 Original Longgang	龙岗区 Longgang	坪山区 Pingshan	大鹏新区 Dapeng	深汕特别合作区 ShenshanSpecial Cooperation Zone
114.3				120.4				
118.7				116.9				
120.4				122.3				
122.9				120.1				
119.1				118.6				
121.0				119.2				
118.2				118.5				
113.3				114.2				
112.2				110.9				
115.1			128.2	113.0		127.7		
114.5			128.5	111.8		114.5		
108.4			125.1	111.4		115.2		
109.0	111.6	104.0	115.5	110.7	111.2	113.1		
109.1	109.6	108.0	111.0	108.9	109.5	110.0	103.7	
108.6	109.0	108.0	109.4	109.6	110.5	109.4	104.0	
108.7	109.0	108.1	109.1	110.2	110.0	113.1	107.0	
109.3	109.2	108.8	109.8	109.5	109.8	112.1	106.8	117.9
	108.7	110.3	107.3		111.0	110.1	106.0	104.0

2-15 各区分行业增加值（2018年）

VALUE ADDED OF SECTOR BY DISTRICT （2018）

单位：万元

行 业	Sector	福田区 Futian	罗湖区 Luohu	盐田区 Yantian	南山区 Nanshan
地区生产总值	**Gross Domestic Product**	**40 182 592**	**22 536 945**	**6 127 631**	**50 183 646**
农林牧渔业	Farming,Forestry,Animal Husbandry and Fishery	16 324	13 121	1 440	12 524
工业	Industry	1 842 194	524 726	572 200	19 326 588
建筑业	Construction	557 733	295 050	291 112	1 195 798
批发和零售业	Wholesale and Retail Trade	7 677 563	4 047 385	1 015 099	3 326 499
交通运输、仓储和邮政业	Transport,Storage and Post	1 176 535	927 855	1 254 444	1 282 666
住宿和餐饮业	Hotels and Catering Services	596 343	498 292	88 016	556 496
金融业	Financial Intermediation	13 319 922	7 783 973	730 895	3 046 208
房地产业	Real Estate	3 018 754	2 106 088	634 623	4 051 429
其他服务业	Other Services	11 977 224	6 340 455	1 539 802	17 385 438
第一产业	Primary Industry	16 324	13 121	1 440	10 686
第二产业	Secondary Industry	2 385 585	816 455	858 292	20 457 042
第三产业	Tertiary Industry	37 780 683	21 707 369	5 267 899	29 715 918

注： 本表按当年价格计算。
Note: Date of this table are calculated at curret prices.

(10 000 yuan)

宝安区 Baoan	龙岗区 Longgang	龙华区 Longhua	坪山区 Pingshan	光明区 Guangming	大鹏新区 Dapeng	深汕特别合作区 ShenshanSpecial Cooperation Zone
36 121 814	**42 878 617**	**24 018 151**	**7 016 584**	**9 205 900**	**3 416 572**	**531 319**
13 643	5 384	3 011	7 343	17 412	8 467	130 488
17 238 315	28 282 933	13 603 997	3 947 075	5 234 513	1 710 931	256 483
1 238 534	1 472 022	785 690	562 943	650 854	167 643	27 220
3 306 347	2 346 436	1 961 928	482 076	708 825	189 597	25 241
1 652 069	391 420	365 149	77 820	132 006	70 912	1 753
941 332	625 711	550 253	86 357	178 827	57 950	15 188
2 332 940	1 717 652	1 033 476	244 913	356 957	96 112	9 090
3 510 749	3 761 634	2 532 311	545 487	513 664	113 364	16 124
5 887 885	4 275 425	3 182 336	1 062 570	1 412 842	1 001 596	49 732
13 643	5 384	3 011	7 343	17 412	7 834	124 737
18 408 725	29 748 944	14 387 581	4 509 491	5 885 134	1 878 520	283 703
17 699 446	13 124 289	9 627 559	2 499 750	3 303 354	1 530 218	122 879

2-16 各区分行业增加值增长率（2018年）

GROWTH RATE OF VALUE ADDED OF SECTOR BY DISTRICT（2018）

单位：%

行业	Sector	福田区 Futian	罗湖区 Luohu	盐田区 Yantian	南山区 Nanshan
地区生产总值	**Gross Domestic Product**	**7.4**	**7.3**	**7.1**	**4.5**
农林牧渔业	Farming,Forestry,Animal Husbandry and Fishery	−0.8	−27.3	−19.4	14.9
工业	Industry	10.3	0.2	−1.7	−0.4
建筑业	Construction	13.3	7.8	11.3	14.7
批发和零售业	Wholesale and Retail Trade	3.4	5.3	12.1	5.3
交通运输、仓储和邮政业	Transport,Storage and Post	12.7	18.5	6.5	11.6
住宿和餐饮业	Hotels and Catering Services	2.2	5.5	0.5	4.8
金融业	Financial Intermediation	3.4	5.8	4.6	3.5
房地产业	Real Estate	15.7	5.9	35.2	5.2
其他服务业	Other Services	11.7	10.3	0.0	11.7
第一产业	Primary Industry	−0.8	−27.3	−19.4	8.7
第二产业	Secondary Industry	10.8	2.2	1.7	0.2
第三产业	Tertiary Industry	7.1	7.5	8.0	9.1

注： 本表按可比价格计算。
Note: Data in this table are calculated at constant prices.

(%)

宝安区 Baoan	龙岗区 Longgang	龙华区 Longhua	坪山区 Pingshan	光明区 Guangming	大鹏新区 Dapeng	深汕特别合作区 ShenshanSpecial Cooperation Zone
8.7	**11.0**	**10.3**	**10.1**	**7.3**	**6.0**	**4.0**
30.9	−2.7	−6.1	−19.9	23.9	−7.9	13.0
7.4	16.4	16.4	4.7	7.1	0.4	3.9
23.0	8.0	13.5	19.1	13.5	7.0	1.0
3.6	3.4	−1.9	23.2	16.9	5.1	4.1
18.3	6.6	9.5	13.5	13.2	17.9	6.3
0.2	0.7	0.9	4.6	2.5	19.8	−0.7
5.8	3.4	3.2	3.8	6.9	8.4	3.7
18.4	−6.1	1.1	46.9	−5.6	−4.6	5.3
7.7	3.1	4.3	16.0	6.7	17.2	−10.4
30.9	−2.7	−6.1	−19.9	23.9	−8.7	12.9
8.3	15.9	16.2	6.1	7.7	0.8	3.7
9.0	0.8	2.1	20.6	6.3	13.4	−2.2

2-17 战略性新兴产业发展情况（2018年）
STEATEGIC EMERGING INDUSTRY（2018）

单位：亿元 （100 million yuan）

指标	Indicators	增加值 Added Value	增长率（%） Growth Rate
合计	**Total**	**9 155.18**	**9.1**
新一代信息技术	New Generation of Information Technology Industry	4 772.02	10.9
数字经济	Digital Economy Industry	1 240.73	3.8
高端装备制造	High-end Equipment Manufacturing Industry	1 065.82	10.7
绿色低碳	Green Low Carbon Industry	990.73	11.7
海洋经济	Marine Economy Industry	421.69	-11.3
新材料	New Material Industry	365.61	8.6
生物医药	Biomedicine Industry	298.58	22.3

注：1. 本表增长率按可比价格计算。
Note：Growth Rate are calculated at constant prices in this table.
2. 从2018年起，发布战略性新兴产业新口径数据，因此2018年数据与2009—2017年数据不可比，之前的老口径数据不再修订。
From 2018, we use new caliber data of strategic emerging industrie, the data of 2018 is not comparable with the data of 2009-2017, data of 2009-2017 will not be revised.
3. 战略性新兴产业为深圳相关产业发展规划的口径，与国家、广东省及内地城市有所不同。
The caliber of emerging industries is formulated in accordance with the relevant industrial development plan of Shenzhen, which is different from that of the nation, Guangdong and other cities.

主要统计指标解释

国内生产总值（GDP） 指按市场价格计算的一个国家（或地区）所有常住单位在一定时期内生产活动的最终成果。国内生产总值有三种表现形态，即价值形态、收入形态和产品形态。从价值形态看，它是所有常住单位在一定时期内生产的全部货物和服务价值与同期投入的全部非固定资产货物和服务价值的差额，即所有常住单位的增加值之和； 从收入形态看，它是所有常住单位在一定时期内创造并分配给常住单位和非常住单位的初次收入之和； 从产品形态看，它是所有常住单位在一定时期内最终使用的货物和服务价值与货物和服务净出口价值之和。在实际核算中，国内生产总值有三种计算方法，即生产法、收入法和支出法。三种方法分别从不同的方面反映国内生产总值及其构成。

对于一个地区来说，称为地区生产总值或地区GDP。

增加值 指常住单位生产过程创造的新增价值和固定资产的转移价值。它可以按生产法计算，也可以按收入法计算，按生产法计算，它等于总产出减去中间投入；按收入法计算，它等于劳动者报酬、生产税净额、固定资产折旧和营业盈余之和。

劳动者报酬 指劳动者因从事生产活动所获得的全部报酬。包括劳动者获得的各种形式的工资、奖金和津贴，既有货币形式的，也有实物形式的，还包括劳动者所享受的公费医疗和医药卫生费、上下班交通补贴、单位支付的社会保险费、住房公积金等。对于个体经济来说，其所有者所获得的劳动报酬和经营利润不易区分，这两部分统一作为劳动者报酬处理。

生产税净额 指生产税减生产补贴后的差额。生产税指政府对生产单位从事生产、销售和经营活动以及因从事生产活动使用某些生产要素（如固定资产、土地、劳动力）所征收的各种税、附加费和规费。生产补贴与生产税相反，指政府对生产单位的单方面转移支付，因此视为负生产税，包括政策性亏损补贴、价格补贴等。

固定资产折旧 指一定时期内为弥补固定资产损耗按照规定的固定资产折旧率提取的固定资产折旧，或按国民经济核算统一规定的折旧率虚拟计算的固定资产折旧。它反映了固定资产在当期生产中的转移价值。各类企业和企业化管理的事业单位的固定资产折旧是指实际计提的折旧费；不计提折旧的政府机关、非企业化管理的事业单位和居民住房的固定资产折旧是按照统一规定的折旧率和固定资产原值计算的虚拟折旧。原则上，固定资产折旧应按固定资产的重置价值计算，但是目前我国尚不具备对全社会固定资产进行重估价的基础，所以暂时还不能采用这种办法。

营业盈余 指常住单位创造的增加值扣除劳动者报酬、生产税净额和固定资产折旧后的余额。它相当于企业的营业利润加上生产税补贴，但要扣除从利润中开支的工资和福利等。

支出法国内（地区）生产总值 指一个国家（或地区）所有常住单位在一定时期内用于最终消费、资本形成总额，以及货物和服务净出口的总额，它反映本期生产的国内生产总值的使用情况。

最终消费 指常住单位在一定时期内对于货物和服务的全部最终消费支出，也就是常住单位为满足物质、文化和精神生活的需要，从本国经济领土和国外购买的货物和服务的支出，不包括非常住单位在本国经济领土内的消费支出。最终消费分为居民消费和政府消费。

居民消费 指常住居民对货物和服务的全部最终消费支出。它除了常住居民直接以货币形式购买货物和服务的消费之外，还包括以其他方式获得的货物和服务的消费，即单位以实物报酬及实物转移的形式提供给劳动者的货物和服务；居民生产并由居民自己消费的货物和服务，其中的服务仅指居民的自有住房服务和付酬的家庭服务；金融机构提供的金融媒介服务；保险公司提供的保险服务。

政府消费 指政府部门为全社会提供公共服务的消费支出和免费或以较低价格向居民提供的消费货物和服务净支出。前者等于政府服务的产出价值减去政府单位所获得的经营收入后的价值，政府服务的产出价值等于它的经常性业务支出加上固定资产折旧；后者等于政府部门免费或以较低价格向住户提供的货物和服务的市场价值减去向居民收取的价值。

资本形成总额 指常住单位在一定时期内获得的减处置的固定资产加存货的净变动额，包括固定资本形成总额和存货增加。

固定资本形成总额 指生产者在一定时期内获得的固定资产减处置的固定资产的价值总额。固定资产是通过生产活动生产出来的，其使用年限在一年以上，单位价值在规定标准以上的资产，不包括自然资产。固定资本形成总额分有形固定资本形成总额和无形固定资本形成总额。有形固定资本形成总额包括一定时期内完成的建筑工程、安装工程、设备工器具购置（减处置）价值以及土地改良、新增役、种、奶、毛、娱乐用牲畜和新增经济林木价值。无形固定资本形成总额包括矿藏的勘探、计算机软件等获得减处置。

存货增加 指常住单位存货实物量变动的市场价值，即期末价值减期初价值的差额，再扣除当期由于价格变动而产生的持有收益。存货增加可以是正值，也可以是负值；正值表示存货增加，负值表示存货减少。它包括生产单位购进的原材料、燃料和储备物资等存货，以及生产单位生产的产成品、在制品存货等。

货物和服务净流出 指货物和服务流出减货物和服务流入的差额。流出包括常住单位向非常住单位出售或无偿转让的各种货物和服务的价值；流入包括常住单位从非常住单位购买或无偿得到的各种货物和服务价值。由于服务活动的提供与使用同时发生，因此服务的流入流出业务并不发生出入境现象，一般把常住单位从非常住单位得到的服务作为流入，常住单位向非常住单位提供的服务作为流出。

三次产业 根据社会生产活动历史发展的顺序对产业结构的划分，产品直接取自自然界的部门称为第一产业，初级产品进行再加工的部门称为第二产业，为生产和消费提供各种服务的部门称为第三产业。它是世界上通用的产业结构分类，但各国的划分不尽一致。我国的三次产业划分是：

第一产业是指农、林、牧、渔业，不含农、林、牧、渔业中的农、林、牧、渔服务业。

第二产业是指采矿业，制造业，电力、燃气及水的生产和供应业，建筑业，不含采矿业中的开采辅助活动，制造业中的金属制品、机械和设备修理业。

第三产业是指除第一、第二产业以外的其他行业。包括批发和零售业，交通运输、仓储和邮政业，住宿和餐饮业，信息传输、软件和信息技术服务业，金融业，房地产业，租赁和商务服务业，科学研究和技术服务业，水利、环境和公共设施管理业，居民服务、修理和其他服务业，教育，卫生和社会工作，文化、体育和娱乐业，公共管理、社会保障和社会组织，国际组织，以及农、林、牧、渔业中的农、林、牧、渔服务业，采矿业中的开采辅助活动，制造业中的金属制品、机械和设备修理业。

Explanatory Notes on Main Statistical Indicators

Gross domestic product (GDP) refers to the final products at market prices produced by all resident units in a country during a certain period of time.Gross domestic product is expressed in three different perspectives,namely value,income and products respectively.GDP in its value perspective refers to the balance of total value of all goods and services produced by all resident units during a certain period of time,minus the total value of input of goods and services of the nature of non-fixed assets;in other words,it is the sum of the value-added of all resident units.GDP from the perspective of income includes the primary income created by all esident units and distributed to resident and non-resident units.GDP from the perspective of products refers to the value of all goods and services for final emand by all resident units plus the net exports of goods and services during a given preriod of time.In the practice of ntaional accounting,gross domestic product is calculated from three approches,namely production approach,income aproach and expenditure approach,which reflect gross domestic product and its composition from different angles.

For a region, it is called as Gross Regional Product(GRP) or regional GDP.

Value-added refers to value newly created in the process of production by resident units and the transfer value of fixed assets. It can be calculated by both production approach and income approach. In terms of production approach, it is the total output minus intermediate input. In terms of income approach, it is the summation of laborers' remuneration, net taxes on production, depreciation of fixed assets and operating surplus.

Laborers' Remuneration refers to the whole payment of various forms earned by laborers from productive activities they are engaged in, including wages, bonuses and allowances earned in monetary form and in kind, as well as free medical services provided to the laborers and the medicine expenses, traffic subsidies, and social insurance fee and housing fund paid by the laborers' working units for them. In terms of individual economy, since laborers' remuneration is not easily distinguished from the operating profit, both are treated as laborers' remuneration.

Net Taxes on Production refers to taxes on production less subsidies on production.The taxes on production refers to the various taxes,extra charges and fees levied on the production units on their production,sale and business activities as well as on the use of some facors of production,such as fixed assets,land and labour in the production activities they are engaged in.In contrast to taxes on production,subsidies on prodution refer to the unilateral govemment transfer to the production units and are therefore regarded as negative taxes on production.They include subsidies on the loss due to implementation of government policies,price subsidies,etc.

Depreciation of Fixed Assets refers to the depreciation of fixed assets of a given period, drawn in accordance with the stipulated depreciation rate for the purpose of compensating the wear loss of the fixed assets or the depreciation of fixed assets calculated in a fictitious way in accordance with the stipulated unified depreciation rate in the national economic accounting system. It reflects the value of transfer of the fixed assets in the production of the current period. The depreciation of fixed assets in various enterprises and institutions managed as enterprises refers to the depreciation expenses actually drawn and calculated as part of the cost. In government agencies and institutions not managed as enterprises which do not draw the depreciation expenses, as well as for the houses of residents, the depreciation of fixed assets is the imputed depreciation, which is calculated in accordance with the stipulated unified depreciation rate and the original value of the fixed assets. In principle, the depreciation of fixed assets should be calculated on the basis of the repurchase value of the fixed assets. However, there is no actual condition to reevaluate all the fixed assets in China.

Therefore, the above–mentioned methods are temporarily adopted at present.

Operating Surplus refers to the balance of the value–added created by the resident units deducting the laborers' remuneration, net taxes on production and the depreciation of fixed assets. It is equivalent to the business profit of the enterprises plus subsidies on production, but the wages and welfare expenses paid from the profits should be deducted.

GDP by Expenditure Approach refers to the method of measuring the final results of production activities of a country(region) during a given period from the perspective of final uses.It includes final consumption expenditure,gross capital formation and net export of goods and services.The formula for computation is.:

GDP by expenditure approach = final consumption expenditure + gross capital formation + net export of goods and services

Final Consumption refers to the total expenditure of resident units on final consumption of goods and services in a certain period, namely the expenditure of the resident units for purchases of goods and services from domestic economic territory and abroad to meet the requirements of material, cultural and spiritual life. It excludes the expenditure of nonresident units on consumption in the economic territory of the country. The final consumption is classified into household consumption and government consumption.

Resident Consumption refers to the total expenditure of residents on the final consumption of goods and services. In addition to the consumption of goods and services paid for in monetary form by the residents, the expenditure on goods and services obtained by the residents in other ways is also included in the resident consumption, which includes: (a) goods and services provided to the residents by the units in the form of payment in kind and transfer in kind; (b) goods and services produced and consumed by the residents themselves, where services refer only to services related to residential buildings owned by the residents and paid services for the households; (c) services of financial intermediary provided by financial institutions; and (d) insurance services provided by insurance companies.

Government Consumption refers to the expenditure on the consumption of public services provided by the government to the whole society and the net expenditure on goods and services provided by the government for residents free of charge or at low prices. The former equals the output value of the government services minus the value of operating income obtained by the government departments. The latter equals the market value of goods and services provided by the government free of charge or at low prices for residents minus the value charged by the government on households.

Total Capital Formation refers to the net value of change within a certain period calculated as fixed assets acquired minus those disposed plus inventory, which includes total fixed assets formation and increase in inventory.

Total Fixed Capital Formation refers to the value of fixed assets acquired minus the value of fixed assets disposed within a certain period, where fixed assets refer to assets produced through productive activities with a term of use of over one year and a unit price above designated standards, excluding natural assets. Total fixed capital formation can be classified into total tangible assets formation and total intangible assets formation. Total tangible assets formation includes the value of the construction projects, installation projects completed and the equipment, apparatus and instruments purchased as well as the value of land improved, the value of draught animals, breeding stock, milk, wool and recreational animals and newly–increased economic forest in a certain period. Total intangible assets formation includes value acquired through the prospecting of minerals, computer software, and other operations minus the disposal of them.

Increase in Inventory refers to the market value of the change in inventory in resident units, i.e. the difference in value between the beginning and the end of the period minus benefits aquired through the posession of inventory that have appreciated during the period. The increase in inventory can be positive or negative. A positive value indicates the increase in stock while a negative value indicates the decrease in stock. The inventory includes the raw materials, fuels and reserve materials purchased by the production units as well as the inventory of finished products, semi–finished products and work in progress, etc.

Net Outflow of Goods and Services refers to the difference between the outflow of goods and services andthe inflow of goods and services. The outflow includes the value of various goods and services sold or gratuitously transferred by resident units to nonresident units. The inflow includes the value of various goods and services purchased or gratuitously acquired by resident units from non–resident units. As the provision of services and the use of them happen simultaneously, the inflow and outflow of services do not involve border crossing. The acquisition of services by the resident units from nonresident units is usually treated as inflow while the provision of services by the resident units for nonresident units is usually treated as outflow.

Three Industries are the classification of industrial structure according to the historical sequence of development of social production. Primary industry refers to direct extraction of natural resources; secondary industry involves processing of primary products; and tertiary industry provides services of various kinds for production and consumption. Such classification is a common practice in the world, though grouping varies to some extent from country to country. In China the three industries are defined as follows:

Primary industry refers to agriculture, forestry, animal husbandry and fishery, excluding agriculture, forestry, animal husbandry and fishery services in agriculture， forestry, animal husbandry and fishery.

Secondary industry refers to mining, manufacturing, production and supply of electric power, water and gas, and construction, excluding mining activities in mining, metal products, machinery and equipment repair in manufacturing.

Tertiary industry refers to all other industries not included in primary or secondary industry.Including wholesale and retail trades, transport, storage and post, hotels and catering services, information transmission, software and information technology, financial intermediation, real estate, leasing and business services, scientific research and technical services, management of water conservancy, environment and public facilities, services to households, repair and other services, education, health care and social service, culture, sports and recreation, public administration, social security and social organizations, international organizations, agriculture, forestry, animal husbandry and fishery services in agriculture, forestry, animal husbandry and fishery, mining activities in mining, metal products, machinery and equipment repair in manufacturing.

03 第三部分

人口和劳动力

POPULATION AND LABOR FORCE

CHAPTER

3-1 人口及就业人员主要指标
MAIN INDICATORS OF EMPLOYED PERSONS

项 目	Item	2010	2014	2015	2016	2017	2018
年末常住人口(万人)	**Permanent Population at the Year-end (10 000 persons)**	**1 037.20**	**1 077.89**	**1 137.87**	**1 190.84**	**1 252.83**	**1 302.66**
人口密度(人/平方公里)	Population Density (person/sq.km.)	5 208	5 398	5 697	5 962	6 234	6 484
常住户籍人口	**Permanent Registered Population**						
年末总户数(万户)	Total Households at the Year-end (10 000 households)	71.44	89.76	94.92	100.13	107.64	114.73
年末人口数(万人)	Total Population at the Year-end(10 000 persons)	251.03	332.21	354.99	384.52	434.72	454.70
性别比(女=100)	Sex Ratio (female=100)	113.1	107.6	106.3	104.7	102.70	101.1
人口变动情况(‰)	**Status of Population Changes (‰)**						
出生率	Birth Rate	14.50	19.89	19.64	22.33	25.45	21.58
死亡率	Death Rate	0.92	2.41	1.28	1.34	1.53	1.29
自然增长率	Natural Growth Rate	13.58	17.48	18.36	20.99	23.92	20.29
就业人员人数(万人)	**Number of Employed Persons (10 000 persons)**	**758.14**	**899.66**	**906.14**	**926.38**	**943.29**	**1 050.25**
第一产业	Primary Industry		0.12	0.13	0.11	1.75	1.63
第二产业	Secondary Industry		431.93	422.58	418.45	419.19	444.75
第三产业	Tertiary Industry		467.60	483.43	507.82	522.36	603.87
#在岗职工	Fully Employed Staff and Workers	251.09	448.93	447.41	442.55	447.32	466.91
国有单位	State-owned Units	46.56	42.91	43.18	41.84	41.92	39.02
城镇集体单位	Urban Collective-owned Units	1.54	3.36	2.46	2.35	2.84	1.49
其他单位	Units of Other Types of Ownership	202.99	402.66	401.77	398.36	402.55	426.39
#私营个体就业人员	Self-employed Individuals	376.60	438.43	446.22	470.15	477.87	562.19
城镇单位在岗职工工资总额(亿元)	**Total Wage Bill of Fully Employed Staff and Workers in Urban Units (100 million yuan)**	**1 233.88**	**3 287.98**	**3 662.72**	**3 994.05**	**4 469.76**	**5 236.48**
国有单位	State-owned Units	360.37	460.23	500.39	510.55	623.28	668.23
城镇集体单位	Urban Collective-owned Units	4.15	14.64	11.14	13.35	21.20	8.99
其他单位	Units of Other Types of Ownership	869.36	2 813.11	3 151.20	3 470.14	3 825.28	4 559.25
城镇单位在岗职工年平均工资(元)	**Average Wage of Fully Employed Staff and Workers in Urban Units (yuan)**	**50 456**	**72 651**	**81 034**	**89 757**	**100 173**	**111 709**
国有单位	State-owned Units	79 734	108 192	117 432	124 927	150 444	172 466
城镇集体单位	Urban Collective-owned Units	27 801	39 993	45 546	56 682	71 380	67 768
其他单位	Units of Other Types of Ownership	43 939	69 224	77 436	86 374	95 203	106 353

3-2 户数、人口、出生、死亡及自然增长

HOUSEHOLDS、POPULATION、BIRTH、DEATH AND NATURAL GROWTH

年 份 Year	年末户籍人口户数(万户) Registered Households (year-end) (10 000 households)	年末常住人口数 (万人) Year-end Permanent Population (10 000 persons)	常住户籍人口 Permanent Registered Population	常住非户籍人口 Permanent Non-registered Population
1979	7.62	31.41	31.26	0.15
1980	7.82	33.29	32.09	1.20
1981	8.20	36.69	33.39	3.30
1982	8.61	44.95	35.45	9.50
1983	9.25	59.52	40.52	19.00
1984	10.32	74.13	43.52	30.61
1985	11.27	88.15	47.86	40.29
1986	12.41	93.56	51.45	42.11
1987	13.88	105.44	55.60	49.84
1988	15.30	120.14	60.14	60.00
1989	16.51	141.60	64.82	76.78
1990	18.19	167.78	68.65	99.13
1991	19.56	226.76	73.22	153.54
1992	21.81	268.02	80.22	187.80
1993	24.32	335.97	87.69	248.28
1994	26.74	412.71	93.97	318.74
1995	28.67	449.15	99.16	349.99
1996	30.35	482.89	103.38	379.51
1997	32.15	527.75	109.46	418.29
1998	34.07	580.33	114.60	465.73
1999	36.15	632.56	119.85	512.71
2000	38.87	701.24	124.92	576.32
2001	41.14	724.57	132.04	592.53
2002	44.73	746.62	139.45	607.17
2003	47.55	778.27	150.93	627.34
2004	52.04	800.80	165.13	635.67
2005	57.01	827.75	181.93	645.82
2006	61.37	871.10	196.83	674.27
2007	64.88	912.37	212.38	699.99
2008	67.10	954.28	228.07	726.21
2009	69.81	995.01	241.45	753.56
2010	71.44	1 037.20	251.03	786.17
2011	74.54	1 046.74	267.90	778.85
2012	78.29	1 054.74	287.62	767.13
2013	84.83	1 062.89	310.47	752.42
2014	89.76	1 077.89	332.21	745.68
2015	94.92	1 137.87	354.99	782.88
2016	100.13	1 190.84	384.52	806.32
2017	107.64	1 252.83	434.72	818.11
2018	114.73	1 302.66	454.70	847.97

年 份 Year	在年末常住户籍人口中 Among Permanent Registered Population at the Year-end		户籍户平均每户人口(人) Average Persons Per Registered Household (person)	年平均人口(万人) Average Annual Population (10 000 persons)	
	男性(万人) Male (10 000 persons)	女性(万人) Female (10 000 persons)		按常住人口计算 Permanent Population	按常住户籍人口计算 Permanent Registered Population
1979	14.26	17.00	4.10		
1980	14.69	17.40	4.10	32.35	31.68
1981	15.51	17.88	4.07	34.99	32.74
1982	16.67	18.78	4.12	40.82	34.42
1983	20.50	20.02	4.38	52.24	37.99
1984	22.01	21.51	4.22	66.83	42.02
1985	24.32	23.54	4.25	81.14	45.69
1986	26.13	25.32	4.15	90.86	49.66
1987	28.22	27.38	4.01	99.50	53.53
1988	30.49	29.64	3.93	112.79	57.87
1989	32.89	31.93	3.93	130.87	62.48
1990	34.92	33.73	3.77	154.69	66.74
1991	37.27	35.95	3.74	197.27	70.94
1992	41.19	39.03	3.68	247.39	76.72
1993	45.25	42.44	3.61	302.00	83.96
1994	48.62	45.35	3.51	374.34	90.83
1995	51.37	47.80	3.46	430.93	96.57
1996	53.64	49.75	3.41	466.02	101.27
1997	56.79	52.66	3.40	505.32	106.64
1998	59.73	54.87	3.36	554.04	112.03
1999	62.69	57.16	3.32	606.45	117.22
2000	65.21	59.71	3.21	666.90	122.39
2001	69.47	62.57	3.21	712.91	128.48
2002	73.59	65.86	3.12	735.60	135.75
2003	79.72	71.21	3.17	762.45	145.19
2004	87.58	77.55	3.17	789.54	158.03
2005	96.69	85.24	3.19	814.28	173.53
2006	104.75	92.08	3.21	849.42	189.38
2007	112.98	99.40	3.27	891.74	204.60
2008	121.22	106.85	3.40	933.33	220.22
2009	128.38	113.07	3.46	974.65	234.76
2010	133.21	117.82	3.51	1 016.11	246.24
2011	141.61	126.29	3.59	1 041.97	259.47
2012	151.15	136.47	3.67	1 050.74	277.76
2013	161.93	148.54	3.66	1 058.82	299.04
2014	172.16	160.05	3.70	1 070.39	321.34
2015	182.91	172.08	3.74	1 107.88	343.60
2016	196.64	187.88	3.84	1 164.36	369.76
2017	220.26	214.46	4.04	1 225.32	412.75
2018	228.60	226.10	3.96	1 277.75	444.71

3-2 续表 2 continued

年 份 Year	出生人口数(人) Population of Birth (person)	出生率(‰) Birth Rate (‰)	死亡人口数(人) Population of Death (person)	死亡率(‰) Death Rate (‰)	自然增长人数(人) Population of Natural Growth(person)	自然增长率(‰) Natural Growth Rate (‰)
1979	7 962	24.60	1 856	5.70	6 106	18.90
1980	6 775	21.40	1 773	5.60	5 002	15.80
1981	7 544	23.00	1 732	5.30	5 812	17.80
1982	6 974	20.30	1 707	5.00	5 267	15.30
1983	5 295	13.90	1 793	4.70	3 502	9.20
1984	5 005	11.50	1 606	3.69	3 399	8.09
1985	5 606	12.27	1 533	3.36	4 073	8.91
1986	6 143	12.37	1 794	3.61	4 349	8.76
1987	6 399	11.95	1 822	3.40	4 577	8.55
1988	8 290	14.32	1 720	2.97	6 570	11.35
1989	8 615	13.79	1 713	2.74	6 902	11.05
1990	10 755	16.11	1 859	2.79	8 896	13.33
1991	11 408	16.08	1 607	2.27	9 801	13.81
1992	11 277	14.07	1 840	2.40	9 437	11.67
1993	12 054	14.36	1 619	1.93	10 435	12.43
1994	12 509	13.77	1 590	1.75	10 919	12.02
1995	12 776	13.23	1 719	1.78	11 057	11.45
1996	13 170	13.00	2 116	2.09	11 054	10.91
1997	13 447	12.64	2 268	2.13	11 179	10.51
1998	13 049	11.65	2 341	2.09	10 708	9.56
1999	14 745	12.58	3 479	2.97	11 266	9.61
2000	17 967	14.68	3 120	2.55	14 847	12.13
2001	18 060	14.06	2 223	1.73	15 837	12.33
2002	22 536	16.60	1 978	1.46	20 558	15.14
2003	*15 986	10.63	2 301	1.53	13 685	9.10
2004	19 749	11.58	2 335	1.37	17 414	10.21
2005	24 407	12.64	2 717	1.41	21 690	11.23
2006	26 407	12.53	2 316	1.10	24 091	11.44
2007	34 358	14.54	2 570	1.09	31 788	13.45
2008	36 762	14.12	2 551	0.98	34 211	13.14
2009	37 098	13.70	2 323	0.86	34 775	12.84
2010	40 342	14.50	2 552	0.92	37 790	13.58
2011	41 805	15.42	2 974	1.10	38 831	14.32
2012	61 390	19.38	4 360	1.38	57 030	18.00
2013	59 526	18.84	3 390	1.07	56 136	17.77
2014	67 594	19.89	8 192	2.41	59 402	17.48
2015	71 515	19.64	4 656	1.28	66 859	18.36
2016	87 167	22.33	5 249	1.34	81 918	20.99
2017	116 564	25.45	7 012	1.53	109 552	23.92
2018	105 864	21.58	6 333	1.29	99 531	20.29

注： 自2003年起“出生人口数”、“出生率”、“死亡人口数”、“死亡率”、“自然增长人数”、“自然增长率”按市计生办口径统计。

Note: Since 2003, Population of Birth, Birth Rate, Population of Death, Death Rate, Population of Natural Growth and Natural Growth and Natural Growth Rate are calculated by the statistical coverage from Shenzhen Family Planning Office.

3-3 人口指数

INDICES OF POPULATION

年 份 Year	以1979年为100 1979=100			以上年为100 Preceding Year=100		
	年末常住人口 Permanent Population (Year-end)	户籍人口 Registered Population	非户籍人口 Non-registered Population	年末常住人口 Permanent Population (Year-end)	户籍人口 Registered Population	非户籍人口 Non-registered Population
1980	106.0	102.7	800.0	106.0	102.7	800.0
1981	116.8	106.8	2 200.0	110.2	104.1	275.0
1982	143.1	113.4	6 333.3	122.5	106.2	287.9
1983	189.5	129.6	12 666.7	132.4	114.3	200.0
1984	236.0	139.2	20 406.7	124.5	107.4	161.1
1985	280.6	153.1	26 860.0	118.9	110.0	131.6
1986	297.9	164.6	28 073.3	106.1	107.5	104.5
1987	335.7	177.9	33 226.7	112.7	108.1	118.4
1988	382.5	192.4	40 000.0	113.9	108.2	120.4
1989	450.8	207.4	51 186.7	117.9	107.8	128.0
1990	534.2	219.6	66 086.7	118.5	105.9	129.1
1991	721.9	234.2	102 360.0	135.2	106.7	154.9
1992	853.3	256.6	125 200.0	118.2	109.6	122.3
1993	1 069.6	280.5	165 520.0	125.4	109.3	132.2
1994	1 313.9	300.6	212 493.3	122.8	107.2	128.4
1995	1 430.0	317.2	233 326.7	108.8	105.5	109.8
1996	1 537.4	330.7	253 006.7	107.5	104.3	108.4
1997	1 680.2	350.2	278 860.0	109.3	105.9	110.2
1998	1 847.6	366.6	310 486.7	110.0	104.7	111.3
1999	2 013.9	383.4	341 806.7	109.0	104.6	110.1
2000	2 232.5	399.6	384 213.3	110.9	104.2	112.4
2001	2 306.8	422.4	395 020.0	103.3	105.7	102.8
2002	2 377.0	446.1	404 780.0	103.0	105.6	102.5
2003	2 477.8	482.8	418 226.7	104.2	108.2	103.3
2004	2 549.5	528.2	423 780.0	102.9	109.4	101.3
2005	2 635.3	582.0	430 546.7	103.4	110.2	101.6
2006	2 772.3	629.7	449 490.8	105.2	108.2	104.4
2007	2 902.6	679.4	466 571.5	104.7	107.9	103.8
2008	3 036.1	729.7	483 834.6	104.6	107.4	103.7
2009	3 166.7	772.8	502 220.3	104.3	105.9	103.8
2010	3 299.7	803.7	523 815.8	104.2	104.0	104.3
2011	3 329.4	857.5	519 101.5	100.9	106.7	99.1
2012	3 356.0	921.0	511 315.0	100.8	107.4	98.5
2013	3 382.8	994.7	501 600.0	100.8	108.0	98.1
2014	3 430.2	1 064.3	497 085.6	101.4	107.0	99.1
2015	3 622.3	1 137.7	521 939.9	105.6	106.9	105.0
2016	3 792.5	1 232.1	537 598.1	104.7	108.3	103.0
2017	3 967.0	1 371.3	545 124.5	104.6	111.3	101.4
2018	4 125.7	1 434.4	565 839.2	104.0	104.6	103.8
年平均增长率 Average Annual Growth Rate	**10.0**	**7.1**	**24.8**			

3-4　计划生育情况
FAMILY PLANNING

单位：%　　　　(%)

指标名称	Item	2015	2016	2017	2018
一孩率	1st Birth Rate	69.6	57.3	42.3	45.0
二孩率	2nd Birth Rate	29.1	40.6	54.6	49.9
多孩率	3rd Birth and Above Rate	1.3	2.1	3.1	5.1
政策生育率	Fertility Rate	88.5	95.0	98.1	97.0
出生人口性别比（女性=100）	Sex Ratio at Birth	108.5	108.1	113.4	112.5
已婚育龄妇女人数（人）	Number of Childbearing Women（person）	980 487	1 054 689	1 114 817	1 238 563
晚婚率	Late Marriage Rate	95.9	95.9	95.7	96.4

3-5　各区年末常住人口数
PERMANENT POPULATION AT THE YEAR-END BY DISTRICT

单位：万人　　　　(10 000 persons)

区 别	District	2014	2015	2016	2017	2018
全市	**Total**	**1 077.89**	**1 137.87**	**1 190.84**	**1 252.83**	**1 302.66**
福田区	Futian	135.71	144.06	150.17	156.12	163.37
罗湖区	Luohu	95.37	97.56	100.40	102.72	103.99
盐田区	Yantian	21.65	22.12	22.65	23.72	24.29
南山区	Nanshan	113.59	129.12	135.63	142.46	149.36
宝安区	New Baoan	273.65	286.33	301.71	314.90	325.78
龙岗区	New Longgang	197.52	205.24	214.38	227.89	238.64
龙华区	Guangming	143.45	151.15	154.94	160.37	167.28
坪山区	Pingshan	33.15	35.61	40.79	42.80	44.63
光明区	Longhua	50.42	53.12	56.08	59.68	62.50
大鹏新区	Dapeng	13.37	13.56	14.09	14.61	15.30
深汕特别合作区	ShenshanSpecial Cooperation Zone				7.57	7.51

3-6 按行业分的就业人员人数（2018年末）

NUMBER OF EMPLOYED PERSONS AT YEAR-END GROUPED BY SECTOR（2018）

单位：人 （person）

项 目	Item	年末就业人员合计 Number of Employed Persons (year-end)	在岗职工 Fully Employed Staff and Workers	私营个体就业人员 Self-employed Individuals	其他就业人员 Others
总 计	**Total**	**10 502 549**	**4 669 060**	**5 621 914**	**211 575**
按三次产业分	**Grouped by Industry**				
第一产业	Primary Industry	16 342	256	339	15 747
第二产业	Secondary Industry	4 447 519	2 528 672	1 821 475	97 372
第三产业	Tertiary Industry	6 038 688	2 140 132	3 800 100	98 456
按国民经济行业分	**Grouped by Sector**				
1.农、林、牧、渔业	Agriculture, Forestry, Animal Husbandry and Fishery	16 342	256	339	15 747
2.采矿业	Mining	3 777	3 686	88	3
3.制造业	Manufacturing	3 669 468	2 205 509	1 450 712	13 247
4.电力、热力、燃气及水生产和供应业	Production and Distribution of Eleltricity,Heat, Gas and Water	22 625	21 557	1 001	67
5.建筑业	Construction	753 883	300 151	369 674	84 058
6.批发和零售业	Wholesale and Retail Trades	1 787 151	287 853	1 486 831	12 467
7.交通运输、仓储和邮政业	Transportation, Storage and Post	423 662	252 358	157 031	14 273
8.住宿和餐饮业	Hotels and Catering Services	608 789	109 117	487 354	12 318
9.信息传输、软件和信息技术服务业	Information Transmission, Software and Information Technology	530 837	258 312	265 598	6 927
10.金融业	Financial Intermediation	200 691	162 449	22 020	16 222
11.房地产业	Real Estate	506 335	261 536	242 293	2 506
12.租赁和商务服务业	Leasing and Business Services	729 218	273 445	439 218	16 555
13.科学研究和技术服务业	Scientific Research and Technical Service	321 332	128 108	191 412	1 812
14.水利、环境和公共设施管理业	Management of Water Conservancy, Environment and Public Facilities	37 381	14 915	22 331	135
15.居民服务、修理和其他服务业	Services to Households, Repair and Other Services	361 042	24 897	335 538	607
16.教育	Education	188 110	120 995	62 400	4 715
17.卫生和社会工作	Health and Social Work	100 337	70 824	28 535	978
18.文化、体育和娱乐业	Culture, Sports and Entertainment	85 038	22 632	58 483	3 923
19.公共管理、社会保障和社会组织	Public Management, Social Security and Social Organizations	156 531	150 460	1 056	5 015
20. 国际组织	International Organizations				

注：根据国家劳动统计报表制度的统一规定，从2013年年报起，原属于乡镇企业且符合城镇非私营单位条件的“四上”企业纳入城镇非私营单位就业人员及工资统计范围。后同。

Note: According to the provision of national labor statistics reporting form system, since the year reporting of 2013, the scope of statistics on employed persons in urban corporate unit excluding private units and labor wage covers four above designated size enterprises (refers to industrial enterprises above designated size, construction enterprises by qualification criteria, enterprises above designated size of wholesale trade, retail trade, hotels and catering services), which originally has been included township enterprises and in accordance with the condition of urban corporate unit excluding private units. The same applies to the following tables.

3-7 就业人员人数（年末数）

NUMBER OF EMPLOYED PERSONS AT YEAR-END

单位：万人　　　　(10 000 persons)

年 份 Year	年末就业人员合计 Number of Employed Persons (year-end)	在岗职工 Fully Employed Staff and Workers	国有单位 State-owned Units	城镇集体单位 Urban Collective-owned Units	其他单位 Units of Other Types of Ownership	私营个体就业人员 Self-employed Individuals	镇村就业人员 Laborers of Town and Village	其他就业人员 Others
1979	13.95	4.02	3.37	0.65		0.41	9.52	
1980	14.89	4.86	4.05	0.81		0.38	9.65	
1981	15.36	5.31	4.51	0.80		0.13	9.92	
1982	18.49	8.28	7.00	1.28		0.11	10.17	
1983	22.37	12.57	10.10	1.22	1.25	0.22	9.58	
1984	27.26	18.33	14.14	2.15	2.04	0.50	8.43	
1985	32.61	22.66	16.84	2.60	3.22	0.64	9.31	
1986	36.04	25.88	18.97	2.68	4.23	0.93	9.23	
1987	44.30	32.29	22.04	3.55	6.70	1.10	10.91	
1988	54.53	41.74	28.04	4.53	9.17	1.69	11.10	
1989	93.65	48.24	30.34	4.85	13.05	2.19	43.22	
1990	109.22	55.41	33.85	5.25	16.31	3.36	50.45	
1991	149.32	64.89	38.77	6.76	19.36	4.87	79.56	
1992	175.97	71.10	38.85	7.99	24.26	12.33	92.54	
1993	220.81	78.11	41.45	5.42	31.24	38.84	103.86	
1994	273.00	82.29	38.71	8.28	35.30	54.63	135.73	0.35
1995	298.51	88.75	40.17	10.75	37.83	72.17	137.12	0.47
1996	322.12	89.13	41.07	9.53	38.53	87.14	145.42	0.43
1997	353.53	91.18	40.92	8.69	41.57	103.59	158.55	0.21
1998	390.33	91.93	33.75	4.25	53.93	114.79	183.32	0.29
1999	426.89	92.52	32.94	4.17	55.41	120.86	213.22	0.29
2000	474.97	93.36	31.00	3.84	58.52	139.88	240.91	0.82
2001	491.30	94.88	31.31	3.72	59.85	152.68	242.94	0.80
2002	509.74	101.76	29.62	2.57	69.57	166.88	240.22	0.88
2003	535.89	108.20	30.10	2.36	75.74	187.72	239.00	0.97
2004	562.17	135.88	31.94	1.66	102.28	204.16	220.97	1.16
2005	576.26	165.38	35.85	2.81	126.72	210.87	198.71	1.30
2006	609.76	184.25	39.85	1.57	142.83	250.77	172.78	1.96
2007	647.11	193.04	40.03	1.50	151.51	279.83	172.20	2.04
2008	682.35	198.35	41.31	1.36	155.68	301.97	179.98	2.05
2009	723.61	220.16	42.89	1.30	175.97	326.52	175.12	1.81
2010	758.14	251.09	46.56	1.54	202.99	376.60	128.53	1.92
2011	764.54	261.43	48.92	1.63	210.88	408.35	92.48	2.27
2012	771.20	277.90	49.58	1.66	226.66	430.71	60.47	2.12
2013	899.24	445.84	48.60	4.02	393.22	441.83	—	11.56
2014	899.66	448.93	42.91	3.36	402.66	438.43	—	12.30
2015	906.14	447.41	43.18	2.46	401.77	446.22	—	12.51
2016	926.38	442.55	41.84	2.35	398.36	470.15	—	13.68
2017	943.29	447.32	41.92	2.84	402.55	477.87	—	18.11
2018	1 050.25	466.91	39.02	1.49	426.39	562.19	—	21.16

3-8 就业人员人数指数

INDICES OF NUMBER OF EMPLOYED PERSONS

以上年为100 (preceding year=100)

年 份 Year	年末就业人员合计 Number of Employed Persons (year-end)	在岗职工 Fully Employed Staff and Workers				私营个体就业人员 Self-employed Individuals	镇村就业人员 Laborers of Town and Village	其他就业人员 Others
			国有单位 State-owned Units	城镇集体单位 Urban Collective-owned Units	其他单位 Units of Other Types of Ownership			
1980	106.7	120.9	120.2	124.6		92.7	101.4	
1981	103.2	109.3	111.4	98.8		34.2	102.8	
1982	120.4	155.9	155.2	160.0		84.6	102.5	
1983	121.0	151.8	144.3	95.3		200.0	94.2	
1984	121.9	145.8	140.0	176.2	163.2	227.3	88.0	
1985	119.6	123.6	119.1	120.9	157.8	128.0	110.4	
1986	110.5	114.2	112.6	103.1	131.4	145.3	99.1	
1987	122.9	124.8	116.2	132.5	158.4	118.3	118.2	
1988	123.1	129.3	127.2	127.6	136.9	153.6	101.7	
1989	171.7	115.6	108.2	107.1	142.3	129.6	389.4	
1990	116.6	114.9	111.6	108.2	125.0	153.4	116.7	
1991	136.7	117.1	114.5	128.8	118.7	144.9	57.7	
1992	117.8	109.6	100.2	118.2	125.3	253.2	116.3	
1993	125.5	109.9	106.7	67.8	128.8	315.0	112.2	
1994	123.6	105.4	93.4	152.8	113.0	140.7	130.7	
1995	109.3	107.9	103.8	129.8	107.2	132.1	101.0	134.3
1996	107.9	100.4	102.2	88.7	101.9	120.7	106.1	91.5
1997	109.8	102.3	99.6	91.2	107.9	118.9	109.0	48.8
1998	110.4	102.3	84.6	49.2	130.7	110.8	115.6	138.1
1999	109.4	100.6	97.6	98.1	102.7	105.3	116.3	100.0
2000	111.3	100.9	94.1	92.1	105.6	115.7	113.0	282.8
2001	103.4	101.6	101.0	96.9	102.3	109.2	100.8	97.6
2002	103.8	107.2	94.6	69.1	116.2	109.3	98.9	110.0
2003	105.1	106.3	101.6	91.8	108.9	112.5	99.5	110.2
2004	104.9	116.4	103.2	69.2	123.2	108.8	92.5	119.6
2005	102.5	121.7	112.2	169.3	123.9	103.3	89.9	112.1
2006	105.8	111.4	111.2	55.9	112.7	118.9	87.0	150.8
2007	106.1	104.8	100.5	95.5	106.1	111.6	99.7	104.1
2008	105.4	102.8	103.2	90.7	102.8	107.9	104.5	100.5
2009	106.0	111.0	103.8	95.6	113.0	108.1	97.3	88.3
2010	104.8	114.0	108.6	118.5	115.4	115.3	73.4	106.1
2011	100.8	104.1	105.1	105.8	103.9	108.4	71.9	118.2
2012	100.9	106.3	101.3	101.8	107.5	105.5	65.4	110.1
2013	116.6	160.4	98.0	242.2	173.5	102.6	—	462.4
2014	100.0	100.7	88.3	83.6	102.4	99.2	—	82.6
2015	100.7	99.7	100.6	73.2	99.8	101.8	—	131.5
2016	102.2	98.9	96.9	95.5	99.2	105.4	—	108.9
2017	101.8	101.1	100.2	120.9	101.1	101.6	—	132.3
2018	111.3	104.4	93.1	52.6	105.9	117.6	—	116.8

3-9 分经济类型和行业城镇单位就业人员人数（2018年末）

NUMBER OF EMPLOYED PERSONS IN URBAN UNITS AT YEAR-END BY OWNERSHIP AND SECTOR（2018）

单位：人 (person)

项 目	Item	就业人员 Number of Employed Persons	国有单位 State-owned Units	城镇集体单位 Urban Collective-owned Units	其他单位 Units of Other Types of Ownership	在岗职工 Fully Employed Staff and Workers	国有单位 State-owned Units	城镇集体单位 Urban Collective-owned Units	其他单位 Units of Other Types of Ownership
合 计	**Total**	**4 864 889**	**398 770**	**15 310**	**4 450 809**	**4 669 060**	**390 235**	**14 937**	**4 263 888**
按企业、事业和机关分	**Grouped by Enterprises, Institutions and Agencies**								
企业	Enterprises	4 553 666	97 905	13 103	4 442 658	4 365 400	96 825	12 748	4 255 827
事业	Institutions	160 709	155 995	2 092	2 622	158 148	153 472	2 078	2 598
机关	Agencies	144 068	143 864		204	139 188	138 984		204
民营非营利组织	Private Non-profit Organizations	3 275		100	3 175	3 247		100	3 147
其他	Others	3 171	1 006	15	2 150	3 077	954	11	2 112
按国民经济行业分	**Grouped by Economic Sector**								
1.农、林、牧、渔业	Agriculture, Forestry, Animal Husbandry and Fishery	257	131		126	256	131		125
2.采矿业	Mining	3 689			3 689	3 686			3 686
3.制造业	Manufacturing	2 218 756	683	344	2 217 729	2 205 509	683	343	2 204 483
4.电力、热力、燃气及水生产和供应业	Production and Supply of Electricity,Heat,Gas and Water	21 624	236	29	21 359	21 557	236	19	21 302
5.建筑业	Construction	384 209	3 123	99	380 987	300 151	2 901	99	297 151
6.批发和零售业	Wholesale and Retail Trades	300 320	2 988	307	297 025	287 853	2 948	307	284 598
7.交通运输、仓储和邮政业	Transportation, Storage and Post	266 631	5 249	168	261 214	252 358	5 240	168	246 950
8.住宿和餐饮业	Hotels and Catering Services	121 435	1 988	5 725	113 722	109 117	1 979	5 385	101 753
9.信息传输、软件和信息技术服务业	Information Transmission, Software and Information Technology	265 239	6 585	339	258 315	258 312	6 585	339	251 388
10.金融业	Financial Intermediation	178 671	14 351		164 320	162 449	14 339		148 110
11.房地产业	Real Estate	264 042	1 974	834	261 234	261 536	1 956	834	258 746
12.租赁和商务服务业	Leasing and Business Services	290 000	54 138	4 252	231 610	273 445	53 651	4 252	215 542
13.科学研究和技术服务业	Scientific Research and Technical Service	129 920	5 493	16	124 411	128 108	5 145	16	122 947
14.水利、环境和公共设施管理业	Management of Water Conservancy, Environment and Public Facilities	15 050	2 522	8	12 520	14 915	2 478	8	12 429
15.居民服务、修理和其他服务业	Services to Households, Repair and Other Services	25 504	593		24 911	24 897	593		24 304
16.教育	Education	125 710	81 574	707	43 429	120 995	80 133	689	40 173
17.卫生和社会工作	Health and Social Work	71 802	53 822	2 389	15 591	70 824	53 103	2 389	15 332
18.文化、体育和娱乐业	Culture, Sports and Entertainment	26 555	7 997	75	18 483	22 632	7 818	75	14 739
19.公共管理、社会保障和社会组织	Public Management, Social Security and Social Organizations	155 475	155 323	18	134	150 460	150 316	14	130
按产业分	**Grouped by Industry**								
第一产业	Primary Industry	257	131		126	256	131		125
第二产业	Secondary Industry	2 626 044	4 042	472	2 621 530	2 528 672	3 820	461	2 524 391
第三产业	Tertiary Industry	2 238 588	394 597	14 838	1 829 153	2 140 132	386 284	14 476	1 739 372

3-10 各区城镇单位分行业在岗职工人数（2018年末）

NUMBER OF FULLY EMPLOYED STAFF AND WORKERS IN URBAN UNITS AT YEAR-END BY SECTOR AND BY DISTRICT （2018）

单位：人 (person)

区别 District		合计 Total	农、林、牧、渔业 Agriculture, Forestry, Animal Husbandry and Fishery	采矿业 Mining	制造业 Manufacturing	电力、热力、燃气及水生产和供应业 Production and Supply of Eleltricity,Heat, Gas and Water	建筑业 Construction	批发和零售业 Wholesale and Retail Trades	交通运输、仓储和邮政业 Transportation, Storage and Post	住宿和餐饮业 Hotels and Catering Services	信息传输、软件和信息技术服务业 Information Transmission, Software and Information Technology
福田区	Futian	918 467			38 879	6 348	146 892	90 512	68 493	44 498	88 378
罗湖区	Luohu	378 705	105		10 787	5 732	56 415	39 444	45 197	20 700	11 052
盐田区	Yantian	58 531			18 152		1 598	2 799	13 591	1 240	226
南山区	Nanshan	849 580	103	3 686	286 665	2 907	56 338	81 370	27 839	25 925	147 977
宝安区	Baoan	898 584			664 929	1 923	5 361	22 507	65 125	5 240	3 800
龙岗区	Longgang	676 725			493 874	1 847	5 819	26 279	21 357	2 912	2 750
龙华区	Longhua	497 010			371 380	982	22 499	18 983	7 985	6 151	3 274
坪山区	Pingshan	166 592			148 297	326	2 432	3 216	568	772	20
光明区	Guangming	179 331			152 981	560	353	2 119	1 127	343	755
大鹏新区	Dapeng	43 036	48		19 210	698	2 444	565	1 052	1 336	
深汕特别合作区	ShenshanSpecial Cooperation Zone	2 499			355	234		59	24		80

单位：人 3-10 续表 continued (person)

区 别 District		金融业 Financial Intermediation	房地产业 Real Estate	租赁和商务服务业 Leasing and Business Services	科学研究和技术服务业 Scientific Research and Technical Service	水利、环境和公共设施管理业 Management of Water Conservancy, Environment and Public Facilities	居民服务、修理和其他服务业 Services to Households, Repair and other Services	教育 Education	卫生和社会工作 Health and Social Work	文化、体育和娱乐业 Culture, Sports and Entertainment	公共管理、社会保障和社会组织 Public Management, Solial Security and Social Organization
福田区	Futian	108 604	101 393	80 934	42 441	6 974	5 153	21 488	19 367	7 211	40 902
罗湖区	Luohu	52 294	37 935	28 895	9 913	777	4 538	16 467	13 049	1 660	23 745
盐田区	Yantian		1 853	4 667	2 216	576	83	2 610	2 515	2 243	4 162
南山区	Nanshan	1 328	77 216	38 770	46 620	4 289	6 105	22 082	7 115	6 640	6 605
宝安区	Baoan	203	13 650	52 102	6 231	359	3 556	24 383	8 154	858	20 203
龙岗区	Longgang		19 666	22 743	11 773	1 418	3 845	16 315	11 951	1 714	32 462
龙华区	Longhua		7 280	28 389	1 967	364	167	6 885	2 834	2 146	15 724
坪山区	Pingshan		866	4 694	45	33	37	4 096	536	2	652
光明区	Guangming	20	632	8 532	538		651	4 684	4 461		1 575
大鹏新区	Dapeng		941	3 390	6 361	125	762	1 369	683	158	3 894
深汕特别合作区	ShenshanSpecial Cooperation Zone		104	329	3			616	159		536

3-11 各区城镇单位就业人员和在岗职工（2018年末）

NUMBER OF EMPLOYED PERSONS AND OF FULLY EMPLOYED STAFF AND WORKERS IN URBAN UNITS AT YEAR-END BY DISTRICT（2018）

单位：万人 (10 000 persons)

区 别	District	就业人员 Number of Employed Persons				在岗职工 Number of Fully Employed Staff and Workers			
		合计 Total	国有单位 State-owned Units	城镇集体单位 Urban Collective-owned Units	其他单位 Units of Other Types of Ownership	合计 Total	国有单位 State-owned Units	城镇集体单位 Urban Collective-owned Units	其他单位 Units of Other Types of Ownership
年末人数	**Year-end Number**	**486.49**	**39.88**	**1.53**	**445.08**	**466.91**	**39.02**	**1.49**	**426.39**
福田区	Futian	100.38	10.97	0.05	89.36	91.85	10.73	0.05	81.06
罗湖区	Luohu	40.60	6.37	0.22	34.00	37.87	6.31	0.22	31.33
盐田区	Yantian	5.96	1.10	0.01	4.85	5.85	1.10	0.01	4.75
南山区	Nanshan	90.66	5.79	0.66	84.21	84.96	5.38	0.63	78.95
宝安区	Baoan	90.87	3.60	0.10	87.17	89.86	3.60	0.10	86.16
龙岗区	Longgang	68.38	6.68	0.05	61.66	67.67	6.68	0.05	60.95
龙华区	Longhua	50.11	2.84	0.03	47.24	49.70	2.80	0.03	46.87
坪山区	Pingshan	16.75	0.33	0.35	16.07	16.66	0.32	0.34	15.99
光明区	Guangming	18.00	1.39	0.04	16.57	17.93	1.39	0.04	16.50
大鹏新区	Dapeng	4.51	0.66	0.02	3.84	4.30	0.58	0.02	3.71
深汕特别合作区	ShenshanSpecial Cooperation Zone	0.27	0.15		0.12	0.25	0.13		0.12

主要统计指标解释

总人口　指一定时点、一定地区范围内有生命的个人的总和。按不同的统计范围可分为常住人口和户籍人口；统计时点通常为每年12月31日24时。

出生率　指某一人口在一定时期（通常为一年）内活产婴儿数与同期总人口的生存人口数（或同期平均总人口、年中人口数）之比。通常以千分比表示。本资料中的出生率指年出生率，其计算公式为：

$$出生率=\frac{年出生人数}{年平均人数}\times 1000‰$$

式中：出生人数指活产婴儿，即胎儿脱离母体时(不管怀孕月数)，有过呼吸或其他生命现象。年平均人数指年初、年底人口数的平均数，也可用年中人口数代替。

死亡率　也称粗死亡率。指一定时期（通常为一年）内全部死亡人数与同期平均总人口之比，反映该时期人口的死亡强度。通常以千分比表示。本资料中的死亡率指年死亡率，其计算公式为：

$$死亡率=\frac{年死亡人数}{年平均人数}\times 1000‰$$

自然增长率　指一定时期（通常为一年）内人口自然增加数（出生人口减死亡人口）与同期平均总人口之比。通常以千分比表示。计算公式为：

$$人口自然增长率=\frac{本年出生人数-本年死亡人数}{年平均人数}\times 1000‰$$

$$=人口出生率-人口死亡率$$

Explanatory Notes on Main Statistical Indicators

Total Population refers to the total number of people alive within a given area at a certain point of time. It can be divided into the permanent population and the population with residence registration according to different statistical coverage. The reference time of the statistics on total population is usually taken at midnight of December 31.

Birth Rate (or Crude Birth Rate) refers to the ratio of the number of births to the average population (or mid–period population) during a certain period of time (usually a year), expressed in ‰. Birth rate in the chapter refers to annual birth rate. The following formula is used:

$$\text{Birth Rate} = \frac{\text{Number of Births}}{\text{Annual Average Population}} \times 1000‰$$

Number of births in the formula refers to live births, i.e. when a baby has breathed or showed any vital phenomena regardless of the length of pregnancy.

Annual average population is the average of the number of population at the beginning of the year and that at the end of the year. Sometimes it is substituted by the mid–year population.

Death Rate (or Crude Death Rate) refers to the ratio of the number of deaths to the average population (or mid–period population) during a certain period of time (usually a year), expressed in ‰. Death rate in the chapter refers to annual death rate. The following formula is used:

$$\text{Death Rate} = \frac{\text{Number of Deaths}}{\text{Annual Average Population}} \times 1000‰$$

Natural Growth Rate of Population refers to the ratio of natural increase in population (number of births minus number of deaths) in a certain period of time (usually a year) to the average population (or mid–period population) of the same period, expressed in ‰. The following formula is applied:

$$\begin{matrix}\text{Natural Growth} \\ \text{Rate of Population}\end{matrix} = \frac{\text{Number of Births - Number of Deaths}}{\text{Annual Average Population}} \times 1000‰$$

Natural Growth Rate of Population = Birth Rate−Death Rate

04 第四部分 工业和能源

INDUSTRY AND ENERGY

CHAPTER

4-1 工业主要指标
MAIN INDICATORS OF INDUSTRY

项 目	Item	2010	2014	2015	2016	2017	2018
全部工业	**All Industrial Enterprises**						
工业总产值(亿元)	Gross Industrial Output Value (100 million yuan)	18 879.66	25 809.94	26 608.08	28 547.77	33 550.41	36 000.63
规模以上工业	**Industrial Enterprises above Designated Size**						
企业单位数(个)	Number of Enterprises (unit)	8 249	6 355	6 539	6 627	7 943	7 950
工业总产值(亿元)	Gross Industrial Output Value (100 million yuan)	18 526.82	24 777.59	25 542.44	27 292.29	32 119.15	34 603.77
工业销售产值 (亿元)	Sales Output Value of Industy(100 million yuan)	18 181.22	24 131.57	25 055.34	26 606.38	31 162.23	33 462.19
主营业务收入 (亿元)	Main Business Revenue (100 million yuan)	18 813.72	23 985.79	25 047.17	26 764.55	30 821.68	33 174.49
主营业务成本（亿元）	Prime Operating Cost (100 million yuan)	15 620.81	19 763.56	20 313.06	21 456.65	24 717.61	26 856.01
资产总计 (亿元)	Total Assets (100 million yuan)	18 132.47	23 271.57	25 868.63	28 625.32	33 174.65	37 040.25
负债总计 (亿元)	Total Liabilities (100 million yuan)	9 439.26	14 608.05	15 830.71	16 779.42	19 641.96	21 803.94
利润总额 (亿元)	Total Profits (100 million yuan)	1 599.02	1 496.16	1 831.90	1 769.91	2 101.33	2 022.14
产品销售率（%）	Sales Rate of Products (%)	98.13	97.39	98.09	97.49	97.02	96.70
总资产贡献率（%）	Ratio of Total Assets to Industrial Output Value(%)	12.32	11.15	10.75	9.61	9.67	9.24
资产负债率（%）	Rate of Liabilities to Capital(%)	52.06	62.77	61.20	58.62	59.21	58.87
全员劳动生产率（元/人）	Total Labor Productivity（yuan/person）	127 608	187 367	197 971	229 008	252 660	311 055

4-2 工业总产值

GROSS OUTPUT VALUE OF INDUSTRY

单位：万元 （10 000 yuan）

年 份 Year	按当年价格计算 Calculated At Current Prices		
	总 计 Total	轻工业 Light Industry	重工业 Heavy Industry
1979	7 128	6 307	821
1980	10 632	9 265	1 367
1981	26 692	25 172	1 520
1982	38 833	34 453	4 380
1983	75 993	61 513	14 480
1984	172 132	137 698	34 434
1985	246 662	194 108	52 554
1986	340 227	266 318	73 909
1987	558 311	433 738	124 573
1988	1 012 739	779 258	233 481
1989	1 477 470	1 080 785	396 685
1990	2 202 180	1 657 859	544 321
1991	3 153 966	2 233 705	920 261
1992	4 347 007	2 971 348	1 375 659
1993	6 896 969	4 655 394	2 241 575
1994	11 014 065	6 351 224	4 662 841
1995	12 922 075	7 008 231	5 913 844
1996	15 305 964	8 580 027	6 725 937
1997	18 175 704	10 151 182	8 024 522
1998	21 573 817	11 141 650	10 432 167
1999	24 435 849	12 381 928	12 053 921
2000	30 715 227	13 731 333	16 983 894
2001	37 476 713	13 861 331	23 615 382
2002	46 823 584	15 832 485	30 991 099
2003	67 976 472	21 459 058	46 517 414
2004	85 888 321	24 175 842	61 712 479
2005	101 745 351	27 406 557	74 338 794
2006	122 784 801	29 658 032	93 126 769
2007	143 647 764	35 687 488	107 960 276
2008	162 837 576	44 451 550	118 386 026
2009	158 286 329	39 239 987	119 046 342
2010	188 796 600	46 801 421	141 995 179
2011	212 730 916	53 500 744	159 230 172
2012	223 089 847	58 544 922	164 544 925
2013	240 440 285	64 571 965	175 868 320
2014	258 099 411	67 789 093	190 310 318
2015	266 080 844	60 837 504	205 243 340
2016	285 477 743	63 626 629	221 851 114
2017	335 504 139	61 190 305	274 313 834
2018	360 006 272	64 274 890	295 731 382

4-3 规模以上工业总产值

GROSS OUTPUT VALUE OF INDUSTRY ABOVE DESIGNATED SIZE

单位：万元 （10 000 yuan）

年 份 Year	按当年价格计算 Calculated At Current Prices		
	总 计 Total	轻工业 Light Industry	重工业 Heavy Industry
1979	6 061	5 240	821
1980	8 444	7 077	1 367
1981	24 282	22 762	1 520
1982	36 212	31 832	4 380
1983	72 041	57 561	14 480
1984	166 803	132 369	34 434
1985	241 213	188 659	52 554
1986	330 454	256 545	73 909
1987	547 722	423 150	124 572
1988	993 775	760 294	233 481
1989	1 440 533	1 044 386	396 147
1990	2 104 696	1 570 896	533 800
1991	3 077 749	2 156 668	921 081
1992	4 198 920	2 824 688	1 374 232
1993	6 550 051	4 336 788	2 213 263
1994	9 939 113	5 267 202	4 671 911
1995	11 106 974	5 582 798	5 524 176
1996	12 992 240	6 413 707	6 578 533
1997	15 175 861	7 317 890	7 857 971
1998	20 519 485	10 140 217	10 379 268
1999	23 006 355	11 168 372	11 837 983
2000	29 502 786	13 189 308	16 313 478
2001	36 141 861	12 926 934	23 214 927
2002	43 180 816	14 600 754	28 580 062
2003	63 514 355	19 950 280	43 564 075
2004	80 205 911	23 798 450	56 407 461
2005	98 675 451	26 579 636	72 095 815
2006	119 286 001	28 812 915	90 473 086
2007	139 580 064	34 676 919	104 903 145
2008	158 601 076	43 295 066	115 306 010
2009	154 162 429	38 217 652	115 944 777
2010	185 268 200	45 926 755	139 341 446
2011	204 307 516	51 382 302	152 925 214
2012	213 637 447	56 064 352	157 573 095
2013	230 952 085	62 023 841	168 928 244
2014	247 775 911	65 077 654	182 698 257
2015	255 424 444	58 400 993	197 023 452
2016	272 922 943	60 828 444	212 094 499
2017	321 191 539	58 579 928	262 611 611
2018	346 037 672	61 780 961	284 256 711

注： 1979-1997年为镇及镇以上工业总产值，1998年及以后为规模以上工业总产值。

Note: Data in 1979-1997 are gross output value of industry of town level and above. Data from 1998 are gross output value of industry above designated size.

4-4 工业总产值指数

INDICES OF GROSS OUTPUT VALUE OF INDUSTRY

年 份 Year	以1979年为100 1979=100			以上年为100 Preceding Year=100		
	总 计 Total	轻工业 Light Industry	重工业 Heavy Industry	总 计 Total	轻工业 Light Industry	重工业 Heavy Industry
1980	149.1	146.9	166.4	149.1	146.9	166.4
1981	374.5	399.1	185.1	251.1	271.7	111.3
1982	544.8	546.3	533.3	145.5	136.9	288.1
1983	1 066.1	975.3	1 763.0	195.7	178.5	330.6
1984	2 414.8	2 183.3	4 192.3	226.5	223.9	237.8
1985	3 822.9	3 546.2	5 947.9	158.3	162.4	141.9
1986	5 127.8	4 709.1	8 342.4	134.1	132.8	140.3
1987	8 232.7	7 423.6	14 445.2	160.5	157.6	173.2
1988	12 725.1	11 081.7	25 344.1	154.6	149.3	175.5
1989	18 775.8	15 304.8	45 427.3	147.6	138.1	179.2
1990	26 154.7	21 366.8	62 917.8	139.3	139.6	138.5
1991	35 570.3	27 917.5	94 332.5	136.0	130.7	149.9
1992	49 762.9	36 754.6	149 647.1	139.9	131.6	158.6
1993	69 369.5	51 746.5	204 686.9	139.4	140.8	136.8
1994	96 076.8	65 852.8	328 150.6	138.5	127.3	160.3
1995	125 566.2	74 317.5	519 077.6	130.7	112.9	158.2
1996	147 520.2	87 562.1	607 906.0	117.5	117.8	117.1
1997	174 661.2	105 004.8	709 515.2	118.4	119.9	116.7
1998	209 347.8	108 626.3	982 733.9	119.9	103.4	138.5
1999	264 799.8	140 119.8	1 222 150.2	126.5	129.0	124.4
2000	322 447.1	163 856.4	1 540 179.8	121.8	116.9	126.0
2001	379 520.2	177 948.1	1 885 180.1	117.7	108.6	122.4
2002	483 888.3	229 019.2	2 394 178.7	127.5	128.7	127.0
2003	647 442.5	278 487.3	3 349 456.0	133.8	121.6	139.9
2004	808 655.7	330 842.9	4 186 820.0	124.9	118.8	125.0
2005	970 471.9	379 956.2	5 109 350.0	120.0	114.8	122.0
2006	1 192 710.0	418 711.7	6 519 530.6	122.9	110.2	127.6
2007	1 418 132.2	512 084.4	7 680 007.0	118.9	122.3	117.8
2008	1 613 834.4	646 250.5	8 263 687.5	113.8	126.2	107.6
2009	1 646 111.1	590 026.7	8 974 364.6	102.0	91.3	108.6
2010	1 932 534.4	693 871.4	10 508 981.0	117.4	117.6	117.1
2011	2 139 315.6	770 891.1	11 622 933.0	110.7	111.1	110.6
2012	2 246 281.4	850 292.9	11 994 866.9	105.0	110.3	103.2
2013	2 470 909.5	953 178.3	13 098 394.7	110.0	112.1	109.2
2014	2 675 995.0	1 018 947.6	14 264 151.8	108.3	106.9	108.9
2015	2 825 850.7	927 242.3	15 804 680.2	105.6	91.0	110.8
2016	3 054 744.6	961 550.3	17 290 320.1	108.1	103.7	109.4
2017	3 525 175.3	912 511.2	20 973 158.3	115.4	94.9	121.3
2018	3 835 390.7	944 449.1	23 091 447.3	108.8	103.5	110.1
年平均增长率 Average Annual Growth Rate	**31.1**	**26.5**	**37.3**			

注： 本表按可比口径计算。

Note: Data in this table are calculated at comparable scope.

4-5 规模以上工业总产值指数

INDICES OF GROSS OUTPUT VALUE OF INDUSTRY ABOVE DESIGNATED SIZE

年份 Year	以1979年为100 1979=100			以上年为100 Preceding Year=100		
	总计 Total	轻工业 Light Industry	重工业 Heavy Industry	总计 Total	轻工业 Light Industry	重工业 Heavy Industry
1980	139.3	135.1	166.4	139.3	135.1	166.4
1981	400.6	434.4	185.1	287.6	321.6	111.3
1982	597.4	607.5	533.3	149.1	139.8	288.1
1983	1 188.5	1 098.5	1 763.0	198.9	180.8	330.6
1984	2 751.8	2 526.0	4 192.3	231.5	230.0	237.8
1985	4 396.3	4 153.2	5 947.9	159.8	164.4	141.9
1986	5 856.9	5 467.4	8 342.4	133.2	131.6	140.3
1987	9 497.8	8 722.3	14 445.2	162.2	159.5	173.2
1988	14 684.2	13 013.3	25 344.1	154.6	149.2	175.5
1989	21 527.8	17 781.8	45 426.6	146.6	136.6	179.2
1990	29 487.0	25 150.3	57 154.3	137.0	141.4	125.8
1991	40 721.5	32 307.8	94 394.4	138.1	128.5	165.2
1992	56 969.4	42 674.4	148 169.0	139.9	132.1	157.0
1993	77 820.2	58 701.0	199 797.4	136.6	137.6	134.8
1994	101 944.5	66 431.7	328 509.6	131.0	113.2	164.4
1995	126 921.1	70 603.5	486 216.8	124.5	106.3	148.0
1996	150 648.1	80 713.1	596 820.2	118.7	114.3	122.7
1997	177 140.0	95 637.7	697 109.7	117.6	118.5	116.8
1998	209 910.9	95 446.4	966 891.2	118.5	99.8	138.7
1999	262 808.4	122 457.7	1 188 309.3	125.2	128.3	122.9
2000	326 933.6	154 051.8	1 463 997.1	124.4	125.8	123.2
2001	384 800.8	167 300.3	1 791 932.5	117.7	108.6	122.4
2002	484 464.2	212 806.0	2 245 291.4	125.9	127.2	125.3
2003	651 604.3	258 559.3	3 165 860.9	134.5	121.5	141.0
2004	813 202.2	304 841.4	3 982 653.0	124.8	117.9	125.8
2005	984 787.9	336 849.7	5 002 212.2	121.1	110.5	125.6
2006	1 187 654.2	374 240.0	6 192 738.7	120.6	111.1	123.8
2007	1 397 869.0	420 271.5	7 394 130.0	117.7	112.3	119.4
2008	1 522 279.3	510 209.6	7 756 442.4	108.9	121.4	104.9
2009	1 537 502.1	521 434.2	7 802 981.1	101.0	102.2	100.6
2010	1 735 839.9	564 713.2	8 926 610.4	112.9	108.3	114.4
2011	1 914 631.4	595 772.4	9 997 803.6	110.3	105.5	112.0
2012	2 063 972.6	685 734.0	10 537 685.0	107.8	115.1	105.4
2013	2 200 194.8	735 792.6	11 201 559.2	106.6	107.3	106.3
2014	2 380 610.8	795 391.8	12 120 087.1	108.2	108.1	108.2
2015	2 475 835.2	717 443.4	13 186 654.8	104.0	90.2	108.8
2016	2 616 957.8	732 509.7	14 083 347.3	105.7	102.1	106.8
2017	2 876 036.6	783 785.4	1 560 4348.8	109.9	107.0	110.8
2018	3 137 755.9	813 569.2	17 211 596.7	109.1	103.8	110.3
年平均增长率 Average Annual Growth Rate	**30.4**	**26.0**	**36.2**			

注： 本表按可比口径计算。
Note: Data in this table are calculated at comparable scope.

4-6 规模以上工业企业主要指标（2018年）

MAIN INDICATORS OF INDUSTRIAL ENTERPRISES ABOVE DESIGNATED SIZE（2018）

单位：万元

类 别	Item	企业单位数(个) Number of Enterprises (unit)
总 计	**Total**	**7 950**
一、按登记注册类型分	**Grouped by Registration**	
1.内资企业	Domestic Investment Enterprise	5 508
国有企业	State-owned	6
集体企业	Collective-owned	2
股份合作企业	Cooperative Shares Enterprise	
联营企业	Joint owned	1
有限责任公司	Companies Limited with Liabilities	1 030
股份有限公司	Companies Limited by Shares	361
私营企业	Private	4 107
其他内资企业	Others	1
2.港、澳、台投资企业	Funded by Entrepreneur from Hongkong,Macao and Taiwan	1 822
3.外商投资企业	Foreign Funded	620
二、按企业规模分	**Grouped by Size of Enterprises**	
1.大型企业	Large Enterprises	403
2.中型企业	Medium-sized Enterprises	1 617
3.小型企业	Small Enterprises	5 732
4.微型企业	Micro Enterprises	198
三、按工业行业大类分	**Grouped by Sector**	
煤炭开采和洗选业	Mining and Washing of Coal	
石油和天燃气开采业	Extraction of Petroleum and Natural Gas	2
黑色金属矿采选业	Mining and Processing of Ferrous Metal Ores	
有色金属矿采选业	Mining and Processing of Nonferrous Metal Ores	
非金属矿采选业	Mining and Processing of Nonmetal Ores	
开采专业及辅助性活动	Mining and Auxiliary Activities	2
其他采矿业	Mining and Processing of Other Ores	
农副食品加工业	Processing of Food from Agricultural Products	45
食品制造业	Manufacture of Foods	39
酒、饮料和精制茶制造业	Manufacture of Wine,Beverages and Refined Tea	17

(10 000 yuan)

资产总计 Total Asset	应收帐款 Value of Debts Receivable	负债合计 Total Liabilities	主营业务收入 Prime Operating Revenue
370 402 547	**91 466 740**	**218 039 377**	**331 744 935**
250 182 652	57 372 524	146 127 405	214 028 920
436 415	88 265	305 327	298 860
289		238	2 462
2 168	1 202	1 284	2 948
105 101 781	26 544 401	66 424 646	117 269 467
70 710 898	11 929 552	34 392 486	34 703 386
73 929 391	18 807 853	45 002 179	61 747 799
1 710	1 251	1 245	3 998
82 592 124	24 124 196	51 744 859	79 379 403
37 627 771	9 970 020	20 167 114	38 336 612
229 827 588	57 871 446	138 847 426	211 542 082
71 577 464	15 396 739	36 392 951	58 963 449
62 082 206	17 809 209	38 538 295	58 377 177
6 915 289	389 346	4 260 706	2 862 226
3 338 456	15 815	2 171 137	2 944 832
620 023	130 010	167 764	218 079
2 159 754	260 207	1 086 965	2 637 187
568 467	96 430	354 213	657 749
1 178 716	119 990	682 821	1 524 391

单位：万元

类　　别	Item	企业单位数(个) Number of Enterprises (unit)
烟草制品业	Manufacture of Tobacco	1
纺织业	Manufacture of Textile	58
纺织服装、服饰业	Manufacture of Textile Wearing Apparel,Footware and Caps	182
皮革、毛皮、羽毛及其制品和制鞋业	Manufacture of Leather, Fur, Feather and Related Products	102
木材加工及木、竹、藤、棕、草制品业	Processing of Timber, Manufacture of Wood, Bamboo, Rattan, Palm Fiber & Straw Products	21
家具制造业	Manufacture of Furniture	126
造纸及纸制品业	Manufacture of Paper and Paper Products	166
印刷和记录媒介复制业	Printing and Record Medium Reproduction	168
文教、工美、体育和娱乐用品制造业	Manufacture of Cultural, Educational and Sports Articles	337
石油加工、炼焦及核燃料加工业	Processing of Petroleum, Coking and Nuclear Fuel Processing	6
化学原料及化学制品制造业	Manufacture of Raw Chemical Materials and Chemical Products	179
医药制造业	Manufacture of Medicines	55
化学纤维制造业	Manufacture of Chemical Fibers	3
橡胶和塑料制品业	Manufacture of Rubber	564
非金属矿物制品业	Manufacture of Non−metallic Mineral Products	148
黑色金属冶炼及压延加工业	Smelting and Pressing of Ferrous Metals	18
有色金属冶炼及压延加工业	Smelting and Pressing of Nonferrous Metals	67
金属制品业	Manufacture of Metal Products	478
通用设备制造业	Manufacture of General−purpose Machinery	410
专用设备制造业	Manufacture of Special−purpose Machinery	564
汽车制造业	Manufacfuer of Automobiles	58
铁路、船舶、航空航天和其他运输设备制造业	Manufacture of Railways Ships Aerospace and Other Transport Equipment	72
电气机械及器材制造业	Manufacture of Electrical Machinery and Equipment	1 215
计算机、通信和其他电子设备制造业	Manufacture of Communication Equipment, Computers and Other Electronic Equipment	2 408
仪器仪表制造业	Manufacture of Measuring Instruments	284
其他制造业	Other Manufacturing	88
废弃资源综合利用业	Recycling and Disposal of Waste	3
金属制品、机械和设备修理业	Manufacture of Metal Products,Machinery and Equipment Repair	11
电力、热力的生产和供应业	Production and Supply of Electric Power and Heat Power	21
燃气生产和供应业	Production and Supply of Gas	4
水的生产和供应业	Production and Supply of Water	28

4－6 续表1 continued（10 000 yuan）

资产总计 Total Asset	应收帐款 Value of Debts Receivable	负债合计 Total Liabilities	主营业务收入 Prime Operating Revenue
603 505	10 258	73 602	655 558
919 723	196 103	342 291	926 930
2 878 744	433 599	1 441 740	2 341 957
1 099 127	462 343	657 875	936 739
188 745	47 273	127 957	152 659
2 270 862	301 368	1 388 950	1 460 461
1 691 198	482 434	789 888	1 750 818
3 453 313	730 444	1 643 175	2 130 861
12 763 384	2 211 669	9 372 461	11 318 600
675 033	61 606	142 171	785 693
4 655 824	863 746	2 267 882	3 040 584
7 115 994	894 454	3 316 927	2 936 022
9 341	3 457	6 846	29 998
7 492 970	2 392 073	4 140 104	8 568 840
5 582 867	1 448 676	3 019 165	3 850 474
366 749	72 767	294 250	299 861
2 756 692	390 229	2 374 392	4 788 091
6 631 280	1 635 419	3 352 893	5 111 755
9 326 482	2 629 706	4 682 514	7 818 412
15 591 238	3 581 520	7 379 427	10 781 703
12 787 794	3 333 670	9 853 396	8 702 336
1 941 685	486 555	937 952	1 143 279
37 860 301	9 127 249	20 537 661	28 240 978
196 137 583	56 382 283	120 904 743	198 876 827
7 729 483	1 823 994	3 941 970	4 749 496
725 456	196 324	399 918	816 748
27 944	679	17 769	26 561
224 705	101 997	97 214	181 804
12 410 620	316 793	6 770 804	8 748 884
2 280 929	77 044	1 007 804	1 270 054
4 337 561	148 557	2 292 735	1 319 715

单位：万元

类　　别	Item	主营业务成本 Prime Operating Cost
总　　计	**Total**	**268 560 130**
一、按登记注册类型分	**Grouped by Registration**	
1.内资企业	Domestic Investment Enterprise	165 782 996
国有企业	State-owned	269 179
集体企业	Collective-owned	2 053
股份合作企业	Cooperative Shares Enterprise	
联营企业	Joint owned	2 491
有限责任公司	Companies Limited with Liabilities	87 796 113
股份有限公司	Companies Limited by Shares	26 294 939
私营企业	Private	51 414 388
其他内资企业	Others	3 833
2.港、澳、台投资企业	Funded by Entrepreneur from Hongkong,Macao and Taiwan	69 315 907
3.外商投资企业	Foreign Funded	33 461 225
二、按企业规模分	**Grouped by Size of Enterprises**	
1.大型企业	Large Enterprises	168 504 710
2.中型企业	Medium-sized Enterprises	48 230 591
3.小型企业	Small Enterprises	49 874 550
4.微型企业	Micro Enterprises	1 950 278
三、按工业行业大类分	**Grouped by Sector**	
煤炭开采和洗选业	Mining and Washing of Coal	
石油和天然气开采业	Extraction of Petroleum and Natural Gas	1 181 673
黑色金属矿采选业	Mining and Processing of Ferrous Metal Ores	
有色金属矿采选业	Mining and Processing of Nonferrous Metal Ores	
非金属矿采选业	Mining and Processing of Nonmetal Ores	
开采专业及辅助性活动	Mining and Auxiliary Activities	197 797
其他采矿业	Mining and Processing of Other Ores	
农副食品加工业	Processing of Food from Agricultural Products	2 386 440
食品制造业	Manufacture of Foods	471 841
酒、饮料和精制茶制造业	Manufacture of Wine,Beverages and Refined Tea	1 028 999

4－6 续表2 continued（10 000 yuan）

销售费用 Prime Operating Expense	管理费用 Management Expenses	财务费用 Financial Expenses	利润总额 Total Profits
13 948 078	**28 856 931**	**2 001 993**	**20 221 437**
10 758 676	22 648 608	1 307 416	14 167 340
5 844	20 047	6 988	−4 585
112	68		351
276	72	−1	96
6 066 681	14 037 115	491 531	9 038 213
2 426 923	3 663 523	250 049	2 119 745
2 258 799	4 927 685	558 848	3 013 504
41	98	1	16
2 110 815	4 139 050	502 157	4 057 760
1 078 587	2 069 274	192 421	1 996 338
9 363 102	19 848 719	1 000 435	13 665 952
2 531 105	4 428 358	452 969	3 827 845
2 038 663	4 422 197	435 619	2 043 194
15 208	157 657	112 970	684 447
4 877	61 728	43 210	1 486 179
390	10 411	1 709	13 520
73 654	64 130	10 420	129 417
109 129	47 496	3 631	24 199
373 414	53 263	−3 616	73 307

单位：万元

类　　别	Item	主营业务成本 Prime Operating Cost
烟草制品业	Manufacture of Tobacco	191 056
纺织业	Manufacture of Textile	715 512
纺织服装、服饰业	Manufacture of Textile Wearing Apparel,Footware and Caps	1 596 062
皮革、毛皮、羽毛及其制品和制鞋业	Manufacture of Leather, Fur, Feather and Related Products	788 062
木材加工及木、竹、藤、棕、草制品业	Processing of Timber, Manufacture of Wood, Bamboo, Rattan, Palm Fiber & Straw Products	126 019
家具制造业	Manufacture of Furniture	1 200 107
造纸及纸制品业	Manufacture of Paper and Paper Products	1 550 243
印刷和记录媒介复制业	Printing and Record Medium Reproduction	1 702 397
文教、工美、体育和娱乐用品制造业	Manufacture of Cultural, Educational and Sports Articles	10 288 171
石油加工、炼焦及核燃料加工业	Processing of Petroleum, Coking and Nuclear Fuel Processing	420 414
化学原料及化学制品制造业	Manufacture of Raw Chemical Materials and Chemical Products	2 499 775
医药制造业	Manufacture of Medicines	1 166 634
化学纤维制造业	Manufacture of Chemical Fibers	28 114
橡胶和塑料制品业	Manufacture of Rubber	7 438 066
非金属矿物制品业	Manufacture of Non-metallic Mineral Products	3 247 902
黑色金属冶炼及压延加工业	Smelting and Pressing of Ferrous Metals	277 339
有色金属冶炼及压延加工业	Smelting and Pressing of Nonferrous Metals	4 679 237
金属制品业	Manufacture of Metal Products	4 308 401
通用设备制造业	Manufacture of General-purpose Machinery	6 241 056
专用设备制造业	Manufacture of Special-purpose Machinery	7 594 433
汽车制造业	Manufacfuer of Automobiles	7 747 325
铁路、船舶、航空航天和其他运输设备制造业	Manufacture of Railways Ships Aerospace and Other Transport Equipment	1 024 480
电气机械及器材制造业	Manufacture of Electrical Machinery and Equipment	24 322 082
计算机、通信和其他电子设备制造业	Manufacture of Communication Equipment, Computers and Other Electronic Equipment	160 514 031
仪器仪表制造业	Manufacture of Measuring Instruments	3 578 497
其他制造业	Other Manufacturing	673 707
废弃资源综合利用业	Recycling and Disposal of Waste	24 513
金属制品、机械和设备修理业	Manufacture of Metal Products,Machinery and Equipment Repair	130 553
电力、热力的生产和供应业	Production and Supply of Electric Power and Heat Power	7 495 038
燃气生产和供应业	Production and Supply of Gas	964 071
水的生产和供应业	Production and Supply of Water	760 082

4－6 续表3 continued（10 000 yuan）

销售费用 Prime Operating Expense	管理费用 Management Expenses	财务费用 Financial Expenses	利润总额 Total Profits
10 269	28 601	−4 140	62 801
89 844	61 009	−1 274	157 646
340 466	273 063	21 552	109 239
28 627	128 427	4 097	8 228
5 441	13 903	3 612	3 705
100 667	117 764	15 260	19 557
51 515	112 208	6 539	88 388
83 952	216 283	9 077	195 496
228 403	494 999	158 822	282 206
85 189	41 284	310	216 866
149 898	233 013	50 966	185 516
934 138	300 485	4 980	578 536
258	1 289	6	282
174 674	645 310	28 670	331 213
128 729	235 415	34 179	219 364
6 611	10 706	6 943	396
16 141	48 592	14 850	46 899
145 257	447 284	25 745	201 789
351 531	673 941	11 380	507 432
861 297	1 254 848	5 194	1 430 871
223 324	522 650	152 211	70 329
28 761	82 709	−2 693	40 529
851 607	2 119 366	303 887	978 293
8 002 959	19 614 098	736 879	10 672 164
341 218	575 069	44 803	336 133
29 386	71 559	2 938	45 850
129	1 461	406	935
5 708	19 563	1 159	31 884
1 984	151 246	154 500	1 065 324
58 178	32 612	17 962	274 652
50 455	91 146	137 819	332 295

4-7 规模以上内资工业企业主要经济指标（2018年）

MAIN ECONOMIC INDICATORS OF DOMESTIC INDUSTRIAL ENTERPRISES ABOVE DESIGNATED SIZE（2018）

单位：万元

类　别	Item	企业单位数(个) Number of Enterprises (unit)
总　　计	**Total**	**5 508**
一、按登记注册类型分	**Grouped by Registration**	
1.内资企业	Domestic Investment Enterprise	5 508
国有企业	State-owned	6
集体企业	Collective-owned	2
股份合作企业	Cooperative Shares Enterprise	
联营企业	Joint owned	1
有限责任公司	Companies Limited with Liabilities	1 030
股份有限公司	Companies Limited by Shares	361
私营企业	Private	4 107
其他内资企业	Others	1
2.港、澳、台投资企业	Funded by Entrepreneur from Hongkong,Macao and Taiwan	
3.外商投资企业	Foreign Funded	
二、按企业规模分	**Grouped by Size of Enterprises**	
1.大型企业	Large Enterprises	183
2.中型企业	Medium-sized Enterprises	881
3.小型企业	Small Enterprises	4 304
4.微型企业	Micro Enterprises	140
三、按工业行业大类分	**Grouped by Sector**	
煤炭开采和洗选业	Mining and Washing of Coal	
石油和天然气开采业	Extraction of Petroleum and Natural Gas	
黑色金属矿采选业	Mining and Processing of Ferrous Metal Ores	
有色金属矿采选业	Mining and Processing of Nonferrous Metal Ores	
非金属矿采选业	Mining and Processing of Nonmetal Ores	
开采专业及辅助性活动	Mining and Auxiliary Activities	1
其他采矿业	Mining and Processing of Other Ores	
农副食品加工业	Processing of Food from Agricultural Products	27
食品制造业	Manufacture of Foods	25
酒、饮料和精制茶制造业	Manufacture of Wine,Beverages and Refined Tea	5

(10 000 yuan)

资产总计 Total Asset	应收帐款 Value of Debts Receivable	主营业务收入 Principal Business Revenue	利润总额 Total Profits
250 182 652	**57 372 524**	**214 028 920**	**14 167 340**
250 182 652	57 372 524	214 028 920	14 167 340
436 415	88 265	298 860	−4 585
289		2 462	351
2 168	1 202	2 948	96
105 101 781	26 544 401	117 269 467	9 038 213
70 710 898	11 929 552	34 703 386	2 119 745
73 929 391	18 807 853	61 747 799	3 013 504
1 710	1 251	3 998	16
149 113 960	34 335 952	133 160 577	10 185 978
48 538 401	9 694 014	34 452 674	2 296 045
46 938 378	13 088 497	44 946 999	1 393 539
5 591 913	254 061	1 468 670	291 778
582 764	118 842	192 752	2 695
964 788	94 329	1 074 628	35 467
324 105	51 171	348 909	4 637
72 680	11 585	54 218	−692

单位：万元

类　　别	Item	企业单位数（个）Number of Enterprises (unit)
烟草制品业	Manufacture of Tobacco	1
纺织业	Manufacture of Textile	35
纺织服装、服饰业	Manufacture of Textile Wearing Apparel,Footware and Caps	98
皮革、毛皮、羽毛及其制品和制鞋业	Manufacture of Leather, Fur, Feather and Related Products	58
木材加工及木、竹、藤、棕、草制品业	Processing of Timber, Manufacture of Wood, Bamboo, Rattan, Palm Fiber & Straw Products	18
家具制造业	Manufacture of Furniture	87
造纸及纸制品业	Manufacture of Paper and Paper Products	98
印刷和记录媒介复制业	Printing and Record Medium Reproduction	109
文教、工美、体育和娱乐用品制造业	Manufacture of Cultural, Educational and Sports Articles	197
石油加工、炼焦及核燃料加工业	Processing of Petroleum, Coking and Nuclear Fuel Processing	5
化学原料及化学制品制造业	Manufacture of Raw Chemical Materials and Chemical Products	119
医药制造业	Manufacture of Medicines	33
化学纤维制造业	Manufacture of Chemical Fibers	2
橡胶和塑料制品业	Manufacture of Rubber	296
非金属矿物制品业	Manufacture of Non-metallic Mineral Products	120
黑色金属冶炼及压延加工业	Smelting and Pressing of Ferrous Metals	11
有色金属冶炼及压延加工业	Smelting and Pressing of Nonferrous Metals	37
金属制品业	Manufacture of Metal Products	321
通用设备制造业	Manufacture of General-purpose Machinery	273
专用设备制造业	Manufacture of Special-purpose Machinery	411
汽车制造业	Manufacfuer of Automobiles	35
铁路、船舶、航空航天和其他运输设备制造业	Manufacture of Railways Ships Aerospace and Other Transport Equipment	36
电气机械及器材制造业	Manufacture of Electrical Machinery and Equipment	882
计算机、通信和其他电子设备制造业	Manufacture of Communication Equipment, Computers and Other Electronic Equipment	1 860
仪器仪表制造业	Manufacture of Measuring Instruments	204
其他制造业	Other Manufacturing	53
废弃资源综合利用业	Recycling and Disposal of Waste	3
金属制品、机械和设备修理业	Manufacture of Metal Products,Machinery and Equipment Repair	5
电力、热力的生产和供应业	Production and Supply of Electric Power and Heat Power	15
燃气生产和供应业	Production and Supply of Gas	3
水的生产和供应业	Production and Supply of Water	25

4—7 续表 continued（10 000 yuan）

资产总计 Total Asset	应收帐款 Value of Debts Receivable	主营业务收入 Principal Business Revenue	利润总额 Total Profits
603 505	10 258	655 558	62 801
642 797	104 537	588 598	142 811
2 001 717	193 747	1 252 600	89 273
251 256	100 329	304 653	−3 571
179 780	41 922	139 650	3 490
1 630 272	224 636	914 817	6 724
1 028 824	280 958	957 899	72 131
2 503 271	515 723	1 336 008	150 009
6 686 681	1 476 978	5 924 596	48 035
96 937	26 919	96 525	1 720
3 436 101	513 217	1 380 040	105 137
5 316 050	643 163	1 663 387	331 678
5 202	1 470	12 653	142
3 083 624	934 849	2 942 576	144 158
4 259 853	1 173 648	2 711 595	99 583
280 047	44 427	193 756	− 457
1 977 339	121 250	3 096 043	24 555
4 298 812	1 046 577	2 814 394	91 244
5 872 725	1 473 655	3 667 917	305 739
12 325 719	2 740 977	7 561 058	1 240 779
1 888 973	450 426	1 226 327	39 573
472 678	130 692	431 411	19 940
25 863 861	6 797 484	18 729 093	737 190
145 399 256	36 222 747	141 571 250	9 437 243
5 725 594	1 456 463	3 331 921	242 233
500 128	107 312	568 617	29 627
27 944	679	26 561	935
28 143	11 779	36 500	995
9 106 513	154 651	7 086 523	498 480
1 635 708	24 746	626 129	103 327
1 109 008	70 380	509 758	99 710

4-8　规模以上国有工业企业主要经济指标（2018年）

MAIN ECONOMIC INDICATORS OF STATE-HOLDING INDUSTRIAL ENTERPRISESABOVE DESIGNATED SIZE（2018）

单位：万元

类　别	Item	企业单位数(个) Number of Enterprises (unit)
总　计	**Total**	**6**
一、按登记注册类型分	**Grouped by Registration**	
1.内资企业	Domestic Investment Enterprise	6
国有企业	State-owned	6
集体企业	Collective-owned	
股份合作企业	Cooperative Shares Enterprise	
联营企业	Joint owned	
有限责任公司	Companies Limited with Liabilities	
股份有限公司	Companies Limited by Shares	
私营企业	Private	
其他内资企业	Others	
2.港、澳、台投资企业	Funded by Entrepreneur from Hongkong,Macao and Taiwan	
3.外商投资企业	Foreign Funded	
二、按企业规模分	**Grouped by Size of Enterprises**	
1.大型企业	Large Enterprises	1
2.中型企业	Medium-sized Enterprises	1
3.小型企业	Small Enterprises	4
4.微型企业	Micro Enterprises	
三、按工业行业大类分	**Grouped by Sector**	
煤炭开采和洗选业	Mining and Washing of Coal	
石油和天燃气开采业	Extraction of Petroleum and Natural Gas	
黑色金属矿采选业	Mining and Processing of Ferrous Metal Ores	
有色金属矿采选业	Mining and Processing of Nonferrous Metal Ores	
非金属矿采选业	Mining and Processing of Nonmetal Ores	
开采专业及辅助性活动	Mining and Auxiliary Activities	
其他采矿业	Mining and Processing of Other Ores	
农副食品加工业	Processing of Food from Agricultural Products	
食品制造业	Manufacture of Foods	
酒、饮料和精制茶制造业	Manufacture of Wine,Beverages and Refined Tea	

(10 000 yuan)

资产总计 Total Asset	应收帐款 Value of Debts Receivable	主营业务收入 Principal Business Revenue	利润总额 Total Profits
436 415	**88 265**	**298 860**	**-4 585**
436 415	88 265	298 860	−4 585
436 415	88 265	298 860	−4 585
215 392	82 270	183 017	−223
8 606	1 884	11 140	340
212 417	4 112	104 702	−4 702

单位：万元

类　　别	Item	企业单位数（个）Number of Enterprises (unit)
烟草制品业	Manufacture of Tobacco	
纺织业	Manufacture of Textile	
纺织服装、服饰业	Manufacture of Textile Wearing Apparel,Footware and Caps	
皮革、毛皮、羽毛及其制品和制鞋业	Manufacture of Leather, Fur, Feather and Related Products	
木材加工及木、竹、藤、棕、草制品业	Processing of Timber, Manufacture of Wood, Bamboo, Rattan, Palm Fiber & Straw Products	
家具制造业	Manufacture of Furniture	
造纸及纸制品业	Manufacture of Paper and Paper Products	
印刷和记录媒介复制业	Printing and Record Medium Reproduction	3
文教、工美、体育和娱乐用品制造业	Manufacture of Cultural, Educational and Sports Articles	
石油加工、炼焦及核燃料加工业	Processing of Petroleum, Coking and Nuclear Fuel Processing	
化学原料及化学制品制造业	Manufacture of Raw Chemical Materials and Chemical Products	
医药制造业	Manufacture of Medicines	
化学纤维制造业	Manufacture of Chemical Fibers	
橡胶和塑料制品业	Manufacture of Rubber	
非金属矿物制品业	Manufacture of Non-metallic Mineral Products	
黑色金属冶炼及压延加工业	Smelting and Pressing of Ferrous Metals	
有色金属冶炼及压延加工业	Smelting and Pressing of Nonferrous Metals	
金属制品业	Manufacture of Metal Products	
通用设备制造业	Manufacture of General-purpose Machinery	
专用设备制造业	Manufacture of Special-purpose Machinery	
汽车制造业	Manufacfuer of Automobiles	
铁路、船舶、航空航天和其他运输设备制造业	Manufacture of Railways Ships Aerospace and Other Transport Equipment	
电气机械及器材制造业	Manufacture of Electrical Machinery and Equipment	
计算机、通信和其他电子设备制造业	Manufacture of Communication Equipment, Computers and Other Electronic Equipment	2
仪器仪表制造业	Manufacture of Measuring Instruments	
其他制造业	Other Manufacturing	
废弃资源综合利用业	Recycling and Disposal of Waste	
金属制品、机械和设备修理业	Manufacture of Metal Products,Machinery and Equipment Repair	
电力、热力的生产和供应业	Production and Supply of Electric Power and Heat Power	1
燃气生产和供应业	Production and Supply of Gas	
水的生产和供应业	Production and Supply of Water	

4—8 续表 continued（10 000 yuan）

资产总计 Total Asset	应收帐款 Value of Debts Receivable	主营业务收入 Principal Business Revenue	利润总额 Total Profits
97 561	1 190	34 424	4 069
223 998	84 154	194 158	117
114 856	2 922	70 278	－8 771

4-9 规模以上股份有限工业企业主要经济指标（2018年）

MAIN ECONOMIC INDICATORS OF SHARE-HOLDING INDUSTRIAL ENTERPRISES LIMITED ABOVE DESIGNATED SIZE（2018）

单位：万元

类 别	Item	企业单位数(个) Number of Enterprises (unit)
总 计	**Total**	**361**
一、按登记注册类型分	**Grouped by Registration**	
1.内资企业	Domestic Investment Enterprise	361
国有企业	State-owned	
集体企业	Collective-owned	
股份合作企业	Cooperative Shares Enterprise	
联营企业	Joint owned	
有限责任公司	Companies Limited with Liabilities	
股份有限公司	Companies Limited by Shares	361
私营企业	Private	
其他内资企业	Others	
2.港、澳、台投资企业	Funded by Entrepreneur from Hongkong,Macao and Taiwan	
3.外商投资企业	Foreign Funded	
二、按企业规模分	**Grouped by Size of Enterprises**	
1.大型企业	Large Enterprises	62
2.中型企业	Medium-sized Enterprises	103
3.小型企业	Small Enterprises	194
4.微型企业	Micro Enterprises	2
三、按工业行业大类分	**Grouped by Sector**	
煤炭开采和洗选业	Mining and Washing of Coal	
石油和天然气开采业	Extraction of Petroleum and Natural Gas	
黑色金属矿采选业	Mining and Processing of Ferrous Metal Ores	
有色金属矿采选业	Mining and Processing of Nonferrous Metal Ores	
非金属矿采选业	Mining and Processing of Nonmetal Ores	
开采专业及辅助性活动	Mining and Auxiliary Activities	
其他采矿业	Mining and Processing of Other Ores	
农副食品加工业	Processing of Food from Agricultural Products	3
食品制造业	Manufacture of Foods	
酒、饮料和精制茶制造业	Manufacture of Wine,Beverages and Refined Tea	

(10 000 yuan)

资产总计 Total Asset	应收帐款 Value of Debts Receivable	主营业务收入 Principal Business Revenue	利润总额 Total Profits
70 710 898	**11 929 552**	**34 703 386**	**2 119 745**
70 710 898	11 929 552	34 703 386	2 119 745
70 710 898	11 929 552	34 703 386	2 119 745
46 407 639	7 961 106	24 928 845	1 242 364
17 056 875	2 688 078	6 561 208	597 800
7 239 624	1 279 469	3 202 476	279 121
6 760	899	10 857	461
448 658	11 913	123 407	4 630

单位：万元

类　　别	Item	企业单位数(个) Number of Enterprises (unit)
烟草制品业	Manufacture of Tobacco	
纺织业	Manufacture of Textile	
纺织服装、服饰业	Manufacture of Textile Wearing Apparel,Footware and Caps	4
皮革、毛皮、羽毛及其制品和制鞋业	Manufacture of Leather, Fur, Feather and Related Products	1
木材加工及木、竹、藤、棕、草制品业	Processing of Timber, Manufacture of Wood, Bamboo, Rattan, Palm Fiber & Straw Products	1
家具制造业	Manufacture of Furniture	2
造纸及纸制品业	Manufacture of Paper and Paper Products	1
印刷和记录媒介复制业	Printing and Record Medium Reproduction	3
文教、工美、体育和娱乐用品制造业	Manufacture of Cultural, Educational and Sports Articles	
石油加工、炼焦及核燃料加工业	Processing of Petroleum, Coking and Nuclear Fuel Processing	2
化学原料及化学制品制造业	Manufacture of Raw Chemical Materials and Chemical Products	11
医药制造业	Manufacture of Medicines	7
化学纤维制造业	Manufacture of Chemical Fibers	
橡胶和塑料制品业	Manufacture of Rubber	15
非金属矿物制品业	Manufacture of Non-metallic Mineral Products	7
黑色金属冶炼及压延加工业	Smelting and Pressing of Ferrous Metals	
有色金属冶炼及压延加工业	Smelting and Pressing of Nonferrous Metals	1
金属制品业	Manufacture of Metal Products	14
通用设备制造业	Manufacture of General-purpose Machinery	20
专用设备制造业	Manufacture of Special-purpose Machinery	33
汽车制造业	Manufacfuer of Automobiles	7
铁路、船舶、航空航天和其他运输设备制造业	Manufacture of Railways Ships Aerospace and Other Transport Equipment	1
电气机械及器材制造业	Manufacture of Electrical Machinery and Equipment	61
计算机、通信和其他电子设备制造业	Manufacture of Communication Equipment, Computers and Other Electronic Equipment	135
仪器仪表制造业	Manufacture of Measuring Instruments	26
其他制造业	Other Manufacturing	1
废弃资源综合利用业	Recycling and Disposal of Waste	
金属制品、机械和设备修理业	Manufacture of Metal Products,Machinery and Equipment Repair	
电力、热力的生产和供应业	Production and Supply of Electric Power and Heat Power	1
燃气生产和供应业	Production and Supply of Gas	1
水的生产和供应业	Production and Supply of Water	3

4—9 续表 continued (10 000 yuan)

资产总计 Total Asset	应收帐款 Value of Debts Receivable	主营业务收入 Principal Business Revenue	利润总额 Total Profits
1 220 142	57 294	300 471	41 593
4 609	4 171	802	3
30 023	8 282	26 605	1 312
248 186	62 230	127 064	8 166
470 345	37 274	98 596	58 730
1 424 516	195 165	437 131	114 076
71 044	23 268	42 105	2 491
2 417 161	174 194	492 879	47 650
2 254 382	189 972	522 604	130 175
566 468	115 322	346 434	24 053
1 226 635	285 089	746 045	66 173
177 291	30 814	105 511	13 448
406 450	102 096	371 092	30 464
1 808 852	320 972	749 885	94 690
6 706 323	1 199 966	3 529 690	844 687
1 191 160	248 618	716 520	23 753
30 866	2 421	17 495	1 185
9 683 101	1 905 648	5 316 724	387 892
35 734 224	6 328 556	18 955 342	50 696
2 806 365	591 602	908 547	49 099
49 385	1 392	45 087	8 524
33 432	162	83 941	9 555
1 616 021	22 405	602 685	100 409
85 261	10 730	36 723	6 293

4-10 规模以上私营工业企业主要经济指标（2018年）

MAIN ECONOMIC INDICATORS OF PRIVATE INDUSTRIAL ENTERPRISES ABOVE DESIGNATED SIZE（2018）

单位：万元

类　别	Item	企业单位数(个) Number of Enterprises (unit)
总　计	**Total**	**4 107**
一、按登记注册类型分	**Grouped by Registration**	
1.内资企业	Domestic Investment Enterprise	4 107
国有企业	State-owned	
集体企业	Collective-owned	
股份合作企业	Cooperative Shares Enterprise	
联营企业	Joint owned	
有限责任公司	Companies Limited with Liabilities	
股份有限公司	Companies Limited by Shares	
私营企业	Private	4 107
其他内资企业	Others	
2.港、澳、台投资企业	Funded by Entrepreneur from Hongkong,Macao and Taiwan	
3.外商投资企业	Foreign Funded	
二、按企业规模分	**Grouped by Size of Enterprises**	
1.大型企业	Large Enterprises	76
2.中型企业	Medium-sized Enterprises	582
3.小型企业	Small Enterprises	3 348
4.微型企业	Micro Enterprises	101
三、按工业行业大类分	**Grouped by Sector**	
煤炭开采和洗选业	Mining and Washing of Coal	
石油和天燃气开采业	Extraction of Petroleum and Natural Gas	
黑色金属矿采选业	Mining and Processing of Ferrous Metal Ores	
有色金属矿采选业	Mining and Processing of Nonferrous Metal Ores	
非金属矿采选业	Mining and Processing of Nonmetal Ores	
开采专业及辅助性活动	Mining and Auxiliary Activities	
其他采矿业	Mining and Processing of Other Ores	
农副食品加工业	Processing of Food from Agricultural Products	16
食品制造业	Manufacture of Foods	17
酒、饮料和精制茶制造业	Manufacture of Wine,Beverages and Refined Tea	4

(10 000 yuan)

资产总计 Total Asset	应收帐款 Value of Debts Receivable	主营业务收入 Principal Business Revenue	利润总额 Total Profits
73 929 391	**18 807 853**	**61 747 799**	**3 013 504**
73 929 391	18 807 853	61 747 799	3 013 504
73 929 391	18 807 853	61 747 799	3 013 504
24 044 367	5 275 825	15 653 248	905 356
20 785 401	4 909 116	17 878 984	1 257 943
27 641 571	8 549 711	27 986 366	846 792
1 458 052	73 202	229 201	3 413
247 575	66 694	263 017	12 097
120 227	19 957	104 915	−3 417
58 419	8 387	47 714	1 129

单位：万元

类　　别	Item	企业单位数(个) Number of Enterprises (unit)
烟草制品业	Manufacture of Tobacco	
纺织业	Manufacture of Textile	31
纺织服装、服饰业	Manufacture of Textile Wearing Apparel,Footware and Caps	76
皮革、毛皮、羽毛及其制品和制鞋业	Manufacture of Leather, Fur, Feather and Related Products	48
木材加工及木、竹、藤、棕、草制品业	Processing of Timber, Manufacture of Wood, Bamboo, Rattan, Palm Fiber & Straw Products	16
家具制造业	Manufacture of Furniture	74
造纸及纸制品业	Manufacture of Paper and Paper Products	89
印刷和记录媒介复制业	Printing and Record Medium Reproduction	80
文教、工美、体育和娱乐用品制造业	Manufacture of Cultural, Educational and Sports Articles	167
石油加工、炼焦及核燃料加工业	Processing of Petroleum, Coking and Nuclear Fuel Processing	3
化学原料及化学制品制造业	Manufacture of Raw Chemical Materials and Chemical Products	88
医药制造业	Manufacture of Medicines	14
化学纤维制造业	Manufacture of Chemical Fibers	2
橡胶和塑料制品业	Manufacture of Rubber	231
非金属矿物制品业	Manufacture of Non-metallic Mineral Products	83
黑色金属冶炼及压延加工业	Smelting and Pressing of Ferrous Metals	8
有色金属冶炼及压延加工业	Smelting and Pressing of Nonferrous Metals	30
金属制品业	Manufacture of Metal Products	247
通用设备制造业	Manufacture of General-purpose Machinery	213
专用设备制造业	Manufacture of Special-purpose Machinery	308
汽车制造业	Manufacfuer of Automobiles	22
铁路、船舶、航空航天和其他运输设备制造业	Manufacture of Railways Ships Aerospace and Other Transport Equipment	27
电气机械及器材制造业	Manufacture of Electrical Machinery and Equipment	667
计算机、通信和其他电子设备制造业	Manufacture of Communication Equipment, Computers and Other Electronic Equipment	1 368
仪器仪表制造业	Manufacture of Measuring Instruments	128
其他制造业	Other Manufacturing	43
废弃资源综合利用业	Recycling and Disposal of Waste	2
金属制品、机械和设备修理业	Manufacture of Metal Products,Machinery and Equipment Repair	4
电力、热力的生产和供应业	Production and Supply of Electric Power and Heat Power	1
燃气生产和供应业	Production and Supply of Gas	
水的生产和供应业	Production and Supply of Water	

4—10 续表 continued (10 000 yuan)

资产总计 Total Asset	应收帐款 Value of Debts Receivable	主营业务收入 Principal Business Revenue	利润总额 Total Profits
548 041	99 133	390 862	119 528
555 732	97 376	517 271	12 516
220 840	85 033	269 703	1 238
147 687	32 229	103 739	2 123
774 548	136 176	720 444	2 336
502 501	218 061	770 015	12 648
623 484	237 460	614 146	23 025
4 942 395	1 326 093	4 491 343	124 280
25 893	3 651	54 419	− 771
852 610	278 620	712 080	47 480
2 238 910	292 221	464 838	85 206
5 202	1 470	12 653	142
2 159 135	695 272	2 207 594	108 970
2 066 263	472 998	1 013 517	16 527
256 944	39 806	183 230	− 490
1 787 648	87 541	2 968 681	11 743
1 831 075	648 925	1 755 754	48 856
3 419 617	947 057	2 327 431	168 109
4 142 032	1 192 535	3 186 177	313 508
521 519	143 613	411 776	16 744
302 082	73 091	339 106	12 394
11 481 239	3 212 490	8 550 114	206 460
31 985 195	7 790 381	27 173 744	1 518 273
1 705 252	498 445	1 634 347	133 386
345 945	89 599	404 473	15 129
22 469	421	15 191	884
27 279	11 509	33 381	853
11 634	1 613	6 125	2 598

4-11 规模以上港澳台商投资和外商投资工业企业主要经济指标（2018年）

MAIN ECONOMIC INDICATORS OF INDUSTRIAL ENTERPAISES WITH FUNDS FROM HONGKONG,MACAO,TAIWAN AND FOREIGN FUNDS ABOVE DESIGNATED SIZE（2018）

单位：万元

类　别	Item	企业单位数(个) Number of Enterprises (unit)
总　计	**Total**	**2 442**
一、按登记注册类型分	**Grouped by Registration**	
1.内资企业	Domestic Investment Enterprise	
国有企业	State-owned	
集体企业	Collective-owned	
股份合作企业	Cooperative Shares Enterprise	
联营企业	Joint owned	
有限责任公司	Companies Limited with Liabilities	
股份有限公司	Companies Limited by Shares	
私营企业	Private	
其他内资企业	Others	
2.港、澳、台投资企业	Funded by Entrepreneur from Hongkong,Macao and Taiwan	1 822
3.外商投资企业	Foreign Funded	620
二、按企业规模分	**Grouped by Size of Enterprises**	
1.大型企业	Large Enterprises	220
2.中型企业	Medium-sized Enterprises	736
3.小型企业	Small Enterprises	1 428
4.微型企业	Micro Enterprises	58
三、按工业行业大类分	**Grouped by Sector**	
煤炭开采和洗选业	Mining and Washing of Coal	
石油和天燃气开采业	Extraction of Petroleum and Natural Gas	2
黑色金属矿采选业	Mining and Processing of Ferrous Metal Ores	
有色金属矿采选业	Mining and Processing of Nonferrous Metal Ores	
非金属矿采选业	Mining and Processing of Nonmetal Ores	
开采专业及辅助性活动	Mining and Auxiliary Activities	1
其他采矿业	Mining and Processing of Other Ores	
农副食品加工业	Processing of Food from Agricultural Products	18
食品制造业	Manufacture of Foods	14
酒、饮料和精制茶制造业	Manufacture of Wine,Beverages and Refined Tea	12

(10 000 yuan)

资产总计 Total Asset	应收帐款 Value of Debts Receivable	主营业务收入 Principal Business Revenue	利润总额 Total Profits
120 219 895	**34 094 216**	**117 716 015**	**6 054 098**
82 592 124	24 124 196	79 379 403	4 057 760
37 627 771	9 970 020	38 336 612	1 996 338
80 713 628	23 535 494	78 381 505	3 479 974
23 039 062	5 702 725	24 510 776	1 531 800
15 143 829	4 720 712	13 430 178	649 655
1 323 376	135 285	1 393 556	392 669
3 338 456	15 815	2 944 832	1 486 179
37 260	11 168	25 327	10 825
1 194 966	165 878	1 562 559	93 950
244 362	45 259	308 840	19 561
1 106 036	108 405	1 470 173	73 999

单位：万元

类　　别	Item	企业单位数（个）Number of Enterprises (unit)
烟草制品业	Manufacture of Tobacco	
纺织业	Manufacture of Textile	23
纺织服装、服饰业	Manufacture of Textile Wearing Apparel,Footware and Caps	84
皮革、毛皮、羽毛及其制品和制鞋业	Manufacture of Leather, Fur, Feather and Related Products	44
木材加工及木、竹、藤、棕、草制品业	Processing of Timber, Manufacture of Wood, Bamboo, Rattan, Palm Fiber & Straw Products	3
家具制造业	Manufacture of Furniture	39
造纸及纸制品业	Manufacture of Paper and Paper Products	68
印刷和记录媒介复制业	Printing and Record Medium Reproduction	59
文教、工美、体育和娱乐用品制造业	Manufacture of Cultural, Educational and Sports Articles	140
石油加工、炼焦及核燃料加工业	Processing of Petroleum, Coking and Nuclear Fuel Processing	1
化学原料及化学制品制造业	Manufacture of Raw Chemical Materials and Chemical Products	60
医药制造业	Manufacture of Medicines	22
化学纤维制造业	Manufacture of Chemical Fibers	1
橡胶和塑料制品业	Manufacture of Rubber	268
非金属矿物制品业	Manufacture of Non-metallic Mineral Products	28
黑色金属冶炼及压延加工业	Smelting and Pressing of Ferrous Metals	7
有色金属冶炼及压延加工业	Smelting and Pressing of Nonferrous Metals	30
金属制品业	Manufacture of Metal Products	157
通用设备制造业	Manufacture of General-purpose Machinery	137
专用设备制造业	Manufacture of Special-purpose Machinery	153
汽车制造业	Manufacfuer of Automobiles	23
铁路、船舶、航空航天和其他运输设备制造业	Manufacture of Railways Ships Aerospace and Other Transport Equipment	36
电气机械及器材制造业	Manufacture of Electrical Machinery and Equipment	333
计算机、通信和其他电子设备制造业	Manufacture of Communication Equipment, Computers and Other Electronic Equipment	548
仪器仪表制造业	Manufacture of Measuring Instruments	80
其他制造业	Other Manufacturing	35
废弃资源综合利用业	Recycling and Disposal of Waste	
金属制品、机械和设备修理业	Manufacture of Metal Products,Machinery and Equipment Repair	6
电力、热力的生产和供应业	Production and Supply of Electric Power and Heat Power	6
燃气生产和供应业	Production and Supply of Gas	1
水的生产和供应业	Production and Supply of Water	3

资产总计 Total Asset	应收帐款 Value of Debts Receivable	主营业务收入 Principal Business Revenue	利润总额 Total Profits
276 926	91 566	338 332	14 835
877 027	239 851	1 089 357	19 966
847 871	362 013	632 086	11 799
8 966	5 351	13 009	214
640 591	76 732	545 644	12 833
662 374	201 477	792 920	16 258
950 042	214 722	794 853	45 487
6 076 703	734 690	5 394 003	234 171
578 097	34 687	689 169	215 146
1 219 723	350 529	1 660 544	80 379
1 799 944	251 292	1 272 635	246 858
4 139	1 987	17 345	141
4 409 346	1 457 224	5 626 265	187 055
1 323 014	275 028	1 138 880	119 782
86 702	28 340	106 106	853
779 353	268 979	1 692 048	22 344
2 332 469	588 842	2 297 360	110 545
3 453 757	1 156 051	4 150 495	201 693
3 265 519	840 544	3 220 645	190 092
10 898 822	2 883 244	7 476 009	30 756
1 469 008	355 863	711 867	20 588
11 996 440	2 329 765	9 511 885	241 103
50 738 327	20 159 536	57 305 578	1 234 921
2 003 889	367 531	1 417 575	93 900
225 328	89 012	248 131	16 223
196 562	90 218	145 304	30 889
3 304 107	162 142	1 662 361	566 844
645 221	52 298	643 925	171 325
3 228 553	78 177	809 957	232 585

4-12　规模以上大中型工业企业主要经济指标（2018年）

MAIN ECONOMIC INDICATORS OF LARGE AND MEDIUM-SIZED INDUSTRIAL ENTERPRISES ABOVE DESIGNATED SIZE（2018）

单位：万元

类　　别	Item	企业单位数(个) Number of Enterprises (unit)
总　　计	**Total**	**2 020**
一、按登记注册类型分	**Grouped by Registration**	
1.内资企业	Domestic Investment Enterprise	1 064
国有企业	State-owned	2
集体企业	Collective-owned	1
股份合作企业	Cooperative Shares Enterprise	
联营企业	Joint owned	
有限责任公司	Companies Limited with Liabilities	238
股份有限公司	Companies Limited by Shares	165
私营企业	Private	658
其他内资企业	Others	
2.港、澳、台投资企业	Funded by Entrepreneur from Hongkong,Macao and Taiwan	698
3.外商投资企业	Foreign Funded	258
二、按企业规模分	**Grouped by Size of Enterprises**	
1.大型企业	Large Enterprises	403
2.中型企业	Medium-sized Enterprises	1 617
3.小型企业	Small Enterprises	
4.微型企业	Micro Enterprises	
三、按工业行业大类分	**Grouped by Sector**	
煤炭开采和洗选业	Mining and Washing of Coal	
石油和天燃气开采业	Extraction of Petroleum and Natural Gas	1
黑色金属矿采选业	Mining and Processing of Ferrous Metal Ores	
有色金属矿采选业	Mining and Processing of Nonferrous Metal Ores	
非金属矿采选业	Mining and Processing of Nonmetal Ores	
开采专业及辅助性活动	Mining and Auxiliary Activities	1
其他采矿业	Mining and Processing of Other Ores	
农副食品加工业	Processing of Food from Agricultural Products	9
食品制造业	Manufacture of Foods	10
酒、饮料和精制茶制造业	Manufacture of Wine,Beverages and Refined Tea	6

(10 000 yuan)

资产总计 Total Asset	应收帐款 Value of Debts Receivable	主营业务收入 Principal Business Revenue	利润总额 Total Profits
301 405 052	**73 268 185**	**270 505 531**	**17 493 797**
197 652 362	44 029 966	167 613 251	12 482 023
223 998	84 154	194 158	117
289		2 394	304
89 133 793	23 111 688	102 394 415	8 478 138
63 464 514	10 649 184	31 490 053	1 840 164
44 829 768	10 184 940	33 532 232	2 163 299
71 737 776	21 365 412	69 488 168	3 321 275
32 014 914	7 872 807	33 404 113	1 690 499
229 827 588	57 871 446	211 542 082	13 665 952
71 577 464	15 396 739	58 963 449	3 827 845
3 230 661	7 344	2 918 715	1 474 534
582 764	118 842	192 752	2 695
892 474	137 232	1 555 969	62 357
356 538	75 598	478 082	22 287
735 040	89 428	1 381 602	62 291

单位：万元

类　　别 Item		企业单位数（个） Number of Enterprises (unit)
烟草制品业	Manufacture of Tobacco	1
纺织业	Manufacture of Textile	14
纺织服装、服饰业	Manufacture of Textile Wearing Apparel,Footware and Caps	71
皮革、毛皮、羽毛及其制品和制鞋业	Manufacture of Leather, Fur, Feather and Related Products	26
木材加工及木、竹、藤、棕、草制品业	Processing of Timber, Manufacture of Wood, Bamboo, Rattan, Palm Fiber & Straw Products	1
家具制造业	Manufacture of Furniture	37
造纸及纸制品业	Manufacture of Paper and Paper Products	22
印刷和记录媒介复制业	Printing and Record Medium Reproduction	36
文教、工美、体育和娱乐用品制造业	Manufacture of Cultural, Educational and Sports Articles	116
石油加工、炼焦及核燃料加工业	Processing of Petroleum, Coking and Nuclear Fuel Processing	1
化学原料及化学制品制造业	Manufacture of Raw Chemical Materials and Chemical Products	19
医药制造业	Manufacture of Medicines	19
化学纤维制造业	Manufacture of Chemical Fibers	1
橡胶和塑料制品业	Manufacture of Rubber	136
非金属矿物制品业	Manufacture of Non−metallic Mineral Products	24
黑色金属冶炼及压延加工业	Smelting and Pressing of Ferrous Metals	1
有色金属冶炼及压延加工业	Smelting and Pressing of Nonferrous Metals	4
金属制品业	Manufacture of Metal Products	94
通用设备制造业	Manufacture of General−purpose Machinery	98
专用设备制造业	Manufacture of Special−purpose Machinery	145
汽车制造业	Manufacfuer of Automobiles	23
铁路、船舶、航空航天和其他运输设备制造业	Manufacture of Railways Ships Aerospace and Other Transport Equipment	15
电气机械及器材制造业	Manufacture of Electrical Machinery and Equipment	314
计算机、通信和其他电子设备制造业	Manufacture of Communication Equipment, Computers and Other Electronic Equipment	685
仪器仪表制造业	Manufacture of Measuring Instruments	61
其他制造业	Other Manufacturing	12
废弃资源综合利用业	Recycling and Disposal of Waste	
金属制品、机械和设备修理业	Manufacture of Metal Products,Machinery and Equipment Repair	4
电力、热力的生产和供应业	Production and Supply of Electric Power and Heat Power	3
燃气生产和供应业	Production and Supply of Gas	2
水的生产和供应业	Production and Supply of Water	8

资产总计 Total Asset	应收帐款 Value of Debts Receivable	主营业务收入 Principal Business Revenue	利润总额 Total Profits
603 505	10 258	655 558	62 801
754 189	153 416	722 722	156 008
2 346 791	280 122	1 868 443	101 052
937 977	405 577	712 156	8 580
20 846	7 168	18 504	−236
1 836 934	190 508	1 018 065	21 639
904 998	163 655	693 800	68 088
2 544 479	437 963	1 374 347	160 615
8 187 289	906 721	7 432 546	356 228
578 097	34 687	689 169	215 146
2 320 943	357 405	891 556	25 025
6 055 814	688 039	2 414 822	491 658
4 139	1 987	17 345	141
5 001 708	1 536 815	5 886 302	216 294
2 657 150	609 426	1 999 220	187 254
201 000	21 645	106 733	−3 939
562 928	179 034	1 306 084	11 973
4 184 684	763 651	2 559 643	111 940
6 509 755	1 730 055	5 399 335	379 824
11 201 025	2 353 033	7 671 081	1 194 341
12 308 166	3 141 837	8 277 969	57 643
1 400 177	323 555	797 365	27 316
30 270 974	6 717 291	21 420 868	807 337
176 933 411	50 342 285	178 679 411	10 167 108
5 248 242	1 144 436	2 765 057	147 338
281 078	53 811	260 638	15 001
137 151	64 679	116 352	20 613
5 521 993	40 141	5 890 775	312 234
2 261 242	74 702	1 246 610	271 735
3 830 892	105 841	1 085 939	278 880

4-13 主要工业产品产量

PRODUCTION OF MAIN INDUSTRIAL PRODUCTS

年 份 Year	自来水生产量 (万立方米) Tap Water (10 000 cu.m)	发电量 (万千瓦小时) Electricity (10 000 kwh)	小麦粉 (吨) Flour (ton)	啤 酒 (千升) Beer (kiloliter)	卷 烟 (万支) Cigarettes (10 000 pieces)	化学纤维 (吨) Chemical Fiber (ton)	布 (万米) Cloth (10 000 m)
1979		609					
1980		437					
1981		608					
1982		1 152					
1983		1 322					
1984		1 261			27 570		
1985		1 012			45 500		
1986	7 051	3 130			52 225		
1987	8 617	4 408			75 000	3 731	280
1988	13 060	2 508	16 794		252 255	4 190	925
1989	19 962	1 124	17 285		303 825	4 451	380
1990	19 736	31 065	21 155		380 820	5 050	631
1991	24 446	107 727	35 151		430 000	7 694	1 872
1992	23 785	195 007	44 302	57 256	442 500	7 637	30 484
1993	30 335	416 568	72 252	76 715	472 575	14 194	3 907
1994	43 425	1 739 463	75 536	82 128	472 915	19 768	2 674
1995	50 151	1 652 038	92 977	101 425	522 800	22 348	4 413
1996	53 691	1 873 881	219 700	125 302	594 120	17 576	106
1997	60 408	1 960 433	273 300	131 346	629 205	20 243	2 375
1998	62 585	2 150 147	250 000	152 279	756 095	13 271	1 716
1999	66 816	2 380 518	287 400	150 880	943 600	14 543	3 200
2000	75 547	2 618 545	229 000	250 417	1 044 490	14 368	2 356
2001	93 047	2 737 802	360 000	275 180	1 145 465	13 805	1 940
2002	113 315	3 515 696	346 000	334 590	1 175 810	13 821	2 247
2003	123 709	4 846 256	328 200	396 150	1 207 066	14 281	1 317
2004	119 510	5 220 982	313 300	477 766	1 277 700	15 083	2 697
2005	148 221	5 685 750	350 325	581 161	1 373 606	8 497	3 885
2006	141 218	5 472 103	351 289	574 554	1 454 359	4 913	2 210
2007	148 349	5 578 728	360 171	561 371	1 605 650	8 382	2 857
2008	150 221	5 844 154	368 498	473 027	1 656 000	1 115	2 541
2009	137 824	5 677 546	339 457	524 696	1 753 150	2 284	464
2010	153 218	5 778 497	324 406	597 184	1 817 025	7 627	1 904
2011	155 802	6 784 694	306 664	653 279	1 877 085	3 310	716
2012	159 944	7 001 845	442 134	623 503	1 919 220	4 548	775
2013	159 177	6 796 228	457 511	558 856	1 951 555	4 988	1 398
2014	162 415	6 959 097	355 599	513 932	1 937 700	6 037	1 474
2015	148 257	6 819 392	365 403	445 595	1 890 210	5 621	687
2016	171 064	6 942 888	369 579	423 210	1 860 920	4 579	664
2017	176 876	8 415 444	426 107	362 720	1 835 540	6 426	482
2018	181 262	8 326 420	435 913	338 127	1 868 710	6 489	300

4-13 续表 1 continued

年 份 Year	印染布 (万米) Printed and Dyed Fabric (10 000 m)	服 装 (万件) Garments (10 000 pieces)	塑料制品 (吨) Plastic Products (ton)
1979			
1980			
1981			
1982			
1983			
1984	4 321	649	16 419
1985	5 271	1 004	
1986	5 731	7 988	16 419
1987	6 655	8 008	28 572
1988	6 708	12 828	44 359
1989	8 344	9 931	73 945
1990	9 212	29 333	103 779
1991	14 869	16 437	233 094
1992	16 161	18 857	244 000
1993	22 918	27 026	290 508
1994	7 627	36 314	375 757
1995	20 991	25 938	449 183
1996	22 543	38 196	411 132
1997	18 522	32 089	387 692
1998	20 191	32 119	256 327
1999	16 670	25 667	378 099
2000	13 614	24 242	464 617
2001	13 338	14 509	722 024
2002	14 082	14 344	611 619
2003	15 502	18 559	669 683
2004	12 873	17 536	644 751
2005	11 351	25 281	760 206
2006	8 917	32 104	1 276 641
2007	3 531	31 611	1 119 397
2008	1 865	31 711	1 296 995
2009	1 322	35 441	1 396 805
2010	1 593	27 217	1 190 914
2011	498	19 212	1 337 546
2012	440	17 408	1 024 870
2013	325	15 130	888 056
2014	1 155	17 005	836 216
2015	1 291	21 628	728 073
2016	1 992	20 023	711 435
2017	2 065	17 628	700 522
2018	1 913	14 021	726 046

4-13 续表 2 continued

年 份 Year	平板玻璃(万重量箱) Plate Glass (10 000 wt.cases)	铝材(吨) Aluminium (ton)	两轮脚踏自行车(万辆) Bicycles (10 000 sets)	表(万只) Watches (10 000 units)	照相机(万台) Cameras (10 000 sets)	家用电风扇(万台) Electric Fans (10 000 sets)	电话单机(万部) Telephone Sets (10 000 units)
1979							
1980							
1981							
1982							
1983							
1984			2.03	339.68		0.57	9.77
1985			4.31	3 447.58		40.87	123.22
1986		5 566	14.13	11 020.66	160.15	66.60	144.75
1987	58	6 805	41.29	11 688.16	44.24	248.01	498.94
1988	186	6 808	60.39	11 014.49	348.25	368.60	815.76
1989	230	7 399	82.01	8 318.00	159.96	323.31	926.10
1990	207	10 799	128.20	10 060.00	519.95	379.30	1 019.21
1991	238	14 361	257.78	9 646.00	423.12	407.58	1 360.80
1992	269	18 985	272.08	17 593.65	813.76	152.73	1 461.59
1993	265	21 540	288.41	22 875.39	1 247.89	433.59	2 292.50
1994	259	19 618	238.94	27 344.89	1 277.61	1 132.43	2 592.38
1995	272	19 633	215.56	24 542.05	252.57	907.35	3 902.49
1996	272	25 356	140.52	28 667.91	1 636.74	818.76	4 080.80
1997	385	23 874	123.38	16 629.66	1 531.48	845.18	4 506.65
1998	238	19 632	156.96	12 665.44	2 346.95	650.48	2 741.97
1999	273	24 408	210.99	11 593.89	1 551.80	544.74	2 711.82
2000	288	27 271	239.60	9 126.00	942.83	901.04	2 809.58
2001	217	29 379	172.66	7 908.37	642.03	753.09	2 965.67
2002	317	46 746	319.67	7 575.78	312.83	1 129.22	4 091.29
2003	322	56 805	636.70	7 100.70	428.95	1 202.76	4 947.64
2004	367	43 274	586.47	5 790.44	341.25	1 127.19	4 894.31
2005	725	43 823	665.75	7 183.60	1 207.88	958.54	6 579.87
2006	634	61 578	742.84	8 021.58	1 082.41	1 425.82	7 444.34
2007	940	6 1606	593.53	7 003.35	880.47	1 403.87	7 055.94
2008	1 009	7 7847	615.28	6 438.34	887.06	1 559.63	6 283.11
2009	759	48 087	398.60	7 991.26	793.86	1 457.34	5 312.90
2010	349	53 653	486.50	8 515.91	785.71	1 393.28	5 559.25
2011	669	35 014	438.43	7 155.89	631.57	1 975.53	3 229.52
2012	718	13 930	379.08	6 557.43	493.35	1 771.45	3 382.70
2013	658	8 580	347.82	6 399.28	404.51	1 809.56	3 139.46
2014	10	10 454	310.95	7 953.13	317.91	1 790.29	2 711.63
2015	5	6 292	279.77	7 659.11	223.61	1 639.74	2 362.04
2016		4 171	224.41	6 819.88	220.00	1 469.59	1 801.72
2017		4 382	258.41	6 208.91	180.33	1 248.95	1 372.17
2018		3 995	178.91	5 663.53	205.17	1 492.01	1 387.07

年 份 Year	微型计算机设备 (台) Micro Computers (unit)	打印机 (万部) Printers (10 000 units)	彩色电视机（万台） Color TV Sets (10 000 sets)
1979			
1980			
1981			0.70
1982			0.62
1983	71.00		1.23
1984	4 357		18.25
1985	1 575		48.10
1986	6 617		61.39
1987	2 728		101.64
1988	2 788		155.90
1989	15 955		137.38
1990	17 622		228.67
1991	62 440		288.08
1992	31 357		272.12
1993	27 836		269.33
1994	51 877		251.42
1995	194 131	194.84	373.50
1996	312 687	193.06	540.62
1997	568 681	433.50	519.63
1998	464 614	584.76	491.85
1999	834 476	315.68	834.13
2000	1 074 486	507.62	753.97
2001	1 642 151	695.00	659.50
2002	3 076 052	469.20	1 297.35
2003	4 866 723	570.30	1 820.33
2004	7 350 491	592.73	1 857.02
2005	11 435 877	984.50	1 964.43
2006	13 633 633	835.33	2 071.14
2007	8 947 600	1 041.78	1 803.85
2008	9 662 828	1 452.97	2 003.47
2009	18 023 372	1 493.84	1 910.03
2010	34 032 969	1 973.98	2 043.61
2011	41 718 350	1 810.97	2 203.07
2012	52 285 567	2 266.73	3 237.51
2013	19 100 994	1 721.10	3 320.12
2014	26 073 252	1 607.62	3 714.14
2015	27 793 649	1 304.84	3 545.93
2016	29 567 574	1 203.61	3 883.49
2017	27 067 302	874.06	3 695.43
2018	23 975 801	811.67	4 519.50

年　份 Year	电子元件 (万只) Electronic Units (10 000 units)	硬盘存储器 (万部) Hard Drives (10 000 units)	集成电路 (万块) Semiconductor Integrated Circuit (10 000 units)	程控交换机 (万线) Telephone Exchanges (10 000 lines)
1979				
1980				
1981				
1982				
1983				
1984				
1985				
1986	15 584			
1987	7 823			
1988	73 316			
1989	112 921		513	
1990	309 649		998	
1991	332 657		1 357	
1992	522 291		1 164	
1993	708 147		1 520	105.30
1994	1 561 900		2 263	209.70
1995	9 681 839	199.47	14 558	269.13
1996	1 403 557	440.86	22 471	331.74
1997	1 491 620	841.39	14 346	647.35
1998	1 390 107	770.54	23 976	1 515.69
1999	262 057	699.36	64 232	1 962.38
2000	527 216	867.07	87 598	3 535.33
2001	746 630	1 116.60	96 122	2 994.30
2002	1 334 537	480.04	134 966	1 856.47
2003	1 294 335	766.60	182 340	2 919.57
2004	549 722	831.71	255 504	1 976.65
2005	2 600 991	2 267.05	268 006	2 644.04
2006	10 104 734	2 035.33	604 302	1 625.75
2007	11 445 606	3 746.12	619 532	1 747.76
2008	9 138 530	5 225.41	828 381	1 960.98
2009	10 557 452	5 509.84	737 265	1 745.46
2010	21 862 763	6 866.21	1 240 820	1 526.23
2011	21 382 825	7 149.85	1 589 988	2 155.78
2012	17 486 985	8 218.81	1 424 912	1 213.55
2013	17 415 795	6 850.58	1 455 794	1 645.30
2014	14 921 810	6 264.78	1 481 497	1 527.43
2015	11 191 275	4 440.19	1 311 268	1 179.82
2016	12 516 547	4 194.02	1 810 728	1 030.74
2017	14 055 332	2 146.46	2 185 951	752.01
2018	15 911 724	690.09	2 551 057	845.31

4-14 全社会能耗水平

ENERGY CONSUMPTION LEVEL OF THE WHOLE SOCIETY

年 份 Year	单位GDP能耗 Energy Consumption per Unit of GDP		单位工业增加值能耗 Energy Consumption per Unit of Value-added of Industry		单位GDP电耗 Electricity Consumption per Unit of GDP	
	指标值（吨标准煤/万元）Equivalent value (ton of SCE/ 10 000 yuan)	增长速度 Growth Rate (%)	指标值（吨标准煤/万元）Equivalent value (ton of SCE/ 10 000 yuan)	增长速度 Growth Rate (%)	指标值（千瓦时/万元）Equivalent value (Kwh/10 000 yuan)	增长速度 Growth Rate (%)
2005	0.593		0.598		889.10	
2006	0.576	−2.81	0.572	−3.04	844.10	−5.06
2007	0.560	−2.76	0.551	−3.76	848.80	0.54
2008	0.544	−2.90	0.530	−4.46	785.50	−7.46
2009	0.529	−2.76	0.511	−3.59	712.37	−9.33
2010	0.513	−2.94	0.492	−3.72	720.33	1.12
2011	0.472	−4.39		−24.02		−4.69
2012	0.451	−4.51		−12.68		−3.28
2013	0.428	−5.12		−9.49		−8.30
2014		−4.35		−8.45		−0.65
2015		−3.26		−11.07		−5.01
2016		−4.21		−4.98		−4.17
2017		−4.23		−0.75		−4.82
2018		−4.20		−11.24		−3.62

注：单位GDP能耗数据2005-2009年采用的GDP为2005年可比价，2010-2015年采用的是2010年可比价，2016年及以后采用的是2015年可比价。

Note：The data of Energy Consumption per Unit of GDP from 2005 to 2009 are calculated at 2005 constant prices of GDP,from 2010 to 2015 at 2010 constant prices of GDP,2016 at 2015 constant prices of GDP，from 2016 at 2015 constant prices of GDP.

4-15 主要能源按工业行业分组消费量（2018年）
CONSUMPTION OF ENERGY BY SECTOR（2018）

单位：吨 （ton）

项 目	Item	原 煤 Coal	原 油 Crude Oil	汽 油 Gasoline	煤 油 Kerosene
全部规模以上工业企业	**Total Consumption**	**8 705 861.69**	**161 243.00**	**69 758.06**	**512.94**
一、按轻、重工业分	**Grouped by Light and Heavy Industry**	**8 705 861.69**	**161 243.00**	**69 758.06**	**512.94**
1．轻工业	Light Industry	1 154.00		19 496.56	391.40
2．重工业	Heavy Industry	8 704 707.69	161 243.00	50 261.50	121.54
二、按工业行业大类分	**Grouped by Sector**	**8 705 861.69**	**161 243.00**	**69 758.06**	**512.94**
(一)采矿业	Mining and Quarrying		161 243.00	28.34	
煤炭开采和洗选业	Mining and Washing of Coal				
石油和天然气开采业	Extraction of Petroleum and Natural Gas		161 243.00	3.34	
黑色金属矿采选业	Mining and Processing of Ferrous Metal Ores				
有色金属矿采选业	Mining and Processing of Nonferrous Metal Ores				
非金属矿采选业	Mining and Processing of Nonmetal Ores				
开采专业及辅助性活动	Mining and Auxiliary Activities			25.00	
其他采矿业	Mining and Processing of Other Ores				
(二)制造业	Manufacturing	1 670.59		67 455.31	512.94
农副食品加工业	Processing of Food from Agricultural Products	1 154.00		294.26	
食品制造业	Manufacture of Foods			102.39	
酒、饮料和精制茶制造业	Manufacture of Wine, Beverages and Refined Tea			159.20	
烟草制品业	Manufacture of Tobacco			98.52	
纺织业	Manufacture of Textile			276.08	
纺织服装、服饰业	Manufacture of Textile Wearing Apparel,Footware and Caps			1 010.28	
皮革、毛皮、羽毛及其制品和制鞋业	Manufacture of Leather, Fur, Feather and Related Products			566.36	
木材加工及木、竹、藤、棕、草制品业	Processing of Timber, Manufacture of Wood, Bamboo, Rattan, Palm Fiber & Straw Products			149.04	
家具制造业	Manufacture of Furniture			843.41	
造纸及纸制品业	Manufacture of Paper and Paper Products			1 298.14	
印刷和记录媒介复制业	Printing and Record Medium Reproduction			1 788.10	

注： 本表使用新的《国民经济行业分类》（GB/T 4754-2017）

Note：Data in this table are classified according to the new Industry Classification for National Economic Activities(GB/T 4754-2017).

单位：吨 4-15 续表 1 continued（ton）

项 目	Item	原 煤 Coal	原 油 Crude Oil	汽 油 Gasoline	煤 油 Kerosene
文教、工美、体育和娱乐用品制造业	Manufacture of Cultural, Educational and Sports Articles			2 329.58	
石油、煤炭及其他燃料加工业	Petroleum, Coal and Other Fuel Processing Industry			143.35	
化学原料及化学制品制造业	Manufacture of Raw Chemical Materials and Chemical Products	388.59		1 958.25	382.00
医药制造业	Manufacture of Medicines			298.50	
化学纤维制造业	Manufacture of Chemical Fibers			7.43	
橡胶和塑料制品业	Manufacture of Rubber			5 074.91	
非金属矿物制品业	Manufacture of Non-metallic Mineral Products			1 044.91	
黑色金属冶炼及压延加工业	Smelting and Pressing of Ferrous Metals			83.95	
有色金属冶炼及压延加工业	Smelting and Pressing of Nonferrous Metals			895.63	
金属制品业	Manufacture of Metal Products	123.00		3 554.57	69.13
通用设备制造业	Manufacture of General-purpose Machinery			6 246.80	47.96
专用设备制造业	Manufacture of Special-purpose Machinery	5.00		5 890.31	2.20
汽车制造业	Manufacfuer of Automobiles			2 270.91	7.35
铁路、船舶、航空航天和其他运输设备制造业	Manufacture of Railways Ships Aerospace and Other Transport Equipment			279.18	2.20
电气机械及器材制造业	Manufacture of Electrical Machinery and Equipment			9 446.03	
计算机、通信和其他电子设备制造业	Manufacture of Communication Equipment, Computers and Other Electronic Equipment			18 935.86	
仪器仪表制造业	Manufacture of Measuring Instruments			1 797.15	2.10
其他制造业	Other Manufacturing			536.81	
废弃资源综合利用业	Recycling and Disposal of Waste				
金属制品、机械和设备修理业	Manufacture of Metal Products,Machinery and Equipment Repair			75.40	
(三)电力、燃气及水的生产和供应业	Production and Distribution of Electricity Heat,Gas and Water	8 704 191.10		2 274.41	
电力、热力的生产和供应业	Production and Supply of Electric Power and Heat Power	8 704 191.10		1 088.64	
燃气生产和供应业	Production and Supply of Gas			486.80	
水的生产和供应业	Production and Supply of Water			698.97	

单位：吨 4-15 续表 2 continued (ton)

项 目	Item	柴 油 Diesel Oil	燃料油 Fuel Oil	液化石油气 Liquefied Petroleum Gas	天然气（万立方米） Natural Gas (10 000 cu.m)	电 力（万千瓦时） Electricity (10 000 Kwh)
全部规模以上工业企业	**Total Consumption**	**160 688.86**	**2 386.89**	**8 445.78**	**262 794.42**	**3 331 266.58**
一、按轻、重工业分	**Grouped by Light and Heavy Industry**	**160 688.86**	**2 386.89**	**8 445.78**	**262 794.42**	**3 331 266.58**
1．轻工业	Light Industry	20 446.32	515.33	5 319.00	11 981.17	802 491.96
2．重工业	Heavy Industry	140 242.54	1 871.56	3 126.78	250 813.25	2 528 774.62
二、按工业行业大类分	**Grouped by Sector**	**160 688.86**	**2 386.89**	**8 445.78**	**262 794.42**	**3 331 266.58**
(一)采矿业	Mining and Quarrying	57 949.50	1 181.00		15 403.00	945.99
煤炭开采和洗选业	Mining and Washing of Coal					
石油和天然气开采业	Extraction of Petroleum and Natural Gas	56 083.00	1 181.00		15 403.00	913.79
黑色金属矿采选业	Mining and Processing of Ferrous Metal Ores					
有色金属矿采选业	Mining and Processing of Nonferrous Metal Ores					
非金属矿采选业	Mining and Processing of Nonmetal Ores					
开采专业及辅助性活动	Mining and Auxiliary Activities	1 866.50				32.20
其他采矿业	Mining and Processing of Other Ores					
(二)制造业	Manufacturing	101 004.99	1 205.89	8 433.28	22 077.08	2 796 095.79
农副食品加工业	Processing of Food from Agricultural Products	812.34		50.44	804.42	19 585.46
食品制造业	Manufacture of Foods	505.95		219.30	1 175.24	12 083.72
酒、饮料和精制茶制造业	Manufacture of Wine, Beverages and Refined Tea	76.04		94.48	1 748.39	10 699.52
烟草制品业	Manufacture of Tobacco	5.87			143.95	1 626.41
纺织业	Manufacture of Textile	247.56		82.18	636.41	18 024.64
纺织服装、服饰业	Manufacture of Textile Wearing Apparel,Footware and Caps	1 041.62		23.06	367.40	26 973.81
皮革、毛皮、羽毛及其制品和制鞋业	Manufacture of Leather, Fur, Feather and Related Products	234.07		12.55	89.73	11 812.14
木材加工及木、竹、藤、棕、草制品业	Processing of Timber, Manufacture of Wood, Bamboo, Rattan, Palm Fiber & Straw Products	319.66			86.18	2 013.49
家具制造业	Manufacture of Furniture	1 007.51		299.12	17.86	20 505.80
造纸及纸制品业	Manufacture of Paper and Paper Products	3 490.04	20.55	517.41	1 393.75	24 805.24
印刷和记录媒介复制业	Printing and Record Medium Reproduction	1 505.22		25.80	200.15	50 374.10

单位：吨　　4-15 续表 3 continued（ton）

项　目	Item	柴 油 Oiesel Oil	燃料油 Fuel Oil	液化石油气 Liquefied Petroleum Gas	天然气（万立方米） Natural Gas (10 000 cu.m)	电 力（万千瓦时） Electricity (10 000 Kwh)
文教、工美、体育和娱乐用品制造业	Manufacture of Cultural, Educational and Sports Articles	2 276.08	23.09	333.59	403.88	53 929.01
石油、煤炭及其他燃料加工业	Petroleum, Coal and Other Fuel Processing Industry	52.69		1.20	15.48	220.06
化学原料及化学制品制造业	Manufacture of Raw Chemical Materials and Chemical Products	2 577.57		39.51	111.60	47 273.34
医药制造业	Manufacture of Medicines	436.83			1 627.76	25 648.02
化学纤维制造业	Manufacture of Chemical Fibers				108.00	2 063.55
橡胶和塑料制品业	Manufacture of Rubber	6 046.13	448.01	711.24	2 281.75	261 056.15
非金属矿物制品业	Manufacture of Non-metallic Mineral Products	43 779.33	16.68	202.84	894.08	104 811.99
黑色金属冶炼及压延加工业	Smelting and Pressing of Ferrous Metals	28.57		1.90	764.00	5 174.76
有色金属冶炼及压延加工业	Smelting and Pressing of Nonferrous Metals	680.05		2.47	703.50	15 440.03
金属制品业	Manufacture of Metal Products	5 075.83	7.00	1 496.54	2 390.22	151 776.62
通用设备制造业	Manufacture of General-purpose Machinery	4 128.62	13.00	704.64	342.00	69 121.92
专用设备制造业	Manufacture of Special-purpose Machinery	2 081.67	37.00	167.45	170.66	114 451.66
汽车制造业	Manufacfuer of Automobiles	576.81		80.64	1 114.88	65 712.02
铁路、船舶、航空航天和其他运输设备制造业	Manufacture of Railways Ships Aerospace and Other Transport Equipment	7 531.84		2 379.00	950.29	24 604.03
电气机械及器材制造业	Manufacture of Electrical Machinery and Equipment	4 575.22	491.42	328.17	619.60	323 685.51
计算机、通信和其他电子设备制造业	Manufacture of Communication Equipment, Computers and Other Electronic Equipment	10 958.99	149.14	643.05	2 824.91	1 284 744.33
仪器仪表制造业	Manufacture of Measuring Instruments	365.52		8.35	15.48	34 600.51
其他制造业	Other Manufacturing	365.54		8.35	75.53	10 523.06
废弃资源综合利用业	Recycling and Disposal of Waste					570.58
金属制品、机械和设备修理业	Manufacture of Metal Products,Machinery and Equipment Repair	221.82				2 184.31
(三)电力、燃气及水的生产和供应业	Production and Distribution of Electricity Heat,Gas and Water	1 734.37		12.50	225 314.34	534 224.80
电力、热力的生产和供应业	Production and Supply of Electric Power and Heat Power	726.79			222 894.23	401 588.08
燃气生产和供应业	Production and Supply of Gas	748.36			2 091.17	12 309.64
水的生产和供应业	Production and Supply of Water	259.22		12.50	328.94	120 327.08

4-16 综合能源平衡表

OVERALL ENERGY BALANCE SHEET

单位：万吨标准煤　　　　(10 000 tons of SCE)

项 目	Item	2012	2013	2014	2015	2016	2017	2018
可供本地区消费的能源量	**Total Energy Available for Consumption by Locality**	**3507.01**	**3594.42**	**3711.72**	**3 909.91**	**4 080.91**	**4 272.64**	**4 404.73**
年初库存量	Stock at the Year-beginning	187.37	188.61	172.85	189.17	183.55	148.19	133.80
一次能源生产量	Primary Energy Output	2541.63	2669.65	2761.70	3 007.01	2 999.29	2 919.57	2 725.43
外省调入量	Allocation from Other Provinces	3486.23	3523.55	3685.25	3 515.37	3 575.25	3 728.24	3 931.60
进口量	Imports	132.19	129.83	134.79	400.47	350.08	426.57	513.23
境内轮船和飞机在境外加油量	Petroleum Consumed by Chinese Airplanes and Ships Abroad	2.97	3.17	2.54	3.10	12.01	15.12	37.64
本省调出量(-)	Allocation over Other Provinces(-)	-2543.19	-2637.41	-2756.28	-2 928.88	-2 829.85	-2 785.17	-2 689.35
出口量(-)	Exports(-)	-91.22	-89.31	-80.49	-76.41	-35.91	-29.16	-28.42
境外轮船和飞机在境内加油量(-)	Petroleum Consumed by Foreign Airplanes and Ships in China(-)	-20.38	-20.82	-19.48	-16.36	-24.80	-15.05	-14.95
年末库存量(-)	Stock at the Year-end(-)	-188.61	-172.85	-189.17	-183.55	-148.72	-135.67	-128.98
加工转换投入(-)产出(+)量	**Input Output in Processing and Transformation**	**-0.03**			**-0.13**	**-0.18**	**-0.22**	**-0.13**
火力发电	Thermal Power							
供热	Heating	-0.03			-0.13	-0.18	-0.22	-0.13
洗选煤	Coal Washing							
炼焦	Coking							
炼油	Petroleum Refining							
制气	Gas Production							
回收能	Recovery of Energy							

单位：万吨标准煤　　4-16 续表（10 000 tons of SCE）

项　目	Item	2012	2013	2014	2015	2016	2017	2018
损失量	**Losses**	**93.74**	**96.01**	**95.19**	**73.08**	**84.29**	**99.70**	**95.75**
#运输和输配损失	Losses in Transmission	93.74	96.01	95.19	73.08	84.29	99.70	95.75
终端消费量	**End-use**	**3413.24**	**3498.41**	**3616.53**	**3836.70**	**3 996.43**	**4 172.72**	**4 308.85**
第一产业	Primary Industry	6.48	0.92	11.13	10.86	15.08	8.11	12.11
农、林、牧、渔业	Farming, Forestry, Animal Husbandry and Fishery	6.48	0.92	11.13	10.86	15.08	8.11	12.11
第二产业	Secondary Industry	1410.34	1487.16	1685.27	1697.91	1 632.88	1 603.45	1 522.51
工业	Industry	1375.03	1442.67	1640.22	1651.18	1 580.90	1 567.96	1 493.02
#用作原材料、燃料	As Raw Materials and Fuel	1.64	1.64	0.99	1.08	0.94	0.23	0.98
建筑业	Construction	35.31	44.49	45.06	46.73	51.99	35.50	29.49
第三产业	Tertiary Industry	1469.17	1440.91	1337.70	1512.50	1 662.84	1 817.08	2 008.86
交通运输仓储及邮电通信业	Transport, Storage, Postal and Telecommunication Services	708.14	713.11	629.76	732.83	808.80	881.62	960.72
批发和零售贸易业、餐饮业	Wholesale and Retail Trade and Catering	404.37	387.89	373.27	420.53	456.94	468.50	546.63
其他	ServicesOthers	356.66	339.92	334.67	359.14	397.10	466.96	501.52
生活消费	Residential Consumption	527.25	569.42	582.42	615.43	685.63	744.09	765.37
城镇	Urban Areas	527.25	569.42	582.42	615.43	685.63	742.80	765.37
乡村	Rural Areas						1.29	
消费量合计	**Total Energy Consumption**	**3507.01**	**3594.42**	**3711.72**	**3909.91**	**4 080.91**	**4 272.64**	**4 404.73**

4-17 各区单位GDP能耗增长速度

GROWTH RATE OF ENERGY CONSUMPTION PER UNIT OF GDP BY DISTRICT

单位：% (%)

地区	Region	2010	2011	2012	2013	2014	2015	2016	2017	2018
全 市	**Total**	**-2.94**	**-4.39**	**-4.51**	**-5.12**	**-4.35**	**-3.26**	**-4.21**	**-4.23**	**-4.20**
福田区	Futian	−2.82	−3.45	−3.75	−4.24	−3.54	−2.50	−3.73	−3.80	−3.73
罗湖区	Luohu	−2.93	−3.21	−3.43	−3.81	−3.30	−2.49	−3.73	−3.80	−3.73
盐田区	Yantian	−4.05	−4.37	−4.62	−5.27	−4.51	−3.47	−4.37	−4.48	−4.32
南山区	Nanshan	−2.67	−4.36	−4.62	−5.27	−4.51	−3.42	−4.37	−4.48	−4.32
宝安区	Baoan	−3.93	−4.61	−4.76	−6.02	−5.10	−3.83	−4.45	−4.45	−4.32
龙岗区	Longgang	−3.33	−4.61	−4.79	−5.71	−4.81	−3.88	−4.45	−4.40	−4.32
龙华区	Longhua				−4.97	−4.30	−3.23	−4.44	−4.40	−4.32
坪山区	Pingshan		−4.28	−4.46	−5.09	−4.38	−3.35	−4.20	−4.30	−4.20
光明区	Guangming		−4.41	−4.42	−5.19	−4.39	−3.21	−4.20	−4.30	−4.20
大鹏新区	Dapeng				−5.08	−4.32	−3.15	−4.32	−4.40	−4.32
深汕特别合作区	ShenshanSpecial Cooperation Zone								−8.32	−2.33

注： 1、2010年宝安区数据含光明、龙华新区，龙岗区数据含坪山、大鹏新区。
Note: The data of Guangming and Longhua are included in Baoan;The data of Pingshan and Dapeng are included in Longgang in 2010.
2、2011、2012年宝安区数据含龙华新区，龙岗区数据含大鹏新区。
The data of Longhua are included in Baoan;The data of Dapeng are included in Longgang in 2011-2012.

4-18 能源加工转换效率

EFFICIENCY OF ENERGY CONVERSION

单位：%　　(%)

年 份 Year	火力发电 Thermal Power Generation	供热 Heating
2005	40.23	
2006	40.16	
2007	39.74	
2008	40.26	
2009	41.78	
2010	43.54	
2011	43.26	69.18
2012	42.54	70.22
2013	41.53	
2014	42.18	
2015	42.30	69.53
2016	43.10	63.90
2017	43.50	68.00
2018	42.60	59.40

4-19 能源消费弹性系数

ELASTICITY RATIO OF ENERGY CONSUMPTION

年 份 Year	能源消费 比上年增长 (%) Growth Rate of Energy Consumption over Preceding Year(%)	电力消费 比上年增长(%) Growth Rate of Electricity Consumption over Preceding Year(%)	地区生产总值 比上年增长(%) Growth Rate of Gross Domestic Product(GDP) over Preceding Year(%)	能源消费弹性系数 Elasticity Ratio of Energy Consumption	电力消费弹性系数 Elasticity Ratio of Electricity Consumption
2005	9.8	12.8	15.3	0.64	0.84
2006	13.3	10.7	16.7	0.80	0.64
2007	11.6	16.5	14.8	0.79	1.12
2008	8.8	2.8	12.3	0.72	0.23
2009	7.8	0.3	11.3	0.69	0.03
2010	9.1	13.3	12.2	0.74	1.09
2011	4.5	4.9	10.0	0.45	0.49
2012	2.7	3.7	10.2	0.26	0.37
2013	2.5	1.1	10.6	0.24	0.10
2014	3.3	8.1	8.8	0.37	0.92
2015	5.3	2.3	8.9	0.60	0.26
2016	4.4	4.4	9.1	0.48	0.49
2017	4.2	3.6	8.8	0.48	0.40
2018	3.1	3.7	7.6	0.40	0.49

主要统计指标解释

工业 指从事自然资源的开采，对采掘品和农产品进行加工和再加工的物质生产部门。具体包括：(1)对自然资源的开采，如采矿、晒盐、森林采伐等（但不包括禽兽捕猎和水产捕捞）；(2)对农副产品的加工、再加工，如粮油加工、食品加工、轧花、缫丝、纺织、制革等；(3)对采掘品的加工、再加工，如炼铁、炼钢、化工生产、石油加工、机器制造、木材加工等，以及电力、自来水、煤气的生产和供应等；(4)对工业品的修理、翻新，如机器设备的修理、交通运输工具（包括小卧车）的修理等。

1984年以前农村的村及村以下办工业归属农业，1984年以后划归工业。

轻工业 指主要提供生活消费品和制作手工工具的工业。按其所使用的原料不同，可分为两大类：(1)以农产品为原料的轻工业，是指直接或间接以农产品为基本原料的轻工业。主要包括食品制造、饮料制造、烟草加工、纺织、缝纫、皮革和毛皮制作、造纸以及印刷等工业；(2)以非农产品为原料的轻工业，是指以工业品为原料的轻工业。主要包括文教体育用品、化学药品制造、合成纤维制造、日用化学制品、日用玻璃制品、日用金属制品、手工工具制造、医疗器械制造、文化和办公用机械制造等工业。

重工业 是指为国民经济各部门提供物质技术基础的主要生产资料的工业。按其生产性质和产品用途，可分为下列三类：(1)采掘（伐）工业，是指对自然资源的开采，包括石油开采、煤炭开采、金属矿开采、非金属矿开采和木材采伐等工业；(2)原材料工业，指向国民经济各部门提供基本材料、动力和燃料的工业。包括金属冶炼及加工、炼焦及焦炭化学、化工原料、水泥、人造板以及电力、石油和煤炭加工等工业；(3)加工工业，是指对工业原材料进行再加工制造的工业。包括装备国民经济各部门的机械设备制造工业、金属结构、水泥制品等工业，以及为农业提供的生产资料如化肥、农药等工业。 根据上述划分原则，修理业中以重工业产品为修理作业对象的划为重工业，反之划为轻工业。

工业总产值 是以货币表现的工业企业在一定时期内生产的已出售或可供出售工业产品总量，它反映一定时间内工业生产的总规模和总水平。它包括：在本企业内不再进行加工，经检验、包装入库（规定不需包装的产品除外）的成品价值，对外加工费收入，自制半成品、在产品期末期初差额价值。工业总产值采用“工厂法”计算，即以工业企业作为一个整体，按企业工业生产活动的最终成果来计算，企业内部不允许重复计算，不能把企业内部各个车间（分厂）生产的成果相加。但在企业之间、行业之间、地区之间存在着重复计算。

轻重工业总产值的划分也是按“工厂法”计算的，即一个工业企业在正常情况下生产的主要产品的性质属于轻工业，则该企业的全部总产值作为轻工业总产值；一个工业企业生产的主要产品的性质属于重工业，则该企业的全部总产值作为重工业总产值。

工业销售产值（当年价格） 是以货币形式表现的，工业企业在本年内销售的本企业生产的工业产品或提供工业性劳务价值的总价值量。工业销售产值包括的内容为：

1. 销售成品价值：指企业在报告期内实际销售（包括本期生产和非本期生产）的全部成品、半成品的总价值，即按报告期产品的实际销售数量乘以不含增值税（销项税额）的产品实际销售平均单价计算。销售成品价值中包括企业生产的自制设备及提供给本企业在建工程、其他非工业部门和生活福利部门等单位使用的成品价值，但不包括用订货者来料加工，并且只收取加工费的成品（半成品）价值。

2. 对外加工费收入：指企业在报告期内完成的对外承接的工业品加工（包括用定货者来料加工的产品）的加工费收入；对外工业品修理作业可收取的加工费收入和对内非工业部门提供的加工修理、设备安装等收入。对外加工费收入按不含增值税（销项税额）的价格计算。

对于以对外加工生产为主，对外加工费收入所占比重较大的企业，如果对外加工费收入出现跨年度支付的情况，为保证总产值生产口径计算的准确性，则应将对外加工费收入按实际情况调整，记录本年应实际收取的对外加工费收入。

应收账款 指企业因销售商品、产品、提供劳务等，应向购货单位或接受劳务单位收取款项。该指标根据会计“资产负债表”中“应收账款”项的年末数填报。

资产合计 指企业拥有或控制的能以货币计量的经济资源，包括各种财产、债权和其他权利。资产按其流动性(即资产的变现能力和支付能力)划分为：流动资产、长期投资、固定资产、无形资产、递延资产和其他资产。

负债合计 指企业所承担的能以货币计量，将以资产或劳务偿付的债务，偿还形式包括货币、资产或提供劳务。负债一般按偿还期长短分为流动负债和长期负债。

主营业务收入 是企业销售产品的销售收入和提供劳务等经营业务取得的业务收入。

主营业务成本 是指企业销售产品和提供劳务等主要经济业务的实际成本。

管理费用 指企业为组织和管理企业生产经营所发生的管理费用，包括企业的董事会和行政管理部门在企业经营管理中发生的，或者应当由企业统一负担的各项管理费用。包括行政管理部门职工工资、福利费、差旅费、办公费、会议费、印刷费、水电费、社保费、招待费、技术转让费等。

财务费用 指企业为筹集生产经营所需资金而发生的费用，包括企业生产经营期间发生的利息支出（减利息收入）、汇兑损失（减汇兑收益）以及相关的手续费等。

利润总额 指企业在生产经营过程中各种收入扣除各种耗费后的盈余，反映企业在报告期内实现的亏盈总额，包括营业利润、补贴收入、投资净收益和营业外收支净额。

成本费用利润率 是指工业企业投入生产成本及费用的经济效益，同时也反映企业降低成本所取得的经济效益。计算公式为：

$$成本费用利润率（\%）=\frac{利润总额}{成本费用总额}\times 100\%$$

成本费用总额为主营业务成本和营业费用、管理费用、财务费用三项期间费用。

流动资金周转率 是指一定时期内流动资产完成的周转次数，反映投入工业企业流动资金的周转速度，一般以一年时间内周转多少次表示。计算公式为：

$$流动资产周转率（次）=\frac{主营业务收入}{流动资产平均余额}$$

全员劳动生产率 是指反映企业的生产效率和劳动投入的经济效益。一般用平均每人一年创造的工业增加值表示。计算公式为：

$$全员劳动生产率（元/人）=\frac{工业增加值}{全部职工平均人数}\times 100\%$$

全部职工平均人数为企业在报告期内全部从业人员的平均人数，计算公式为：

$$全部从业人员年平均人数=\frac{1至12月全部从业人员平均人数之和}{12}$$

或：

$$全部从业人员年平均人数=\frac{1至12月各月月初、月末全部从业人员之和}{24}$$

资产负债率　是指反映企业经营风险的大小，反映企业利用债权人提供的资金从事经营活动的能力。计算公式为：

$$\text{资产负债率（\%）}=\frac{\text{负债总计}}{\text{资产总计}}\times 100\%$$

资产及负债均为报告期末数。

总资产贡献率　是指企业一定时期内全部资产获利能力，是企业经营业绩和管理水平的集中体现，是评价和考核企业盈利能力的核心指标。计算公式为：

$$\text{总资产贡献率（\%）}=\frac{\text{利润总额}+\text{税金}+\text{利息支出}}{\text{平均资产总额}}\times 100\%$$

税金总额为产品销售税金及附加与应交增值税之和，平均资产总额为期初、期末资产总计的算术平均值 。

资本保值增值率　是反映企业净资产变动状况的一个重要指标，是企业发展能力的集中体现。它是指期末所有者权益总额与上年同期期末所有者权益总额的比率。计算公式为：

$$\text{资本保值增值率（\%）}=\frac{\text{报告期期末所有者权益}}{\text{上年同期期末所有者权益}}\times 100\%$$

所有者权益等于资产总计减负债总计。

单位国内生产总值能耗　指一定时期内，一个国家或地区每生产一个单位的国内生产总值所消耗的能源。计算公式为：

$$\text{单位国内生产总值能耗}=\frac{\text{能源消费总量}}{\text{国内生产总值}}$$

单位国内生产总值电耗　指一定时期内，一个国家或地区每生产一个单位的国内生产总值所消耗的电力。计算公式为：

$$\text{单位国内生产总值电耗}=\frac{\text{全社会用电量}}{\text{国内生产总值}}$$

单位工业增加值能耗　指一定时期内，一个国家或地区每生产一个单位的工业增加值所消耗的能源。计算公式为：

$$\text{单位工业增加值能耗}=\frac{\text{工业能源消费量}}{\text{工业增加值}}$$

能源消费总量　指一定时期内全国（地区）生产和生活消费的各种能源的总和，是观察能源消费水平、构成和增长速度的总量指标，能源消费总量包括原煤和原油及其制品、天然气、电力。不包括低热值燃料、生物质能和太阳能等的利用。能源消费总量分为三部分，即终端能源消费量、能源加工转换损失量和损失量。

(1) 终端能源消费量　指一定时期内全国（地区）生产和生活消费的各种能源在扣除了用于加工转换二次能源消费量和损失量以后的数量。

(2) 能源加工转换损失量　指一定时期内全国（地区）投入加工转换的各种能源数量之和与产出各种能源产品之和的差额。它是观察能源在加工转换过程中损失量变化的指标。

(3) 能源损失量　指一定时期内能源在输送、分配、储存过程中发生的损失和由客观原因造成的各种损失量。不包括各种气体能源放空、放散量。

能源消费弹性系数　是反映能源消费增长速度与国民经济增长速度之间比例关系的指标。计算公式：

$$\text{能源消费弹性系数}=\frac{\text{能源消费增长速度}}{\text{国民经济增长速度}}$$

电力消费弹性系数　是反映电力消费增长速度与国民经济增长速度之间比例关系的指标。计算公式：

$$\text{电力消费弹性系数}=\frac{\text{电力消费量增长速度}}{\text{国民经济增长速度}}$$

能源加工转换效率　指一定时期内能源经过加工、转换后，产出的各种能源产品的数量与同期内投入加工转换的各种能源数量的比率。它是观察能源加工转换装置和生产工艺先进与落后、管理水平高低等的重要指标。计算公式：

$$能源加工转换效率=\frac{能源加工、转换产出量}{能源加工、转换投入量}\times 100\%$$

Explanatory Notes on Main Statistical Indicators

Industry refers to the material production sector which is engaged in extraction of natural resources and processing and reprocessing of minerals and agricultural products, including (1) extraction of natural resources, such as mining, salt production, and logging (but excluding hunting and fishing); (2) processing and reprocessing of farm and sideline produces, such as rice husking, flour milling, wine making, oil pressing, cotton ginning, silk reeling, spinning and weaving, and leather making; (3) manufacture of industrial products, such as steel making, iron smelting, chemicals manufacturing, petroleum processing, machine building, timber processing; and production and supply of electricity, water and gas; (4) repair and renovation of industrial products, such as the repair of machinery and means of transport (including cars).

Prior to 1984, industrial enterprises run by villages and cooperative organizations under village were classified into agriculture. Since 1984, these enterprises have been grouped into industry.

Light Industry refers to the industry that produces consumer goods and hand tools. It consists of two categories, depending on the materials used:

(1) Industries using farm products as raw materials. These are branches of light industry which directly or indirectly use farm products as basic raw materials, including the manufacture of food and beverages, tobacco processing, textile, clothing, fur and leather manufacturing, paper making, printing, etc.

(2) Industries using non−farm products as raw materials. These are branches of light industry which use manufactured goods as raw materials, including the manufacture of cultural, educational and sports articles, chemicals, synthetic fiber, chemical products for daily use, glass products for daily use, metal products for daily use, hand tools, medical apparatus and instruments, and the manufacture of cultural and clerical machinery.

Heavy Industry refers to the industry which produces capital goods and provides various sectors of the national economy with necessary material and technical basis. It consists of the following three branches according to the purpose of production or the use of products:

(1) Mining, quarrying and logging industry refers to the industry that extracts natural resources, including extraction of petroleum, coal, metal and non−metal ores, and logging.

(2) Raw materials industry refers to the industry that provides various sectors of the national economy with raw materials, fuels and power. It includes smelting and processing of metals, coking and coke chemistry, chemical materials and building materials such as cement, plywood, and power, petroleum refining and coal dressing.

(3) Manufacturing industry refers to the industry that processes raw materials. It includes machine−building industry which equips sectors of the national economy, industries of metal structure and cement products, industries producing means of agricultural production, such as chemical fertilizers and pesticides.

According to the above principle of classification, repairing trades engaged primarily in repairing products of heavy industry are classified into heavy industry, while those engaged in repairing products of light industry are classified into light industry.

Gross Industrial Output Value refers to the total volume of industrial products sold or available for sale in monetary terms during a given period, which reflects the total achievements and overall scale of industrial production during a given period. It includes the value of the finished products in the enterprises, which are not to be further processed and have been inspected, packed and put in storage (where applicable), the income from external processing and the value gain of semi–finished products at the end of the reference period over the beginning. The gross industrial output value is calculated by the factory approach, i.e. the whole industrial enterprise is regarded as the basic accounting unit in calculating the gross industrial output value. No double calculations are to be made within the same enterprise and the output value of different workshops (branch factories) should not be added. However, this approach does not exclude the possibility of double calculations between enterprises, sectors and regions.

Output value of light and heavy industries is also classified by the factory approach. Under normal conditions, if the major products of an industrial enterprise belong to light industry products, the gross output value of that enterprise is classified wholly into light industry; the same principle applies to heavy industry.

Sales Value of Industry (Current Price) refers to the total value of industrial products sold or industrial services provided in monetary terms within the current year. It includes:

(1) Sales Value of Finished Products. Sale value of finished products refers to the total value of finished and semi–finished products sold within the reporting period (including those produced within and outside the period). It equals the actual sales volume of products sold within the reporting period timing the actual average sales price (excluding value added or sales tax). It includes the equipment made by the enterprise itself, as well as the finished products provided to the projects under construction, non–industrial departments and welfare department, and excludes the value of finished or semi–finished products of external processing with supplied materials that produces only processing charges.

(2) Income from External Processing refers to income from contracted external processing of industrial products (including processing of industrial products using materials from the clients), and the income from industrial repairing work provided to other units. Income from external processing is calculated using information from the item "products sales income" in the enterprise accounting at the prices excluding value–added tax.

For an enterprise whose main business is external processing and the charges of external processing constitute a large proportion of its income, in case of cross–year payment, the income of external processing charges shall be adjusted and the actual income of external processing charges of the current year shall be recorded to ensure the accuracy of the coverage of gross industrial output.

Account Receivable refers to accounts receivable from purchasers or receivers due to the delivery of goods, products or services. The index is recorded in accordance with the year–end figure of Account Receivable of the balance sheet.

Total Assets refer to all economic resources, in monetary terms that is owned or controlled by enterprises including properties, creditors' equity and other economic rights of all forms. Classified by the degree of equitability, total assets include circulating assets, long–term investment, fixed assets, intangible assets and deferred assets, and other assets.

Total Liabilities refer to payable liabilities of enterprises that have to be repaid in terms of money, assets or labor services. In terms of payment, it can be classified as liquid liabilities, long–term liabilities and deferred taxes,etc.

Prime Operating Revenue refers to the revenue from the principal business, including the sales of products and from rendering of industrial services by industrial enterprises.

Prime Operating Cost refers to the actual cost of products sold and industrial services provided by industrial enterprises.

Management Cost refers to the costs of organizing and managing enterprise operation, including the operational cost of the board of directors and the executive body in management that shall be borne by the enterprise. Management costs include staff wages, welfare, the costs of administration, meeting, printing, water and electricity, social security, reception, technology transfer, etc.

Financial Cost refers to the cost from raising fund for production and operation, including expenditure of interests, loss of momentary exchange and related charges.

Total Profits refer to the profits gained by the enterprises.

Ratio of Profits to Industrial Costs refers to the ratio of profits realized in a given period to the total production costs of industrial enterprises in the same period, which also reflects the economic benefit attained by the enterprises from reduced costs. This ratio is calculated as follows:

$$\text{Ratio of Profits to Industrial Costs(\%)} = \left(\frac{\text{Total Profits}}{\text{Total Costs}}\right) \times 100\%$$

where Total costs are the sum of cost of products sold, marketing cost, management cost and financial cost.

Number of Times of Turnover of Circulating Funds refers to the number of times in which turnover of circulating funds is completed in a given period of time, which reflects the speed of the turnover of circulating funds. It is expressed as times of turnover within a year and is calculated as follows:

$$\begin{matrix}\text{Number of Times of} \\ \text{Turnover of Circulating Funds}\end{matrix} = \left(\frac{\text{Sales Revenue of Products}}{\begin{matrix}\text{Average Balance of Total Number of} \\ \text{Times of Turnover of Circulating Funds}\end{matrix}}\right) \times 100\%$$

Value-added Labor Productivity reflects the production efficiency of the enterprise and economic benefit of its labor input. It is usually expressed as the industrial value–added created by an average member of an industrial enterprise in a year. The formula used is:

$$\begin{matrix}\text{Value-added Labor Productivity} \\ \text{(yuan/person)}\end{matrix} = \left(\frac{\text{Value-added of Industry}}{\text{Average Number of Staff and Workers}}\right) \times 100\%$$

Average Number of Staff and Workers refers to the average number of all employed persons by an industrial enterprise within the reference period. The formula used is:

$$\text{verage Number of Staff and Workers} = \frac{\text{Sum of Average Monthly Numbers from January to December}}{12}$$

Or

$$\begin{matrix}\text{verage Number of} \\ \text{Staff and Workers}\end{matrix} = \frac{\text{Sum of Average Numbers at the Beginning and End of Each Month from January to December}}{24}$$

Assets-Liability Ratio reflects both the operation risk and the capability of the enterprise in making use of the capital from the creditors. It is calculated as follows: where both assets and debts are figures at the end of the reference period.

$$\text{Assets-Liability Ratio(\%)} = \left(\frac{\text{Total Debts}}{\text{Total Assets}}\right) \times 100\%$$

Ratio of Total Assets to Industrial Output Value refers to the profit–making capability of all assets of the enterprise. As a core indicator for the evaluation and assessment of the profit–making potential of the enterprise, it is a focused reflection of the performance and management efficiency of the enterprise. This ratio is calculated as follows: where Total Taxes are the sum of tax and extra charges on the sales of products and value–added tax payable; and

Average Assets are the arithmetic mean of beginning assets and ending assets.

$$\text{Ratio of Total Assets to Industrial Output Yalue} = \left(\frac{\text{Total Profits} + \text{Total Taxes} + \text{Interst Expenditure}}{\text{Average Assets}}\right) \times 100\%$$

Assets-Liability Ratio reflects both the operation risk and the capability of the enterprise in making use of the capital from the creditors. It is calculated as follows: where both assets and debts are figures at the end of the reference period.

$$\text{Assets - Liability Ratio}(\%) = \left(\frac{\text{Total Debts}}{\text{Total Assets}}\right) \times 100\%$$

Ratio of Capital Maintenance and Appreciation is an important indicator of the changes of net assets of an enterprise and a focused reflection of the development capability of enterprises. It is the ratio of total creditors' equity at the end of the reference period to that of the same period of the previous year, calculated as follows:

$$\text{Ratio of Capital Maintenance and Appreciatio} = \left(\frac{\text{Total Creditors' Equity at the End of the Reference Period}}{\text{Total Creditors' Equity ofthe Same Period of the Previous Year}}\right) \times 100\%$$

where Creditors' equity is equal to the total assets of the enterprise minus its total liabilities.

Energy Consumption per Unit of GDP refers to the energy consumption per unit of Gross Domestic Product in a country or the Gross Regional Product in a region in the same reference period. The formula is:

$$\text{Energy Consumption per Unit of GDP} = \frac{\text{Total Energy Consumption}}{\text{Cross Domestic Product}}$$

Electricity Consumption per Unit of GDP refers to the electricity consumption per unit of Gross Domestic Product in a country or the Gross Regional Product in a region in the same reference period. The formula is:

$$\text{Electricity Consumption per Unitof GDP} = \frac{\text{Total Electricity Consumption}}{\text{Cross Domestic Product}}$$

Energy Consumption per Unit of Industrial Value-added refers to the energy consumption per unit of industrial value-added in a country or region in the same reference period. The formula is:

$$\text{Energy Consumption Unit of Industrial Value - added} = \frac{\text{Total Energy Consumption}}{\text{Industrial Value - added}}$$

Total Domestic Energy Consumption refers to the total consumption of energy of various kinds by production sectors and households in the country (region) in a given period of time. It is a comprehensive indicator of the scale, composition and development speed of energy consumption. The total energy consumption includes that of coal, crude oil and their products, natural gas and electricity, but excludes the consumption of fuel of low calorific value, bioenergy and solar energy. Total domestic energy consumption can be divided into three parts:

(1) Final Energy Consumption: This refers to the total energy consumption by production sectors and households in the country (region) in a given period of time, excluding primary energy consumption and loss in the process of conversion into secondary energy.

(2)Loss During the Process of Energy Conversion: This refers to the total input of various kinds of energy for conversion minus the total output of various kinds of energy in the country (region) in a given period of time. It is an indicator of the loss that occurs during the process of energy conversion.

(3)Loss: This refers to the total loss of energy during the course of energy transmission, distribution and storage and the loss caused by any objective reason in a given period of time, excluding the loss of various kinds of gas due to gas discharges and stocktaking.

Elasticity Ratio of Energy Consumption is an indicator of the relationship between the growth rate of energy consumption and the growth rate of the national economy. The formula is:

$$\text{Elasticity Ratio of Energy Consumption} = \frac{\text{Growth Rate of Energy Consumption}}{\text{Growth Rate of National Economy}}$$

Elasticity Ratio of Electricity Consumption is an indicator of the relationship between the growth rate of electricity consumption and the growth rate of the national economy. The formula is:

$$\text{Elasticity Ratio of Electricity Consumption} = \frac{\text{Growth Rate of Electricity Consumption}}{\text{Growth Rate of National Economy}}$$

Efficiency of Energy Processing and Conversion refers to the ratio of the total output of energy products of various kinds after processing and conversion to the total input of energy of various kinds for processing and conversion in the same reference period. It is an important indicator of the current conditions of energy processing and conversion equipment, production technique and management. The formula is:

$$\text{Efficiency of Energy Processing \& Conversion} = \frac{\text{Output of Energy after Processing \& Conversion}}{\text{Input of Energy for Processing \& Conversion}} \times 100\%$$

05 第五部分

建筑业

CONSTRUCTION

CHAPTER

5-1 建筑企业主要经济指标
MAIN ECONOMIC INDICATORS ON CONSTRUCTION ENTERPRISES

指 标	Indicators	2014	2015	2016	2017	2018
建筑业企业个数（个）	Number of Construction Enterprises(unit)	778	817	849	931	1 041
年末从业人员（万人）	Number of Year-end Employed Persons(10 000persons)	45.47	60.32	60.62	65.64	67.79
资产合计（亿元）	Total Assets(100 million yuan)	2 475.79	2 849.27	3 435.09	4 478.55	
固定资产原价（亿元）	Original Value of Fixed Assets(100 million yuan)	183.02	180.29	189.13	200.28	
自有机械设备台数（万台）	Number of Machinery and Equipment Owned(10 000 sets)		4.19	4.16	5.11	2.18
自有机械净值（亿元）	Net value of Machinery and Equipment Owned(100 million yuan)		16.34	30.05	29.03	41.76
自有机械设备总功率（万千瓦）	Total Power of Machiner and Equipment Owned(10 000 kw)		134.82	104.77	143.30	102.59
建筑业总产值（亿元）	Gross Output Value of Construction (100 million yuan)	2 194.74	2 237.99	2 346.95	2 797.38	3 471.02
# 建筑工程产值（亿元）	Output Value of Construction(100 million yuan)	1 869.74	1 905.58	1 878.48	2 234.17	2 837.31
安装工程产值（亿元）	Output Value of Installation(100 million yuan)	249.39	237.87	345.99	428.06	459.89
其他产值（亿元）	Others(100 million yuan)	75.61	94.54	122.48	135.16	173.82
本年固定资产折旧（亿元）	Depreciation of Fixed Assets in the year (100 million yuan)	12.01	10.57	13.10	11.03	
本年应付工资总额（亿元）	Total Wages in the Year(100 million yuan)	346.32	348.90	389.87	403.14	
工程结算税金及附加（亿元）	Taxes and Extra Charges on Project Settle Accounts(100 million yuan)	77.48	78.36	40.35	14.89	
管理费用中的税金（亿元）	Taxes in Management Expenses(100 million yuan)	1.51	2.24	2.50		
营业利润（亿元）	Operating Profit(100 million yuan)	99.91	110.82	100.95	112.29	
房屋建筑施工面积（万平方米）	Floor Space of Buildings Under Construction (10 000 sq.m)	7 015.83	7 682.65	8 501.07	9 240.74	10 782.00
房屋建筑竣工面积（万平方米）	Floor Space of Buildings Completed(10 000 sq.m)	1 141.54	1 260.81	1 212.85	1 673.39	1 437.09
利润总额（亿元）	Total Profits(100 million yuan)	101.13	115.08	110.39	118.27	
按总产值计算劳动生产率（元/人）	In Terms of Gross Output ValueOverall Labor Productivity(yuan/person)	354 576	353 004	375 253	386 146	475 213
产值利润率（%）	Ration of Profit to Gross Output Value(%)	4.61	5.14	5.88	4.01	

5-2 建筑业总产值

GROSS OUTPUT VALUE OF CONSTRUCTION

单位：万元 （10 000 yuan）

	指 标 Indicators	2014	2015	2016	2017	2018
总 计	**Total**	**21 947 367**	**22 379 924**	**23 469 541**	**27 973 830**	**34 710 249**
按登记注册类型分组	**Grouped by Type of Registration**					
1、内资企业	Domestic Funded Enterprises	21 482 097	21 966 435	23 003 775	27 471 478	34 168 551
国有企业	State－owned Enterprises	1 005 111	894 502	592 366	1 390 035	863 850
集体企业	Collective-owned Enterprises	7 505	10 391	11 091	20 613	4 947
股份合作企业	Cooperative Operation with Share Holding				680	1 902
联营企业	Joint Enterprises	2 395				
国有联营企业	State-owned Joint	2 395				
集体联营企业	Collective-owned Joint					
国有与集体联营	State-owned and Collective-owned Joint					
其他联营企业	Others					
有限责任公司	Limited Liability Companies	10 045 076	10 946 351	10 513 452	11 544 453	15 614 186
国有独资公司	State Exclusively Funded Companies	1 674 397	1 710 399	2 084 146	2 269 198	4 040 848
其他有限责任公司	Others	8 370 678	9 235 953	8 429 306	9 275 255	11 573 338
股份有限公司	Limited Share-holding Companies	4 321 020	4 327 705	4 843 194	6 018 791	7 830 234
私营企业	Private Enterprises	6 100 991	5 787 485	7 037 470	8 493 752	9 850 430
私营独资企业	Private Exclusively Funded Enterprises	138	7 502	3 504	5 289	47 653
私营合作企业	Private Partnership Enterprises	1 405	17 923	2 031	3 233	31
私营有限责任公司	Private Limited Liability Companies	5 647 762	5 396 571	6 566 512	7 594 978	8 816 082
私营股份有限公司	Private Limited Share-holding Companies	451 686	365 489	465 423	890 251	986 663
其他企业	Others			6 204	3 154	3 000
2、港、澳、台商投资企业	Enterprises Funded by Entrepreneurs from Hong Kong, Macao and Taiwan	446 070	336 242	367 364	405 396	435 886
3、外商投资企业	Foreign Funded Enterprises	19 199	77 247	98 402	96 956	105 812

5-3 分行业建筑业生产情况（2018年）

STATISTICS ON CONSTRUCTION BY SECTOR（2018）

单位：万元、万平方米 （10 000 yuan, 10 000 sq. m）

指 标	Indicators	总 计 Total	房屋建筑业 Building	土木工程建筑业 Civil Engineering	建筑安装业 Construction installation	建筑装饰和其他建筑业 Construction Decoration and Other Construction
企业个数（个）	Number of Enterprise(unit)	1 041	236	214	249	342
签订的合同额	Contractual Value	95 412 396	40 038 111	19 427 716	9 570 498	26 376 071
建筑业总产值	Gross Output Value of Construction	34 710 249	13 005 912	4 855 000	3 976 531	12 872 806
#装饰装修产值	Decorate and Materials Construction	10 946 984	359 933	165 880	255 741	10 165 430
#在外省完成的产值	Output Value of buildings Completed outside of Guangdong province	12 560 992	3 884 264	1 177 742	855 734	6 643 252
#建筑工程产值	Output Value of Contraction	28 373 103	11 570 166	3 753 015	2 036 913	11 013 009
安装工程产值	Output Value of Installation	4 598 909	860 629	628 301	1 743 953	1 366 026
其他产值	Others	1 738 237	575 115	473 683	195 667	493 772
竣工产值	Output Value of buildings Completed	12 936 893	3 931 618	2 727 716	1 361 357	4 916 202
房屋建筑施工面积	Floor Space of Buildings Under Construction	10 782.00	10 427.53	106.80	24.33	4.36
#本年新开工面积	Floor Space of Newly-started Buildings in this Year	4 433.86	4275.60	29.55	124.67	4.04
自有施工机械设备年末总台数（台）	Number of Machinery and Equipment Owned(10 000 sets)	21 817	4 837	8 616	3 211	5 153
自有施工机械设备年末总功率（万千瓦）	Total Power of Machiner and Equipment Owned(10 000 kw)	102.60	19.33	60.60	5.93	16.74
自有施工机械设备年末净值	Net value of Machinery and Equipment Owned	417 553.60	81 700.20	96 117.80	213 562.90	26 172.70
计算劳动生产率的平均人数（人）	Average Number of Employed Persons in Calculation of Labor Productivity(person)	730 412	244 531	103 701	75 749	306 431
全员劳动生产率（万元/人）	Overall Labor Productivity (10 000 yuan/person)	47.52	53.19	46.82	52.50	42.01

5-4 分登记注册类型建筑业生产情况（2018年）

STATISTICS ON CONSTRUCTION BY TYPE OF REGISTRATION（2018）

单位：万元、万平方米　　　　（10 000 yuan, 10 000 sq. m）

指　标	Indicators	总　计 Total	内资企业 Domestic Funded	#国有 State-owned	#集体 Collctive Owned	港澳台商投资企业 Hong Kong,Macao and Taiwan Funded	外商投资企业股份有限公司 Foreign Funded Share-holding Corporations Ltd.
企业个数（个）	Number of Enterprises(unit)	1 041	1 018	7	1	21	2
#有工作量的企业个数	Number of Enterprises with Workload	1 039	1 018	7	1	19	2
签订的合同额	Contractual Value	95 412 396	9 062 110	174 243	494	458 870	20 256
建筑业总产值	Gross Output Value of Construction	34 710 249	34 168 551	863 850	4 947	435 886	105 812
#装饰装修产值	Decorate and Materials Construction	10 946 984	10 669 305	29 018		260 686	16 993
#在外省完成的产值	Output Value of buildings Completed outside of Guangdong province	12 560 992	12 327 169	110 097		147 702	86 121
#建筑工程产值	Output Value of Contraction	28 373 103	28 019 533	748 700		336 577	16 993
安装工程产值	Output Value of Installation	4 598 909	4 413 091			96 999	88 819
其他产值	Others	1 738 237	1 735 928	115 149	4 947	2 309	
竣工产值	Output Value of buildings Completed	12 936 893	12 575 857	321 337		272 217	88 819
房屋建筑施工面积	Floor Space of Buildings Under Construction	10 782.00	10 157.00	230.79		625.00	
#本年新开工面积	Floor Space of Newly-started Buildings in this Year	4 433.86	4 383.86	100.48		50.00	
房屋建筑竣工面积	Floor Space of Buildings Completed	1 437.09	1 437.09	64.86			
自有施工机械设备年末总台数（台）	Number of Machinery and Equipment(year-end)(unit)	21 817	21 550	404		195	72
自有施工机械设备年末总功率（万千瓦）	Total Power of Machinery and Equipment(10 000 kw)	102.60	101.01	3.32		1.54	0.05
自有施工机械设备年末净值	Net value of Machinery and Equipment Owned	417 553.60	415 896.10	207 470.80		1 319.10	338.40
计算劳动生产率的平均人数（人）	Average Number of Employed Persons in Calculation of Labor Productivity(person)	730 412	714 811	17 958	100	12 170	3 431
全员劳动生产率（万元/人）	Overall Labor Productivity (10 000 yuan/person)	47.52	47.80	48.10	49.47	35.82	30.84

5-5 分行业建筑业财务状况（2017年）

FINANCIAL CONDITIONS OF CONSTRUCTION BY SECTOR（2017）

单位：万元 （10 000 yuan）

指 标	Indicators	总 计 Total	房屋建筑业 Building	土木工程建筑业 Civil Engineering	建筑安装业 Construction installation	建筑装饰和其他建筑业 Construction Decoration and Other Construction
年末资产负债	**Asset and Liabilities at Year-end**					
流动资产	Circulating Assets	39 077 684	16 201 582	5 592 304	5 029 072	12 254 726
#存货	Inventory	5 064 046	2 257 768	657 764	1 131 666	1 016 849
固定资产合计	Total Fixed Assets	1 447 211	505 878	356 994	188 306	396 033
固定资产原价	Original Value of Fixed Assets	2 002 845	624 558	627 214	252 625	498 449
累计折旧	Accumulative Total Depreciation	917 786	266 805	324 677	139 912	186 392
#本年折旧	Depreciation Within the Year	110 291	25 921	40 165	17 005	27 201
在建工程	Project under Construction	273 482	113 909	47 639	55 032	56 902
资产合计	Total Assets	44 785 518	18 328 083	6 571 815	5 717 124	14 168 495
流动负债	Liquid Liabilities	27 286 380	12 397 323	4 294 916	3 536 201	7 057 940
非流动负债	Non-Liquid Liabities	1 838 300	1 003 962	184 571	142 519	507 248
负债合计	Total Liabilities	29 751 975	13 714 471	4 550 706	3 724 348	7 762 451
所有者权益	Creditors' Equity	15 031 962	4 611 635	2 021 110	1 993 173	6 406 044
#实收资本	Actual Capital Hold	6 683 485	2 782 339	1 356 204	939 745	1 605 197
国家资本	State Capital	907 015	344 393	309 178	226 622	26 823
集体资本	Collective Capital	175 921	50 726	44 453	14 705	66 037
法人资本	Corporation Capital	3 179 512	1 813 959	353 548	331 337	680 669
个人资本	Individual Capital	2 378 744	573 262	647 634	336 928	820 921
港澳台资本	Capital from HongKong,Macao and Taiwan	20 309		1 392	13 307	5 609
外商资本	Foreign Capital	21 985			16 846	5 139
损益及分配	**Expenditure,Income and Distribution**					
工程结算收入	Revenue of Project Settlement Accounts	29 418 125	9 552 607	4 873 395	3 756 298	11 235 825
工程结算成本	Costs of Project Settlement Accounts	26 438 641	8 823 686	4 435 459	3 191 614	9 987 882
工程结算税金及附加	Taxes and Extra Charges on Project Settle Accounts	148 908	42 535	31 606	13 791	60 977
其他业务利润	Other Profits from Business	3 597	1 163	1 526	184	724
管理费用及财务费用	Management and Financial Expenditures	1 529 792	460 270	237 972	279 917	551 633
营业利润	Operating Surplus	1 122 907	228 574	173 371	284 615	436 346
利润总额	Total Profits	1 182 741	273 223	175 261	287 621	446 636
应交所得税	Income Taxes Payable	221 491	61 909	29 966	41 706	87 910

5-6 分登记注册类型建筑业财务状况（2017年）

FINANCIAL CONDITIONS OF CONSTRUCTION BY TYPE OF REGISTRATION（2017）

单位：万元　　　　　　　　　　　　　　　　　　　　　　　　　　　　　　　　　　　（10 000 yuan）

指标	Indicators	总计 Total	内资企业 Domestic Funded	#国有 State-owned	#集体 Collctive Owned	港澳台商投资企业 Hong Kong,Macao and Taiwan Funded	外商投资企业 Foreign Funded
年末资产负债	**Asset and Liabilities at Year-end**						
流动资产	Circulating Assets	39 077 684	36 309 403	1 053 163	2 648	1 918 099	850 182
#存货	Inventory	5 064 046	4 839 198	238 221		221 854	2 994
固定资产合计	Total Fixed Assets	1 447 211	1 413 141	75 247	299	25 014	9 056
固定资产原价	Original Value of Fixed Assets	2 002 845	1 951 124	71 760	1 068	38 576	13 145
累计折旧	Accumulative Total Depreciation	917 786	899 770	47 348	768	13 796	4 220
#本年折旧	Depreciation Within the Year	110 291	109 147	5 077		380	765
在建工程	Project Under Construction	273 482	273 278	50 835		74	131
资产合计	Total Assets	44 785 518	41 843 360	1 265 239	2 987	2 054 587	887 572
流动负债	Liquid Liabilities	27 286 380	25 115 231	862 013	65	1 649 497	521 652
非流动负债	Non-Liquid Liabities	1 838 300	1 719 140	10 312		118 300	860
负债合计	Total Liabilities	29 751 975	27 455 579	957 730	65	1 773 885	522 511
所有者权益	Creditors'Equity	15 031 962	14 386 200	307 508	2 922	280 702	365 060
#实收资本	Actual Capital Hold	6 683 485	6 537 471	147 610	200	69 265	76 749
国家资本	State Capital	907 015	865 177	147 610		41 839	
集体资本	Collective Capital	175 921	175 921		200		
法人资本	Corporation Capital	3 179 512	3 124 701			7 142	47 668
个人资本	Individual Capital	2 378 744	2 370 359			8 385	
港澳台资本	Capital from HongKong,Macao and Taiwan	20 309	893			11 435	7 981
外商资本	Foreign Capital	21 985	421			464	21 100
损益及分配	**Expenditure,Income and Distribution**						
工程结算收入	Revenue of Project Settlement Accounts	29 418 125	28 771 386	726 343	11 289	518 435	128 304
工程结算成本	Costs of Project Settlement Accounts	26 438 641	25 919 713	680 664	9 235	441 642	77 286
工程结算税金及附加	Taxes and Extra Charges on Project Settle Accounts	148 908	145 094	2 305	53	3 133	682
其他业务利润	Other Profits from Business	33 655	33 376	843	-10	257	21
管理费用及财务费用	Management and Financial Expenditures	1 529 792	1 450 194	14 150	562	42 661	36 937
营业利润	Operating Profits	1 122 907	1 024 146	36 693	1 439	27 980	70 782
利润总额	Total Profits	1 182 741	1 083 374	36 507	1 439	28 240	71 127
应交所得税	Income Taxes Payable	221 491	215 018	6 212	374	3 782	2 691

5-7 分行业劳务分包建筑企业经营情况（2017年）

MANAGEMENT SITUATIONS OF CONSTRUCTION ENTERPRISE OF SERVICE SUBCONTRACTING BY SECTOR（2017）

单位：万元 （10 000 yuan）

指 标	Indicators	总 计 Total	房屋建筑业 Building	土木工程建筑业 Civil Engineering	建筑安装业 Construction installation	建筑装饰和其他建筑业 Construction Decoration and Other Construction
企业个数（个）	Number of Enterprise(unit)	58	18	8	12	20
#有工作量的企业个数	Number of Enterprises with Workload	58	18	8	12	20
生产情况	**Production**					
建筑业总产值	Gross Output Value of Construction	735 957	159 652	14 287	132 155	429 863
计算建筑业劳动生产率的平均人数(人)	Average Number of Employed Persons in Calculation of Labor Productivity(person)	81 685	16 751	7 688	35 806	21 440
财务状况	**Finance**					
固定资产原价	Fixed Assets	4 898	2 555	459	615	1 270
本年折旧	Depreciation Within the Year	642	343	27	38	234
资产总计	Total Assets	330 957	83 938	62 096	70 404	114 519
负债合计	Total Liabilities	265 137	65 020	51 844	50 279	97 994
实收资本	Actual Capital Hold	51 968	15 789	8 550	17 156	10 473
损益及分配	Expenditure,Income and Distribution					
营业收入合计	Operating Revenue	1 205 805	161 382	99 988	514 847	429 588
#主营业务收入（工程结算收入）	Revenue of Project Settlement Accounts	820 832	161 382	99 988	129 977	429 484
主营业务成本（工程结算成本）	Costs of Project Settlement Accounts	739 488	117 380	92 584	124 124	405 399
主营业务税金及附加（工程结算税金及附加）	Taxes and Extra Charges on Project Settle Accounts	3 602	818	520	360	1 904
费用合计（营业费用、管理费用、财务费用）	Total Expenditures(expenditure for operating,management and finance)	14 487	3 612	1 806	4 115	4 954
营业利润	Operating Profits	8 321	1 373	469	5 085	1 394
利润总额	Total Profits	8 194	1 352	485	4 972	1 386
从业人员劳动报酬	Laborers Remuneration of Employed Persons	352 203	106 144	76 420	68 370	101 269

5-8 总承包和专业承包建筑业企业生产情况

PRODUCTION SITUATIONS OF GENERAL AND SPECIALIZED CONTRACTTING CONSTRUCTION ENTERPRISE

指 标	Indicators	2014	2015	2016	2017	2018
企业个数（个）	Number of Enterprise(unit)	778	734	804	931	1 041
#有工作量的企业个数	Number of Enterprises in Work	735	732	803	931	1 039
签订的合同额（万元）	Contractual Value(10 000 yuan)	44 661 836	51 548 765	73 088 157	78 636 397	95 412 396
建筑业总产值 （万元）	Gross Output Value of Construction (10 000 yuan)	21 947 367	22 379 924	23 469 541	27 973 830	34 710 249
#装饰装修产值	Decorate and Materials Construction	9 322 131	8 549 706	8 916 677	9 965 061	10 946 984
#在外省完成的产值	Output Value of Buildings Completed outside of Guangdong province	10 125 983	9 805 416	9 157 373	10 403 920	12 560 992
#建筑工程产值	Output Value of Contraction	18 697 375	19 055 814	18 784 835	22 341 675	28 373 103
安装工程产值	Output Value of Installation	2 493 923	2 378 744	3 459 952	4 280 585	4 598 909
其他产值	Others	756 068	945 367	1 224 754	1 351 571	1 738 237
竣工产值（万元）	Output Value of buildings Completed (10 000 yuan)	9 046 153	12 860 541	9 115 042	13 430 714	12 936 893
房屋建筑施工面积（万平方米）	Floor Space of Buildings Under Construction (10 000 sq.m)	7 016	7 683	8 501	9 241	10 782
#本年新开工面积	Floor Space of Newly-started Buildings in this Year	2 172	1 833	2 696	3 142	4 434
#实行投标承包面积	Floor Space of Contracted Projects through Biddimg	5 791	6 292	5 744		
#本年新开工面积	Floor Space of Newly-started Buildings in this Year	1 604				
房屋建筑竣工面积（万平方米）	Floor Space of Buildings Completed (10 000 sq.m)	1 142	1 261	1 213	1 673	1 437
自有施工机械设备年末总台数（台）	Number of Machinery and Equipment (year-end)(unit)		41 888	41 603	51 128	21 817
自有施工机械设备年末总功率（万千瓦）	Total Power of Machinery and Equipment (10 000 kw)		165	105	143	103
自有施工机械设备年末净值（万元）	Net Value of Machinery and Equipment (10 000 yuan)			300 578	290 279	417 554
计算劳动生产率的平均人数（人）	Average Number of Employed Persons in Calculation of Labor Productivity(person)	618 975	633 913	625 433	724 436	730 412
全员劳动生产率（万元/人）	Overall Labor Productivity(10 000 yuan/person)	35	35	38	39	48

5-9 总承包和专业承包建筑业企业财务状况

FINANCIAL SITUATIONS OF GENERAL AND SPECIALIZED CONTRACTTING CONSTRUCTION ENTERPRISE

单位：万元 (10 000 yuan)

指标	Indicators	2014	2015	2016	2017
年末资产负债	**Asset and Liabilities at Year-end**				
流动资产	Circulating Assets	20 780 810	24 253 968	29 234 932	39 077 684
#存货	Inventory	4 060 250	4 828 482	4 842 875	5 064 046
固定资产合计	Total Fixed Assets	1 414 850	1 347 074	1 375 273	1 447 211
固定资产原价	Original Value of Fixed Assets	1 830 211	1 802 916	1 891 265	2 002 845
累计折旧	Accumulative Total Depreciation	816 045	827 036	928 994	917 786
#本年折旧	Depreciation Within the Year	120 099	105 671	130 973	110 291
在建工程	Project Under Construction	167 454	239 179	299 894	273 482
资产合计	Total Assets	24 757 915	28 492 725	34 350 892	44 785 518
流动负债	Liquid Liabilities	15 029 638	16 796 161	19 557 260	27 286 380
非流动负债	Non-Liquid Liabities	1 128 102	1 159 424	1 560 451	1 838 300
负债合计	Total Liabilities	16 456 114	19 246 842	21 618 648	29 751 975
所有者权益	Creditors' Equity	8 301 801	10 099 663	12 731 928	15 031 962
#实收资本	Actual Capital Hold	4 652 044	5 294 095	5 531 962	6 683 485
国家资本	State Capital	470 877	356 124	573 223	907 015
集体资本	Collective Capital	134 594	104 793	96 063	175 921
法人资本	Corporation Capital	2 325 493	2 972 897	2 863 098	3 179 512
个人资本	Individual Capital	1 673 343	1 815 655	1 953 899	2 378 744
港澳台资本	Capital from HongKong,Macao and Taiwan	43 068	38 286	39 319	20 309
外商资本	Foreign Capital	4 670	6 340	6 359	21 985
损益及分配	**Expenditure,Income and Distribution**				
工程结算收入	Revenue of Project Settlement Accounts	23 970 082	24 278 977	26 639 202	29 418 125
工程结算成本	Costs of Project Settlement Accounts	20 970 275	21 200 088	23 838 557	26 438 641
工程结算税金及附加	Taxes and Extra Charges on Project Settle Accounts	774 805	939 890	403 543	148 908
其他业务利润	Other Profits from Business	55 419	50 841	38 396	33 655
管理费用及财务费用	Management and Financial Expenditures	1 127 625	1 165 745	1 389 578	1 529 792
营业利润	Operating Surplus	999 104	1 108 194	1 009 543	1 122 907
利润总额	Total Profits	1 011 331	1 150 755	1 103 947	1 182 741
应交所得税	Income Taxes Payable	230 688	285 417	223 102	221 491

5-10 劳务分包建筑企业经营情况

MANAGEMENT SITUATIONS OF CONSTRUCTION ENTERPRISE OF SERVICE SUBCONTRACTING

单位：万元　　（10 000 yuan）

指　标	Indicators	2013	2014	2015	2016	2017
企业个数（个）	Number of Enterprise(unit)	36	39	41	45	58
#有工作量的企业个数	Number of Enterprises in Work	30	34	41	45	58
生产情况	**Production**					
建筑业总产值	Gross Output Value of Construction	311 489	226 201	372 066	458 769	735 957
计算建筑业劳动生产率的平均人数(人)	Average Number of Employed Persons in Calculation of Labor Productivity(person)	22 953	25 022	23 995	61 869	81 685
财务状况	**Finance**					
固定资产原价	Original Value of Fixed Assets	52 780	2 430	4 439	3 794	4 898
本年折旧	Depreciation Within the Year	612	450	279	348	642
资产总计	Total Assets	196 233	102 074	137 387	19 714	330 957
负债合计	Total Liabilities	176 079	70 309	106 770	160 693	265 137
实收资本	Actual Capital Hold	16 734	14 726	19 643	27 924	51 968
损益及分配	Expenditure,Income and Distribution					
营业收入合计	Operating Revenue	359 674	243 285	347 864	894 817	1 205 805
#主营业务收入（工程结算收入）	Revenue of Project Settlement Accounts	359 673	243 285	347 545	526 170	820 832
主营业务成本（工程结算成本）	Costs of Project Settlement Accounts	335 943	220 066	320 293	493 106	739 488
主营业务税金及附加（工程结算税金及附加）	Taxes and Extra Charges on Project Settle Accounts	12 240	8 223	11 225	8 326	3 602
费用合计（营业费用、管理费用、财务费用）	Total Expenditures(expenditure for operating, management and finance)	8 378	4 945	9 213	10 748	14 487
营业利润	Operating Surplus	2 084	5 649	4 302	8 608	8 321
利润总额	Total Profits	2 063	5 336	4 361	6 668	8 194

主要统计指标解释

建筑业总产值 是以货币表现的建筑业企业在一定时期内生产的建筑业产品和服务的总和。建筑业总产值包括三部分内容：

⑴建筑工程产值：指列入建筑工程预算内的各种工程价值。

⑵设备安装工程产值：指设备安装工程价值，但不包括设备本身的价值。

⑶其他产值：建筑业总产值中除建筑工程、安装工程以外的产值。包括房屋构筑物修理产值、非标准设备制造产值、总包企业向分包企业收取的管理费以及不能明确划分的施工活动所完成的产值。

①房屋构筑物修理产值：指房屋和构筑物的修理所完成的价值，但不包括被修理房屋构筑物的本身价值和生产设备的修理价值。

②非标准设备制造产值：指加工制造没有定型的非标准生产设备的加工费和原材料价值以及附属加工厂为本企业承建工程制作的非标准设备的价值。

房屋施工面积 指在报告期内施工的全部房屋建筑面积，它包括本期新开工的房屋面积、上期跨入本期继续施工的房屋面积、上期停缓建在本期恢复施工的房屋面积、本期竣工的房屋面积以及本期施工后又停缓建的房屋面积。

计算建筑业劳动生产率的平均人数 指建筑业企业(或单位)报告期实际拥有的、与建筑施工活动有关的人员的平均人数，包括参加本企业(或单位)建筑施工活动的非本企业(或单位)人员，但不包括企业内部社会服务性机构的人员以及由本企业支付工资但所从事的工作与本企业生产基本无关的人员。

工程结算税金及附加 指因从事建筑业生产活动，取得工程价款结算收入而按规定应该交纳的营业税、城市维护建设税等以及随同营业税金一并计算交纳的教育费附加等。

利润总额 指企业在生产经营过程中各种收入扣除各种耗费后的盈余，反映企业在报告期内实现的亏盈总额，包括营业利润、补贴收入、投资净收益和营业外收支净额。

Explanatory Notes on Main Statistical Indicators

Gross Output Value of Construction refers to the sum in monetary terms of construction products and services completed by construction enterprises during a given period of time. It includes:

(1) Output value of construction projects, which is the value of various projects covered by the project budgets;

(2)Output value of equipment installation projects refers to the value of the installation of equipment. It does not include the value of the equipment itself.

(3) Other output values, which are output values other than output value of construction projects and output value of installation projects, including output value of house and building repair, output value of non-standard equipment manufacture, management expenses received by overall contractor enterprises from subcontractor enterprises and output value completed in unclassified construction activities.

①Output value of house and building repair is the value created through the repairs of houses and buildings, excluding the value of houses or buildings being repaired and the value of the repair of production equipment.

②Output value of non-standard equipment manufacture is the value of non-standard production equipment with unique specifications (including raw materials and manufacturing costs), and equipment manufactured by subsidiary workshops for construction projects contracted by construction enterprises.

Floor Space of Buildings under Construction refers to the floor space of buildings under construction during the reference period, including newly started buildings, buildings started earlier and continued into the reference period, buildings suspended in preceding periods but resumed during the reference period, buildings completed during the reference period, and buildings started and then suspended during the reference period.

Average Number of Persons for Labor Productivity Calculation of the Construction Industry refers to the average number of persons actually employed in the construction enterprises (units) and engaged in related activities of construction in the reference period, including non-staff personnel engaged in the construction activities of the enterprises (units), but excluding personnel employed in social service institutions of the enterprises and those receiving remunerations therefrom but engaged in activities basically irrelevant to the production of the enterprises.

Taxes and Extra Charges on Project Settlement Accounts refer to business tax, city maintenance and construction tax and extra charges for education calculated and paid with business tax, which should be borne by the enterprises obtaining project settlement incomes from the production activities of construction.

Total Profits refer to the surplus of various incomes in the production and operation of the enterprises after deducting all expenses. This reflects the total profits or losses realized by the enterprises in the reference period, including profits from operation, income from subsidies, net investment earnings and net income from activities other than operations.

06 第六部分

运输和邮电

TRANSPORT,POSTAL AND TELECOMMUNICATION SERVICES

CHAPTER

6-1 全社会客货运输（吞吐）量
PASSENGER AND FREIGHT TRAFFIC

项 目	Item	2014	2015	2016	2017	2018
一、货运量（万吨）	**Freight Traffic (10 000 tons)**	**29 382**	**32 475**	**31 164**	**32 269**	**32 764**
1. 铁路	Railways	124	67	72	71	70
2. 公路	Highways	20 990	24 774	23 787	23 953	24 610
3. 水运	Waterways	8 193	7 557	7 211	8 147	7 976
4. 民航	Civil Aviation	75	77	94	99	108
二、机场货物吞吐量（万吨）	**Cargo Handled at Airport (10 000 tons)**	**96**	**101**	**113**	**116**	**122**
三、货物周转量(亿吨公里)	**Turnover Volume of Freight Traffic (100 million ton-km)**	**2386.35**	**2253.07**	**2246.86**	**2302.53**	**2 174**
1. 铁路	Railways	1.10	0.67	0.67	0.74	1
2. 公路	Highways	301.93	324.91	368.05	383.07	392
3. 水运	Waterways	2 072.33	1 916.20	1 864.06	1 903.75	1 764
4. 民航	Civil Aviation	10.99	11.29	14.08	14.97	17
四、客运量(万人)	**Passenger Traffic (10 000 persons)**	**15 103**	**16 511**	**17 009**	**18 142**	**19 872**
1. 铁路	Railways	4 740	5 532	6 616	7 042	8 197
2. 公路	Highways	6 370	6 574	5 585	6 001	6 136
3. 水运	Waterways	461	466	454	466	518
4. 民航	Civil Aviation	3 532	3 939	4 354	4 633	5 022
五、机场旅客吞吐量(万人)	**Passenger Departing at Airport (10 000 persons)**	**3 627**	**3 972**	**4 198**	**4 561**	**4 935**
六、旅客周转量(亿人公里)	**Turnover Volume of Passenger Traffic (100 million person-km)**	**805.55**	**953.21**	**1 026.99**	**1 092.39**	**1 181**
1. 铁路	Railways	138.76	177.51	201.51	210.16	236
2. 公路	Highways	135.80	142.28	116.60	123.63	127
3. 水运	Waterways	2.05	2.03	2.00	2.14	2
4. 民航	Civil Aviation	528.94	631.39	706.88	756.46	816
七、港口	**Harbor**					
1. 泊位数(个)	Berths (unit)	153	156	152	155	156
#万吨级	10 000 Ton Class	67	67	72	74	75
2. 货物吞吐量(万吨)	Cargo Handled at Seaports (10 000 tons)	22 324	21 706	21 410	24 136	25 127
#蛇口港区	Shekou Seaport	6 380	5 975	5 825	7 913	8 391
赤湾港区	Chiwan Seaport	5 340	5 483	5 555	5 648	5 325
妈湾港区	Mawan Seaport	1 435	1 011	983	771	1 158
盐田港区	Yantian Seaport	6 686	6 740	6 421	7 108	7 561
内河港区	Neihe Seaport	23	14	12	165	205

注：2007年、2009年、2012年、2014年货运量、货物周转量、客运量、旅客周转量分别有口径调整。
Note: The statistical ranges of Freight Traffic, Turnover Volume of Freight Traffic, Passenger Traffic and Turnover Volume of Traffic are changed in 2007, 2009, 2012 and 2014, the data in the same period last year have been adjusted by the same caliber.

6-2 全社会客货运输和邮电业务量（一）

PASSENGER AND FREIGHT TRAFFIC，REVENUE FROM POSTAL AND TELECOMMUNICATIONS SERVICES

年 份 Year	机场货邮行吞吐量 （万吨） Cargo Handled at Airport (10 000 tons)	机场旅客吞吐量 (万人) Passenger Departing at Airport (10 000 persons)	货运量 (万吨) Freight Traffic (10 000 tons)	货物周转量 (亿吨公里) Turnover Volume of Freight Traffic (100 million ton-km)	客运量 (万人) Passenger Traffic (10 000 persons)
1986			1 521	15	3 973
1987			1 627	14	4 268
1988			1 704	22	5 858
1989			1 383	36	6 349
1990			1 349	26	8 833
1991		2	1 486	44	6 400
1992	2	166	1 801	55	8 153
1993	4	255	2 050	74	10 218
1994	6	319	2 604	78	8 531
1995	8	412	3 542	223	8 261
1996	9	435	3 647	233	8 281
1997	10	444	3 853	232	8 515
1998	11	515	4 050	213	8 484
1999	16	525	4 274	197	8 754
2000	21	642	4 697	206	9 346
2001	25	777	5 147	204	9 869
2002	33	935	5 683	211	10 632
2003	41	1 084	6 478	244	10 471
2004	50	1 424	7 168	283	12 019
2005	55	1 574	8 249	322	12 602
2006	56	1 836	11 429	731	13 965
2007	62	2 062	13 678	794	15 056
2008	60	2 140	19 570	1 094	154 283
2009	61	2 449	22 367	1 137	146 316
2010	81	2 671	26 174	1 654	156 203
2011	83	2 825	28 901	1 956	168 447
2012	85	2 957	28 678	1 981	184 982
2013	91	3 227	27 512	1 999	12 059
2014	96	3 627	29 382	2 386	15 103
2015	101	3 972	32 475	2 253	16 511
2016	113	4 198	31 164	2 247	17 009
2017	116	4 561	32 269	2 303	18 142
2018	122	4 935	32 764	2 174	19 872

6-2 全社会客货运输和邮电业务量（二）

PASSENGER AND FREIGHT TRAFFIC，REVENUE FROM POSTAL AND TELECOMMUNICATIONS SERVICES

年 份 Year	旅客周转量 (亿人公里) Turnover Volume of Passenger Traffic (100 million person-km)	港口货物吞吐量 (万吨) Cargo Handled at Seaports (10 000 tons)	港口集装箱吞吐量 （万标箱） Cargo Handled at Seaports (10 000 TEU)	# 出口 Exports	邮电业务总量 (万元) Revenue from Postal and Telecommunications Services (10 000 yuan)
1979		10			138
1980		30			190
1981		70			340
1982		91			420
1983		141			567
1984		210			923
1985		327			1 761
1986	9	302			2 633
1987	14	485			4 880
1988	19	734	1		14 826
1989	22	956	2		21 293
1990	27	1 292	2		55 356
1991	19	1 563	5		84 927
1992	41	1 956	11		114 492
1993	48	2 541	13		174 045
1994	79	3 002	18	11	259 432
1995	82	3 080	28	16	368 945
1996	83	3 021	59	32	462 261
1997	83	3 357	115	63	610 111
1998	82	3 444	195	104	764 658
1999	87	4 663	299	158	982 686
2000	99	5 697	400	210	1 336 000
2001	112	6 643	508	266	1 419 000
2002	131	8 767	762	396	1 644 200
2003	145	11 220	1 065	552	1 980 300
2004	186	13 537	1 366	713	2 660 100
2005	226	15 351	1 620	841	3 208 000
2006	268	17 598	1 847	961	3 795 000
2007	311	19 994	2 110	1 101	5 135 400
2008	485	21 125	2 142	1 087	6 117 500
2009	544	19 365	1 825	937	6 765 200
2010	635	22 098	2 251	1 154	2 937 000
2011	693	22 325	2 257	1 169	3 562 600
2012	802	22 807	2 294	1 173	5 635 800
2013	632	23 398	2 328	1 208	6 229 900
2014	806	22 324	2 404	1 247	7 619 900
2015	953	21 706	2 420	1 236	10 403 200
2016	1 027	21 410	2 398	1 239	17 150 200
2017	1 092	24 136	2 521	1 278	16 455 500
2018	1 181	25 127	2 574	1 313	27 692 740

注： 邮电业务总量1989年以前按1980年不变价格计算，1990-2000年按1990年不变价格计算；2001-2009年按2000年不变价格计算；2011-2016年按2010年不变价计算，2010年数据相应调整;2017年起，电信业务量按2015年不变价计算，邮政业务量仍按2010年不变价计算。

Note: Revenue from Postal and Telecommunications Services in 1989, calculated at 1980 constant prices; from 1990 to 2000 at 1990 constant prices; 2001-2009 at 2000 constant prices; 2011-2016 calculated at 2010 constant prices, 2010 data has adjusted;from 2017, Business Volume of Telecommunication Services is calculated at 2015 constant prices,Business Volume of Postal Services is calculated at 2010 constant prices.

6-3 全社会客货运输和邮电业务量指数

INDICES OF PASSENGER AND FREIGHT TRAFFIC，REVENUE FROM POSTAL AND TELECOMMUNICATIONS SERVICES

(以上年为100)　　　　(preceding year=100)

年 份 Year	货运量 Freight Traffic	货物周转量 Turnover Volume of Freight Traffic	客运量 Passenger Traffic	旅客周转量 Turnover Volume of Passenger Traffic	港口货物吞吐量 Cargo Handled at Seaports	邮电业务总量 Revenue from Postal and Telecommunications Services
1980					300.0	137.7
1981					233.3	178.9
1982					130.0	123.5
1983					154.9	135.0
1984					148.9	162.8
1985					155.7	190.8
1986					92.4	149.5
1987	107.0	94.0	93.1	165.2	160.6	185.3
1988	104.7	153.6	137.3	133.9	151.3	303.8
1989	81.2	164.7	108.4	115.7	130.2	143.6
1990	97.5	72.0	139.1	123.0	135.1	151.7
1991	110.2	169.2	72.5	69.7	121.0	153.4
1992	121.2	125.3	127.1	219.4	125.1	134.8
1993	113.8	136.3	125.6	116.6	129.9	152.0
1994	127.0	104.8	81.5	161.2	118.1	149.1
1995	136.0	285.8	96.8	103.9	102.6	142.2
1996	103.0	104.5	100.2	100.8	98.1	125.3
1997	105.6	99.5	102.8	100.1	111.1	132.0
1998	105.1	91.8	99.6	99.3	102.6	125.3
1999	105.6	92.8	103.2	105.2	135.4	128.5
2000	109.9	104.3	106.8	114.8	122.2	136.0
2001	109.6	99.3	105.6	112.4	116.6	106.2
2002	110.4	103.2	107.7	117.3	132.0	115.9
2003	114.0	115.5	98.5	110.8	128.0	120.4
2004	110.6	116.0	114.8	128.1	120.7	134.3
2005	115.1	114.0	104.8	121.3	113.4	120.6
2006	113.3	117.2	110.8	118.8	114.6	118.3
2007	119.7	108.6	107.8	116.0	113.6	123.4
2008	108.9	93.9	105.6	116.3	105.7	119.1
2009	114.3	103.9	94.8	112.1	91.7	110.6
2010	117.0	145.5	106.8	116.7	114.1	120.7
2011	110.4	118.2	107.8	113.6	101.0	121.3
2012	99.2	101.3	109.8	115.7	102.2	118.6
2013	103.5	106.1	109.0	107.1	102.6	126.5
2014	106.8	119.4	125.2	127.5	95.4	122.3
2015	110.5	94.4	109.3	118.3	97.2	130.4
2016	96.0	99.7	103.0	107.7	98.6	164.1
2017	103.5	102.5	106.7	106.4	112.7	153.3
2018	101.5	94.4	109.5	108.1	104.1	166.9

注：本表指数均按可比口径计算。
Note: The index in this table are calculated at comparable caliber.

6-4 全社会民用车辆和运输船舶拥有量

NUMBER OF CIVIL MOTOR VEHICLES AND TRANSPORT VESSELS OWNED

项 目	Item	2013	2014	2015	2016	2017	2018
民用车辆总计(辆)	**Total Civil Motor Vehicles (unit)**	**2 622 873**	**3 153 902**	**3 193 498**	**3 225 879**	**3 265 998**	**3 366 643**
一、民用汽车(辆)	Civil Automobile (unit)	2 583 869	3 111 488	3 147 043	3 178 832	3 214 434	3 313 358
1. 载客汽车(辆)	Buses and Cars (unit)	2 254 157	2 776 710	2 817 908	2 828 974	2 827 106	2 880 095
载客量(客位)	Number of Seats in Buses and Cars(seat)	17 828 640	21 973 631	16 612 523	16 606 573	17 088 098	16 819 056
#大型(辆)	Large Scales (unit)	36 167	35 109	33 764	38 329	44 571	36 866
载客量(客位)	Number of Seats(seat)	1 414 036	1 376 671	1 635 274	1 851 291	2 312 149	1 888 382
2. 普通载货汽车(辆)	Ordinary Trucks (unit)	316 104	320 778	314 730	335 476	372 024	417 475
载重量(吨位)	Capacity(ton)	1 905 102	1 945 272	1 785 759	1 905 504	915 073	966 090
#大型(辆)	Heavy (unit)	61 711	68 851	71 165	80 366	91 887	93 659
载重量(吨位)	Capacity (ton)	671 695	750 612	411 299	875 186	583 366	584 855
3. 其他专用汽车(辆)	Other Special Motor Vehicles (unit)	13 608	14 000	14 405	14 382	15 304	15 788
4. 特种汽车(辆)	Particular Motor Vehicles	235	235		14 382		
二、摩托车(辆)	Motorcycle(unit)	6 018	6 752	7 535	6 221	6 814	5 035
三、货挂车(辆)	Trailer Trucks(unit)	32 982	35 658	38 916	40 826	44 750	48 250
四、其他(辆)	Other (unit)	4	4	4			
民用运输船舶总计(艘)	**Total Civil Transport Vessels (unit)**	**252**	**265**	**269**	**277**	**295**	**303**
一、机动船艘数(艘)	Motor Vessels (unit)	245	261	265	273	291	299
载客量(客位)	Number of Seats (seat)	5 912	4 533	4 892	5 431	5 942	5 815
净载重量(吨位)	Dead Weight Tonnage (ton)	3 836 423	3 802 578	3 781 309	3 801 680	3 780 781	3 621 172
总功率(千瓦)	Total Power (kw)	858 502	880 739	887 538	908 786	964 226	924 985
1. 客船艘数(艘)	Passenger Transport Vessels (unit)	21	22	24	26	29	29
载客量(客位)	Number of Seats (seat)	5 912	4 533	4 892	5 431	5 942	5 815
2. 货船艘数(艘)	Freight Transport Vessels (unit)	221	228	232	238	253	260
净载重量(吨位)	Dead Weight Tonnage (ton)	3 836 044	3 802 164	3 780 844	3 801 175	3 780 204	3 620 598
3. 拖船艘数(艘)	Tugboats (unit)	10	11	9	9	9	10
二、驳船艘数(艘)	Barges (unit)	7	4	4	4	4	4
净载重量(吨位)	Dead Weight Tonnage(ton)	15 456	10 000	10 000	10 000	10 000	10 000

6-5 邮电业务量及邮电通讯设施

BUSINESS VOLUME OF POSTAL AND TELECOMMUNICATIONS SERVICES, FACILITIES OF POST AND TELECOMMUNICATIONS

项 目	Item	2014	2015	2016	2017	2018
邮电业务总量(亿元)	Business Volume of Post and Telecommunications (100 million yuan)	761.99	1040.32	1 715.02	1645.55	2 769.27
#邮政（快递）业务量(亿元）	Business Volume of Post(100 million yuan)		429.52	666.67	375.49	435.70
函件(万件)	Mail (10 000 pcs)	14 734	17 623	21 179	22 134	19 290
包件(万件)	Parcels (10 000 pcs)	133	28	12	10	21
订销报纸期发数(万份)	Number of Newspapers Circulation (10 000pcs)	32	34	32	33	33
订销报纸累计份数(万份)	Total Copy of Newspapers (10 000 pcs)	10 051	9 023	8 709	8 847	8 803
订销杂志期发数(万份)	Number of Magazines Circulation (10 000 pcs)	38	44	37	38	38
订销杂志累计份数(万份)	Total Copy of Magazines (10 000 pcs)	735	710	642	651	646
固定电话用户(万户)	Number of Installed Telephone Subscribers (subscribers)	529.51	754.12	644.18	478.30	429.80
移动电话用户(万户)	Number of Mobile Telephones Subscribers (10 000 subscribers)	3 377	2 621	2 505	2 679	2 978
互联网宽带网用户(万户)	Internet Subscribers Nunber of Wide Band(10 000 subscriders)	630	674	632	483	506
邮政.电信局、所(处)	Number of Post and Telecommunications Offices(Unit)	679	678	745	541	541
邮运邮路总条数(条)	Total Number of Mail Routes (route)	96	105	157	242	282
邮路长度(单程)(公里)	Length of Postal Routes (km)	10 522	10 538	12 583	32 964	33 000
城市投递段道长度(单程)(公里)	Length of City Delivery Routes (km)	22 115	23 075	33 306	41 700	44 000
全市固定电话交换机总容量(万门)	Total Capacity of Telephone Exchanges (10 000 lines)	570	570	570	286	65
全市移动电话交换机容量(万门)	Total Capacity of Mobile Telephone Exchanges (10 000 lines)	2 812	2 812	2 812	4 929	4 877

6-6 年末公路通车里程到达数（按技术等级）

LENGTHS OF OPERATION MILEAGE AT YEAR-END（GROUPED BY GRADE）

单位：公里 （km）

年 份 Year	公路里程总计 Operation Mileage	高速公路 Express Way	一级公路 First Class Highways	二级公路 Second Class Highwsys	三级公路 Third Class Highwsys	四级公路 Fourth Class Highwsys
1980	746			3	120	508
1981	736			14	103	504
1982	743			17	111	501
1983	745			17	152	461
1984	786			17	173	482
1985	791			19	194	463
1986	810			19	202	515
1987	803			19	267	454
1988	835			16	286	476
1989	837		13	14	279	475
1990	832		13	12	276	496
1991	827		56	12	236	488
1992	907		58	11	235	567
1993	917		81	11	221	568
1994	972	28	121	39	210	538
1995	1 103	110	202	68	185	503
1996	1 169	110	246	84	174	519
1997	1 214	133	267	88	177	514
1998	1 258	155	355	178	216	352
1999	1 344	176	401	195	214	355
2000	1 357	176	420	197	196	365
2001	1 361	186	525	257	180	213
2002	1 510	196	575	282	255	202
2003	1 540	203	590	282	255	210
2004	1 540	203	588	280	260	210
2005	1 580	245	588	280	258	210
2006	1 930	268	860	366	274	162
2007	1 938	269	867	351	284	167
2008	1 619	340	703	259	217	100
2009	1 619	340	703	259	217	100
2010	1 617	340	691	270	217	100
2011	1 618	340	691	270	217	100
2012	1 659	390	686	270	209	105
2013	1 680	420	685	270	209	96
2014	1 647	421	665	256	209	96
2015	1 644	421	665	256	207	96
2016	1 638	420	664	255	203	96
2017	1 634	420	677	239	202	96
2018	727	417	257	7	36	9

注： 公路里程统计口径2008年、2018年分别有调整。
Note: The statistical coverage of operaton mileage have been adjusted in 2008 and 2018.

主要统计指标解释

货(客)运量　指在一定时期内，各种运输工具实际运送的货物(旅客)数量。该指标是反映运输业为国民经济和人民生活服务的数量指标，也是制定和检查运输生产计划、研究运输发展规模和速度的重要指标。货运按吨计算，客运按人计算。货物不论运输距离长短、货物类别，均按实际重量统计。旅客不论行程远近或票价多少，均按一人一次客运量统计；半价票、小孩票也按一人统计。

货物(旅客)周转量　指在一定时期内，由各种运输工具运送的货物(旅客)数量与其相应运输距离的乘积之总和。该指标可以反映运输业生产的总成果，也是编制和检查运输生产计划，计算运输效率、劳动生产率以及核算运输单位成本的主要基础资料。计算货物(旅客)周转量通常按发出站与到达站之间的最短距离，也就是计费距离计算。计算公式为：

货物（旅客）周转量=∑（货物（旅客）运输量×运输距离）

港口货物吞吐量　指经水运进出港区范围，并经过装卸的货物数量，包括邮件及办理托运手续的行李、包裹以及补给运输船舶的燃料、物料和淡水。货物吞吐量按货物流向分为进口、出口吞吐量，按货物交流性质分为外贸货物吞吐量和国内贸易货物吞吐量。货物吞吐量的货类构成及其流向，是衡量港口生产能力大小的重要指标。

民用汽车　指报告期末，在公安交通管理部门按照《机动车注册登记工作规范》，已注册登记领有民用车辆牌照的全部汽车数量。汽车统计的主要分类：根据汽车结构分为载客汽车、载货汽车及其他汽车；根据汽车所有者不同分为个人(私人)汽车、单位汽车；根据汽车的使用性质分为营运汽车、非营运汽车；根据汽车大小规格不同载客汽车分为大型、中型、小型和微型，载货汽车分为重型、中型、轻型和微型。

邮电业务总量　指以价值量形式表现的邮电通信企业为社会提供各类邮电通信服务的总数量。邮电业务量按专业分类包括函件、包件、汇票、报刊发行、邮政快件、特快专递、邮政储蓄、集邮、公众电报、用户电报、传真、长途电话、出租电路、无线寻呼、移动电话、分组交换数据通信、出租代维等。计算方法为各类产品乘以相应的平均单价(不变价)之和，再加上出租电路和设备、代用户维护电话交换机和线路等的服务收入。该指标综合反映了一定时期邮电业务发展的总成果，是研究邮电业务量构成和发展趋势的重要指标。计算公式为：

邮电业务总量=∑（各类邮电业务量×不变单价）+出租代维及其他业务收入 =邮政业务总量+通信业务总量

移动电话用户　指通过移动电话交换机进入移动电话网、占用移动电话号码的各类电话用户。包括签约用户和智能网预付费用户。一个移动电话号码统计为一户。

移动电话交换机容量　指移动电话交换机根据一定话务模型和交换机处理能力计算出来的最大同时服务用户的数量。

Explanatory Notes on Main Statistical Indicators

Freight (Passenger) Traffic refers to the volume of freight (passengers) transported with various means. This indicator provides a quantitative measure of how the transport industry serves the national economy and the needs of the people, as well as an important reference for drafting and checking production plans in the transport industry and for studying the scale and speed of development in the transport industry. Freight transport is calculated in tons and passenger traffic is calculated in the number of persons. Freight transport is calculated in the actual weight of goods regardless of traveling distances and types of freight; while passenger traffic is calculated as the number of individuals traveling once, regardless of traveling distances, ticket prices, whether the passengers are traveling with half–price tickets or child tickets.

Freight Ton-kilometers (Passenger-kilometers) refer to the sum of the products of the volume of transported cargo (passengers) multiplied by the transport distance. These are important indicators of the total achievements of the transport industry, as well as the major foundation for drafting and checking production plans in the transport industry and for calculating the efficiency, labor productivity and the cost of transport enterprises. Normally, the shortest distance between the departure station and the destination station (i.e. the payable distance) is the basis to calculate the freight ton–kilometers and passenger–kilometers on. These indicators are calculated as follows: Freight Ton–kilometers (Passenger–kilometers) = $\sum$(Freight (Passenger) Traffic $\times$Transport Distance)

Volume of Freight Handled in Ports refers to the volume of cargo passing in and out of the harbor area that undergoes the loading and unloading processes, including mails, checked baggage and bales, as well as fuel, material and fresh water supplies to ships. The volume of freight handled may be classified by direction of flow as import volume and export volume, or by nature of cargo as volume of freight for domestic trade and volume of freight for foreign trade. The classification of volume of freight handled and its direction of flow are important indicators of the production capacity of ports.

Possession of Civil Motor Vehicles refers to the total number of vehicles that are registered at transport management offices under the public security authorities and provided with civil vehicle licenses and tags according to the Work Standard for Motor Vehicles Registration at the end of the reference period. Major categories of vehicle are: passenger vehicles, freight vehicles and other vehicles in terms of structure; private vehicles and organization–owned vehicles in terms of ownership; commercial vehicles and non–commercial vehicles in terms of use; large, medium, small and mini passenger vehicles, and heavy, medium, light and mini trucks in terms of size.

Business Volume of Postal and Telecommunication Services refers to the total amount of postal and telecommunication services, expressed in value terms, provided by postal and telecommunication enterprises for the society. Postal and telecommunication services can be classified as letters, parcels, remittance, delivery of newspapers and magazines, fast mail service, express mail service, savings deposits, stamps for collection, public and individual telegraph service, facsimiles, long–distance telephone service, leasing of telephone lines, urban paging service, mobile telephone service, data communication through packet networks, network elements lease and maintenance, etc. To calculate the volume, the business volume of each product is multiplied by its average unit price (at constant prices), summed, and added to income from other services such as leasing of telephone lines and equipment, maintenance of telephone switchboards and lines on behalf of customers. This indicator reflects the overall achievements of postal and telecommunication services during a given period, and is an important reference for studying the composition of business volume and the development trend of postal and telecommunication services. This volume is calculated as follows:

Business Volume of Postal and Telecommunication Services = Σ(Business Volume of Each Product × Constant Unit Price) + Income from Leasing, Maintenance, and Other Services = Business Volume of Postal Services + Business Volume of Telecommunication Services

Mobile Telephone Subscribers refer to persons who own mobile telephone numbers and are connected with the mobile telephone communication network through mobile telephone switchboards, including contracted subscribers and pre-paid subscribers for intelligent network. One mobile telephone number is calculated as one subscriber.

Capacity of Mobile Telephone Exchanges refers to the maximum number of subscribers that can be served simultaneously, calculated according to a certain calling model and the handling capacity of the mobile telephone exchanges.

07 第七部分 农业

AGRICULTURE

CHAPTER

7-1 农业总产值

GROSS OUTPUT VALUE OF AGRICULTURE

单位：万元 (10 000 yuan)

年 份 Year	农业总产值 Gross Output Value of Agriculture	种植业 Planting	林 业 Forestry	牧 业 Animal Husbandry	渔 业 Fishery	农林牧渔服务业 Services of Farming,Forestry,Animal Husbandry and Fishery
1979	13 106	6 494	85	1 598	433	4 496
1980	16 938	6 913	69	2 186	1 084	6 686
1981	24 181	8 515	153	5 677	1 869	7 967
1982	26 929	9 402	281	7 540	2 744	6 962
1983	29 083	10 930	207	7 832	3 400	6 714
1984	40 416	13 931	912	10 346	7 895	7 332
1985	45 821	15 641	1 371	14 444	7 875	6 490
1986	49 552	18 947	1 259	17 132	10 956	1 258
1987	73 772	26 631	1 678	28 869	14 339	2 255
1988	99 404	32 296	1 315	42 202	19 852	3 739
1989	108 015	31 412	1 253	54 389	19 010	1 951
1990	119 205	37 622	1 716	52 550	24 043	3 274
1991	143 063	40 697	4 097	63 117	31 025	4 127
1992	185 297	57 458	5 637	81 532	36 334	4 335
1993	192 880	49 977	3 519	94 969	38 506	5 909
1994	224 776	54 363	2 334	110 150	52 322	5 607
1995	232 653	58 407	2 207	125 623	43 173	3 243
1996	273 246	70 642	2 989	141 464	52 080	6 071
1997	270 889	73 030	3 792	124 140	64 676	5 250
1998	298 174	79 738	6 773	139 244	65 967	6 452
1999	299 662	91 560	5 312	126 799	68 401	7 590
2000	311 359	95 289	5 560	128 417	72 522	9 571
2001	327 111	105 153	5 060	127 565	76 213	13 120
2002	340 757	115 021	4 790	135 377	76 279	9 290
2003	337 406	111 989	6 557	135 940	76 935	5 985
2004	299 939	96 930	6 409	102 689	88 516	5 395
2005	217 369	53 152	4 861	75 334	76 831	7 191
2006	180 017	38 280	3 930	66 538	59 615	11 654
2007	171 380	43 415	6 682	64 678	42 875	13 730
2008	187 859	45 786	5 474	69 383	53 131	14 084
2009	154 760	42 590	2 062	55 992	39 550	14 564
2010	150 467	48 707	1 606	43 734	38 918	17 502
2011	152 533	46 535	2 159	48 691	37 855	17 293
2012	148 572	45 024	1 298	43 669	42 291	16 290
2013	139 479	53 307	757	36 547	44 149	4 719
2014	129 156	37 842	1 307	26 292	58 352	5 363
2015	159 515	32 799	1 975	22 422	95 487	6 831
2016	190 940	65 741	1 952	16 201	98 749	8 298
2017	388 609	123 414	2 379	29 013	214 992	18 811
2018	424 606	117 928	1 750	25 464	259 541	19 923

注：1、本表按当年价格计算
Note:The data in this table are calculated at current prices.
2、2016年农业数据已按照第三次全国农业普查省反馈数进行修订（后同）。
The agricultural data of 2016 have been revised according to the feedback from the third national agricultural census (same later).

7-2 农业总产值构成

COMPOSITION OF GROSS OUTPUT VALUE OF AGRICULTURE

单位：% (%)

年 份 Year	总 计 Total	种植业 Planting	林 业 Forestry	牧 业 Animal Husbandry	渔 业 Fishery	农林牧渔服务业 Services of Farming,Forestry,Animal Husbandry and Fishery
1979	100.0	49.6	0.6	12.2	3.3	34.3
1980	100.0	40.8	0.4	12.9	6.4	39.5
1981	100.0	35.2	0.6	23.5	7.7	33.0
1982	100.0	34.9	1.0	28.0	10.2	25.9
1983	100.0	37.6	0.7	26.9	11.7	23.1
1984	100.0	34.5	2.3	25.6	19.5	18.1
1985	100.0	34.1	3.0	31.5	17.2	14.2
1986	100.0	38.2	2.6	34.6	22.1	2.5
1987	100.0	36.1	2.3	39.1	19.4	3.1
1988	100.0	32.5	1.3	42.5	20.0	3.7
1989	100.0	29.1	1.2	50.3	17.6	1.8
1990	100.0	31.6	1.4	44.1	20.2	2.7
1991	100.0	28.4	2.9	44.1	21.7	2.9
1992	100.0	31.0	3.0	44.0	19.6	2.4
1993	100.0	25.9	1.8	49.2	20.0	3.1
1994	100.0	24.2	1.0	49.0	23.3	2.5
1995	100.0	25.1	0.9	54.0	18.6	1.4
1996	100.0	25.9	1.1	51.8	19.0	2.2
1997	100.0	27.0	1.4	45.8	23.9	1.9
1998	100.0	26.7	2.3	46.7	22.1	2.2
1999	100.0	30.6	1.8	42.3	22.8	2.5
2000	100.0	30.6	1.8	41.2	23.3	3.1
2001	100.0	32.1	1.6	39.0	23.3	4.0
2002	100.0	33.8	1.4	39.7	22.4	2.7
2003	100.0	33.2	1.9	40.3	22.8	1.8
2004	100.0	32.3	2.1	34.2	29.5	1.8
2005	100.0	24.5	2.2	34.7	35.3	3.3
2006	100.0	21.3	2.2	37.0	33.1	6.5
2007	100.0	25.3	3.9	37.7	25.0	8.0
2008	100.0	24.4	2.9	36.9	28.3	7.5
2009	100.0	27.5	1.3	36.2	25.6	9.4
2010	100.0	32.4	1.1	29.1	25.9	11.5
2011	100.0	30.5	1.4	31.9	24.8	11.4
2012	100.0	30.3	0.9	29.4	28.5	11.0
2013	100.0	38.2	0.5	26.2	31.7	3.4
2014	100.0	29.3	1.0	20.4	45.2	4.2
2015	100.0	20.6	1.2	14.1	59.9	4.3
2016	100.0	34.4	1.0	8.5	51.8	4.3
2017	100.0	31.8	0.6	7.5	55.3	4.8
2018	100.0	27.8	0.4	6.0	61.1	4.7

7-3 农业总产值及其指数

GROSS OUTPUT VALUE OF AGRICULTURE AND ITS INDICES

年 份 Year	农业总产值(万元) 当年价格 Gross Output Value of Agriculture (10 000yuan) At Current Prices	以上年为100 Preceding Year=100
1979	13 106	
1980	16 938	85.4
1981	24 181	119.1
1982	26 929	108.1
1983	29 083	98.4
1984	40 416	102.3
1985	45 821	119.2
1986	49 552	116.5
1987	73 772	111.8
1988	99 404	119.4
1989	108 015	112.1
1990	119 205	115.2
1991	143 063	109.3
1992	185 297	99.2
1993	192 880	92.9
1994	224 776	96.1
1995	232 653	101.0
1996	273 246	114.2
1997	270 889	101.7
1998	298 174	104.3
1999	299 662	107.9
2000	311 359	102.4
2001	327 111	103.7
2002	340 757	107.0
2003	337 406	109.8
2004	299 939	111.7
2005	217 369	87.8
2006	180 017	75.3
2007	171 380	89.2
2008	187 859	84.0
2009	154 760	87.1
2010	150 467	92.2
2011	152 533	94.0
2012	148 572	103.1
2013	139 479	70.8
2014	129 156	92.2
2015	159 515	108.6
2016	190 940	96.4
2017	388 609	122.7
2018	424 606	97.0

注： 2005年起国家统计报表制度中取消1990年不变价，增长速度按可比口径计算。

Note: Since 2005, the national statistical reporting system has cancelled the index, Gross Output Value of Agriculture (at 1990 constant prices), the growth rates are calculated at comparable coverage.

7-4 农作物播种面积

TOTAL SOWN AREAS OF FARM CROPS

单位：亩 （mu）

年 份 Year	一、农作物总播种面积 Total Sown Areas	# 粮食作物合 计 Grain Crops	# 薯 类 Tubers	# 经济作物合 计 Cash Crops	# 花 生 Peanuts
1979	953 300	758 100	55 095	165 800	107 148
1980	808 500	646 000	38 663	125 500	100 186
1981	728 400	576 000	27 457	119 200	96 606
1982	739 500	536 000	27 219	125 200	97 152
1983	711 300	536 400	27 700	95 103	65 700
1984	705 078	507 255	28 036	91 147	68 523
1985	625 716	379 247	22 690	85 356	61 095
1986	632 747	363 895	22 755	89 810	60 765
1987	617 290	331 531	24 911	84 466	57 508
1988	607 146	284 545	19 370	77 678	51 331
1989	591 309	280 930	18 897	71 134	51 120
1990	573 090	261 454	18 177	67 306	52 035
1991	523 174	194 055	19 529	63 530	49 146
1992	355 244	103 946	13 348	31 910	30 545
1993	191 711	21 361	6 711	12 118	9 579
1994	163 838	16 136	6 029	5 022	4 544
1995	164 870	16 970	6 814	5 031	3 965
1996	205 078	19 448	9 444	6 151	4 675
1997	175 250	14 907	7 183	5 386	3 854
1998	180 525	11 742	5 946	6 770	3 224
1999	177 372	10 354	5 381	5 616	2 680
2000	187 401	9 714	5 559	5 138	2 842
2001	184 038	8 023	5 194	4 098	2 568
2002	159 063	6 480	4 442	3 357	1 142
2003	164 363	4 679	2 490	1 227	807
2004	147 094	5 304	2 955	2 870	260
2005	106 167	1 572	815	310	300
2006	90 614	305	175	105	100
2007	95 596	290	240	236	220
2008	109 423	438	365	10764	20
2009	103 673	163	150	914	42
2010	96 090	151	136	67	41
2011	90 803	52	44	50	41
2012	87 311	12	12	2 255	19
2013	81 472	155	13	8	8
2014	73 775	144	14	513	5
2015	72 358	152	50	6 702	9
2016	86 659	597	258	2 243	332
2017	179 190	34 718	4 760	5 169	4 319
2018	189 272	34 813	7 210	5 267	4 345

单位：亩 7-4 续表 continued (mu)

年 份 Year	# 其它作物 合 计 Other Crops	# 蔬 菜 Vegetable	二、茶园面积 Area of Tea Plantations (year-end)	三、果园面积 Area of Orchards (year-end)	# 柑桔橙 Citrus	# 荔 枝 Litchi
1979	22 813	14 798		55 604	6 248	18 600
1980	28 802	15 712		56 701	8 169	19 760
1981	24 327	17 935		55 353	7 476	21 021
1982	68 296	44 020		56 040	6 331	25 399
1983	72 219	66 048		85 897	15 154	4 687
1984	98 843	86 037		85 567	11 204	39 384
1985	154 494	139 353		108 418	16 889	44 979
1986	172 688	160 467		168 790	38 698	70 782
1987	196 065	185 202		218 396	59 358	91 744
1988	240 104	223 191		236 876	69 972	100 912
1989	235 349	217 929		245 516	71 429	107 979
1990	240 865	231 308		256 110	72 632	109 477
1991	261 772	244 591		254 021	73 350	111 324
1992	217 456	201 422		227 207	60 844	104 390
1993	157 909	144 468		191 838	50 147	92 227
1994	142 640	133 284	460	188 411	44 124	97 613
1995	142 849	135 212	3 003	185 285	36 267	98 358
1996	179 479	167 063	2 976	195 926	32 532	111 332
1997	154 957	145 591	2 968	216 996	26 733	136 123
1998	162 013	153 026	2 440	215 058	26 240	136 006
1999	161 402	152 890	2 435	218 811	22 013	144 201
2000	172 549	166 916	2 355	224 820	19 551	152 804
2001	171 917	168 147	353	209 232	16 406	142 580
2002	149 226	147 278	348	191 031	9 949	130 896
2003	158 457	156 899	350	159 817	11 066	102 095
2004	138 920	137 887		150 523	6 830	109 407
2005	104 285	104 059		149 175	5 908	111 154
2006	90 204	89 478		127 809	2 249	100 771
2007	95 070	94 891	312	64 630	1 728	43 004
2008	98 221	98 023	350	46 273	1 088	32 882
2009	102 596	98 505	340	55 508	548	44 320
2010	95 872	95 371	340	53 567	629	43 279
2011	90 701	89 908	340	50 813	484	41 501
2012	85 044	84 704	340	46 990	391	39 088
2013	81 309	81 057	350	38 035	234	32 087
2014	73 118	67 975	340	36 825	204	31 000
2015	65 504	65 249	340	35 474	282	30 658
2016	83 564	82 778	340	68 876	1 050	57 441
2017	139 123	137 558	1 040	95 170	5 787	65 051
2018	149 192	147 361	1 320	65 175	5 361	36 563

7-5 主要农业产品产量

YIELD OF MAJOR FARM CROPS

单位：吨 (ton)

年 份 Year	粮 食 Grain	#稻 谷 Rice	#薯 类 Tubers	花 生 Peanuts	蔬 菜 Vegetable	茶 叶 Tea	水 果 Fruits	#柑桔橙 Citrus	#荔 枝 Litchi
1979	132 584	127 559	4 285	6 877	8 639		2 401	157	742
1980	126 461	123 022	3 003	7 323	14 593		2 280	388	1 127
1981	116 489	114 070	2 310	8 641	22 772		3 245	284	1 534
1982	124 189	121 026	3 046	9 276	34 484		2 866	571	798
1983	126 977	122 936	3 906	5 761	74 251		3 575	1 105	839
1984	126 960	123 205	3 595	6 060	107 820		5 752	1 579	1 829
1985	94 465	90 106	4 026	5 208	162 898		6 420	1 726	1 559
1986	92 495	88 369	3 787	5 894	151 629		13 249	3 467	3 522
1987	85 534	80 110	5 081	5 634	159 937		18 180	5 368	1 336
1988	76 263	72 114	3 850	5 275	182 190		21 324	7 931	2 366
1989	82 215	77 928	3 974	5 777	193 367		23 928	10 910	1 293
1990	81 018	75 380	5 161	6 107	227 346		39 986	23 769	4 184
1991	59 138	52 847	5 418	6 284	238 716		52 392	35 195	2 855
1992	32 906	27 924	4 211	3 874	201 517		59 505	36 082	8 230
1993	6 950	3 838	2 077	1 315	151 421		45 807	31 968	2 791
1994	5 166	1 660	1 676	652	141 899	2	42 744	26 949	4 886
1995	4 887	1 848	1 700	613	147 171	4	40 914	22 973	5 674
1996	6 586	1 801	2 557	735	193 966	4	36 961	21 148	5 944
1997	4 990	954	1 793	595	169 683	5	39 775	21 509	7 546
1998	3 781	743	1 367	496	185 747	8	34 310	22 042	2 055
1999	3 412	555	1 235	444	183 517	9	43 183	19 662	13 516
2000	3 700	429	1 579	556	210 479	14	27 498	14 114	4 513
2001	3 966	248	2 331	548	194 849	11	24 835	10 571	5 250
2002	3 094	31	1 219	384	217185	12	35 279	7 085	18 393
2003	1 850	8	773	184	201 395	11	29 087	8 323	8 753
2004	2 028	6	936	98	162 788		28 028	5 334	14 486
2005	599	4	248	67	141 652		25 843	3 546	15 008
2006	59		49	6	111 509		12 793	839	7 852
2007	55		46	42	121 539		7 389	503	4 016
2008	110		92	4	114 086	3	4 520	487	2 076
2009	52		46	9	107 203	2	3 921	134	2 315
2010	49		42	8	110 739	2	3 179	163	1 952
2011	18		11	8	101 783	2	2 873	205	1 933
2012	5		5	4	103 941	3	2 695	190	1 835
2013	59		3	6	101 324	2	1 745	122	1 141
2014	77		65	5	67 167	2	2 120	77	1 420
2015	63		63	5	63 030	2	4 014	62	2 901
2016	157	58	63	78	82 423	2	12 304	23	9 537
2017	7 955	7 497	330	505	149 544	42	41 292	6 584	12 069
2018	9 013	6 855	2 000	514	158 738	57	41 506	6 907	11 116

7-6　农作物亩产量

OUTPUT OF FARM CROPS PER MU

单位：千克　　　（kg）

年　份 Year	粮　食 Grain	薯　类 Tubers	花　生 Peanuts	蔬　菜 Vegetable	茶　叶 Tea	水　果 Fruits	柑桔橙 Citrus	荔　枝 Litchi
1979	175	78	64	584				
1980	196	78	73	929				
1981	202	84	89	1 269				
1982	232	112	95	783				
1983	237	141	87	1 124				
1984	251	128	88	1 253				
1985	249	178	85	1 169				
1986	254	166	97	945				
1987	258	204	98	864				
1988	268	199	103	816				
1989	293	210	113	887				
1990	310	284	117	983				
1991	305	277	128	976				
1992	317	315	127	1 000				
1993	325	309	137	1 048				
1994	340	302	107	1 064	4.76	467	786	50.1
1995	288	249	155	1 088	6.45	414	765	57.7
1996	339	271	157	1 161	6.06	345	799	53.4
1997	335	257	154	1 165	6.30	307	897	55.4
1998	322	230	154	1 214	3.40	456	840	15.1
1999	330	230	166	1 200	3.70	322	958	93.7
2000	381	284	196	1 261	5.94	122	722	29.5
2001	494	449	213	1 266	31.16	119	644	36.8
2002	477	274	336	1 475	34.48	185	712	140.5
2003	395	310	228	1 284	31.43	182	752	85.7
2004	382	317	377	1 181		186	781	132.4
2005	381	304	223	1 361		173	135	135.0
2006	193	280	60	1 246		100	370	77.9
2007	190	192	191	1 281	6.41	114	291	93.4
2008	251	252	200	1 164	8.57	98	448	63.1
2009	319	307	214	1 088	5.88	71	245	52.2
2010	325	309	195	1 161	5.88	59	259	45.0
2011	346	250	195	1 132	5.88	57	424	46.6
2012	417	417	211	1 227	8.82	57	486	46.9
2013	381	231	750	1 250	5.71	46	521	35.6
2014	535	4 642	1 000	988	5.88	58	378	45.8
2015	414	1 260	555	966	5.88	113	220	94.6
2016	263	244	235	996	5.88	179	22	166.0
2017	229	69	117	1 087	40.38	434	1 138	185.5
2018	259	277	118	1 077	43.18	637	1 288	304.0

7-7 畜牧业、林业和渔业
ANIMAL HUSBANDRY, FORESTRY AND FISHERY

年 份 Year	畜 牧 业 Animal Husbandry				
	牛年末头数(头) Year-end Number of Cattle (head)	# 奶 牛 Milk Cows	牛奶产量 (吨) Milk Output (ton)	生猪饲养量 (万头) Raised Hogs (the whole year) (10 000 heads)	生猪年末存栏量(万头) Raised Hogs (Year-end) (10 000 heads)
1979	25 633	465	1 622	22.90	11.69
1980	24 451	2 365	2 876	15.58	8.42
1981	28 917	3 066	5 214	10.69	6.06
1982	31 301	3 233	6 852	15.61	8.51
1983	31 200	3 642	7 411	17.60	9.40
1984	30 716	4 506	9 830	18.59	8.89
1985	28 474	5 352	10 815	20.34	9.58
1986	27 685	6 204	12 837	25.41	12.29
1987	26 587	6 460	14 237	36.02	16.94
1988	24 759	6 764	13 720	52.20	21.90
1989	24 618	7 384	16 729	65.28	24.45
1990	24 105	7 715	18 887	59.37	22.58
1991	20 660	7 380	20 566	64.23	22.07
1992	16 451	7 059	20 592	61.36	20.89
1993	11 460	7 107	20 255	62.39	20.77
1994	9 780	7 235	20 080	64.49	23.38
1995	9 960	7 955	19 475	68.09	25.76
1996	9 509	8 152	20 420	75.61	27.35
1997	8 900	7 478	18 857	80.26	30.52
1998	8 625	7 575	19 851	89.36	30.09
1999	8 881	7 990	22 480	85.98	28.16
2000	9 808	9 094	24 926	93.02	26.88
2001	9 661	8 883	22 176	92.23	27.08
2002	9 740	9 285	22 802	96.11	31.42
2003	8 196	6 780	24 128	79.31	18.56
2004	8 579	8 511	22 018	63.17	12.49
2005	7 857	7 832	19 567	68.69	17.15
2006	8 009	7 980	18 727	60.66	13.73
2007	7 625	7 585	18 130	53.19	16.25
2008	6 772	5 681	16 150	48.36	15.92
2009	5 035	5 035	10 699	41.04	11.21
2010	6 487	6 479	15 000	29.37	6.93
2011	6 610	6 580	14 310	27.39	6.98
2012	5 671	5 671	13 322	24.96	6.49
2013	5 523	5 523	13 759	18.06	5.88
2014	4 211	4 211	11 805	10.06	3.09
2015	3 656	3 656	12 973	6.71	1.56
2016	2 110	2 110	8 197	3.97	1.26
2017	2 688	2 120	8 364	10.72	3.71
2018	2 577	2 017	8 695	10.13	4.22

年　份 Year	畜 牧 业 Animal Husbandry					造林面积 (万亩) Areas of Forestation (10 000 mu)
	肉猪全年出栏量(万头) Slaughtered Fattened Hogs of the Year (10 000 heads)	家禽饲养量 (万只) Raised Poultry (10 000 heads)	# 出栏量 Slaughtered Fattened Poultry	鲜蛋(吨) Fresh eggs (ton)	当年出售肉类总产量(吨) Total Output of Meat Sold (ton)	
1979	11.21	99.59	69.71	57	6 726	1.84
1980	7.16	160.90	112.63	88	4 296	1.65
1981	4.63	321.84	257.42	119	2 778	1.38
1982	7.10	578.61	506.31	265	4 260	2.62
1983	8.20	786.79	586.40	1 352	4 920	2.37
1984	9.70	857.31	686.27	1 137	12 648	1.78
1985	10.76	1 305.20	944.32	1 085	22 932	16.85
1986	13.12	1 548.94	1 115.77	1 169	25 323	4.01
1987	19.08	1 955.78	1 371.76	805	33 935	15.38
1988	30.30	2 634.80	1 892.70	1 335	47 449	13.32
1989	40.83	3 101.80	2 291.00	1 212	65 300	5.33
1990	36.79	3 330.80	2 445.20	1 895	62 513	5.92
1991	42.16	3 522.27	2 964.39	3 462	79 022	13.10
1992	40.47	4 063.21	2 911.96	4 172	74 081	0.62
1993	41.62	3 534.32	2 668.70	2 472	77 254	0.15
1994	41.11	2 988.07	2 280.63	2 100	67 043	1.10
1995	42.33	2 635.46	2 015.59	2 120	70 277	1.85
1996	48.26	2 111.72	1 633.59	1 351	64 280	3.74
1997	49.74	2 142.36	2 142.36	1 333	65 911	6.27
1998	59.27	2 900.24	2 462.97	1 421	82 947	4.93
1999	57.82	3 090.74	2 616.25	1 130	77 608	3.44
2000	66.14	2 340.20	1 953.85	1 546	79 893	3.30
2001	65.15	2 503.53	1 871.64	922	73 495	2.63
2002	64.68	2 158.62	1 803.00	380	75 531	2.47
2003	60.74	1 698.14	1 515.24	289	66 730	4.96
2004	50.68	1 329.01	1 159.61	292	55 810	3.41
2005	51.55	1 156.99	999.48	110	46 846	3.05
2006	46.93	934.53	811.00	20	42 478	2.45
2007	37.94	866.48	679.75	1 176	32 016	7.35
2008	32.44	903.06	764.50	838	27 458	
2009	29.83	913.76	732.78	282	25 525	1.85
2010	22.44	703.03	568.39	406	18 992	1.87
2011	20.40	582.74	456.06	654	17 142	1.55
2012	18.47	509.96	438.10	902	15 066	1.30
2013	12.18	264.01	184.47	304	11 149	0.81
2014	6.97	287.86	247.71	242	6 422	0.29
2015	5.15	260.64	225.18	27	4 597	0.34
2016	2.71	73.99	61.46		2 587	
2017	7.01	168.47	127.90	1 359	8 019	0.61
2018	5.91	256.54	141.20	1 465	5 966	0.62

年 份 Year	渔 业 Fishery							
	水产品生产总量(吨) Total Output of Aquatic Products(ton)	1、海水产品 Seawater Aquatic Products	# 鱼 类 Fish	2、淡水产品 Freshwater Aquatic Products	# 鱼 类 Fish	养殖面积(万亩) Cultured Areas of Aquatic (10 000 mu)	1、海水面积 Seawater	2、淡水面积 Freshwater
1979	7 039	6 068		971				1.13
1980	7 667	5 315		2 352				3.27
1981	7 410	5 048		2 362				3.54
1982	10 406	6 128		4 278				4.24
1983	12 303							
1984	16 086							4.68
1985	16 762	4 485		12 277				8.84
1986	23 654	5 595	3 716	18 059		19.33	7.88	11.45
1987	26 889	17 363		9 526		21.16	13.40	7.76
1988	31 535	20 923	16 515	10 612	6 860	20.92	7.53	13.39
1989	32 148	20 153	16 454	11 995	11 995	21.36	14.18	7.18
1990	38 587	24 239	18 420	14 348	13 793	21.88	14.73	7.15
1991	41 740	12 076	8 402	29 664	29 664	16.91	7.81	9.10
1992	44 349	27 558	18 488	16 791	15 836	18.77	13.64	5.13
1993	31 104	11 527	8 423	19 577	19 577	11.77	5.90	5.87
1994	28 196	10 661	6 733	17 535	17 535			
1995	37 394	30 041	26 438	7 353	7 353			
1996	41 183	21 957	17 718	19 226	19 188	16.00	13.60	2.40
1997	55 569	47 687	32 229	7 882	7 773	13.47	10.82	2.65
1998	58 315	50 352	32 371	7 963	7 962	13.61	10.52	3.09
1999	59 764	52 410	34 888	7 354	7 334	11.19	8.16	3.03
2000	59 881	51 191	31 649	8 690	8 690	11.41	8.50	2.91
2001	65 784	56 566	32 850	9 218	9 218	10.84	7.20	3.64
2002	64 059	54 757	22 248	9 302	9 116	9.31	6.59	2.72
2003	85 324	77 506	50 446	7 818	7 610	8.81	6.89	1.92
2004	96 682	88 718	67 553	7 964	6 899	7.33	5.61	1.71
2005	81 764	74 560	55 435	7 204	7 038	7.19	5.84	1.35
2006	56 126	51 411	33 443	4 715	4 697	6.91	5.86	1.05
2007	34 068	31 173	21 708	2 895	2 765	4.67	3.93	0.74
2008	38 468	37 126	27 547	1 342	1 232	3.76	3.07	0.69
2009	30 329	28 544	17 391	1 785	1 714	3.03	2.62	0.41
2010	27 230	25 302	13 010	1 928	1 838	2.92	2.51	0.41
2011	24 929	23 488	13 795	1 441	1 306	2.92	2.51	0.41
2012	28 738	27 430	17 784	1 308	1 253	1.75	1.50	0.25
2013	19 107	18 062	14 287	1 045	990	1.71	1.50	0.21
2014	27 205	26 285	17 867	920	865	0.57	0.41	0.16
2015	39 777	38 796	30 407	981	918	0.46	0.39	0.07
2016	39 624	39 294	30 907	330	330	0.45	0.40	0.05
2017	82 905	80 164	54 335	2 741	2 683	0.31	0.31	
2018	78 453	75 685	44 741	2 768	2 701	1.32	0.94	**0.38**

主要统计指标解释

农林牧渔业总产值　是以货币表现的农林牧渔业的全部产品总量和对农林牧渔业生产活动进行的各种支持性服务活动的价值。它反映一定时期内农林牧渔业生产总规模和总成果，是观察农林牧渔业生产水平和发展速度，研究农林牧渔业内部比例关系、农林牧渔业与工业、农林牧渔业与国家建设、人民生活比例关系的重要指标，同时也是计算农林牧渔业劳动生产率和农林牧渔业增加值的基础资料。

农林牧渔业总产值的计算，一般采用“产品法”，即凡有产品产量的，都按单位产品价格乘产量的办法求得每种产品产量的产值，然后相加求得各业的产值，最后各业相加求出农林牧渔业总产值。

农作物播种面积　是指一定生产季节结束时实际播种或移植有农作物的面积。播种面积的大小，反映农作物的生产规模和耕地的利用程度。正确地核算播种面积，对于组织农业生产活动，计算农作物产量，研究农作物的种植结构和分布情况以及制定各项增产技术措施，都是非常必要的。

播种面积的统计年度，凡是能在本日历年度内（自1月1日至12月31日）收获的农作物（包括上年秋冬播和本年春播、夏播以及南方地区的晚秋播而在本年收获的全部作物）播种面积，都包括在内。

粮食产量　指全社会的产量。包括国有经济经营的、集体统一经营的和农民家庭经营的粮食产量，还包括工矿企业办的农场和其他生产单位的产量。粮食除包括稻谷、小麦、玉米、高粱、谷子及其他杂粮外，还包括薯类和豆类。其产量计算方法，豆类按去豆荚后的干豆计算；薯类(包括甘薯和马铃薯，不包括芋头和木薯)1963年以前按每4公斤鲜薯折1公斤粮食计算，从1964年开始改为按5公斤鲜薯折1公斤粮食计算。城市郊区作为蔬菜的薯类(如马铃薯等)按鲜品计算，并且不作粮食统计。其他粮食一律按脱粒后的原粮计算。1989年以前全国粮食产量数据主要靠全面报表取得，1989年开始使用抽样调查数据。

水产品产量　指人工养殖的水产品和天然生长的水产品的捕捞量。包括海水的鱼类、虾蟹类、贝类和藻类以及内陆水域的鱼类、虾蟹类和贝类，不包括淡水生植物。水产品产量是通过各级水产和统计部门逐级上报取得数据。1995年及以前，贝类中牡蛎按鲜肉计算；蚶、蛤、蛙按 5 斤鲜品折 1 斤计算。1996年以后则统一按鲜品计算。

Explanatory Notes on Main Statistical Indicators

Gross Output Value of Agriculture refers to the total volume of products of farming, forestry, animal husbandry, and fishery and the value of various services supporting the production of farming, forestry, animal husbandry and fishery in monetary terms, which reflects the total scale and total results of farming, forestry, animal husbandry and fishery production during a given period of time. It is an important indicator to observe the production level and development speed of farming, forestry, animal husbandry and fishery, to study the internal structure of farming, forestry, animal husbandry and fishery, and to review the proportionate relationship of farming, forestry, animal husbandry and fishery to industry, to national construction and to people' s life. It is also the foundation for calculating the labor productivity and value-added of farming, forestry, animal husbandry and fishery.

Generally, the gross output value of farming, forestry, animal husbandry and fishery is calculated with the production approach. Where applicable, the gross output value of each single product is obtained by multiplying the output of each product by its price. These values are then summed up to obtain the output value of each sector. The sum of output values of all sectors is the gross output value of farming, forestry, animal husbandry and fishery.

Area of Regularly Cultivated Land refers to farmland among the total land resources which is exclusively used for farming and is under regular cultivation with harvest in normal years. Included are currently cultivated land, land that has been abandoned or put in idle for less than 3 years and is available for recultivation at any time, newly-claimed land that has been put into cultivation for more than 3 years, and ditches, trenches, roads, and ridges with a width of less than 1 meter. Excluded under this category are steep slope land over 25 degrees under temporary cultivation, stretches or scattered plots temporarily claimed along river bends, lake sides or banks of reservoirs, as well as land that has been designated under the "Green for Grain" programmes of the state and provincial governments but is still temporarily under cultivation. Regularly cultivated land is classified into basic farmland and odd pieces of land used for cultivation.

Grain Output refers to the total output in the whole country including grains produced by State farms, collective units, rural households, as well as by farms affiliated to industrial and mining enterprises and other production units. Grain includes rice, wheat, corn, sorghum, millet and other miscellaneous grains as well as tubers and beans. Output of beans refers to dry beans without pods. The output of tubers (sweet potatoes and potatoes, not including taros and cassava) are converted into that of grain at the ratio 4:1, i.e. 4 kilograms of fresh tubers were equivalent to 1 kilogram of grain up to 1963. Since 1964 the ratio for conversion has been 5:1. Tubers supplied as vegetables (such as potatoes) in cities and suburbs are calculated as fresh vegetables and their output is not included in the output of grain. Output of all other grains refers to husked grain. Data on grain production before 1989 were obtained through the Comprehensive Statistical Reporting System. Since 1989, data from sample surveys are used.

Output of Aquatic Products refers to catches of both artificially cultured and naturally grown aquatic products, including fish, shrimps, crabs and shellfish in sea and inland water as well as seaweed. Freshwater plants are not included. Data on output of aquatic products are reported by aquatic product and statistical agencies level by level. Before 1995, among the shellfish, oyster was counted as fresh meat; 5 kilograms of ark shell, clams and frogs are equivalent to 1 kilogram of fresh aquatic products; they have all been counted as fresh aquatic products since 1996.

08 第八部分 固定资产投资

INVESTMENT IN FIXED ASSETS

CHAPTER

8-1 固定资产投资主要指标

MAIN INDICATORS OF INVESTMENT IN FIXED ASSETS

项 目	Item	2000	2010	2015	2016	2017	2018年比2017年增长 Growth Rate in 2018 over 2017
投资完成额（亿元，%）	**Investment (100 million yuan)**	**677.12**	**1 944.70**	**3 298.31**	**4 078.16**	**5 147.32**	**20.6**
#房地产开发	Real Estate Development	260.97	458.47	1 331.03	1 756.52	2 135.86	23.6
按登记注册类型分	Grouped by Status of Registration						
内资	Domestic	367.20	1 615.49	2 707.40	3 385.83	4 464.60	25.2
国有	State-owned	216.77	819.70	800.47	931.74	1 355.83	36.7
集体	Collective-owned	44.21	44.24	30.94	17.15	19.16	682.7
其他	Others	106.21	751.55	1 875.98	2 436.94	3 089.61	16.7
港澳台投资	Funds from Hong Kong, Macao and Taiwan	194.69	237.61	350.98	475.70	513.45	-22.6
外商投资	Foreign Funded	115.23	91.60	239.96	216.64	169.27	30.3
按构成分	Grouped by Use of Funds						
建筑工程	Construction		1 149.37	1 842.10	2 248.22	2 680.94	10.6
安装工程	Installation		141.95	287.08	301.93	319.14	10.5
设备工具器具购置	Purchase of Equipments and Instruments		375.36	439.31	488.36	656.19	45.1
其他费用	Others		278.02	729.81	1 039.66	1 491.05	
按三次产业分	Grouped by Three Strata of Industry						
第一产业	Primary Industry		0.64	0.62	0.13	0.21	-91.3
第二产业	Secondary Industry		480.86	591.05	695.47	911.23	7.0
第三产业	Tertiary Industry		1 463.21	2 706.64	3 382.56	4 235.88	23.4
按财务拨款合计（亿元，%）	**Grouped by Source of Funds (100 million yuan)**	**267.36**	**2 339.36**	**5 396.20**	**5 645.43**	**5 860.88**	**12.8**
国家预算资金	State and Local Budget	2.36	9.14	434.24	452.49	783.97	27.3
国内贷款	Domestic Loans	21.27	539.62	1 021.69	1 159.09	1 589.91	-0.4
债券	Securities		1.08	0.03	4.90	1.67	1 636.8
利用外资	Foreign Investment	18.25	46.48	10.72	1.18	21.17	-32.7
自筹资金	Self-raising Funds	213.72	1 293.40	2 478.02	2 397.14	2 127.35	21.8
其他资金	Others	11.75	449.64	1 451.50	1 630.62	1 336.82	27.0
房屋建筑面积（万平方米）	**Floor Space of Buildings (10 000 sq.m)**						
施工面积	Floor Space under Construction	3 591.22	5 178.84	7 010.06	6 677.50	7 560.49	21.9
竣工面积	Floor Space Completed	1 287.21	692.70	818.86	587.81	351.23	4.3
商品房屋销售面积（万平方米）	**Floor Space of Commercial Buildings(10 000 sq.m)**	**611.37**	**465.59**	**831.46**	**736.19**	**671.03**	**7.6**
#住宅	Residential Buildings	556.82	413.80	747.83	660.08	520.97	10.0

注：1、2011年起固定资产投资项目统计起点由50万元提高至500万元，且不包含农村农户投资；2010年以前为全社会固定资产投资，后同。
Note: Since 2011, the cut-off point of investment statistics is changed from a minimum of 500,000 yuan to a minimum of 5,000,000 yuan, and the data do not include the investment made by rural households. Data before 2010 refer to total investment in fixed assets. The same applies to all tables following.
2、2011年报起，原国家预算内资金改为国家预算资金，后同。
Since 2011, state budget is changed to state and local budget. The same applies to all tables following.
3、2018年起，资金来源指标不包含5000万元以下项目数据，增速为可比口径，后同。
Since 2018, sources of funds for investment do not include projects under 50 million yuan. The growth rate is caculated by comparable coverage, and the same applies to the following table.
4、根据第三次全国农业普查统计执法检查和第四次全国经济普查单位清查，2018年固定资产投资增速按可比口径计算，后同。
According to comparable statistics The Third National Agricultural Census Law Enforcement Inspection, investigation of those censused during the Fourth National Economic Census, growth rate of investment in fixed assets in 2018 are calculated with comparable coverage. The same applies to the following tables.

8-2 固定资产投资增长速度
GROWTH RATE OF INVESTMENT IN FIXED ASSETS

单位：%　　(%)

年　份 Year	固定资产投资额 Investment in Fixed Assets	非房地产开发项目 Non-Real Estate Development	房地产开发项目 Real Estate Development
1980	132.4	132.4	
1981	115.1	115.1	
1982	148.5	148.5	
1983	46.9	46.9	
1984	79.6	79.6	
1985	71.3	71.3	
1986	-25.4	-25.4	
1987	14.7	14.7	
1988	52.9	52.9	
1989	14.6	14.6	
1990	24.7	24.7	
1991	46.4	28.4	128.2
1992	95.4	62.5	179.7
1993	39.0	35.9	43.8
1994	13.8	4.5	26.9
1995	-2.2	14.1	-21.0
1996	18.7	17.3	21.1
1997	20.0	26.5	9.5
1998	22.2	22.0	22.6
1999	18.6	13.2	28.5
2000	18.9	17.4	21.2
2001	1.4	-10.9	20.9
2002	14.8	7.8	23.1
2003	20.4	34.2	6.2
2004	15.1	22.7	5.2
2005	8.2	15.2	-2.4
2006	7.7	7.0	9.1
2007	5.6	8.9	-0.2
2008	9.1	16.2	-4.5
2009	16.5	23.8	-0.7
2010	13.8	16.9	4.8
2011	6.0	4.0	12.3
2012	12.3	2.0	43.1
2013	7.6	2.3	19.0
2014	9.1	2.1	22.0
2015	21.4	19.4	24.5
2016	23.6	18.0	32.0
2017	23.8	25.4	21.6
2018	20.6	18.4	23.6

注：1993年以前房地产开发投资主要是商品房建设投资。
Notes: Prior to 1993, investment in real estate development focused mainly on the construction of commercial buildings.

8-3 新增固定资产

NEWLY INCREASED FIXED ASSETS

单位：万元　　　　(10 000 yuan)

年　份 Year	固定资产投资额 Investment in Fixed Assets	非房地产开发项目 Non-Real Estate Development	房地产开发项目 Real Estate Development
1979	3 201	3 201	
1980	7 753	7 753	
1981	19 032	19 032	
1982	42 369	42 369	
1983	81 902	81 902	
1984	149 020	149 020	
1985	190 359	190 359	
1986	192 016	192 016	
1987	185 758	185 758	
1988	269 475	269 475	
1989	384 183	384 183	
1990	379 167	310 915	68 252
1991	573 793	490 199	83 594
1992	682 768	556 594	126 174
1993	1 010 590	798 022	212 568
1994	1 542 090	1 199 729	342 361
1995	1 634 350	981 780	652 570
1996	2 549 663	1 302 786	1 246 877
1997	2 997 015	1 952 308	1 044 707
1998	3 865 634	2 189 077	1 676 557
1999	4 556 303	2 661 567	1 894 736
2000	5 474 627	2 981 399	2 493 228
2001	5 378 592	2 651 070	2 727 522
2002	6 153 318	2 720 727	3 432 591
2003	5 527 718	2 454 025	3 073 693
2004	6 863 722	3 905 969	2 957 753
2005	8 870 417	4 610 708	4 259 709
2006	7 476 770	3 913 902	3 562 868
2007	7 644 448	5 176 711	2 467 737
2008	6 827 922	3 897 679	2 930 243
2009	6 424 221	4 032 767	2 391 454
2010	8 258 270	5 950 452	2 307 818
2011	13 103 117	11 304 379	1 798 738
2012	16 695 671	13 076 993	3 618 678
2013	23 742 351	19 783 173	3 959 178
2014	23 740 961	19 606 539	4 134 422
2015	14 785 593	10 792 355	3 993 238
2016	19 150 135	15 035 087	4 115 048
2017	10 390 404	7 504 016	2 886 388
2018	12 414 328	8 609 897	3 804 431

8-4 固定资产投资额（按区域分）

INVESTMENT IN FIXED ASSETS（GROUPED BY DISTRICT）

单位：万元

年 份 Year	全市 Total	福田区 Futian	罗湖区 Luohu	盐田区 Yantian	南山区 Nanshan	大宝安 Original Baoan
1998	4 803 901	1 784 698	651 825	281 358	1 114 038	555 262
1999	5 695 878	2 074 046	852 818	358 135	1 214 324	669 676
2000	6 771 205	2 295 119	994 334	376 515	1 462 357	888 938
2001	6 863 749	2 306 192	831 700	481 386	1 465 527	973 073
2002	7 881 459	2 464 975	870 025	491 513	1 612 012	1 213 488
2003	9 491 016	2 559 087	969 324	547 965	1 923 414	1 803 186
2004	10 925 571	2 585 071	966 473	554 665	2 297 922	2 332 793
2005	11 823 245	2 052 337	834 046	526 955	2 656 686	2 906 828
2006	12 736 693	1 801 066	762 101	609 949	2 899 380	3 331 725
2007	13 450 037	1 701 123	707 931	708 264	2 691 670	3 841 235
2008	14 676 043	1 602 214	643 690	730 332	2 571 590	4 676 889
2009	17 091 514	1 683 418	683 182	872 004	2 705 194	5 846 894
2010	19 447 008	1 744 163	731 777	873 096	2 871 308	6 902 828
2011	20 609 180	1 737 597	756 050	850 994	2 860 146	7 608 192
2012	23 144 319	1 604 050	860 784	900 942	3 120 392	8 851 825
2013	24 901 970	1 652 532	891 661	919 145	3 294 549	9 662 238
2014	27 174 226	1 811 806	951 102	921 701	4 159 002	10 488 710
2015	32 983 076	2 353 842	1 259 008	995 926	6 339 870	12 263 409
2016	40 781 638	3 000 289	1 843 702	1 225 743	8 879 664	14 477 957
2017	51 473 152	3 745 056	2 289 818	1 486 533	10 967 612	11 886 199
2018年比2017年增长(%) Growth Rate in 2018 over 2017	20.6	24.1	22.9	3.6	21.6	

注：2007年以来，深圳陆续设立功能新区及新行政区，表中大宝安区数据2011年及以前为原宝安区数据，2012-2016年包含宝安区、龙华新区和光明新区，2017年包含宝安区和光明新区。大龙岗区数据2011年及以前为原龙岗区数据，2012-2016年包含龙岗区、坪山新区和大鹏新区，2017年包含龙岗区和大鹏新区。

Note:Since 2007, functional zones and new administrative districts have been established in Shenzhen.The data of Original Baoan were the data of Baoan in 2011 and before,included Baoan Longhua and Guangming in 2012-2016,included Baoan and Guangming in 2017.The data of Original Longgang were the data of Longgang in 2011 and befcre,1,included Longgang,Pingshan and Dapeng in 2012-2016,included Longgang and Dapeng in 2017.

(10 000 yuan)

宝安区 Baoan	光明区 Guangming	龙华区 Longhua	大龙岗 Original Longgang	龙岗区 Longgang	坪山区 Pingshan	大鹏新区 Dapeng	深汕特别合作区 ShenshanSpecial Cooperation Zone
			416 720				
			526 879				
			753 943				
			805 871				
			1 229 446				
			1 688 040				
			2 188 647				
			2 846 392				
			3 332 472				
			3 799 814				
			4 451 328				
			5 300 822				
			6 323 836				
			6 796 201				
3 715 334	2 046 433	3 090 057	7 806 327	5 234 668	1 882 445	689 215	
4 289 041	2 212 184	3 161 012	8 481 845	5 763 807	2 016 046	701 991	
4 606 802	2 311 908	3 570 000	8 841 905	6 020 000	2 141 905	680 000	
5 457 214	2 692 767	4 113 428	9 771 021	6 580 947	2 468 152	721 922	
6 504 842	3 024 869	4 948 246	11 354 283	7 636 984	2 978 899	738 400	
8 170 568	3 715 631	6 182 721	10 243 457	9 466 863	3 776 637	776 594	895 119
30.3	28.8	20.9		18.7	3.5	11.8	−15.0

8-5 固定资产投资增长速度（按区域分）

GROWTH RATE OF INVESTMENT IN FIXED ASSETS（GROUPED BY DISTRICT）

单位：%

年 份 Year	全市 Total	福田区 Futian	罗湖区 Luohu	盐田区 Yantian	南山区 Nanshan	大宝安 Original Baoan
1999	18.6	16.2	30.8	27.3	9.0	20.6
2000	18.9	10.7	16.6	5.1	20.4	32.7
2001	1.4	0.5	−16.4	27.9	0.2	9.5
2002	14.8	6.9	4.6	2.1	10.0	24.7
2003	20.4	3.8	11.4	11.5	19.3	48.6
2004	15.1	1.0	−0.3	1.2	19.5	29.4
2005	8.2	−20.6	−13.7	−5.0	15.6	24.6
2006	7.7	−12.2	−8.6	15.7	9.1	14.6
2007	5.6	−5.5	−7.1	16.1	−7.2	15.3
2008	9.1	−5.8	−9.1	3.1	−4.5	21.8
2009	16.5	5.1	6.1	19.4	5.2	25.0
2010	13.8	3.6	7.1	0.1	6.1	18.1
2011	6.0	−0.4	3.3	−2.5	−0.4	10.2
2012	12.3	−7.7	13.9	5.9	9.1	16.3
2013	7.6	3.0	3.6	2.0	5.6	9.2
2014	9.1	9.6	6.7	0.3	26.2	8.6
2015	21.4	29.9	32.4	8.1	52.4	16.9
2016	23.6	27.5	46.4	23.1	40.1	18.1
2017	23.8	24.8	24.2	21.3	23.5	−17.9
2018	20.6	24.1	22.9	3.6	21.6	

(%)

宝安区 Baoan	光明区 Guangming	龙华区 Longhua	大龙岗 Original Longgang	龙岗区 Longgang	坪山区 Pingshan	大鹏新区 Dapeng	深汕特别合作区 ShenshanSpecial Cooperation Zone
			26.4				
			43.1				
			6.9				
			52.6				
			37.3				
			29.7				
			30.1				
			17.1				
			14.0				
			17.1				
			19.1				
			19.3				
			7.5				
			14.9				
15.4	8.1	2.3	8.7	10.1	7.1	1.9	
7.4	4.5	12.9	4.2	4.4	6.2	−3.1	
18.5	16.5	15.2	10.5	9.3	15.2	6.2	
19.2	12.3	20.3	16.2	16.0	20.7	2.3	
25.6	22.8	24.9	−9.8	24.0	26.8	5.2	11.5
30.3	28.8	20.9		18.7	3.5	11.8	−15.0

8-6 固定资产投资额比重（按区域分）

INVESTMENT IN FIXED ASSETS（GROUPED BY DISTRICT）

单位：%

年 份 Year	全市 Total	福田区 Futian	罗湖区 Luohu	盐田区 Yantian	南山区 Nanshan	大宝安 Original Baoan
1998	100	37.2	13.6	5.9	23.2	11.6
1999	100	36.4	15.0	6.3	21.3	11.8
2000	100	33.9	14.7	5.6	21.6	13.1
2001	100	33.6	12.1	7.0	21.4	14.2
2002	100	31.3	11.0	6.2	20.5	15.4
2003	100	27.0	10.2	5.8	20.3	19.0
2004	100	23.7	8.8	5.1	21.0	21.4
2005	100	17.4	7.1	4.5	22.5	24.4
2006	100	14.1	6.0	4.8	22.8	26.2
2007	100	12.6	5.3	5.3	20.0	28.6
2008	100	10.9	4.4	5.0	17.5	31.9
2009	100	9.9	4.0	5.1	15.8	34.2
2010	100	9.0	3.8	4.5	14.8	35.5
2011	100	8.4	3.7	4.1	13.9	36.9
2012	100	6.9	3.7	3.9	13.5	38.2
2013	100	6.6	3.6	3.7	13.2	38.8
2014	100	6.7	3.5	3.4	15.3	38.6
2015	100	7.1	3.8	3.0	19.2	37.2
2016	100	7.4	4.5	3.0	21.8	35.5
2017	100	7.3	4.4	2.9	21.3	23.1
2018	100	7.5	4.5	2.5	21.5	

(%)

宝安区 Baoan	光明区 Guangming	龙华区 Longhua	大龙岗 Original Longgang	龙岗区 Longgang	坪山区 Pingshan	大鹏新区 Dapeng	深汕特别合作区 ShenshanSpecial Cooperation Zone
			8.5				
			9.2				
			11.1				
			11.7				
			15.6				
			17.7				
			20.0				
			24.1				
			26.1				
			28.2				
			30.3				
			31.0				
			32.5				
			33.0				
16.1	8.8	13.4	33.7	22.6	8.1	3.0	
17.2	8.9	12.7	34.1	23.1	8.1	2.8	
17.0	8.5	13.1	32.5	22.2	7.9	2.5	
16.5	8.2	12.5	29.6	20.0	7.5	2.2	
16.0	7.4	12.1	27.8	18.7	7.3	1.8	
15.9	7.2	12.0	19.9	18.4	7.3	1.5	1.7
17.2	7.7	12.1		18.1	6.3	1.4	1.1

8-7 固定资产投资增长速度（按注册登记类型分）

GROWTH RATE OF IVESTMENT IN FIXED ASSETS（GROUPED BY REGISTRATION）

单位：%　　　　（%）

年　份 Year	固定资产投资额 Investment in fixed Assets	一、内资 Domestic Funded	1、国有 State-Owned	2、集体 Collective-Owned	3、其他 Others	二、港澳台商投资 Hong Kong Macao and Taiwan Funded	三、外商投资 Foreign Funded
1980	132.4	56.0	66.5	7.4	52.0	1343.1	506.4
1981	115.1	92.1	108.3	23.1	18.1	207.8	38.9
1982	148.5	238.1	261.1	138.3	-44.3	48.2	11.8
1983	46.9	57.7	47.3	212.8	331.8	8.4	60.5
1984	79.6	95.2	85.4	179.6	108.5	-2.0	102.7
1985	71.3	76.8	74.9	64.6	224.9	20.6	65.4
1986	-25.4	-57.9	-70.5	-15.8	60.3	369.5	66.2
1987	14.7	100.2	128.0	44.0	91.3	-77.0	-52.0
1988	52.9	60.3	78.2	5.1	51.5	4.2	-9.3
1989	14.6	11.5	-2.6	-38.7	127.5	34.1	87.4
1990	24.7	8.9	5.1	-14.9	22.9	164.9	153.6
1991	46.4	50.9	38.5	130.5	61.2	13.5	56.8
1992	95.4	83.3	36.0	274.0	115.9	168.8	118.5
1993	39.0	26.3	55.1	-32.0	20.3	80.1	76.8
1994	13.8	8.4	23.3	-21.4	-4.5	21.3	31.8
1995	-2.2	-15.6	-15.5	55.8	-29.0	22.4	24.6
1996	18.7	22.0	29.3	41.3	-0.7	11.3	18.8
1997	20.0	18.9	16.9	6.3	31.3	25.9	16.3
1998	22.2	34.3	21.3	36.6	63.9	-0.3	14.0
1999	18.6	9.7	11.2	4.1	9.2	48.5	16.7
2000	18.9	10.3	15.7	11.2	0.3	37.7	21.1
2001	1.4	6.0	16.2	-2.5	-11.1	-6.8	0.3
2002	14.8	12.1	4.0	12.0	33.9	19.0	17.5
2003	20.4	37.1	30.5	18.3	57.8	-4.8	6.9
2004	15.1	22.1	12.3	-27.3	52.9	-3.5	12.7
2005	8.2	-8.6	-6.3	-17.7	-10.4	78.7	-2.0
2006	7.7	16.6	-0.1	-31.0	44.6	-2.9	-5.8
2007	5.6	31.2	13.8	7.2	48.5	-26.7	-52.7
2008	9.1	17.1	19.6	38.5	14.4	-26.1	19.3
2009	16.5	22.4	47.8	22.0	3.8	-3.6	-22.4
2010	13.8	10.4	13.3	3.5	7.8	32.3	38.4
2011	6.0	10.0	-5.3	22.2	25.9	-20.2	3.7
2012	12.3	11.6	1.2	89.0	15.7	-10.5	71.0
2013	7.6	11.8	3.8	-24.8	20.8	-5.2	-29.8
2014	9.1	9.9	-7.1	28.1	19.4	1.7	4.1
2015	21.4	11.2	5.6	-68.6	18.8	114.7	102.2
2016	23.6	25.1	16.4	-44.6	29.9	35.5	-9.7
2017	23.8	31.9	45.5	11.7	26.8	7.9	-21.9
2018	20.6	25.2	36.7	682.7	16.7	-22.6	30.3

8-8 固定资产投资增长速度（按国民经济行业分）
GROWTH RATE OF INVESTMENT IN FIXED ASSETS（GROUPED BY NATIONAL ECONOMIC INDUSTRIES）

单位：%　　　　　　　　　　　　　　　　　　　　　　　　（%）

年　份 Year	合　计 Total	农、林、牧、渔业 Agriculture, Forestry,Animal Husbandry and Fishery	采矿业 Mining	制造业 Manufacturing	电力、热力、燃气及水的生产和供应业 Production and Distribution of Electricity,Gas and Water	建筑业 Construction	批发和零售业 Wholesale and Retail Trades
1980	132.4	-32.7		502.0	-65.2	98.4	141.0
1981	115.1	9.1		14.0	16.5	-56.9	86.3
1982	148.5	179.8		11.3	5.1	248.6	245.1
1983	46.9	-68.0		82.3	59.0	238.1	52.4
1984	79.6	159.5	-71.8	49.5	2003.3	215.5	110.0
1985	71.3	124.5	199.2	131.9	43.6	143.3	70.2
1986	-25.4	-36.9	29.1	21.7	-71.8	-69.4	-52.5
1987	14.7	33.5		-4.5	71.1	-38.3	-41.4
1988	52.9	25.5		115.6	114.6	106.4	95.3
1989	14.6	-11.3		5.9	-1.0	630.5	-27.6
1990	24.7	-31.4		49.3	454.6	-67.7	-49.1
1991	46.4	43.0		-18.1	3.2	-62.6	102.0
1992	95.4	97.5	-38.4	50.4	22.9	162.7	58.8
1993	39.0	47.3	-46.7	-13.9	53.2	369.3	-27.2
1994	13.8	-2.1		13.6	-19.2	86.3	40.7
1995	-2.2	-40.3		4.7	23.2	-45.3	221.2
1996	18.7	67.1		36.6	30.6	-72.3	66.2
1997	20.0	43.0		65.7	-11.3	103.5	-63.5
1998	22.2	14.5		3.1	-51.3	110.4	43.1
1999	18.6	70.6		60.8	-36.2	20.7	-1.0
2000	18.9	84.1		29.7	56.0	10.0	127.2
2001	1.4	-62.3		-14.1	133.4	-97.2	-32.7
2002	14.8	-33.8	55.2	25.4	13.4	363.9	5.1
2003	20.4	213.4	-49.8	14.4	17.6	1554.7	-42.7
2004	15.1	-81.3	2.1	67.7	94.3	-9.2	173.2
2005	8.2	-70.1	75.9	16.2	96.2		69.0
2006	7.7		-26.3	19.4	2.6		-36.0
2007	5.6		-78.0	7.2	-26.3		29.7
2008	9.1			-11.4	8.0		0.0
2009	16.5	-37.0		-11.5	35.5		-41.2
2010	13.8	938.4		43.6	-13.8		4.3
2011	6.0	-91.2		0.6	-20.1		138.7
2012	12.3	7147.5	-87.2	13.4	0.8	-75.3	8.5
2013	7.6	-24.7		-24.1	-46.5	226.2	-8.0
2014	9.1	-87.2		41.8	36.9	-77.1	30.4
2015	21.4	57.8		12.5	19.6	-62.3	0.6
2016	23.6	-57.2	-76.7	20.3	-4.0	1773.6	-24.8
2017	23.8	-22.2		28.9	61.8		33.7
2018	20.6	-34.9		4.4	24.2		-39.7

单位：%

年 份 Year	交通运输、仓储和邮政业 Transportation, Storage and Post Services	住宿和餐饮业 Hotels and Catering Services	信息传输、软件和信息技术服务业 Information Transmission, Software and Information Technology	金融业 Financial Intermediation	房地产业 Real Estate	租赁和商务服务业 Leasing and Business Services
1980	519.0	139.8	163.2	113.9	7.4	
1981	−75.8	86.4	36.5	84.4	438.5	992.4
1982	671.0	245.3	37.0	85.2	184.8	80.2
1983	132.4	52.4	248.7	87.1	64.3	43.0
1984	44.6	110.0	44.6	251.2	195.3	−35.4
1985	117.9	70.2	117.9	186.7	62.6	87.1
1986	−29.9	−52.5	−29.9	44.9	−35.0	−38.6
1987	11.5	−41.4	11.5	−27.5	72.8	−46.5
1988	92.0	95.3	92.0	−95.3	26.8	206.2
1989	92.3	−27.6	92.3	1460.8	−18.8	−26.2
1990	19.4	−49.1	19.4	−94.1	42.4	−20.9
1991	53.6	29.8	53.6	165.2	96.1	291.0
1992	64.3	58.8	64.3	−15.3	181.6	−2.9
1993	21.4	−27.2	21.4	1317.3	32.9	370.5
1994	59.8	40.8	59.8	15.3	14.8	−20.6
1995	−16.8	221.2	−16.8	125.9	−11.4	5.5
1996	18.1	−3.0	18.1	34.2	22.7	−14.9
1997	35.4	−2.7	35.4	−78.2	10.9	66.2
1998	4.5	−35.7	4.5	−51.1	31.5	1.7
1999	−32.4	−2.2	−32.4	59.3	17.8	−13.7
2000	42.5	1.1	42.5		22.2	−6.6
2001	−23.2	−7.3	−23.2		7.6	−21.8
2002	−15.2	−47.6	−15.2		25.3	−36.1
2003	214.3	−94.0	214.3	−39.3	14.9	−64.8
2004	−10.8	6402.1	44.0	13.0	−2.6	74.1
2005	72.5	17.0	−24.0	320.9	−11.4	282.5
2006	32.2	131.7	−37.7	−54.5	7.5	22.1
2007	48.0	−48.5	10.2	27.1	−0.3	−79.3
2008	13.8	125.9	−28.2	329.6	5.3	23.9
2009	39.6	−13.4	79.7	43.0	4.6	397.6
2010	−7.3	−17.7	115.7	114.6	1.9	3.8
2011	−7.9	180.9	10.2	−49.9	21.8	50.6
2012	−24.7	65.5	10.4	328.7	41.2	180.2
2013	67.2	−42.7	−31.2	−27.3	27.8	−20.5
2014	−18.3	51.2	−11.3	1.3	10.0	−49.7
2015	14.9	−33.3	52.1	66.6	21.0	282.2
2016	12.5	−54.8	122.3	4.5	26.0	−11.9
2017	13.8	13.3	−8.4	−22.5	24.2	84.2
2018	14.1	312.9	39.7	19.8	22.6	60.8

8-8 续表 continued (%)

科学研究和技术服务业 Scientific Research and Technical Services	水利、环境和公共设施管理业 Management of Water Conservancy, Environment and Public Facilities	居民服务、修理和其他服务业 Services to Househdds, Repair and Other Services	教育 Education	卫生和社会工作 Health and Social Work	文化、体育和娱乐业 Culture,Sports and Entertainment	公共管理、社会保障和社会组织 Public Management, Social Security and Social Organizations
41.7	64.5					57.7
105.5	993.3	1004.1	94.4	17.8	95.8	16.6
41.2	82.3	80.2	156.9	140.2	791.0	418.1
33.6	43.3	42.9	−10.0	111.4	1.5	28.6
154.9	−36.0	−35.4	718.8	103.0	24.4	31.1
0.7	87.4	87.2	−1.1	178.3	24.5	19.0
22.9	−37.9	−38.6	30.0	−53.3	26.5	4.1
61.0	20.1	−46.5	−45.9	−11.5	−27.7	−10.5
27.6	34.7	206.1	2.3	44.6	−19.9	79.5
2.5	−23.0	−26.2	125.3	21.9	345.8	10.5
0.0	−2.7	−20.9	−30.6	−20.5	−44.3	−51.4
93.0	222.2	291.0	42.5	408.2	61.8	43.1
−8.5	5.4	−2.9	11.2	−26.2	45.4	52.3
11.5	315.5	370.5	−3.3	55.6	−25.4	−35.0
14.8	−18.6	−20.6	36.1	2.4	−0.2	143.3
11.6	11.5	5.5	67.4	42.5	46.9	78.1
38.0	−11.8	−14.9	43.3	4.8	10.3	20.3
−19.9	71.3	−13.3	91.2	28.7	9.2	−0.3
7.8	73.7	−24.3	22.0	73.6	−6.5	9.3
45.7	42.5	−59.5	10.0	0.5	59.0	5.4
52.7	−19.7	−12.6	10.9	6.1	−15.1	76.7
49.9	10.5	−52.3	−2.1	−15.4	58.7	−21.4
−38.4	−13.5	11.8	13.7	−25.4	−10.6	−5.5
−27.2	−27.2	−48.9	11.7	−30.6	70.8	6.1
86.1	57.5	−44.8	11.4	143.7	−9.5	0.4
−33.4	9.6		−14.7	13.9	−23.5	37.6
−13.9	−7.5		−4.3	−43.5	−3.7	−56.8
17.2	−35.7	2056.7	−29.5	62.2	1.6	333.7
676.0	136.5	256.0	−21.5	25.0	86.0	−37.4
−9.6	31.2	20.0	76.5	145.1	31.8	87.3
90.0	60.9	−92.2	160.1	2.0	31.4	−38.1
−46.9	12.5	347.6	48.7	−7.1	−21.9	−33.2
−20.8	−28.6	89.6	1.6	22.9	−41.9	44.3
41.0	−15.6	13.0	−44.4	−1.5	−0.9	−59.1
62.5	27.5	15.8	16.2	−29.1	−43.9	−29.3
86.4	4.0	116.4	37.0	149.2	33.8	−65.3
15.2	42.9	−19.3	79.3	−13.0	88.4	275.7
28.1	52.4	−9.9	28.5	48.5	−37.1	120.2
−16.1	28.1	−88.8	33.8	14.4	82.5	22.2

8-9 固定资产投资额比重（按注册登记类型分）

INVESTMENT IN FIXED ASSETS（GROUPED BY REGISTRATION）

单位：%　　　　　　　　　　　　　　　　　　　　　　　　　　　　　　　　　（%）

年 份 Year	固定资产投资额 Investment in Fixed Assets	一、内资 Domestic Funded	1、国有 State-owned	2、集体 Collective-owned	3、其他 Others	二、港澳台商投资 Hongkong Macao and Taiwan Funded	三、外商投资 Foreign Funded
1979	100	90.8	69.2	14.5	7.1	4.2	5.0
1980	100	60.9	49.6	6.7	4.6	25.9	13.1
1981	100	54.4	48.0	3.8	2.5	37.1	8.5
1982	100	74.1	69.8	3.7	0.6	22.1	3.8
1983	100	79.5	70.0	7.8	1.7	16.3	4.2
1984	100	86.4	72.3	12.2	1.9	8.9	4.7
1985	100	89.2	73.8	11.7	3.7	6.3	4.5
1986	100	50.4	29.2	13.2	7.9	39.5	10.1
1987	100	87.8	58.0	16.6	13.2	7.9	4.2
1988	100	92.1	67.6	11.4	13.1	5.4	2.5
1989	100	89.6	57.4	6.1	26.0	6.3	4.1
1990	100	78.2	48.4	4.2	25.7	13.4	8.4
1991	100	80.7	45.8	6.5	28.3	10.4	9.0
1992	100	75.7	31.9	12.5	31.2	14.3	10.0
1993	100	68.7	35.6	6.1	27.0	18.5	12.7
1994	100	65.5	38.6	4.2	22.7	19.7	14.8
1995	100	56.5	33.3	6.7	16.5	24.7	18.8
1996	100	58.0	36.3	8.0	13.8	23.2	18.8
1997	100	57.5	35.3	7.1	15.1	24.3	18.2
1998	100	63.2	35.1	7.9	20.2	19.8	17.0
1999	100	58.5	32.9	7.0	18.6	24.8	16.7
2000	100	54.2	32.0	6.5	15.7	28.8	17.0
2001	100	56.7	36.7	6.3	13.8	26.4	16.8
2002	100	55.4	33.2	6.1	16.0	27.4	17.2
2003	100	63.1	36.0	6.0	21.0	21.7	15.3
2004	100	66.9	35.1	3.8	27.9	18.2	15.0
2005	100	56.5	30.4	2.9	23.1	30.0	13.6
2006	100	61.1	28.2	1.9	31.0	27.0	11.9
2007	100	76.0	30.4	1.9	43.6	18.7	5.3
2008	100	81.5	33.4	2.4	45.6	12.7	5.8
2009	100	85.6	42.3	2.5	40.8	10.5	3.9
2010	100	83.1	42.2	2.3	38.6	12.2	4.7
2011	100	86.2	37.7	2.6	45.9	9.2	4.6
2012	100	85.7	33.9	4.4	47.3	7.3	7.0
2013	100	89.0	32.8	3.1	53.1	6.5	4.6
2014	100	89.6	27.9	3.6	58.1	6.0	4.4
2015	100	82.3	31.0	2.9	48.4	11.5	6.1
2016	100	83.0	22.8	0.4	59.8	11.7	5.3
2017	100	86.7	26.3	0.4	60.0	10.0	3.3
2018	100	90.0	29.9	2.0	58.1	6.4	3.6

8-10 固定资产资金来源投资增长速度

GROWTH RATE OF INVESTMENT IN FIXED ASSETS BY SOURCE OF FUNDS AND STRUCTURE OF INVESTMENT

单位：%　　　　(%)

年份 Year	财务拨款额 Financial Appropriation	国家预算资金 State and Local Budget	国内贷款 Domestic Loans	债券 Securities	利用外资 Foreign Investment	自筹资金 Self-raising Funds	其他资金 Others
1991	17.3	-24.1	67.4		-24.8	16.8	53.4
1992	31.2	-75.0	19.9		-29.3	74.9	41.5
1993	61.2		6.6		78.9	81.8	78.4
1994	7.1		-28.6	-50.9	12.0	23.2	-4.5
1995	4.8		-4.7		31.9	9.6	-38.8
1996	9.7		13.5		40.7	2.4	-4.9
1997	33.1		-17.1		61.1	38.2	-22.0
1998	5.7		22.5		-75.4	34.9	32.0
1999	18.6	930.7	52.7		74.3	6.3	57.8
2000	5.1	-51.5	-27.8		-18.6	15.7	-8.4
2001	4.4	178.1	70.0		-27.0	1.8	-53.6
2002	4.7	-89.1	5.9		106.4	2.1	-32.9
2003	40.5	-19.5	50.4		10.6	40.6	133.7
2004	33.0	420.5	45.3	-34.0	53.3	23.4	210.0
2005	19.4	309.0	39.6		55.1	13.3	-45.9
2006	18.0	-67.8	49.1		47.8	8.8	-32.0
2007	-1.0	92.0	29.8	97.8	7.3	-20.7	277.3
2008	157.1	-90.0	128.7	37.1	-21.6	177.5	732.5
2009	13.4	1 271.3	13.3	37.2	-35.9	8.2	42.3
2010	5.2	-11.5	-7.9	-7.8	-19.3	14.3	3.0
2011	8.9	-48.7	5.6		-38.5	21.6	-17.2
2012	12.2	7 568.1	-12.8		48.9	-3.2	17.8
2013	24.6	-5.2	35.7		9.3	9.5	90.5
2014	-1.8	21.9	4.2		-41.9	7.8	-33.4
2015	54.3	4.6	45.4		-60.3	37.9	160.9
2016	4.6	4.2	13.4	178.8	-89.0	-3.3	12.3
2017	3.8	73.3	37.2	-65.9	1 686.6	-11.3	-18.0
2018	12.8	27.3	-0.4	1 636.8	-32.7	21.8	27.0

注：1991年及以后的资金来源为财务拨贷款数，各项相加不等于投资总额；从2012年定报开始，资金来源中的“国家预算内资金”改为“国家预算资金”，包括中央预算资金和地方预算资金，口径有所扩大；2018年资金来源不含5000万元以下项目。

Note: Source of funds for investment since 1991 refers to financial appropriations, which do not add up to total investment. Since 2012, state budget is changed to state and local budget. Since 2018, sources of funds for Investment do not include projects under 50 million yuan.

8-11 各区按登记注册类型分固定资产投资增长速度 (2018年)

GROWTH RATE OF INVESTMENT IN FIXED ASSETS BY STATUS OF REGISTRATION AND DISTRICT（2018）

单位：%　　　　　　　　　　　　　　　　　　　　　　　　　　　　(%)

地 区 District		总计 Total	一、内资 Funded	1、国有 State-owned	2、集体 Collective-owned	3、其他 Others	二、港澳台商投资 Hongkong Macao and Taiwan Funded	三、外商投资 Foreign Funded
全市总计	**Total**	**20.6**	**25.2**	**36.7**	**682.7**	**16.7**	**-22.6**	**30.3**
福田区	Futian	24.1	28.2	-53.5		94.9	-77.9	157.4
罗湖区	Luohu	22.9	39.2	160.6		-9.8	-64.0	-0.1
盐田区	Yantian	3.6	17.8	21.4	811.2	4.3	-72.5	-47.7
南山区	Nanshan	21.6	43.9	-8.0	354.6	57.2	-47.9	-29.2
宝安区	Baoan	30.3	27.2	45.9	633.7	7.0	53.1	49.6
龙岗区	Longgang	18.7	25.6	33.0	27.1	23.1	-63.9	84.0
龙华区	Longhua	20.9	8.3	117.6	10.4	-14.1	256.4	221.6
坪山区	Pingshan	3.5	0.9	159.2	-49.2	-31.8	-23.6	881.9
光明区	Guangming	28.8	41.4	103.2		16.4	-40.9	26.8
大鹏新区	Dapeng	11.8	-18.1	-6.9		-30.3	184.2	-67.2
深汕特别合作区	ShenshanSpecial Cooperation Zone	-15.0	-25.0	3.9	-91.5	-43.3	-38.1	

8-12 各区按主要行业分固定资产投资增长速度（2018年）

GROWTH RATE OF INVESTMENT IN FIXED ASSETS IN BY DISTRICT AND SECTOR（2018）

单位：%　　　　(%)

地 区 District		合计 Total	农、林、牧、渔业 Agriculture, Forestry, Animal Husbandry and Fishery	采矿业 Mining	制造业 Manufa-cturing	电力、燃气及水的生产和供应业 Production and Supply of Electricity, Gas and Water	建筑业 Construction	批发和零售业 Wholesale and Retail Trades
全市总计	**Total**	**20.6**	**-34.9**		**4.4**	**24.2**		**-39.7**
福田区	Futian	24.1			81.7	33.8		
罗湖区	Luohu	22.9			−69.1	32.5		−98.8
盐田区	Yantian	3.6			−87.1			
南山区	Nanshan	21.6			866.8	53.5		187.8
宝安区	Baoan	30.3			14.1	45.5		215.9
龙岗区	Longgang	18.7			−8.0	48.4		−16.8
龙华区	Longhua	20.9			10.1	82.0		−75.8
坪山区	Pingshan	3.5			−31.8	54.4		
光明区	Guangming	28.8			20.9	−24.1		−19.1
大鹏新区	Dapeng	11.8	−91.3		−65.4	44.5		
深汕特别合作区	ShenshanSpecial Cooperation Zone	−15.0			−0.1	−68.9		

单位：%　　　　8-12 续表1　continued(%)

地 区 District		交通运输、仓储和邮政业 Transport, Storage and Post	住宿和餐饮业 Hotels and Catering Services	信息传输、软件和信息技术服务业 Information Transmission, Software and Information Technology	金融业 Financial Interme-diation	房地产业 Real Estate	租赁和商务服务业 Leasing and Business Services	科学研究和技术服务业 Scientific Research and Technical Services
全市总计	**Total**	**14.1**	**312.9**	**39.7**	**19.8**	**22.6**	**60.8**	**-16.1**
福田区	Futian	6.9		−64.3	2.8	11.0	234.3	19.3
罗湖区	Luohu	33.9		157.0		29.9		−73.7
盐田区	Yantian	403.2	9.5	−13.8		5.0	38.6	−10.2
南山区	Nanshan	9.5		92.5	15.8	13.9	65.3	−4.8
宝安区	Baoan	5.6	119.8	−3.9	173.3	43.6	55.3	−58.9
龙岗区	Longgang	0.9	−11.1	27.3	−36.6	32.7	−76.0	20.9
龙华区	Longhua	−8.0		−67.9		16.5	35.5	−49.8
坪山区	Pingshan	104.7				1.1	27.6	223.0
光明区	Guangming	506.9	−12.4	103.8		50.9	103.2	−29.3
大鹏新区	Dapeng	−82.8	105.3	611.6		−4.7	191.8	−90.9
深汕特别合作区	ShenshanSpecial Cooperation Zone	−71.0	−72.8	16.9		81.3	−48.8	−65.8

单位：%

8-12 续表2 continued(%)

地 区 District		水利、环境和公共设施管理业 Management of Water Conservancy, Environment and Public Facilities	居民服务、修理和其他服务业 Services to Househdds, Repair and Other Services	教育 Education	卫生和社会工作 Health and Social Work	文化、体育和娱乐业 Culture, Sports and Entert-ainment	公共管理、社会保障和社会组织 Public Management, Social Security and Social Organizations
全市总计	**Total**	**28.1**	**-88.8**	**33.8**	**14.4**	**82.5**	**22.2**
福田区	Futian	81.8		135.4	51.3	61.7	469.6
罗湖区	Luohu	5.8		−42.2	75.7	177.0	−53.4
盐田区	Yantian	135.0		−19.3	126.2	15.8	52.0
南山区	Nanshan	13.7		−3.6	46.5	−59.1	
宝安区	Baoan	10.1		75.5	129.2	330.6	388.2
龙岗区	Longgang	39.3	−93.7	5.7	−25.9	−46.4	−44.4
龙华区	Longhua	117.7		71.6	36.8	208.8	138.1
坪山区	Pingshan	46.9		353.5	−42.1	−38.6	63.1
光明区	Guangming	−5.3		49.9	−2.8	19.0	1.0
大鹏新区	Dapeng	−23.9		3.0	−25.6	279.1	−61.4
深汕特别合作区	ShenshanSpecial Cooperation Zone	−52.6				−88.9	

8-13 国有经济固定资产投资主要指标

MAIN INDICATORS OF INVESTMENT IN FIXED ASSETS OF STATE-OWNED ECONOMY

单位：亿元 (100 million yuan)

项 目	Item	2014	2015	2016	2017	2018
建设项目个数(个)	**Number of Projects(unit)**					
施工项目	Projects under Construction	846	1 042	975	2 019	2 218
全部建成投产项目	Projects Completed and Put into Use	410	550	512	557	451
投资总额	**Total Investment**	**757.85**	**800.47**	**931.74**	**1 355.83**	**1 850.56**
#住宅	Residential Buildings	29.65	43.02	10.32	21.93	70.63
按构成分	Grouped by Structure of Investment					
建筑安装工程	Construction and Installation	576.85	700.74	723.18	1 044.63	1 202.11
设备工具器具购置	Purchase of Equipment and Instruments	72.58	150.98	73.55	96.25	116.55
其他费用	Others	108.42	172.21	135.01	214.95	531.90
按建设性质分	Grouped by Type of Construction					
#新建	New Construction	658.58	990.08	787.24	1 164.93	1 709.91
#扩建	Expansion	20.52	27.70	33.94	43.38	44.76
#改建	Reconstruction	78.75	6.15	55.29	62.17	77.57
按资金来源分	Grouped by Source of Funds	953.58	1 187.33	868.52	1 361.49	1 462.36
国家预算资金	State and Local Budget	315.05	405.32	410.32	758.76	836.33
国内贷款	Domestic Loans	138.52	187.92	115.85	247.52	219.09
利用外资	Foreign Investment			0.05	1.55	
自筹资金	Self-raising Funds	386.85	502.29	223.22	316.75	363.87
其他资金	Others	113.16	91.80	119.08	36.91	43.06
新增固定资产	**Newly Increased Fixed Assets**	**412.25**	**600.54**	**186.93**	**393.12**	**331.81**
房屋建筑面积(万平方米)	**Floor Space of Buildings(10 000 sq.m)**					
施工面积	Floor Space under Construction	758.58	924.38	636.22	1 146.82	1 923.44
竣工面积	Floor Space Completed	240.04	304.05	41.02	28.71	22.68
#住宅	Residential Buildings	5.87	8.00	5.16	11.42	0.05

注： 建设项目个数不含房地产开发部分。
Note: Number of projects exclude real estate development.

8-14 基础产业和基础设施完成投资额

COMPLETED INVESTMENT IN BASIC INDUSTRIES AND NFRASTRUCTURE

单位：亿元 (100 million yuan)

项 目	Item	2015	2016	2017	2018
基础产业投资完成额	Completed Investment in Basic Industries	725.52	869.62	1 173.31	1 426.75
#基础设施投资	Investment in Infrastructure	713.50	864.95	1 163.45	1 419.60
（一）电力、热力、燃气及水的生产和供应业	Production and Distribution of Electric,Heat,Gas and Water	77.29	74.16	119.95	94.67
（二）交通运输、仓储和邮政业	Transport , Storage and Postal Services	397.54	447.19	508.75	576.27
#交通运输业	Transport Service	386.42	390.15	473.30	545.88
1、铁路运输业	Railway Transport	12.58	8.04	10.32	14.12
2、道路运输业	Road Transport	280.52	296.61	352.96	397.66
# 城市公共交通业	Urban Public Transport	213.42	229.71	265.86	321.91
3、水上运输业	Waterway Trarsport	2.50	32.32	31.24	23.82
4、航空运输业	Air Transport	90.82	53.18	78.79	100.78
5、管道运输业	Pipeline Transport				
（三）信息传输、软件和信息技术服务业	Information Tarismission,Computer Services and Software	45.07	100.20	91.83	127.23
（四）水利、环境和公共设施管理业	Management of Water Conservarcy,Environment and Public Facilities	235.75	336.78	513.09	657.10
#水利管理投资	Investment of Water Conservancy	16.00	55.51	79.21	49.62
1、防洪管理	Flood Prevention Management	9.88	10.30	19.92	17.73
2、水资源管理	Water Resources Management	2.87	4.00	2.82	1.43
3、其他水利管理	Other Water Conservacy	3.25	38.21	55.87	29.29
#能源产业投资	Investment of Energy Industry	61.51	66.19	99.93	106.37
1、煤炭开采和洗选业	Mining and Washing of Coal				
2、石油和天然气开采业	Extraction of Petroleum and Natual Gas		0.01		
3、石油加工炼焦及核燃料加工业	Processing of Petroleum, Coking and Nuclear Fuel Processing		0.17		
4、电力、热力的生产和供应业	Production and Supply of Electric Power and Heat Power	45.18	51.12	91.25	94.67
5、燃气的生产和供应业	Production and Supply of Gas	16.33	14.90	8.67	11.70

8-15 各区固定资产投资财务拨款资金来源主要指标（2018年）

MAIN INDICATORS OF SOURCES OF FUNDS FOR INVESTMENT BY DISTRICT（2018）

单位：万元 (10 000 yuan)

地 区 District		本年资金来源小计 Source of Sub-total Funds	国家预算资金 State and Local Budget	国内贷款 Domestic Loans	债券 Bonds	利用外资 Foreign Investment	自筹资金 Self-raising Fund	其他资金 Others
全市总计	**Total**	**65 146 741**	**8 515 551**	**15 749 317**	**286 564**	**135 256**	**23 701 790**	**16 758 263**
福田区	Futian	7 342 747	870 129	3 968 583			2 217 481	286 554
罗湖区	Luohu	5 142 290	1 560 048	1 878 624	66 000		683 300	954 318
盐田区	Yantian	1 477 143	201 560	432 354			737 735	105 494
南山区	Nanshan	11 783 047	1 289 588	1 918 080		33 870	4 453 305	4 088 204
宝安区	Baoan	13 901 623	1 359 537	2 048 076	70 564		4 615 781	5 807 665
龙岗区	Longgang	10 315 089	1 583 668	2 471 954			4 374 169	1 885 298
龙华区	Longhua	6 877 303	810 710	1 194 663			2 090 852	2 781 078
坪山区	Pingshan	2 337 631	136 942	299 562	150 000	1 160	1 477 575	272 392
光明区	Guangming	4 611 547	544 245	1 289 562		100 226	2 451 900	225 614
大鹏新区	Dapeng	564 478	117 140	94 941			210 638	141 759
深汕特别合作区	ShenshanSpecial Cooperation Zone	793 843	41 984	152 918			389 054	209 887

8-16 各区按构成和建设性质分城镇固定资产投资增长速度（2018年）

GROWTH RATE OF INVESTMENT IN FIXED ASSETS IN URBAN AREA BY COMPOSITION OF FUNDS, TYPE OF CONSTRUCTION AND DISTRICT（2018）

单位：%　　(%)

地 区 District		投资额 Total Investment	按构成分 By Composition of Funds			按建设性质分 By Type of Construction		
			建筑安装工程 Construction and Installation	设备、工器具购置 Purchase of Equipment and Instruments	其他费用 Others	#新建 New Construction	#扩建 Expansion	#改建、技术改造 Reconstruction and Technological Transformation
全市总计	**Total**	**20.6**	**10.6**	**10.5**	**45.1**	**20.3**	**-14.4**	**63.7**
福田区	Futian	24.1	10.2	−50.6	82.6	4.0	62.5	178.0
罗湖区	Luohu	22.9	−6.8	102.1	52.3	26.3	−40.7	15.2
盐田区	Yantian	3.6	2.5	1.3	9.6	−93.1	−98.1	11.2
南山区	Nanshan	21.6	1.4	253.3	38.1	22.9	−18.8	48.6
宝安区	Baoan	30.3	23.4	4.5	85.3	49.7	72.5	59.4
龙岗区	Longgang	18.7	0.7	−9.4	111.7	9.1	−4.3	108.4
龙华区	Longhua	20.9	26.7	−27.9	42.1	11.3	75.4	158.3
坪山区	Pingshan	3.5	32.9	2.2	−25.7	23.6	−77.4	124.5
光明区	Guangming	28.8	11.1	105.3	1.1	63.7	−66.7	−15.6
大鹏新区	Dapeng	11.8	−2.0	−58.0	108.4	16.7	−73.2	−33.6
深汕特别合作区	ShenshanSpecial Cooperation Zone	−15.0	5.6	−67.0	−64.1	−17.5	−86.6	−61.0

8-17 房屋施工建筑面积

FLOOR SPACE OF BUILDINGS UNDER CONSTRUCTION

单位：万平方米 （10 000 sq.m）

年 份 Year	合 计 Total	非房地产开发项目 Non-Real Estate Development	房地产开发项目 Real Estate Development
1979	29.26	29.26	
1980	52.36	52.36	
1981	96.88	96.88	
1982	250.71	250.71	
1983	368.40	368.40	
1984	644.59	644.59	
1985	1 030.94	1 030.94	
1986	940.39	771.29	
1987	887.21	642.48	
1988	1 161.77	888.29	
1989	1 088.02	926.36	
1990	848.65	408.71	304.62
1991	1 257.19	533.66	467.82
1992	1 813.80	532.45	950.06
1993	2 319.40	566.70	1 396.44
1994	2 733.59	704.15	1 298.82
1995	2 733.59	951.68	1 371.06
1996	2 878.53	965.41	1 495.27
1997	2 775.82	847.14	1 454.17
1998	3 218.81	862.96	1 656.65
1999	3 369.43	829.19	1 834.13
2000	3 591.22	790.57	2 134.95
2001	4 137.47	977.07	2 392.77
2002	4 467.16	861.88	2 776.29
2003	5 567.66	1 277.01	2 838.22
2004	5 856.65	2 177.17	3 120.25
2005	4 841.55	1 624.60	3 058.90
2006	4 512.66	1 204.30	3 122.10
2007	4 184.86	920.16	3 149.56
2008	4 619.53	1 116.83	3 276.30
2009	5 257.21	2 144.85	3 112.36
2010	5 178.84	2 238.90	2 939.94
2011	5 162.10	2 286.12	2 875.98
2012	5 259.50	2 042.81	3 216.69
2013	6 308.89	2 305.40	4 003.49
2014	6 249.70	1 757.52	4 492.18
2015	7 010.06	2 031.65	4 978.41
2016	6 677.50	1 503.51	5 173.99
2017	7 560.49	1 851.16	5 709.34
2018	9 216.78	2 469.09	6 747.69

8-18 房屋竣工建筑面积
FLOOR SPACE OF BUILDINGS COMPLETED

单位：万平方米 (10 000 sq. m)

年 份 Year	合 计 Total	非房地产开发项目 Non-Real Estate Development	房地产开发项目 Real Estate Development
1979	13.01	13.01	
1980	34.63	34.63	
1981	54.59	54.59	
1982	92.67	92.67	
1983	146.86	146.86	
1984	266.63	266.63	
1985	320.94	320.94	
1986	453.07	453.07	
1987	464.69	464.69	
1988	567.38	567.38	
1989	563.01	563.01	
1990	383.42	250.01	133.41
1991	539.20	388.76	150.44
1992	682.29	483.89	198.40
1993	781.07	499.61	281.46
1994	783.62	472.52	311.10
1995	838.46	526.91	311.55
1996	964.52	570.20	394.32
1997	942.91	615.87	327.04
1998	1 211.89	748.58	463.31
1999	1 267.00	764.85	502.15
2000	1 287.21	655.16	632.05
2001	1 526.90	798.93	727.97
2002	1 668.25	776.01	892.24
2003	2 228.44	1 208.13	1 020.31
2004	2 155.82	1 143.43	1 012.39
2005	1 488.86	543.08	945.78
2006	1 184.00	335.11	848.89
2007	905.56	269.54	636.02
2008	877.18	247.45	629.73
2009	712.58	310.57	402.01
2010	692.70	348.27	344.43
2011	962.10	637.10	325.00
2012	815.47	389.72	425.75
2013	895.76	542.21	353.55
2014	954.77	529.46	425.31
2015	818.86	458.65	360.21
2016	587.81	97.78	490.03
2017	351.23	66.17	285.06
2018	366.40	104.84	261.56

8-19 竣工房屋价值

VALUE OF BUILDINGS COMPLETED

单位：万元 （10 000 yuan）

年 份 Year	合 计 Total	非房地产开发项目 Non-Real Estate Development	房地产开发项目 Real Estate Development
1979	1 207	1 207	
1980	4 607	4 607	
1981	9 189	9 189	
1982	20 865	20 865	
1983	37 164	37 164	
1984	79 318	79 318	
1985	103 970	103 970	
1986	157 701	157 701	
1987	151 670	151 670	
1988	348 453	348 453	
1989	276 535	276 535	
1990	210 323	143 647	66 676
1991	308 940	209 291	99 649
1992	601 150	441 123	160 027
1993	640 545	402 632	237 913
1994	784 100	450 155	333 945
1995	1 343 491	589 564	753 927
1996	1 825 063	689 196	1 135 867
1997	1 745 964	831 798	914 166
1998	2 416 223	951 213	1 465 010
1999	2 670 993	1 196 580	1 474 413
2000	2 955 291	895 867	2 059 424
2001	2 795 702	1 029 008	1 766 694
2002	3 601 624	992 766	2 608 858
2003	4 260 940	1 578 186	2 682 754
2004	3 421 757	1 121 432	2 300 325
2005	3 632 843	673 980	2 958 863
2006	3 594 969	419 621	3 175 348
2007	2 933 541	523 025	2 410 516
2008	2 862 722	206 362	2 656 360
2009	2 993 216	585 173	2 408 043
2010	2 663 742	573 198	2 090 544
2011	3 340 401	1 731 089	1 609 312
2012	3 384 230	788 002	2 596 228
2013	4 851 340	2 101 465	2 749 875
2014	3 858 122	1 110 096	2 748 026
2015	4 238 203	1 222 205	3 015 998
2016	4 166 251	546 280	3 619 971
2017	3 040 094	255 529	2 784 565
2018	3 895 487	371 728	3 523 759

8-20 住宅投资

INVESTMENT IN RESIDENTIAL HOUSING

单位：万元　　　　（10 000 yuan）

年 份 Year	合 计 Total	非房地产开发项目 Non-Real Estate Development	房地产开发项目 Real Estate Development
1979	914	914	
1980	2 838	2 838	
1981	6 428	6 428	
1982	19 021	19 021	
1983	27 640	27 640	
1984	38 406	38 406	
1985	64 863	64 863	
1986	46 940	46 940	
1987	54 629	54 629	
1988	114 993	114 993	
1989	123 617	123 617	
1990	184 564	113 964	70 600
1991	368 786	215 386	153 400
1992	886 272	435 872	450 400
1993	913 193	245 193	668 000
1994	1 131 517	257 417	874 100
1995	937 427	308 927	628 500
1996	1 101 662	315 262	786 400
1997	1 135 054	280 005	855 049
1998	1 500 548	501 698	998 850
1999	1 874 853	461 747	1 413 106
2000	2 185 195	398 406	1 786 789
2001	2 471 512	374 412	2 097 100
2002	3 046 579	337 379	2 709 200
2003	2 987 720	485 806	2 501 914
2004	3 018 249	459 849	2 558 400
2005	2 785 401	130 001	2 655 400
2006	3 384 498	134 044	3 250 454
2007	3 468 913	151 346	3 317 567
2008	3 494 643	344 854	3 149 789
2009	3 456 595	558 747	2 897 848
2010	3 601 242	552 364	3 048 878
2011	4 055 301	523 183	3 532 118
2012	5 422 058	676 077	4 745 981
2013	6 544 510	603 463	5 941 047
2014	7 779 946	477 182	7 302 764
2015	9 239 015	267 684	8 971 331
2016	10 612 596	167 234	10 445 362
2017	23 970 296	68 430	23 901 866
2018	13 153 220	119 938	13 033 282

8-21 住宅施工建筑面积

FLOOR SPACE OF RESIDENTIAL HOUSING UNDER CONSTRUCTION

单位：万平方米 （10 000 sq. m）

年 份 Year	合 计 Total	非房地产开发项目 Non-Real Estate Development	房地产开发项目 Real Estate Development
1979	13.41	13.41	
1980	27.81	27.81	
1981	43.34	43.34	
1982	128.3	128.3	
1983	156.68	156.68	
1984	258.52	258.52	
1985	362.7	362.7	
1986	366.59	366.59	
1987	339.69	339.69	
1988	447.03	447.03	
1989	434.43	434.43	
1990	393.02	200.87	192.15
1991	630.97	351.97	279
1992	1 040.81	439.71	601.1
1993	1 302.24	392.73	909.51
1994	1 344.78	475.92	868.86
1995	1 443.75	599.55	844.2
1996	1 474.14	533.53	940.61
1997	1 365.44	399.26	966.18
1998	1 866.76	719.79	1 146.97
1999	1 944.88	589.26	1 355.62
2000	2 059.39	482.5	1 576.89
2001	2 261.63	471.14	1 790.49
2002	2 575.33	450.47	2 124.86
2003	2 824.41	751.52	2 072.89
2004	2 944.42	686.74	2 257.68
2005	2 343.55	190.97	2 152.58
2006	2 292.72	135.33	2 157.39
2007	2 302.93	125.15	2 177.78
2008	2 487.73	277.37	2 210.36
2009	2 490.16	402.69	2 087.47
2010	2 510.02	484.88	2 025.14
2011	2 252.60	286.97	1 965.63
2012	2 547.67	440.08	2 107.59
2013	3 067.52	459.23	2 608.29
2014	3 165.22	295.22	2 870.00
2015	3 343.16	186.17	3 156.99
2016	3 195.56	116.28	3 079.28
2017	3 076.68	87.26	2 989.42
2018	3 453.99	3.67	3 450.31

8-22 住宅竣工建筑面积

FLOOR SPACE OF RESIDENTIAL HOUSING COMPLETED

单位：万平方米 （10 000 sq. m）

年 份 Year	合 计 Total	非房地产开发项目 Non-Real Estate Development	房地产开发项目 Real Estate Development
1979	5.26	5.26	
1980	17.85	17.85	
1981	23.41	23.41	
1982	45.57	45.57	
1983	62.42	62.42	
1984	123.76	123.76	
1985	139.31	139.31	
1986	197.15	197.15	
1987	199.09	199.09	
1988	245.10	245.10	
1989	236.98	236.98	
1990	204.77	120.37	84.40
1991	305.17	213.95	91.22
1992	416.31	285.41	130.90
1993	440.36	243.61	196.75
1994	438.83	232.33	206.50
1995	485.23	268.85	216.38
1996	565.86	315.35	250.51
1997	512.24	269.05	243.19
1998	729.48	373.18	356.30
1999	800.60	388.14	412.46
2000	755.59	231.04	524.55
2001	852.58	279.37	573.21
2002	1 000.19	301.87	698.32
2003	1 290.61	473.99	816.62
2004	1 245.59	473.39	772.20
2005	781.54	77.10	704.44
2006	627.31	45.44	581.87
2007	507.71	70.57	437.14
2008	519.72	75.95	443.77
2009	415.18	145.64	269.54
2010	376.03	124.92	251.11
2011	283.34	50.68	232.66
2012	310.85	21.45	289.40
2013	229.38	33.05	196.33
2014	336.24	66.98	269.26
2015	206.60	4.23	202.37
2016	302.26	21.62	280.64
2017	183.89	0.10	183.79
2018	125.16	0.25	124.91

8-23 住宅竣工价值

VALUE OF RESIDENTIAL HOUSING COMPLETED

单位：万元 （10 000 yuan）

年 份 Year	合 计 Total	非房地产开发项目 Non-Real Estate Development	房地产开发项目 Real Estate Development
1979	449	449	
1980	2 440	2 440	
1981	4 322	4 322	
1982	9 873	9 873	
1983	15 043	15 043	
1984	37 418	37 418	
1985	38 341	38 341	
1986	54 880	54 880	
1987	46 707	46 707	
1988	88 625	88 625	
1989	109 242	109 242	
1990	105 056	54 141	50 915
1991	180 594	97 555	83 039
1992	256 111	126 101	130 010
1993	351 941	183 002	168 939
1994	432 365	197 797	234 568
1995	754 577	256 370	498 207
1996	918 088	320 698	597 390
1997	879 347	280 726	598 621
1998	1 426 708	381 849	1 044 859
1999	1 604 378	413 281	1 191 097
2000	2 023 916	295 545	1 728 371
2001	1 768 793	360 468	1 408 325
2002	2 317 417	256 691	2 060 726
2003	2 718 868	573 862	2 145 006
2004	2 140 997	349 310	1 791 687
2005	2 249 795	105 330	2 144 465
2006	2 166 187	35 346	2 130 841
2007	1 782 456	126 881	1 655 575
2008	2 859 458	403 511	2 455 947
2009	1 954 702	174 664	1 780 038
2010	1 809 542	145 208	1 664 334
2011	1 304 387	140 743	1 163 644
2012	1 731 885	41 786	1 690 099
2013	1 624 371	112 366	1 512 005
2014	2 098 830	182 101	1 916 729
2015	1 710 751	12 941	1 697 810
2016	2 240 657	44 430	2 196 227
2017	1 707 425	180	1 707 245
2018	1 926 382	1 200	1 925 182

8-24 固定资产投资完成情况主要指标

MAIN INDICATORS OF INVESTMENT IN FIXED ASSETS

单位：亿元 (100 million yuan)

指 标	Indicators	2015	2016	2017	2018年比2017年增长(%) Growth Rate in 2018 over 2017
一、计划总投资及项目个数	**Total Planned Investment and Project Number**				
1、计划总投资	Total Planned Investment	15 150.63	19 722.11	30 509.75	27.0
其中：本年新开工项目	New Projects under Construction in Current Year	3 611.23	4 195.35	2 047.08	92.4
2、施工项目个数（个）	Number of Projects under Construction(unit)	2 984	3 090	3 840	17.3
其中：本年新开工（个）	Newly Started Projects of the Year(unit)	1 576	1 724	1 942	4.2
本年投产项目个数（个）	Number of Projects Put into Use in Current Year	1 381	1 447	1 329	8.7
二、本年完成投资	**Investment Completed in Current Year**	**3 298.31**	**4 078.16**	**5147.31**	**20.6**
（一）按登记注册类型分组	Grouped by Registration Status				
1、内资	Domestic-funded	2 715.84	3 385.83	4 464.60	25.2
国有经济	State-owned	1 023.93	530.63	1 355.83	36.7
集体经济	Collective-owned	95.70	.19	19.16	682.7
其他内资经济	Others	1 596.22	2 855.00	3 089.61	16.7
2、港澳台商投资	Funds from Hong Kong,Macao and Taiwan	379.89	475.70	513.45	-22.6
3、外商投资	Foreign-funded	202.58	216.64	169.27	30.3
（二）按建设性质分	Grouped by Type of Construction				
#新建	New Construction	2 521.82	3 557.04	4 598.94	20.3
#扩建	Expansion	431.22	112.54	141.29	-14.4
#改建和技术改造	Reconstruction and Technical Reconstruction	345.27	321.10	293.25	63.7
（三）按构成分	Grouped by Use of Funds				
1、建筑安装工程	Construction and Installation	2 129.18	2 550.15	3 000.08	10.6
2、设备工器具购置	Purchase of Equipment and Instruments	439.31	488.36	656.19	10.5
3、其他费用	Other Expenses	729.81	1 039.66	1 491.05	45.1
（四）按主要产业分	Grouped by Major Industries				

注：　计划总投资及项目个数不含房地产开发部分。
Note: The data of total planned investment and project number exclude the data of real estate development.

单位：亿元　　8-24 续表1 (100 million yuan)

指　标	Indicators	2015	2016	2017	2018年比2017年增长(%) Growth Rate in 2018 over 2017
1、第一产业	Primary Industry	0.62	0.13	0.21	-91.3
2、第二产业	Secondary Industry	591.05	695.47	911.23	7.0
#工业合计	Total Industries	590.80	691.57	915.89	8.2
#工业九大产业	Nine Main Industrial Sectors	475.39	554.85	688.60	-0.2
电子信息业	Electronic Information	261.14	294.43	455.72	5.4
电气机械及专用设备	Electrical Machinery and Special- Equipment	90.72	177.11	157.62	-24.5
石油及化学	Petroleum and Chemistry	14.51	9.69	14.01	-18.9
纺织及服装	Textile and Garments	6.58	1.58	6.19	44.5
食品饮料	Food and Beverage	2.54	4.14	4.60	-21.5
建筑材料	Construction Materials	7.23	2.54	8.26	31.5
森工造纸	Paper Manufacturing		1.18	0.55	63.4
医药	Medicine	22.15	14.48	18.23	63.8
汽车	Automobile	70.52	49.71	23.42	-26.4
3、第三产业	Tertiary Industry	2 706.64	3 382.56	4 235.88	23.4
（五）按国民经济行业分	Grouped by Economic Sector				
农、林、牧、渔业	Agriculture,Forestry,Animal Husbandry and Fishery	0.62	0.26	0.21	-34.9
采矿业	Mining	0.48	0.11		
制造业	Manufacturing	513.04	617.30	795.94	4.4
电力、燃气及水的生产和供应业	Production and Supply of Electric Power,Gas and Water	77.29	74.16	119.95	24.2
建筑业	Construction	0.25	4.59		
批发和零售业	Wholesale and Retail Trades	30.49	22.94	30.66	-39.7
交通运输、仓储和邮政业	Transport,Storage and Postal Services	397.54	447.19	508.75	14.1
住宿与饮食业	Hotels and Catering Services	15.30	6.91	7.83	312.9
信息传输、软件和信息技术服务业	Information Transmission, Software and Information Technology	45.07	100.20	91.83	39.7
金融业	Financial Intermediation	70.67	73.83	57.18	19.8
房地产业	Real Estate	1 662.67	2 095.75	2 602.40	22.6
租赁和商务服务业	Leasing and Business Services	83.55	73.57	135.49	60.8
科学研究和技术服务业	Scientific Research and Technical Services	56.48	65.09	83.39	-16.1
水利、环境和公共设施管理业	Management of Water Conservancy,Environment and Public Facilities	235.75	336.78	513.09	28.1
居民服务、修理和其他服务业	Services to Househdds, Repair and Other Services	4.04	3.26	2.93	-88.8
教育	Education	39.74	71.24	91.51	33.8
卫生和社会工作	Health and Social Work	43.84	38.13	56.63	14.4
文化、体育和娱乐业	Culture,Sports and Recreation	18.11	34.12	21.47	82.5
公共管理、社会保障和社会组织	Public Management,Social Security and Social Organizations	3.39	12.72	28.02	22.2
国际组织	International Organizations				

单位：亿元　　　　8-24 续表2 (100 million yuan)

指　标	Indicators	2015	2016	2017	2018年比2017年增长(%) Growth Rate in 2018 over 2017
三、本年新增固定资产	**Newly Increased Fixed Assets in Current Year**	**1 478.56**	**1 915.01**	**1 039.04**	**8.0**
四、房屋面积	**Floor Space**				
本年施工房屋面积(万平方米)	Floor Space of Buildings Under Construction in Current Year(10 000sq.m)	7 010.06	6 677.50	7 560.49	21.9
其中：住宅(万平方米)	Residential Buildings(10 000sq.m)	3 343.16	3 195.56	3 076.68	12.3
本年竣工房屋面积(万平方米)	Floor Space of Buildings Completed in Current Year(10 000sq.m)	818.86	587.81	351.23	4.3
其中：住宅(万平方米)	Residential Buildings(10 000sq.m)	206.60	302.26	183.89	−31.9
本年竣工房屋价值	Value of Buildings Completed in Current Year	423.82	416.63	304.01	298.7
其中：住宅	Residential Buildings	171.08	224.07	170.74	125.0
五、资金来源情况	**Source of Funds**				
（一）本年资金来源合计	Source of Total Funds This Year	6 283.52	6 827.12	3 026.66	12.8
上年末结余资金	Surplur Funds From the Year−end of Proceding Year	887.32	1 181.69	398.83	0.3
本年资金来源小计	Source of Sub−total Funds This Year	5 396.20	5 645.43	2 627.83	17.7
国家预算资金	State and Local Budget	434.24	452.49	783.97	27.3
国内贷款	Domestic Loans	1 021.69	1 159.09	392.98	−0.4
债券	Bond	0.03	4.90	1.67	1636.8
利用外资	Foreign Investment	10.72	1.18	13.25	−32.7
其中：外商直接投资	Foreign Direct Investment	3.20	1.18		
自筹资金	Self−raising Funds	2 478.02	2 397.14	1 334.91	21.8
其他资金来源	Other Sources of Funds	1 451.50	1 630.62	101.05	27.0
（二）各项应付款合计	Total Payment Of This Year	678.68	765.95	493.82	28.9

8-25 各区固定资产投资增长速度

GROWTH RATE OF INVESTMENT IN FIXED ASSETS BY DISTRICT

单位：%　　(%)

地区	District	2014	2015	2016	2017	2018
全市总计	**Total**	**13.6**	**21.4**	**23.6**	**23.8**	**20.6**
福田区	Futian	14.2	29.9	27.5	24.8	24.1
罗湖区	Luohu	11.1	32.4	46.4	24.2	22.9
盐田区	Yantian	4.4	8.1	23.1	21.3	3.6
南山区	Nanshan	31.5	52.4	40.1	23.5	21.6
宝安区	Baoan	13.4	18.5	19.2	25.6	30.3
龙岗区	Longgang	8.7	9.3	16.0	24.0	18.7
龙华区	Longhua	13.6	15.2	20.3	24.9	20.9
坪山区	Pingshan	10.6	6.2	20.7	26.8	3.5
光明区	Guangming	11.4	16.5	12.3	22.8	28.8
大鹏新区	Dapeng	1.0	15.2	2.3	5.2	11.8
深汕特别合作区	ShenshanSpecial Cooperation Zone				11.5	-15.0

主要统计指标解释

固定资产投资额 是以货币形式表现的在一定时期内建造和购置固定资产的工作量以及与此有关的费用的总称。它是反映固定资产投资规模、结构和发展速度的综合性指标，又是观察工程进度和考核投资效果的重要依据。固定资产投资包括国有经济单位投资、城乡集体及其他各种登记注册类型的单位投资和城乡居民个人投资。按照国家统计制度规定，固定资产投资统计范围包括：城镇和农村投资两大部分。城乡集体经济单位投资包括城镇集体所有制单位投资和农村集体所有制单位投资；其它各种经济类型单位投资包括联营经济、股份制经济、中外合资经济、中外合作经济、外资、与大陆合资经营、与大陆合作经营、港澳台独资及其它经济的单位投资；城乡居民个人投资包括城市、县城、镇、工矿区所辖范围内的个人建房和农村个人建房及购买生产性固定资产的投资。

1.城镇和农村建设项目投资月报统计范围为：城镇和农村各种登记注册类型的企业、事业、行政单位及个体户进行的计划总投资500万元及500万元以上的建设项目，包括城镇各种经济类型的建设项目和工矿区私人建房项目，以及农村非农户投资项目、农村农户建房和购置生产性设备投资。年报统计范围中的城镇和工矿区私人建房为市、县城、镇、工矿区所辖范围内的全部私人建房（不论其房主是否系本地的常住户口均应包括），其他部分与月报统计范围一致。年报统计范围中的农户固定资产投资为所辖范围内的全部私人建房和其他购置生产性设备等投资。

2.城镇建设项目投资在城乡分组中:“城镇”、农村非农户建设项目投资在城乡分组中“农村”，农村农户在城乡分组中填“农户”，汇总表中“农村”包含“农户”。

房地产开发投资 各种登记注册类型的房地产开发公司 、商品房建设公司及其他房地产开发单位统一开发的包括统代建、拆迁还建的住宅、厂房、仓库、饭店、宾馆、度假村、写字楼、办公楼等房屋建筑物和配套的服务设施、土地开发工程，如道路、给水、排水、供电 、供热、通讯、平整场地等基础设施工程的投资。包括实际从事房地产开发或经营活动的附营房地产开发单位。不包括单纯的土地交易活动。

住宅建筑面积 指施工和竣工房屋建筑面积中供居住用的房屋建筑面积。

房屋施工面积 指在报告期内施工的全部房屋建筑面积。包括本期新开工的面积和上期开工跨入本期继续施工的面积，以及上期已停建在本期恢复施工的房屋面积。本期竣工和本期施工后又停缓建的房屋，其建筑面积仍计入本期房屋施工面积中。

房屋竣工面积 指在报告期内房屋建筑按照设计要求已经全部完工，达到住人和使用条件，经验收鉴定合格（或达到竣工验收标准），正式移交使用的各栋房屋建筑面积的总和。

新增固定资产 指已经完成建造和购置过程，并已交付生产或使用单位的固定资产的价值。它是表示固定资产投资成果的价值指标，也是反映建设进度，计算固定资产投资效果的重要依据。

Explanatory Notes on Main Statistical Indicators

Amount of Investment in Fixed Assets refers to the sum in monetary terms of the volume of activities in the construction and purchase of fixed assets as well as related expenses. It is not only a comprehensive indicator of the size, proportional relations and developmental pace of investment in fixed assets, but also an important basis to follow the progress of projects and check the result of investment on. Total investment in fixed assets includes investment by state–owned units, urban and rural collective units, units of other types of ownership and individuals in urban and rural areas. According to China's current statistics system, investment in fixed assets is classified into two parts: urban and rural. Investment by urban and rural collective units includes investment by urban collective units and investment by rural collective units. Investment by units of other types of ownership includes investment by units of joint ownership economy, shareholding economy, Sino–foreign joint economy, Sino–foreign cooperative economy, economy exclusively funded by foreign investors, joint economy with the mainland, cooperative economy with the mainland, economy exclusively funded by compatriots from Hong Kong, Macao and Taiwan and units of other types of ownership. Investment by individuals in urban and rural areas includes investment in personal housing in areas under the jurisdiction of the city, county, town and special industrial and mining areas as well as investment in personal housing and purchase of productive fixed assets in rural areas.

Investment in Real Estate Development includes investment by real estate developers, commercial builders and other units of real estate development of various statuses of registration in the construction of house buildings, such as residential buildings, factory buildings, warehouses, restaurants, hotels, holiday resorts, office buildings, and complementary service facilities and land development projects, such as roads, water supply, water drainage, power supply, heating, telecommunications, land leveling and other projects of infrastructure. This indicator covers the activities of non–real estate companies engaged in real estate development or management, but excludes simple land transactions.

Floor Space of Residential Buildings refers to the floor space of the residential buildings among the total space of buildings under construction or completed.

Floor Space under Construction refers to total floor space of all buildings under construction during the reference period, including floor space of newly started buildings during the reference period, floor space of construction extended from the previous period to the current period, and floor space of construction suspended during the previous period but resumed in the current period. Floor space of construction completed in the current period and floor space of construction started and then suspended in the current period are also included in floor space under construction.

Floor Space of Buildings Completed refers to total floor space of all buildings completed in the reference period, which have come up to the designed standards with proper conditions of residence and use, and have been examined and accepted (or met the standards for completion), and put into use.

Newly Increased Fixed Assets refer to the value of fixed assets which have been completed and transfered to production units or users. It is a value indicator of the achievements of investment in fixed assets as well as an important basis to evaluate the result of investment in fixed assets on.

09 第九部分 房地产开发

REAL ESTATE EDEVELOPMENT

CHAPTER

9-1 房地产开发投资额（按投资去向分）

INVESTMENT IN REAL ESTATE DEVELOPMENT（GROUPED BY INVESTMENT DESTINATION）

单位：亿元 (100 million yuan)

年　份 Year	本年完成投资 Investment Completed This Year	土地购置费 Total Value of Land Purchased
1993	102.77	19.69
1994	130.46	20.28
1995	103.04	3.90
1996	124.83	5.72
1997	136.65	13.52
1998	167.49	24.18
1999	215.25	32.88
2000	260.97	36.87
2001	315.64	70.99
2002	388.44	71.01
2003	412.66	75.82
2004	434.24	71.80
2005	423.69	64.05
2006	462.09	43.86
2007	461.04	62.22
2008	440.49	65.98
2009	437.46	45.25
2010	458.46	60.98
2011	514.74	89.01
2012	736.84	129.77
2013	876.90	98.88
2014	1 069.49	195.67
2015	1 331.03	316.76
2016	1 756.52	416.81
2017	2 135.86	723.33
2018	2 640.71	986.28

9-2 房地产开发投资额（按用途分）
INVESTMENT IN REAL ESTATE DEVELOPMENT(GROUPED BY USE)

单位：亿元 (100 million yuan)

年 份 Year	本年完成投资 Investment Completed This Year	住 宅 Residential Buildings	办公楼 Office Buildings	商业用房 Houses for Business Use	其 他 Others
1993	102.77	66.80	11.30	14.39	10.28
1994	130.46	87.41	13.05	18.26	11.74
1995	103.04	62.85	16.49	14.43	9.27
1996	124.83	78.64	19.97	16.23	9.99
1997	136.65	85.50	18.18	14.78	18.19
1998	167.49	99.89	12.10	19.97	35.53
1999	215.25	141.31	13.57	17.95	42.42
2000	260.97	178.68	13.62	22.90	45.77
2001	315.64	209.71	9.32	28.21	68.40
2002	388.44	270.92	13.00	35.26	69.26
2003	412.66	250.19	15.05	47.29	100.13
2004	434.24	255.84	24.51	57.43	96.46
2005	423.69	265.54	28.04	53.07	77.04
2006	462.09	325.05	30.63	67.40	39.01
2007	461.04	331.76	30.08	53.48	45.72
2008	440.49	314.98	26.12	51.96	47.43
2009	437.46	289.78	35.34	53.22	59.12
2010	458.46	304.88	37.98	59.35	56.32
2011	514.74	353.21	36.78	64.61	60.14
2012	736.84	474.60	27.00	90.11	145.13
2013	876.90	583.29	64.63	90.22	138.76
2014	1 069.49	730.28	104.22	118.22	116.77
2015	1 331.03	897.13	158.84	142.72	132.34
2016	1 756.52	1 044.54	310.44	246.45	155.09
2017	2 135.86	1 014.05	535.82	340.06	245.92
2018	2 640.71	1 303.33	598.56	331.87	406.96

9-3 房地产开发投资额（按构成分）

INVESTMENT IN REAL ESTATE DEVELOPMENT（GROUPED BY COMPOSITION）

单位：亿元 (100 million yuan)

年 份 Year	本年完成投资 Investment Completed This Year	建筑安装工程 Constructional Project	设备购置 Purchase of Equipment	其 他 Others
1993	102.77	93.06	4.77	4.94
1994	130.46	104.23	8.75	17.48
1995	103.04	79.32	6.75	16.97
1996	124.83	92.22	12.38	20.23
1997	136.65	98.41	6.36	31.89
1998	167.49	115.79	7.35	44.35
1999	215.25	150.26	10.47	54.53
2000	260.97	187.90	9.59	63.47
2001	315.64	217.69	6.39	91.56
2002	388.44	281.11	11.35	95.99
2003	412.66	298.08	12.63	101.95
2004	434.24	315.44	15.06	103.74
2005	423.69	314.11	11.40	98.17
2006	462.09	380.02	10.93	71.14
2007	461.04	356.66	6.61	97.77
2008	440.49	327.83	10.53	102.13
2009	437.46	352.79	8.87	75.80
2010	458.46	347.15	8.67	102.66
2011	514.74	358.98	10.08	145.68
2012	736.84	488.33	8.58	239.94
2013	876.90	684.81	10.39	181.70
2014	1 069.49	794.76	17.85	256.88
2015	1 331.03	892.03	26.75	412.25
2016	1 756.52	1 200.97	18.76	536.79
2017	2 135.86	1 193.23	32.54	910.09
2018	2 640.71	1 366.58	25.73	1 248.40

9-4 房地产开发投资额（按区域分）

INVESTMENT IN REAL ESTATE DEVELOPMENT（GROUPED BY DISTRICT）

单位：亿元 （100 million yuan）

年 份 Year	本年完成投资 Investment Completed This Year	福田区 Futian	罗湖区 Luohu	盐田区 Yantian	南山区 Nanshan	大宝安区 Original Baoan	宝安区 Baoan	龙华区 Longhua	光明区 Guangming	大龙岗区 Original Longgang	龙岗区 Longgang	坪山区 Pingshan	大鹏新区 Dapeng	深汕特别合作区 ShenshanSpecial Cooperation Zone
1997	136.65	42.36	41.00		20.50	15.03				17.76				
1998	167.49	50.25	48.57	1.67	31.82	16.75				18.42				
1999	215.25	73.19	53.81	2.15	38.75	15.07				32.29				
2000	260.97	83.51	65.24	5.22	49.58	26.10				31.32				
2001	315.64	107.32	66.28	3.16	72.60	31.56				34.72				
2002	388.44	116.53	69.80	7.77	89.34	54.38				46.61				
2003	412.66	118.23	66.18	11.07	101.93	61.75				53.50				
2004	434.24	115.68	67.90	16.59	96.45	79.57				58.05				
2005	423.69	104.13	53.21	9.83	86.26	107.38				62.88				
2006	462.09	89.84	50.83	13.21	93.59	126.52				88.10				
2007	461.04	54.35	36.11	19.70	82.73	139.68				128.47				
2008	440.49	41.93	32.71	30.04	101.47	130.51				103.83				
2009	437.46	40.82	36.50	41.68	99.12	96.36				122.98				
2010	458.46	48.13	38.32	32.67	72.51	126.41				140.42				
2011	514.74	44.50	37.11	26.97	69.33	160.00				176.83				
2012	736.84	85.22	45.05	34.54	82.26	233.88	125.99	91.36	16.53	255.90	215.28	25.95	14.67	
2013	876.90	114.38	41.80	38.16	94.74	250.75	116.96	112.03	21.76	337.08	277.98	46.62	12.48	
2014	1 069.49	126.60	40.00	37.30	149.22	360.22	169.66	161.21	29.35	356.16	296.32	45.39	14.44	
2015	1 331.03	156.09	35.57	42.39	228.86	460.56	213.55	185.57	61.45	407.56	347.28	49.55	10.73	
2016	1 756.52	180.57	92.91	41.67	350.35	618.32	292.54	248.25	77.53	472.70	374.18	84.51	14.02	
2017	2 135.86	239.40	98.80	47.10	457.94	371.63	280.45	331.70	91.18	449.81	428.99	134.48	20.82	4.99
2018	2 640.71	265.96	124.30	40.78	579.55		380.68	399.29	128.76		554.45	141.07	14.69	11.20

注：2007年以来，深圳陆续设立功能新区及新行政区，表中大宝安区数据2011年及以前为原宝安区数据，2012-2016年包含宝安区、龙华新区和光明新区，2017年包含宝安区和光明新区。大龙岗区数据2011年及以前为原龙岗区数据，2012-2016年包含龙岗区、坪山新区和大鹏新区，2017年包含龙岗区和大鹏新区。

Note：Since 2007, functional zones and new administrative districts have been established in Shenzhen.The data of Original Baoan were the data of Baoan in 2011 and before,included Baoan Longhua and Guangming in 2012-2016,included Baoan and Guangming in 2017.The data of Original Longgang were the data of Longgang in 2011 and before,1,included Longgang,Pingshan and Dapeng in 2012-2016,included Longgang and Dapeng in 2017.

9-5 房地产开发投资额（按注册登记类型分）

INVESTMENT IN REAL ESTATE DEVELOPMENT（GROUPED BY REGISTRATION）

单位：亿元 （100 million yuan）

年份	Year	2010	2011	2012	2013	2014	2015	2016	2017	2018
合计	Total	458.46	514.74	736.84	887.71	1 069.49	1 331.03	1 756.52	2 135.86	2 640.71
1、内资企业	Domestic Investment Enterprises	331.23	418.35	599.72	739.96	892.77	1 096.32	1 494.14	1 852.08	2 401.23
国有企业	State-Owned	30.17	33.64	50.35	57.57	47.39	15.47	2.58	14.22	82.80
集体企业	Collective-Owned	1.78	0.77	0.00	3.11	6.66			1.66	26.30
股份合作企业	Shareholding	1.79	3.26	5.16	5.48	2.44	1.80	5.99		15.61
联营企业	Joint Owned		0.13	0.04						23.92
国有联营企业	State-Joint Owned	0.63								
集体联营企业	Collective-Joint Owned									
国有与集体联营企业	State Collective Joint Owned									
其他联营企业	Other Joint Owned	0.01		0.04						23.92
有限责任公司	Limited-Liability Corporations	166.14	176.01	256.23	297.84	395.06	502.76	797.15	1 039.33	1 257.34
国有独资公司	Enterprises Solely Funded by the State	7.96		14.52			27.28	30.82	49.60	75.78
其他有限责任公司	Others	158.15		241.71			475.48	766.32	989.73	1 181.55
股份有限公司	Shareholding	49.10	45.80	66.67	54.35	66.74	87.65	61.17	53.09	122.91
私营企业	Private	76.61	149.58	218.97	314.90	374.44	456.59	625.43	740.82	851.69
其他内资	Others	1.03	9.16	2.31	6.71	0.04	32.05	1.82	2.96	20.66
2、港、澳、台商投资企业	Enterprises with Funds from Hong Kong,Macao and Taiwan	101.15	88.45	101.12	121.72	136.76	197.34	234.82	245.39	190.99
3、外商投资企业	Foreign Funded	26.07	7.94	36.00	26.03	39.96	37.38	27.56	38.38	48.50

9-6 房地产开发投资资金来源及构成

TOTAL CAPITAL SOURCE AND COMPOSITION OF REAL ESTATE DEVELOPMENT

单位：亿元 (100 million yuan)

年 份 Year	本年资金来源小计 Sud-total Capital Source of this Year	国内贷款 Domestic Loans	利用外资 Foreign Capital Utilized	自筹资金 Self-raising Capital	其他资金 Other Capital
1994	189.90	40.01		63.56	86.33
1995	147.83	31.43	28.14	49.41	38.85
1996	149.10	29.46	28.30	45.49	45.85
1997	168.11	30.91	20.14	61.20	55.86
1998	223.04	55.03	9.31	80.32	78.38
1999	252.88	59.59	4.64	83.31	105.34
2000	333.36	89.06	6.68	96.11	141.52
2001	391.47	102.64	8.93	131.38	148.52
2002	516.40	127.01	9.24	138.96	241.19
2003	644.70	166.37	8.02	179.19	291.12
2004	663.35	149.33	7.04	197.98	309.00
2005	694.01	159.87	2.38	216.49	315.27
2006	837.85	229.39	8.94	174.78	424.74
2007	847.90	169.83	11.78	241.42	424.87
2008	396.35	124.78	0.45	97.90	173.22
2009	881.76	258.83	1.39	171.95	449.59
2010	773.08	199.88	10.33	203.97	358.90
2011	818.81	199.85	2.06	294.03	322.87
2012	1 190.97	302.88	0.00	473.24	414.84
2013	1 686.91	441.09	0.12	456.97	788.73
2014	1 631.90	538.02	20.46	545.65	527.77
2015	2 938.53	730.79	3.21	783.13	1 421.41
2016	3 400.48	812.56		1 081.80	1 506.11
2017	3 233.05	1 196.93	7.91	792.43	1 235.77
2018	3 847.61	1 159.98		1 103.54	1 584.09

9-7 商品房施工面积（按用途分）

TOTAL FLOOR SPACE UNDER CONSTRUCTION OF COMMODITY HOUSING (GROUPED BY USE)

单位：万平方米 (10 000 sq. m)

年 份 Year	施工面积 Floor Space Under Construction	住 宅 Residential Buiding	办公楼 Office Building	商业用房 Houses For Business Use	其 他 Others
1991	467.82	279.00	47.72	73.62	67.48
1992	950.06	601.10	101.91	139.21	107.84
1993	1 396.44	909.51	152.43	199.92	134.58
1994	1 298.82	868.86	132.75	176.36	120.85
1995	1 371.06	844.20	214.51	187.71	124.64
1996	1 495.27	940.61	238.93	193.68	122.05
1997	1 454.17	966.18	181.76	185.17	121.06
1998	1 656.65	1 146.97	175.09	208.97	125.62
1999	1 834.13	1 355.62	137.58	201.34	139.59
2000	2 134.95	1 576.89	146.62	225.46	185.98
2001	2 392.77	1 790.49	115.10	255.38	231.80
2002	2 776.29	2 124.86	120.83	279.14	251.46
2003	2 838.22	2 072.89	134.29	317.74	313.30
2004	3 120.25	2 257.68	147.78	379.15	335.64
2005	3 058.90	2 152.58	155.67	370.34	380.31
2006	3 122.10	2 157.39	171.88	385.71	407.12
2007	3 149.56	2 177.78	189.65	335.98	446.15
2008	3 276.30	2 210.36	201.55	346.45	517.94
2009	3 112.36	2 087.47	189.09	328.27	507.53
2010	2 939.94	2 025.13	182.36	298.62	433.83
2011	2 875.98	1 965.63	171.46	298.47	440.42
2012	3 216.69	2 107.59	156.93	339.25	612.92
2013	4 003.49	2 608.29	261.51	383.62	750.06
2014	4 492.18	2 870.00	337.32	481.78	803.09
2015	4 978.41	3 156.99	467.48	614.59	739.35
2016	5 173.99	3 079.28	562.84	705.77	826.09
2017	5 709.34	2 989.42	911.54	821.27	987.11
2018	6 747.69	3 450.31	1 168.28	915.13	1 213.97

9-8 商品房施工面积（按区域分）

TOTAL FLOOR SPACE UNDER CONSTRUCTION OF COMMODITY HOUSING （GROUPED BY DISTRICT）

单位：万平方米 （10 000 sq. m）

年份 Year	施工面积 Floor Space Under Construction	福田区 Futian	罗湖区 Luohu	盐田区 Yantian	南山区 Nanshan	大宝安区 Original Baoan	宝安区 Baoan	龙华区 Longhua	光明区 Guangming	大龙岗区 Original Longgang	龙岗区 Longgang	坪山区 Pingshan	大鹏新区 Dapeng	深汕特别合作区 ShenshanSpecial Cooperation Zone
1996	1 495.27	403.72	613.06		254.20	119.62				104.67				
1997	1 454.17	445.27	435.48		214.29	163.51				195.62				
1998	1 656.65	493.49	483.06	10.29	321.63	171.62				176.56				
1999	1 834.13	622.47	459.35	16.77	334.98	125.71				274.85				
2000	2 134.95	691.02	523.64	41.69	415.09	212.04				251.47				
2001	2 392.77	807.12	510.52	29.91	554.37	228.69				262.16				
2002	2 776.29	830.24	511.82	57.08	631.89	397.97				347.29				
2003	2 838.22	812.15	472.85	56.07	717.41	436.46				343.28				
2004	3 120.25	789.79	437.61	76.11	743.36	639.07				434.31				
2005	3 058.90	667.26	333.72	76.90	513.84	865.27				601.91				
2006	3 122.10	517.48	329.37	94.44	586.94	859.65				734.22				
2007	3 149.56	397.80	192.14	97.66	603.23	891.86				966.87				
2008	3 276.30	314.50	251.52	125.13	689.71	880.39				1 015.05				
2009	3 112.36	315.12	236.45	138.35	547.83	823.30				1 051.31				
2010	2 939.94	252.00	208.68	147.83	503.31	777.89				1 050.23				
2011	2 875.98	257.07	227.71	136.45	377.74	871.40				1 005.61				
2012	3 216.69	261.24	199.69	151.13	369.77	948.14	459.12	440.63	48.39	1 286.72	1 170.81	81.51	34.41	
2013	4 003.49	404.18	311.03	145.12	341.04	1 136.80	521.22	552.22	53.36	1 665.32	1 438.74	186.86	39.71	
2014	4 492.18	522.37	247.94	168.10	558.18	1 307.34	578.95	618.05	110.34	1 688.26	1 457.18	169.95	61.13	
2015	4 978.41	574.92	227.63	136.88	688.22	1 617.08	666.82	691.75	258.50	1 733.69	1 483.34	173.94	76.40	
2016	5 173.99	568.95	217.03	140.27	804.18	1 771.70	851.98	683.63	236.09	1 671.85	1 419.71	197.00	55.14	
2017	5 709.34	575.56	235.56	145.95	1 225.74	1 110.92	951.18	695.97	159.74	1 538.46	1 462.54	147.91	75.92	33.26
2018	6 747.69	675.41	355.01	166.14	1 453.02		1 093.69	940.88	229.83		1 502.64	196.76	85.19	49.12

9-9 商品房新开工面积（按用途分）

FLOOR SPACE OF NEWLY STARTED OF COMMODITY HOUSING (GROUPED BY USE)

单位：万平方米 （10 000 sq. m）

年 份 Year	新开工面积 Floor Space of Newly Started Buildings	住 宅 Residential Buildings	办公楼 Office Buildings	商业用房 Houses For Business Use	其 他 Others
1998	414.14	333.27	25.62	33.19	22.06
1999	580.56	492.81	6.98	31.94	48.83
2000	646.41	487.48	26.10	64.72	68.12
2001	999.71	792.24	26.96	83.74	96.77
2002	959.32	747.50	41.71	101.12	68.99
2003	932.86	645.18	35.89	119.88	131.91
2004	1 025.55	766.91	25.32	123.24	110.08
2005	1 054.19	753.90	39.89	127.15	133.25
2006	798.12	609.46	19.91	69.98	98.77
2007	876.40	621.91	40.06	72.94	141.49
2008	752.60	471.80	46.61	84.91	149.28
2009	489.18	328.04	29.82	60.70	70.62
2010	470.96	355.17	15.25	38.69	61.84
2011	537.99	367.32	18.54	54.76	97.37
2012	905.24	561.89	50.69	103.47	189.18
2013	1 366.40	910.13	114.88	120.68	220.70
2014	932.68	549.50	91.30	118.00	173.88
2015	1 208.27	777.32	126.79	153.91	150.24
2016	975.33	472.09	165.80	154.75	182.69
2017	1 001.53	446.31	261.28	138.09	155.86
2018	1 529.57	794.68	297.03	185.83	252.02

9-10 商品房新开工面积（按区域分）

FLOOR SPACE OF NEWLY STARTED OF COMMODITY HOUSING （GROUPED BY DISTRICT）

单位：万平方米　　　　　　　　　　　　　　　　　　（10 000 sq.m）

	新开工面积 Floor Space of Newly Started Buildings	福田区 Futian	罗湖区 Luohu	盐田区 Yantian	南山区 Nanshan	大宝安区 Original Baoan	宝安区 Baoan	龙华区 Longhua	光明区 Guangming	大龙岗区 Original Longgang	龙岗区 Longgang	坪山区 Pingshan	大鹏新区 Dapeng	深汕特别合作区 ShenshanSpecial Cooperation Zone
1998	414.14	114.77	101.25	0.56	82.98	47.37				67.21				
1999	580.56	201.65	119.44	2.84	114.81	47.33				94.49				
2000	646.41	169.62	103.02	26.03	168.21	96.96				82.57				
2001	999.71	299.01	132.88	6.74	305.10	140.30				115.68				
2002	959.32	238.00	136.41	25.56	242.46	175.92				140.97				
2003	932.86	220.77	158.89	24.30	210.84	199.54				118.52				
2004	1 025.55	152.62	112.05	34.14	201.34	307.07				218.33				
2005	1 054.19	208.29	24.81	37.99	205.98	319.96				257.16				
2006	798.12	69.00	15.49	42.61	123.74	271.85				275.43				
2007	876.40	38.69	36.93	25.03	211.70	203.18				360.87				
2008	752.60	52.23	87.76	57.60	153.94	195.60				205.47				
2009	489.18	24.29	44.61	34.27	144.97	126.67				114.36				
2010	470.96	25.97	4.10	10.04	70.63	225.06				135.16				
2011	537.99	33.69	13.98	35.46	42.06	230.90				181.90				
2012	905.24	93.28	58.61	61.27	88.03	195.98	103.76	69.48	22.74	408.07	379.06	12.23	16.79	
2013	1 366.40	187.83	103.63	16.11	83.63	312.42	120.91	168.74	22.77	662.77	559.84	97.35	5.57	
2014	932.68	91.01	28.91	24.91	227.56	364.18	145.68	161.34	57.16	196.11	178.28	9.64	8.18	
2015	1 208.27	159.92	14.33	11.25	176.85	468.83	221.40	163.39	84.04	377.10	343.42	25.48	8.20	
2016	975.33	32.51	61.48	39.07	179.27	383.80	236.73	139.81	7.26	279.20	214.70	56.33	8.16	
2017	1 001.53	135.77	23.60	19.76	214.32	210.53	206.34	64.36	4.19	226.51	205.73	75.97	20.78	30.70
2018	1 529.57	184.03	109.53	17.20	313.55		286.01	268.19	87.47		190.50	48.85	8.38	15.86

9-11 商品房竣工面积（按用途分）

TOTAL FLOOR SPACE OF COMMERCIAL HOUSES COMPLETED (GROUPED BY USE)

单位：万平方米 （10 000 sq. m）

年 份 Year	竣工面积 Floor Space Completed	住 宅 Residential Buildings	办公楼 Office Buildings	商业用房 Houses For Business Use	其 他 Others
1991	150.44	91.22	7.93	11.21	40.08
1992	198.40	130.90	9.20	14.70	43.60
1993	281.46	196.75	11.51	21.32	51.88
1994	311.10	206.50	10.01	39.90	54.69
1995	311.55	216.38	34.24	36.98	23.95
1996	394.32	250.51	42.50	48.58	52.73
1997	327.04	243.19	34.22	29.57	20.06
1998	463.31	356.30	42.26	41.05	23.70
1999	502.15	412.46	16.89	37.05	35.75
2000	632.05	524.55	12.94	53.92	40.64
2001	727.97	573.21	27.74	53.84	73.18
2002	892.24	698.32	25.07	79.15	89.70
2003	1 020.31	816.62	24.43	95.63	83.63
2004	1 012.39	772.20	35.66	105.54	98.99
2005	945.78	704.44	18.70	96.67	125.97
2006	848.89	581.87	36.83	126.63	103.56
2007	636.02	437.14	32.38	73.99	92.51
2008	629.73	443.77	27.55	59.79	98.62
2009	402.01	269.54	25.05	32.20	75.22
2010	344.43	251.10	32.05	25.26	36.02
2011	325.00	232.66	20.97	35.89	35.48
2012	425.75	289.40	12.30	39.75	84.31
2013	353.55	196.33	30.84	53.35	73.03
2014	425.31	269.26	10.97	39.22	105.86
2015	360.21	202.37	47.48	31.69	78.67
2016	490.03	280.64	51.33	39.09	118.97
2017	285.06	183.79	34.41	31.96	34.90
2018	261.56	124.91	60.34	30.24	46.07

9-12 商品房竣工面积（按区域分）

TOTAL FLOOR SPACE OF COMMERCIAL HOUSES COMPLETED（GROUPED BY DISTRICT）

单位：万平方米　　　　　　　　　　　　　　　　　　　　　　　　　　　　(10 000 sq. m)

年 份 Year	竣工面积 Floor Space Completed	福田区 Futian	罗湖区 Luohu	盐田区 Yantian	南山区 Nanshan	大宝安区 Original Baoan	宝安区 Baoan	龙华区 Longhua	光明区 Guangming	大龙岗区 Original Longgang	龙岗区 Longgang	坪山区 Pingshan	大鹏新区 Dapeng	深汕特别合作区 ShenshanSpecial Cooperation Zone
1998	463.31	137.29	105.53	2.67	103.33	58.96				55.53				
1999	502.15	159.44	100.38	5.09	75.99	46.81				114.44				
2000	632.05	161.53	142.36	13.09	113.69	96.68				104.70				
2001	727.97	225.65	215.53	2.61	152.54	42.44				89.20				
2002	892.24	208.95	186.66	21.10	234.61	117.81				123.11				
2003	1 020.31	275.96	155.56	17.25	278.90	155.27				137.37				
2004	1 012.39	258.59	106.41	21.20	343.98	173.98				108.23				
2005	945.78	203.91	149.96	37.16	157.39	213.12				184.24				
2006	848.89	176.37	91.89	27.36	159.17	228.39				165.71				
2007	636.02	110.74	15.15	26.01	126.68	245.68				111.76				
2008	629.73	32.97	59.61	8.51	214.86	179.03				134.75				
2009	402.01	58.69	0.57	26.98	93.58	100.63				121.56				
2010	344.43	20.12	0.24	9.87	70.60	120.97				122.63				
2011	325.00	24.12	65.63	16.00	21.76	57.36				140.13				
2012	425.75	50.32	8.28	6.41	73.97	151.25	72.29	78.97		135.52	121.16	14.36		
2013	353.55	53.21	68.79		35.39	98.08	67.56	30.52		98.08	66.98	27.90	3.20	
2014	425.31	14.47	24.65	35.91	73.03	161.65	25.03	109.16	27.46	115.60	110.29	5.31		
2015	360.21	80.07	24.73	19.02	47.81	120.36	14.36	106.00		68.22	52.60	1.00	14.62	
2016	490.03	141.19	3.03	11.41	113.32	151.61	89.15	38.17	24.29	69.48	69.48			
2017	285.06	44.29	19.48		55.43	114.15	114.15	0.18		51.52	51.52			
2018	261.56	43.71	2.90	14.89	44.43		31.26	26.29			92.78		5.31	

9-13 商品房销售面积（按用途分）
TOTAL FLOOR SPACE OF BUILDINGS SOLD(GROUPED BY USE)

单位：万平方米 (10 000 sq. m)

年 份 Year	销售面积 Floor Space of Buildings Sold	住 宅 Residential Buildings	办公楼 Office Buildings	商业用房 Houses For Business Use	其 他 Others
1991	112.54	97.13	2.10	0.63	12.68
1992	151.46	96.00	9.00	10.00	36.46
1993	180.17	140.89	5.85	9.58	23.85
1994	246.93	183.28	13.29	17.14	33.22
1995	274.59	209.07	17.37	16.89	31.26
1996	324.92	261.13	32.33	21.23	10.23
1997	405.44	336.70	28.88	27.40	12.46
1998	432.22	372.38	22.06	19.85	17.93
1999	541.84	492.51	15.02	26.20	8.11
2000	611.37	556.82	12.19	26.32	16.04
2001	643.47	593.72	11.01	27.40	11.34
2002	791.70	724.41	17.94	46.36	2.99
2003	877.85	811.90	19.54	39.37	7.04
2004	908.62	802.58	26.90	58.09	21.05
2005	993.20	901.13	28.49	53.48	10.10
2006	797.66	704.89	37.64	46.89	8.24
2007	555.11	500.35	20.87	30.64	3.25
2008	466.71	413.65	5.59	33.58	13.89
2009	762.16	717.40	19.63	18.07	7.07
2010	465.59	413.80	15.00	21.88	14.91
2011	496.89	469.43	9.90	16.96	0.60
2012	525.83	488.44	5.98	21.00	10.41
2013	588.58	527.16	21.31	19.05	21.06
2014	532.57	474.81	23.17	23.59	11.00
2015	831.46	747.83	56.54	19.84	7.25
2016	736.19	660.08	50.57	23.49	2.05
2017	671.03	520.97	98.56	27.22	24.29
2018	722.01	572.99	96.60	24.13	28.29

9-14 商品房销售面积（按区域分）

TOTAL FLOOR SPACE OF BUILDINGS SOLD(GROUPED BY DISTRICT)

单位：万平方米　　　　(10 000 sq. m)

年 份 Year	销售面积 Floor Space of Buildings Sold	福田区 Futian	罗湖区 Luohu	盐田区 Yantian	南山区 Nanshan	大宝安区 Original Baoan	宝安区 Baoan	龙华区 Longhua	光明区 Guangming	大龙岗区 Original Longgang	龙岗区 Longgang	坪山区 Pingshan	大鹏新区 Dapeng	深汕特别合作区 ShenshanSpecial Cooperation Zone
1997	405.44	126.57	95.18		70.27	54.48				58.94				
1998	432.22	135.99	90.89	7.69	75.68	54.63				67.34				
1999	541.84	162.69	118.53	12.10	94.89	71.62				82.01				
2000	611.37	200.59	86.13	7.57	125.39	78.65				113.04				
2001	643.47	165.28	110.75	9.01	140.62	95.21				122.60				
2002	791.70	206.81	129.45	9.67	182.60	127.22				135.95				
2003	877.85	206.30	120.49	25.45	236.85	149.76				139.02				
2004	908.62	164.74	83.90	17.32	285.04	186.40				171.22				
2005	993.20	210.36	103.11	22.85	171.05	283.84				201.99				
2006	797.66	122.22	53.56	18.63	130.60	260.36				212.29				
2007	555.11	69.29	35.26	17.92	72.60	189.08				170.97				
2008	466.71	35.47	37.27	15.55	71.11	161.66				145.65				
2009	762.16	52.49	34.86	30.95	171.33	217.20				255.33				
2010	465.59	18.74	17.10	14.37	81.76	122.11				211.51				
2011	496.89	153.60	7.07	10.38	53.35	106.07				166.42				
2012	525.83	22.53	9.36	7.47	61.84	214.73	104.16	102.56	8.01	209.90	184.54	25.01	0.36	
2013	588.58	61.27	11.18	14.31	53.94	218.56	98.38	106.60	13.58	229.32	197.57	30.59	1.15	
2014	532.57	39.06	8.42	22.06	58.42	204.45	107.52	89.4	7.53	200.16	163.32	35.01	1.84	
2015	831.46	73.72	17.75	27.94	101.72	296.37	120.86	117.61	57.90	313.96	240.47	54.97	18.51	
2016	736.19	46.75	42.17	21.92	129.04	245.83	78.64	120.29	46.89	250.49	222.63	18.38	9.48	
2017	671.03	25.71	36.75	5.15	127.06	125.35	86.02	87.44	39.34	237.98	231.89	25.59	6.09	
2018	722.01	35.79	32.69	10.21	121.07		133.18	86.72	27.86		214.67	56.22	3.60	

9-15 商品住宅销售面积（按区域分）

TOTAL FLOOR SPACE OF RESIDENTIAL BUILDINGS SOLD (GROUPED BY DISTRICT)

单位：万平方米 (10 000 sq. m)

年 份 Year	销售面积 Floor Space of Buildings Sold	福田区 Futian	罗湖区 Luohu	盐田区 Yantian	南山区 Nanshan	大宝安区 Original Baoan	宝安区 Baoan	龙华区 Longhua	光明区 Guangming	大龙岗区 Original Longgang	龙岗区 Longgang	坪山区 Pingshan	大鹏新区 Dapeng	深汕特别合作区 ShenshanSpecial Cooperation Zone
1996	261.13	82.35	71.87		43.19	21.26				42.46				
1997	336.70	106.75	71.23		61.63	43.31				53.78				
1998	372.38	111.06	75.29	3.80	70.61	50.07				61.55				
1999	492.51	147.54	109.57	6.36	88.59	64.24				76.21				
2000	556.82	181.94	77.17	6.80	114.95	69.70				106.26				
2001	593.72	155.44	97.85	7.97	135.20	86.75				110.51				
2002	724.41	186.29	119.80	9.38	173.18	111.31				124.45				
2003	811.90	186.59	111.08	24.29	222.60	142.53				124.82				
2004	802.58	125.29	83.78	17.26	270.81	167.84				137.60				
2005	901.13	172.73	100.15	21.77	157.76	266.25				182.49				
2006	704.89	77.58	52.72	17.28	119.41	244.08				193.82				
2007	500.35	49.22	31.36	17.50	63.95	176.32				162.00				
2008	413.65	31.77	21.36	15.04	64.33	146.68				134.47				
2009	717.40	37.11	34.46	30.27	167.42	205.59				242.55				
2010	413.80	7.2	10.21	18.36	69.30	114.91				193.82				
2011	469.43	148.36	5.25	10.03	46.44	101.80				157.55				
2012	488.43	11.39	7.74	7.16	54.22	207.17	98.03	101.13	8.01	200.75	176.46	23.96	0.33	
2013	527.16	36.20	10.54	9.46	49.61	213.02	93.83	105.61	13.58	208.32	178.51	29.11	0.70	
2014	474.81	19.52	7.97	17.11	56.22	190.19	99.10	83.60	7.49	183.80	149.36	33.71	0.73	
2015	747.83	44.43	17.61	24.49	94.53	281.34	109.50	114.71	57.12	285.43	214.14	52.78	18.51	
2016	660.08	15.32	42.05	17.33	125.18	232.07	73.55	115.34	43.18	228.14	203.51	15.45	9.17	
2017	520.97	17.93	21.77	4.11	97.34	94.00	71.11	52.09	22.89	219.50	213.54	14.24	5.96	
2018	572.99	28.76	16.52	6.22	93.69		111.28	51.36	22.36		196.91	42.30	3.60	

9-16　办公楼销售面积（按区域分）

TOTAL FLOOR SPACE OF OFFICE BUILDINGS SOLD（GROUPED BY DISTRICT）

单位：万平方米　　(10 000 sq.m)

年 份 Year	销售面积 Floor Space of Buildings Sold	福田区 Futian	罗湖区 Luohu	盐田区 Yantian	南山区 Nanshan	大宝安区 Original Baoan	宝安区 Baoan	龙华区 Longhua	光明区 Guangming	大龙岗区 Original Longgang	龙岗区 Longgang	坪山区 Pingshan	大鹏新区 Dapeng	深汕特别合作区 ShenshanSpecial Cooperation Zone
1996	32.33	8.80	14.35		9.18									
1997	28.88	9.34	13.06		3.59	1.39				1.50				
1998	22.06	12.11	7.60	0.31	0.94					1.10				
1999	15.02	9.30	3.70	1.33	0.63	0.06								
2000	12.19	6.15	3.95	0.05	1.50	0.13				0.41				
2001	11.01	2.91	5.77	0.14	0.66	0.01				1.52				
2002	17.94	12.63	3.39	0.29	1.37	0.02				0.24				
2003	19.54	13.72	2.16		1.68	1.45				0.53				
2004	26.90	23.11		26.90	3.66	0.01				0.12				
2005	28.49	22.19			5.04	0.54				0.72				
2006	37.64	31.85	0.06		5.22					0.51				
2007	20.87	15.51	0.61		3.80	0.87				0.08				
2008	5.59	2.27			1.65	1.67								
2009	19.63	12.65			2.24	4.46				0.28				
2010	15.00	5.80	4.19		0.27	3.21				1.53				
2011	9.90	4.68	0.37		4.51	0.34								
2012	5.98	1.68			3.60	0.51	0.51			0.19	0.19			
2013	21.31	13.70	0.64	1.39	3.63	0.36		0.36		1.59	1.59			
2014	23.17	9.69	0.46	2.10	2.06	6.03	2.53	3.50		2.84	2.84			
2015	56.54	23.19	0.14	3.21	5.92	7.39	7.02	0.37		16.69	16.69			
2016	50.57	30.30		2.37	2.52	5.69	4.16	1.53		9.68	8.95	0.73		
2017	98.56	7.50	12.20	1.03	16.48	16.52	10.12	27.56	6.40	5.96	5.96	11.30		
2018	96.60	6.56	9.53	3.99	21.51		11.34	23.65	1.70		9.15	9.16		

9-17 商业用房销售面积（按区域分）

TOTAL FLOOR SPACE OF COMMERCIAL BUILDINGS SOLD (GROUPED BY DISTRICT)

单位：万平方米 (10 000 sq. m)

年 份 Year	销售面积 Floor Space of Buildings Sold	福田区 Futian	罗湖区 Luohu	盐田区 Yantian	南山区 Nanshan	大宝安区 Original Baoan	宝安区 Baoan	龙华区 Longhua	光明区 Guangming	大龙岗区 Original Longgang	龙岗区 Longgang	坪山区 Pingshan	大鹏新区 Dapeng	深汕特别合作区 ShenshanSpecial Cooperation Zone
1996	21.23	2.66	11.49		1.32	4.38				1.38				
1997	27.40	4.48	8.75		2.48	9.54				2.15				
1998	19.85	3.70	5.34	0.08	2.00	4.04				4.69				
1999	26.20	2.15	5.26	4.43	2.91	5.85				5.60				
2000	26.32	3.88	3.21	0.72	4.64	7.57				6.30				
2001	27.40	3.42	4.92	0.28	2.59	8.23				7.96				
2002	46.36	6.52	6.15		6.53	15.89				11.27				
2003	39.37	4.81	6.61	1.16	7.62	5.51				13.66				
2004	58.09	8.16	0.94	0.15	9.66	17.79				21.39				
2005	53.48	9.20	2.93	1.17	8.55	16.77				14.86				
2006	46.89	7.72	0.69	1.36	5.96	16.25				14.91				
2007	30.64	1.64	3.28	0.41	4.85	11.89				8.57				
2008	33.58	1.43	15.91	0.51	2.20	4.85				8.68				
2009	18.07	0.40	0.22	0.67	1.67	7.15				7.96				
2010	21.88	0.35	1.79	0.07	1.79	4.70				13.18				
2011	16.95	0.70	1.36	0.34	2.22	3.78				8.55				
2012	21.00	0.68	1.62	0.30	4.01	7.06	5.62	1.43		7.33	6.25	1.05	0.02	
2013	19.05	2.67		3.46	0.70	5.17	4.55	0.63		7.04	5.11	1.48	0.45	
2014	23.59	3.70		2.85	0.14	4.02	2.94	1.04	0.04	12.88	10.49	1.29	1.10	
2015	19.84	3.89		0.24	1.26	4.77	2.28	1.70	0.78	9.67	7.48	2.19		
2016	23.49	0.92	0.12	2.21	0.57	7.83	0.92	3.27	3.64	11.84	9.77	2.04	0.03	
2017	27.22	0.06	2.25	0.01	1.22	5.63	1.90	7.76	3.74	10.29	10.16		0.13	
2018	24.13	0.47	1.75		1.16		5.39	7.62	0.54		5.59	1.60		

9-18 商品房屋待售面积（按用途分）

TOTAL FLOOR SPACE OF COMMERCIALIZED BUILDINGS FOR SALE （GROUPED BY USE）

单位：万平方米 (10 000 sq.m)

年 份 Year	待售面积 Floor space of Commercialized Buildings	住 宅 Residential Buildings	办公楼 Office Buildings	商业用房 Houses For Business Use	其 他 Others
1996	328.68	191.94	40.31	55.20	41.23
1997	258.69	137.34	48.69	48.66	24.00
1998	296.94	158.88	55.96	56.73	25.37
1999	249.60	139.67	42.49	52.90	14.54
2000	272.62	170.92	47.17	48.49	6.04
2001	241.35	142.72	29.53	51.69	17.41
2002	311.03	206.50	23.03	59.99	21.51
2003	319.94	190.88	26.23	81.12	21.71
2004	251.53	138.15	21.62	68.45	23.31
2005	191.51	90.24	14.38	63.44	23.45
2006	185.41	69.63	23.98	66.41	25.39
2007	152.36	58.92	15.81	55.30	22.33
2008	231.58	121.17	15.02	69.22	26.17
2009	141.64	63.60	15.41	49.56	13.07
2010	134.36	53.15	9.00	51.82	20.39
2011	257.69	148.13	5.15	84.49	19.92
2012	310.05	188.94	16.89	80.14	24.09
2013	351.66	203.06	14.08	103.06	31.47
2014	319.85	191.95	16.09	96.27	15.54
2015	336.51	231.66	14.72	65.56	24.57
2016	272.98	140.17	29.86	77.44	25.52
2017	261.30	147.20	28.83	72.74	12.53
2018	277.29	158.30	36.18	65.30	17.51

9-19 商品房屋待售面积（按区域分）

TOTAL FLOOR SPACE OF VACANT BUILDINGS（GROUPED BY DISTRICT）

单位：万平方米 (10 000 sq. m)

年 份 Year	待售面积 Floor space of Commercialized Buildings	福田区 Futian	罗湖区 Luohu	盐田区 Yantian	南山区 Nanshan	大宝安区 Original Baoan	宝安区 Baoan	龙华区 Longhua	光明区 Guangming	大龙岗区 Original Longgang	龙岗区 Longgang	坪山区 Pingshan	大鹏新区 Dapeng	深汕特别合作区 ShenshanSpecial Cooperation Zone
1996	328.68	92.03	105.18		55.88	49.30				26.29				
1997	258.69	55.41	78.56		59.13	37.47				28.12				
1998	296.94	74.08	82.92	2.59	76.22	39.61				21.52				
1999	249.60	60.46	82.32	4.03	45.21	25.51				32.07				
2000	272.62	61.38	98.36	2.82	50.22	29.99				29.85				
2001	241.35	72.12	81.50	1.81	34.59	24.00				27.33				
2002	311.03	89.77	75.29	9.04	69.26	30.38				37.29				
2003	319.94	103.76	74.54	8.20	67.50	34.87				31.07				
2004	251.53	81.49	61.37	12.38	38.04	22.46				35.79				
2005	191.51	56.42	46.46	11.26	21.81	30.27				25.29				
2006	185.41	57.02	48.47	7.40	26.31	12.79				33.42				
2007	152.36	42.48	32.39	3.50	21.38	16.29				36.32				
2008	231.58	36.14	33.45	6.88	43.75	46.79				64.57				
2009	141.64	34.65	28.45	3.57	29.30	19.38				26.29				
2010	134.36	31.51	23.00	8.75	16.51	33.34				21.25				
2011	257.69	37.28	22.64	13.67	10.72	106.12				67.26				
2012	310.05	45.64	20.36	16.51	18.02	93.40	56.75	36.33	0.33	116.12	114.21	0.63	1.28	
2013	351.66	34.72	37.87	18.44	40.92	104.67	50.04	54.31	0.33	115.05	100.16	6.16	8.73	
2014	319.85	18.49	27.68	25.48	45.92	98.76	49.01	42.87	6.87	103.52	84.76	10.63	8.12	
2015	336.51	22.26	31.32	15.26	33.23	138.06	57.42	69.32	11.32	96.38	69.93	8.14	18.31	
2016	272.98	12.87	14.78	15.90	65.51	96.29	49.95	35.29	11.06	67.63	52.25		15.38	
2017	261.30	15.22	16.13	11.59	56.50	68.58	66.49	30.56	2.09	55.61	46.31	7.11	9.30	
2018	277.29	13.58	18.01	19.91	50.18		80.02	29.65	3.30		50.95		11.70	

9-20 商品房二级市场平均交易价格（按用途分）

AVERAGE SELLING PRICE OF COMMERCIAL HOUSES IN SECONDARY MARKET (GROUPED BY USE)

单位：元/平方米 (yuan/ sq. m)

年份 Year	商品房二级市场平均交易价格 Average Selling Price of Commercial Houses in Secondary Market	住宅 Residential Buildings	办公楼 Office Buildings	商业用房 Houses For Business Use	其他 Others
1998	5 927	5 191	11 995	10 241	3 468
1999	5 503	5 004	10 504	11 195	3 743
2000	5 718	5 275	10 954	10 306	3 186
2001	5 779	5 517	13 717	11 916	4 126
2002	6 074	5 641	8 145	12 175	5 000
2003	6 215	5 879	8 678	11 624	2 804
2004	6 771	6 419	9 670	12 764	5 672
2005	7 582	6 996	12 374	15 083	6 869
2006	10 039	9 190	15 762	18 257	9 714
2007	14 050	13 370	23 535	19 103	10 203
2008	12 665	12 823	19 071	11 469	8 286
2009	15 214	14 858	23 919	20 826	12 768
2010	20 850	20 297	24 797	23 346	24 787
2011	20 674	19 038	39 481	31 654	28 603
2012	20 035	18 848	37 814	29 859	27 472
2013	23 776	21 808	36 402	18 059	28 337
2014	25 700	23 955	32 926	34 911	30 165
2015	35 071	33 406	46 327	42 552	26 273
2016	52 777	53 455	52 529	53 090	43 210
2017	54 430	54 455	49 977	60 365	35 514
2018	54 090	54 120	55 173	57 382	36 241

注：本表2017年及以前数据来源为深圳市规划和国土资源委员会，2018年数据来源为深圳市住房和建设局。
Note: The data of this table are provided by Shenzhen Municipal Bureau of Planning and Land Resources before 2018, provided by Housing and Construction Bureau of ShenZhen Municipality in 2018.

9-21 商品房二级市场平均交易价格（按区域分）

AVERAGE SELLING PRICE OF COMMERCIAL HOUSES IN SECONDARY MARKET（GROUPED BY DISTRICT）

单位：元/平方米 (yuan/ sq. m)

年 份 Year	商品房二级市场平均交易价格 Average Selling Price of Commercial Houses in Secondary Market	福田区 Futian	罗湖区 Luohu	盐田区 Yantian	南山区 Nanshan	宝安区 Baoan	龙岗区 Longgang	龙华区 Longhua	坪山区 Pingshan	光明区 Guangming	大鹏新区 Dapeng	深汕特别合作区 ShenshanSpecial Cooperation Zone
1999	5 503	6 299	8 763	3 379	4 472	3 222	3 226					
2000	5 718	7 048	8 047	6 437	4 682	3 452	3 976					
2001	5 779	7 171	6 272	4 079	6 007	3 256	3 537					
2002	6 145	7 981	7 048	5 360	5 930	4 302	3 925					
2003	6 215	7 787	7 444	6 111	6 041	3 866	4 046					
2004	6 771	8 324	7 953	9 003	6 738	4 989	5 067					
2005	7 582	9 565	8 548	7 896	8 929	5 799	5 889					
2006	10 039	15 485	10 115	9 793	12 855	8 626	6 906					
2007	14 050	20 639	17 834	14 293	18 196	12 256	10 785					
2008	12 665	16 946	14 011	24 748	17 230	11 425	9 136					
2009	15 214	24 338	22 674	25 349	19 751	13 677	9 822					
2010	20 850	27 691	26 016	40 780	31 463	19 752	14 288					
2011	20 674	39 481	26 118	20 869	35 936	18 236	15 010					
2012	20 035	33 852	29 928	29 924	34 924	18 288	14 526					
2013	23 776	42 843	34 715	25 964	41 636	21 616	17 621					
2014	25 700	44 171	40 866	31 358	41 406	24 221	18 938					
2015	35 071	55 570	47 518	34 725	57 700	34 971	26 728	33 005	16 764	19 648	17 051	
2016	52 777	64 750	58 211	46 220	76 077	57 369	39 723	43 853	30 271	31 289	27 531	
2017	54 430	84 869	63 937	55 230	86 411	57 149	37 520	53 235	32 310	32 692	37 639	
2018	54 090	81 199	59 850	47 717	87 876	52 204	41 541	57 914	27 530	40 020	37 043	

注：本表2017年及以前数据来源为深圳市规划和国土资源委员会，2018年数据来源为深圳市住房和建设局。

Note: The data of this table are provided by Shenzhen Municipal Bureau of Planning and Land Resources before 2018, provided by Housing and Construction Bureau of ShenZhen Municipality in 2018.

9-22 商品住宅二级市场平均交易价格（按区域分）

AVERAGE SELLING PRICE OF COMMERCIAL HOUSES IN SECONDARY MARKET（GROUPED BYDISTRICT）

单位：元/平方米 (yuan/ sq. m)

年份 Year	住宅平均平均交易价格 Average Selling Price of Commercial Houses in Secondary Market	福田区 Futian	罗湖区 Luohu	盐田区 Yantian	南山区 Nanshan	宝安区 Baoan	龙岗区 Longgang	龙华区 Longhua	坪山区 Pingshan	光明区 Guangming	大鹏新区 Dapeng	深汕特别合作区 ShenshanSpecial Cooperation Zone
1999	5 004	6 027	7 394	3 194	4 390	3 074	3 033					
2000	5 275	6 728	7 200	4 252	4 540	3 025	3 718					
2001	5 517	6 465	6 408	4 139	5 709	2 851	3 402					
2002	5 641	7 664	6 496	5 265	5 639	3 805	3 522					
2003	5 879	7 640	6 866	6 076	5 778	3 640	3 485					
2004	6 419	7 806	7 789	9 002	6 499	4 787	4 447					
2005	6 996	8 627	8 135	7 698	8 502	5 353	5 353					
2006	9 190	13 803	9 988	9 454	12 119	8 297	6 423					
2007	13 370	18 441	16 946	14 178	18 008	12 212	10 478					
2008	12 823	16 876	16 891	24 995	17 050	11 652	9 112					
2009	14 858	23 216	22 607	25 366	19 636	13 726	9 626					
2010	20 297	29 248	23 470	40 861	30 840	19 944	14 166					
2011	19 038	29 866	24 656	19 392	35 370	17 805	14 705					
2012	18 848	29 958	30 319	23 254	34 401	18 028	13 942					
2013	21 808	41 439	36 396	19 485	42 273	20 947	17 118					
2014	23 955	42 445	42 480	28 253	41 259	23 747	18 755					
2015	33 406	54 461	48 636	30 498	56 463	35 841	27 230	32 835	16 014	18 791	17 051	
2016	53 455	83 292	64 330	44 606	82 142	58 745	40 859	41 850	30 837	33 833	27 531	
2017	54 455	87 377	75 042	55 230	101 134	56 960	37 560	52 737	32 652	34 774	37 639	
2018	54 120	93 803	72 910	47 589	92 095	54 052	44 610	57 787	26 806	45 290	37 043	

注：本表2017年及以前数据来源为深圳市规划和国土资源委员会，2018年数据来源为深圳市住房和建设局。

Note: The data of this table are provided by Shenzhen Municipal Bureau of Planning and Land Resources before 2018, provided by Housing and Construction Bureau of ShenZhen Municipality in 2018.

9-23 房地产开发企业主要财务指标

FINANCIAL INDICATORS OF REAL ESTATE COMPANIES

年 份 Year		2013	2014	2015	2016	2017
一、年末资产负债（亿元）	**Total Assets and Liabilities at the year end (100 million yuan)**					
资产总计	Total Capital	9 851.81	10 048.95	12 775.46	16433.75	20 196.64
负债合计	Total liabilities	7 304.97	7 743.89	9 816.21	12405.27	15 350.48
所有者权益合计	Creditors' Equity	2 546.83	2 305.06	2 959.26	4028.48	4 846.15
二、损益及分配（亿元）	**Profit,loss and distribution(100 million yuan)**					
1、主营业务收入	Business Revenue	1 181.42	1 320.40	1 864.36	2406.26	2 570.31
#土地转让收入	Land Sales Revenue	0.22	0.02			0.80
商品房屋销售收入	Sales Revenue of Commodity	1 071.24	1 211.01	1 767.06	2236.99	2 407.45
房屋出租收入	Revenue Leased	66.27	67.04	83.13	130.76	114.09
其他收入	Other Revenues	43.68	42.33	14.17	38.51	41.10
2、主营业务成本、主营业务税金及附加	Business Cost,Taxes and Extra Charge	820.76	855.77	1 301.68	1525.90	1 569.84
主营业务成本	Business cost	644.11	703.72	1 055.32	1172.91	1 207.13
主营业务税金及附加	Business Taxes and Extra Charge	176.65	152.05	246.37	353.00	362.71
3、费用合计	Total Expenses	177.22	178.26	222.45	249.28	297.31
销售费用	Sales Expenses	50.65	47.58	60.75	71.11	72.65
管理费用	Management Expenses	73.21	70.45	78.92	97.57	112.78
财务费用	Financial Expenses	53.36	60.23	82.78	80.61	111.88
4、其他业务利润	Other Profits	11.70	5.18	7.25	4.25	1.79
5、投资收益	Investment Revenue	202.94	122.73	149.00	131.58	92.37
6、营业外收入	Nonbusiness Revenue	4.81	3.72	7.11	10.81	6.89
7、营业外支出	Nonbusiness Expenses	5.84	10.65	7.57	15.28	39.04
8、利润总额	Total Profits	482.21	363.38	519.57	772.44	824.73
三、工资总额（亿元）	**Total Payable Salaries(100 million yuan)**	**29.86**	**31.21**	**38.40**	**47.49**	**52.91**
四、从业人员年平均人数(人)	**Average Number of Employed Persons(person)**	**26 660**	**24 638**	**26 681**	**29 143**	**30 856**
五、企业数(个)	**Number of Enterprises(unit)**	**461**	**453**	**498**	**566**	**599**

主要统计指标解释

房地产开发投资 指各种登记注册类型的房地产开发公司、商品房建设公司及其他房地产开发法人单位和附属于其他法人单位实际从事房地产开发或经营活动的单位统一开发的包括统代建、拆迁还建的住宅、厂房、仓库、饭店、宾馆、度假村、写字楼、办公楼等房屋建筑物和配套的服务设施，土地开发工程（如道路、给水、排水、供电、供热、通讯、平整场地等基础设施工程）的投资；不包括单纯的土地交易活动。

施工面积 指报告期内施工的全部房屋建筑面积。包括本期新开工的面积和上期开工跨入本期继续施工的房屋面积，以及上期已停建在本期恢复施工的房屋面积。本期竣工和本期施工后又停缓建的房屋，其建筑面积仍计入本期房屋施工面积中。

竣工面积 指在报告期内房屋建筑按照设计要求已经全部完工，达到住人和使用条件，经验收鉴定合格（或达到竣工验收标准），正式移交使用单位的各栋房屋建筑面积的总和。

Explanatory Notes on Main Statistical Indicators

Investment in Real Estate Development It includes the investment by the real estate development companies, commercial buildings construction companies and other real estate development units of various types of ownership in the construction of house buildings, such as residential buildings, factory buildings, warehouses, hotels, guesthouses, holiday villages, office buildings, and the complementary service facilities and land development projects, such as roads, water supply, water drainage, power supply, heating, telecommunications, land leveling and other projects of infrastructure. It excludes the activities in simple land transactions.

Floor Space under Construction refers to total floor space of all buildings under construction during the reference period, including floor space of newly started buildings during the reference period, floor space of construction extended from the previous period to the current period, and floor space of construction suspended during the previous period and resumed in the current period. Floor space of construction completed in the current period, and floor space of construction started and then suspended in the current period are also included in the floor space under construction of the current year.

Floor Space of Building Completed refers to the floor space of all buildings completed in the reference period, which have been appraised and accepted (or come up to the designed standards) and have been transferred to the owners for use.

10 第十部分 商业和物价

COMMERCE AND PRICE

CHAPTER

10-1 社会消费品零售总额及指数

INDICES OF TOTAL RETAIL SALES OF CONSUMER GOODS

年 份 Year	社会消费品零售总额(万元) Total Retail Sales of Consumer Goods (10 000 yuan)	社会消费品零售总额指数 Retail Sales Indices	
		以1979年为100 (1979=100)	以上年为100 (Preceding year=100)
1979	11 259	100.0	
1980	19 615	174.2	174.2
1981	34 229	304.0	174.5
1982	54 185	481.3	158.3
1983	123 794	1 099.5	228.5
1984	201 107	1 786.2	162.5
1985	265 642	2 359.4	132.1
1986	273 712	2 431.1	103.0
1987	324 364	2 880.9	118.5
1988	502 430	4 462.5	154.9
1989	545 741	4 847.2	108.6
1990	667 580	5 929.3	122.3
1991	828 341	7 357.1	124.1
1992	1 148 908	10 204.4	138.7
1993	2 641 333	14 256.4	139.7
1994	3 639 756	19 641.2	137.8
1995	4 269 434	23 032.9	117.3
1996	4 888 502	26 380.3	114.5
1997	5 372 464	28 997.3	109.9
1998	5 732 419	30 940.1	106.7
1999	6 385 915	34 467.3	111.4
2000	7 350 188	39 671.9	115.1
2001	8 320 412	44 908.6	113.2
2002	9 419 443	50 836.5	113.2
2003	10 951 323	59 122.8	116.3
2004	12 506 411	67 518.2	114.2
2005	14 416 103	77 641.9	115.3
2006	16 804 604	90 219.9	116.6
2007	19 308 050	103 392.0	114.9
2008	22 765 855	121 589.0	117.9
2009	25 679 436	137 152.4	112.8
2010	30 007 629	160 331.2	116.9
2011	35 208 736	188 068.5	117.3
2012	40 087 794	219 099.8	116.5
2013	45 004 559	246 049.1	112.3
2014	49 189 983	268 931.7	109.3
2015	50 178 375	274 310.3	102.0
2016	55 127 556	296 529.4	108.1
2017	57 356 877	323 513.6	109.1
2018	61 688 671	348 100.6	107.6
年平均增长率 Average Annual Growth Rate		**23.3**	

注：1. 2013、2014年数据已根据第三次全国经济普查结果进行修订。
Note: The data from 2013 to 2014 have adjusted by the 3rd China Economic Census.
2. 2017年社会消费品零售总额按有关制度规定进行修订.
Total retail sales of consumer goods in 2017 has been revised according to relevant regulations

10-2 限额以上批发零售贸易业商品分类销售（2018年）

TOTAL SALES OF ENTERPRISES OVER LEVELS IN WHOLESALE AND RETAIL SALE TRADES GROUPED BY CATEGORY OF COMMODITIES（2018）

单位：万元 （10 000 yuan）

项 目	Item	批发额 Value in Wholesale Trade	零售额 Value in Retail Sale Trade
总 计	**Total**	**232 803 592**	**34 770 015**
食品、饮料、烟酒类	Food,Beverage,Tobacco and Liquor	27 934 197	4 356 628
针、纺织品类	Knitwear and Textiles	1 418 779	624 634
服装、鞋帽类	Garments,Footwear and Headgear	4 672 065	4 535 064
化妆品类	Cosmetics	889 535	384 589
日用品类	Articles for Daily Use	5 405 554	1 769 861
五金、电料类	Hardwares and Electric Appliances	3 325 958	265 065
家用电器及音像器材类	Household Appliances and Video Appliances	5 906 906	1 770 847
电子出版类及音像制品类	E-journals and Video Products	74 129	61 917
体育、娱乐用品类	Sports and Recreational Articles	510 980	229 536
文化、办公用品类	Articles For Culture and Office Use	11 359 299	678 486
金银珠宝类	Gold, Silver and Jewelry	10 678 796	758 131
家具类	Furniture	912 171	945 018
中西药品类	Traditional Chinese and Western Medicines	5 635 621	548 197
书报杂志类	Newspapers and Magazines	267 297	127 315
通讯器材类	Communications Appliances	20 791 669	1 746 577
建筑材料类	Building Materials	4 583 105	157 277
木材及制品类	Timber and Related Products	1 089 742	
化工材料及制品类	Chemical Materials and Products	13 276 288	
金属材料类	Metal Materials	43 014 157	
机电设备及零件类	Mechanical and Electrical Products and Accessories	32 708 538	95 348
煤炭及制品类	Coal and Related Products	2 660 417	
石油及制品类	Petroleum and Related Products	16 190 080	2 917 806
种子饲料类	Seeds and Feedstuff	333 480	
棉麻类	Cotton and Hemp	96 969	1 335
汽车类	Motor Vehicles	11 376 435	10 349 137
其他类	Others	7 691 425	2 447 249

10-3 限额以上批发和零售业法人企业商品购销存综合表（2018年）

TOTAL PURCHASES SALES AND INVENTORY OF ENTERPRISES ABOVE THE DESIGNATED SIZE IN WHOLESALE AND RETAIL TRADE（2018）

单位：万元

项 目	Item	法人企业（个）Number of Corporative Enterprises (unit)	从业人员期末人数（人）Number of Employees at the Year-end (person)
总 计	**Total**	**7 359**	**515 012**
一、批发业	**Wholesale Trade**	**6 134**	**309 452**
1.按批发行业分组	Grouped by Sector		
农畜产品批发	Wholesale of Farm and Livestock Products	80	3 301
食品、饮料及烟草制品批发	Wholesale of Foods, Beverages&Tobaccos	554	48 091
纺织、服装及日用品批发	Wholesale of Textiles, Garments and Daily-use Products	731	46 719
文化、体育用品及器材批发	Wholesale of Cultural and Sports Articles and Appliances	452	24 426
医药及医疗器材批发	Wholesale of Medicine and Medical Appliances	246	23 403
矿产品、建材及化工产品批发	Wholesale of Mineral Products, Building Material and Chemical Products	1 361	39 454
机械设备、五金交电及电子产品批发	Wholesale of Mechanical Equipment,Hardware and Electronic Products	2 392	99 583
贸易经纪与代理	Trade Broker and Agent	200	7 820
其他批发	Other Wholesales	118	16 655
2.按登记注册类型分组	Grouped by Registration Status		
内资企业	Domestic-funded	5 414	251 188
国有企业	State-owned	16	1 738
集体企业	Collective-owned		
股份合作企业	Share-holding Cooperative Enterprises		
联营企业	Joint Ownership		
有限责任公司	Limited Liabilities Companies	1 039	57 189
股份有限公司	Share-holding Limited Companies	127	25 368
私营企业	Private-owned	4 232	166 893
港、澳、台商投资企业	Funded by Entrepreneur from Hong Kong,Macao and Taiwan	478	35 258
合资经营企业（港或澳、台资）	Joint-venture(Hong Kong,Macao and Taiwan)	41	2 984
合作经营企业（港或澳、台资）	Cooperative(Hong Kong,Macao and Taiwan)	3	337
港、澳、台商独资经营企业	Enterprises with Sole Funds(Hong Kong,Macao and Taiwan)	420	30 871
港、澳、台商投资股份有限公司	Share-holding Corporations Ltd(Hong Kong,Macao and Taiwan)	12	1 001
外商投资企业	Foreign-funded	242	23 006
中外合资经营企业	Jointly-owned	39	7 159
中外合作经营企业	Cooperatively-owned	3	222
外资企业	Exclusively Foreign-owned	180	14 260
外商投资股份有限公司	Foreign-funded Investment Companies Limited	10	631
3.按控股情况分组	Grouped by Holding Condition		
国有控股	State-controlled	150	22 059
集体控股	Collective-controlled	29	2 381
私人控股	Private-controlled	4 936	206 712
港澳台商控股	Controlled by Entrepreneur from Hong Kong,Macao and Taiwan	482	36 790
外商控股	Foreign-funded-controlled	211	15 713
其他	Others	326	25 797
4.按经营形式分组	Grouped by Business Forms		
独立门店	Independent Stores	1 050	50 012

(10 000 yuan)

商品购进总额 Total Purchase	进口额 Imports	商品销售总额 Total Sales	批发额 Whosales Trade	出口额 Exports	零售额 Retail Trade	年末商品库存总额 Inventory (Year-end)	年末零售营业面积（平方米） Retail Business Area at the Year-end(sq.m)
240 213 172	**29 645 518**	**277 335 682**	**244 774 362**	**13 418 142**	**32 561 320**	**19 574 517**	**9 934 016**
213 041 723	**27 827 278**	**243 693 423**	**241 315 357**	**13 371 878**	**2 378 067**	**15 573 107**	**2 352 517**
2 797 273	221 014	2 965 898	2 949 247	32 264	16 651	390 890	11 362
20 966 205	1 105 358	24 983 026	24 833 011	235 913	150 015	2 266 009	265 432
8 657 098	681 126	11 007 112	10 497 369	2 259 418	509 743	1 241 605	459 906
10 183 251	252 840	11 469 208	11 108 402	226 651	360 806	2 434 902	161 405
5 097 058	561 398	6 351 910	6 312 333	114 746	39 577	539 486	134 087
82 118 297	4 732 141	87 371 989	86 968 992	2 227 276	402 997	2 604 924	417 105
66 243 285	13 952 282	77 461 162	76 681 519	5 497 643	779 643	4 773 090	806 566
15 222 017	6 127 516	19 031 432	19 003 922	1 847 671	27 511	614 424	46 938
1 757 240	193 604	3 051 686	2 960 562	930 297	91 124	707 777	49 716
184 135 379	22 484 870	207 752 488	205 908 230	12 428 489	1 844 258	12 937 351	1 974 368
1 931 185	50 314	2 352 147	2 339 826	6 974	12 321	67 323	10 710
62 947 963	4 891 173	71 099 766	70 658 023	1 503 309	441 743	4 772 302	387 071
16 467 040	2 140 908	19 702 174	19 635 083	3 742 748	67 092	1 026 555	81 823
102 789 191	15 402 475	114 598 401	113 275 299	7 175 459	1 323 102	7 071 170	1 494 764
13 257 936	3 275 919	15 749 048	15 281 044	305 609	468 004	1 258 725	259 688
1 872 631	821 514	2 127 929	2 040 745	21 294	87 184	225 652	49 067
1 037 693	4 393	1 047 158	1 023 158	314	24 000	3 579	7 986
10 239 528	2 418 601	12 401 836	12 063 619	274 916	338 217	1 002 033	179 487
80 385	13 806	135 495	116 892	9 086	18 603	24 964	22 392
15 648 408	2 066 490	20 191 887	20 126 083	637 780	65 804	1 377 031	118 461
2 473 577	56 415	4 278 477	4 256 415	80 695	22 063	262 671	19 443
11 522	7 747	72 526	60 533	45	11 994	4 280	30 530
11 901 320	1 979 000	14 478 545	14 469 460	537 921	9 085	1 022 577	65 399
1 190 302	14 860	1 257 445	1 255 970	6 024	1 475	78 557	1 688
28 964 639	1 387 292	32 597 607	32 427 365	1 541 245	170 242	1 403 397	68 644
1 202 049	16 653	1 406 477	1 378 891	32 576	27 586	153 052	16 757
134 412 394	18 623 541	154 215 194	152 566 063	10 056 907	1 649 131	10 044 855	1 739 714
12 463 626	3 241 712	14 913 839	14 499 819	294 200	414 020	1 177 381	215 609
13 247 903	2 021 591	15 984 907	15 960 077	577 971	24 830	1 115 761	103 358
22 751 113	2 536 489	24 575 399	24 483 142	868 979	92 257	1 678 660	208 435
31 040 671	1 621 113	35 731 745	35 317 471	867 808	414 274	2 150 056	591 693

单位：万元

项　目	Item	法人企业（个） Number of Corporative Enterprises (unit)	从业人员期末人数（人） Number of Employees at the Year-end (person)
连锁总店	General Chain Stores	25	6 440
连锁门店	Chain Stores	16	3 776
其他	Others	5 043	249 224
二、零售业	**Retail Trade Sector**	**1 225**	**205 560**
1.按零售行业分组	Grouped by Sector		
综合零售	Integrated Retail	104	53 868
食品、饮料及烟草制品专门零售	Special Retail of Foods, Beverages&Tobaccos	54	17 097
纺织、服装及日用品专门零售	Special Retail of Textile, Garments and Daily-use Articles	181	55 895
文化、体育用品及器材专门零售	Special Retail of Cultural and Sports Goods and Appliances	66	9 454
医药及医疗器材专门零售	Special Retail of Medicine and Medical Appliances	32	10 703
汽车、摩托车、燃料及零配件专门零售	Special Retail of Automobiles, Motorcycles, Fuels and Related Accessories	510	38 279
家用电器及电子产品专门零售	Special Retail of Household Electrical Appliances and Electronic Products	128	8 978
五金、家具及室内装修材料专门零售	Special Retail of Hardware, Furniture and Indoor Decoration Materials	59	4 562
无店铺及其他零售	Retail without Shops and Other	91	6 724
2.按登记注册类型分组	Grouped by Registration		
内资企业	Civil Funded	1 126	141 362
国有企业	State-owned	6	281
集体企业	Collective-owned	2	68
股份合作企业	Share-holding Cooperative Enterprise		
联营企业	Joint Ownership	1	15
有限责任公司	Limited Liabilities Companies	346	54 875
股份有限公司	Share-holding Limited Companies	26	10 597
私营企业	Private-owned	745	75 526
港、澳、台商投资企业	Funded by Entrepreneur from Hong Kong, Macao and Taiwan	69	30 939
外商投资企业	Foreign-funded	30	33 259
3.按控股情况分组	Grouped by Holding Condition		
国有控股	State-controlled	70	37 127
集体控股	Collective-controlled	7	711
私人控股	Private-controlled	930	105 649
港澳台商控股	Controlled by Entrepreneur from Hong Kong,Macao and Taiwan	69	21 944
外商控股	Foreign-funded-controlled	23	17 515
其他	Others	126	22 614
4.按经营形式分组	Grouped by Business Forms		
独立门店	Independent Stores	601	59 517
连锁总店	General Chain Stores	76	51 645
连锁门店	Chain Stores	52	31 530
其他	Other	496	62 868
5.按零售业态分组	Grouped by Retail Format		
有店铺零售	Store-based Retailing	914	185 559
无店铺零售	Non-Store Retailing	311	20 001

10-3 续表 continued（10 000 yuan）

商品购进总额 Total Purchase	进口额 Imports	商品销售总额 Total Sales	批发额 Whosales Trade	出口额 Exports	零售额 Retail Trade	年末商品库存总额 Inventory (Year-end)	年末零售营业面积（平方米） Retail Business area at the Year-end(sq.m)
760 930	20 187	5 480 599	5 355 507	1 751	125 091	235 356	170 698
701 892	26	790 116	753 576	62	36 540	84 049	47 427
180 538 231	26 185 952	201 690 964	199 888 803	12 502 257	1 802 161	13 103 646	1 542 699
27 171 449	**1 818 240**	**33 642 259**	**3 459 005**	**46 264**	**30 183 254**	**4 001 410**	**7 581 499**
6 431 123	14 588	7 527 738	751 266		6 776 473	427 931	3 729 277
641 206	115 244	988 640	199 361		789 279	144 799	69 849
1 904 780	70 002	3 417 335	283 539	20 850	3 133 796	983 429	854 974
629 188	16 246	926 684	310 982	490	615 702	484 332	244 984
409 146	6 672	611 503	18 460		593 043	190 134	163 541
13 193 836	1 428 977	14 596 268	946 416		13 649 853	1 141 122	1 788 037
2 599 007	77 265	3 216 583	712 974	6 444	2 503 609	436 961	385 171
268 075	4 035	812 244	28 307		783 937	105 159	283 724
1 095 089	85 213	1 545 265	207 703	18 480	1 337 562	87 543	61 942
19 576 664	1 524 149	24 595 891	2 474 799	46 111	22 121 092	3 213 658	4 741 229
21 177		24 100	4 530		19 570	576	58 042
12 536		13 670			13 670	2 621	551
1 187		1 394			1 394	302	400
8 532 406	763 601	10 642 461	835 123	9 623	9 807 339	1 268 520	2 385 648
2 453 214	544	3 031 968	523 796	1 408	2 508 173	173 949	477 496
8 556 143	760 005	10 882 298	1 111 351	35 080	9 770 947	1 767 690	1 819 092
3 480 895	234 529	4 289 693	247 625	153	4 042 069	427 344	1 618 128
4 113 890	59 563	4 756 674	736 581		4 020 093	360 409	1 222 142
6 610 956	161 426	7 324 556	1 294 293	490	6 030 264	468 715	1 953 909
126 456	7 952	148 313	12 550		135 763	14 812	44 135
13 141 684	1 085 500	16 548 975	1 595 431	45 621	14 953 544	2 474 177	3 094 100
2 253 787	219 928	3 039 098	241 393	153	2 797 705	360 057	889 237
1 820 432	85 916	2 158 828	2 092		2 156 736	265 702	556 817
3 218 134	257 518	4 422 488	313 246		4 109 242	417 947	1 043 301
11 183 250	1 233 650	13 344 829	715 679	8 016	12 629 150	1 458 143	2 402 021
7 167 409	38 566	8 417 034	1 639 964		6 777 071	719 503	2 457 959
2 718 760	113 559	3 301 838	174 669		3 127 169	512 940	1 178 473
6 102 030	432 466	8 578 557	928 694	38 249	7 649 864	1 310 825	1 543 046
23 905 950	1 504 682	29 246 420	2 697 532	11 888	26 548 888	3 457 023	7 193 083
3 265 499	313 558	4 395 839	761 473	34 376	3 634 366	544 387	388 416

10-4 限额以上批发和零售业法人单位主要财务状况综合表（一）（2018年）

MAIN FINANCIAL INDICATORS OF WHOLESALE AND RETAIL SALES ABOVE THE SET SCALE Ⅰ（2018）

单位：万元

项 目	Item	法人企业数（个）Number of Corporative Enterprises (unit)	流动资产合计 Total Current Assets	应收帐款 Accounts Payable
总 计	**Total**	**7 359**	**142 931 152**	**34 886 188**
一、批发业	**Wholesale Trade**	**6 134**	**126 458 370**	**33 075 174**
1.按批发行业分组	Grouped by Sector			
农畜产品批发	Livestock products wholesale	80	1 611 485	369 389
食品、饮料及烟草制品批发	Wholesale of Foods, Beverages&Tobaccos	554	9 428 056	2 131 749
纺织、服装及日用品批发	Wholesale of Textiles, Garments and Daily-use Products	731	6 624 640	1 970 514
文化、体育用品及器材批发	Wholesale of Cultural and Sports Articles and Appliances	452	6 858 889	1 538 745
医药及医疗器材批发	Wholesale of Medicine and Medical Appliances	246	3 558 093	1 079 991
矿产品、建材及化工产品批发	Wholesale of Mineral Products, Building Material and Chemical Products	1 361	46 978 505	8 246 204
机械设备、五金交电及电子产品批发	Wholesale of Mechanical Equipment,Hardware and Electronic Products	2 392	36 966 161	13 350 902
贸易经纪与代理	Trade Broker and Agent	200	12 762 290	4 087 422
其他批发	Other Wholesales	118	1 670 251	300 257
2.按登记注册类型分组	Grouped by Registration Status			
内资企业	Domestic-funded	5 414	111 360 997	28 018 416
国有企业	State-owned	16	420 160	30 254
集体企业	Collective-owned			
股份合作企业	Share-holding Cooperative Enterprises			
联营企业	Joint Ownership			
有限责任公司	Limited Liabilities Companies	1 039	36 147 117	7 144 470
股份有限公司	Share-holding Limited Companies	127	13 751 249	2 788 772
私营企业	Private-owned	4 232	61 042 470	18 054 919
港、澳、台商投资企业	Funded by Entrepreneur from Hong Kong,Macao and Taiwan	478	8 826 489	2 543 641
合资经营企业（港或澳、台资）	Joint-venture(Hong Kong,Macao and Taiwan)	41	1 085 749	209 855
合作经营企业（港或澳、台资）	Cooperative(Hong Kong,Macao and Taiwan)	3	526 128	11 817
港、澳、台商独资经营企业	Enterprises with Sole Funds(Hong Kong,Macao and Taiwan)	420	7 018 767	2 300 012
港、澳、台商投资股份有限公司	Share-holding Corporations Ltd(Hong Kong,Macao and Taiwan)	12	177 407	16 704
外商投资企业	Foreign-funded	242	6 270 884	2 513 117
中外合资经营企业	Jointly-owned	39	1 345 487	309 665
中外合作经营企业	Cooperatively-owned	3	64 127	2 256
外资企业	Exclusively Foreign-owned	180	4 475 482	2 038 951
外商投资股份有限公司	Foreign-funded Investment Companies Limited	10	337 832	144 780
3.按控股情况分组	Grouped by Holding Condition			
国有控股	State-controlled	150	12 273 855	1 821 296
集体控股	Collective-controlled	29	927 028	238 981
私人控股	Private-controlled	4 936	86 490 749	23 308 249
港澳台商控股	Controlled by Entrepreneur from Hong Kong,Macao and Taiwan	482	8 646 137	2 542 377
外商控股	Foreign-funded-controlled	211	5 074 226	2 233 445
其他	Others	326	13 046 376	2 930 826
4.按经营形式分组	Grouped by Business Forms			
独立门店	Independent Stores	1 050	16 429 160	4 352 323

(10 000 yuan)

存货 Inventory	固定资产合计 Total Fixed Assets	固定资产原价 Original Value of Fixed Assets	累计折旧 Accumulative Depreciation	本年折旧 Depreciation of the Year	资产总计 Total Assets	流动负债合计 Total Current Liabilities	应付帐款 Accounts Payable
18 694 989	**3 628 212**	**6 553 810**	**2 901 225**	**548 470**	**174 811 197**	**128 746 158**	**30 678 758**
15 409 508	**2 642 894**	**4 600 183**	**1 937 132**	**375 006**	**154 373 746**	**115 199 814**	**27 077 816**
384 591	53 240	66 816	13 575	2 422	2 834 012	1 241 668	177 130
1 770 775	346 733	620 480	279 390	46 265	11 360 586	6 874 140	1 810 512
1 224 838	168 404	301 586	132 974	26 021	8 332 857	5 873 735	1 626 415
2 397 316	129 789	213 611	83 798	20 925	7 644 123	5 361 377	929 403
531 310	97 290	176 728	79 300	14 829	5 416 052	3 070 318	1 046 977
2 787 797	844 918	1 596 256	749 329	61 564	58 127 651	46 042 452	6 703 984
4 943 362	800 749	1 333 304	509 137	179 286	44 134 035	33 826 755	11 525 575
646 018	170 069	237 163	67 095	15 722	14 741 203	12 054 662	2 848 041
723 502	31 702	54 239	22 536	7 974	1 783 227	854 708	409 779
13 286 818	2 237 560	3 851 120	1 610 912	291 259	133 725 357	102 465 930	22 011 833
59 410	36 550	67 950	31 400	3 110	513 854	200 277	22 502
4 101 582	511 928	928 869	415 620	72 740	44 960 388	35 001 965	6 766 524
1 158 890	608 408	1 172 198	563 790	24 546	19 962 025	11 784 000	1 496 381
7 966 936	1 080 673	1 682 103	600 103	190 863	68 289 091	55 479 688	13 726 426
1 129 214	194 566	324 647	129 803	32 532	12 388 084	7 314 138	2 242 090
151 480	14 514	27 590	13 073	1 839	1 926 663	1 259 729	185 375
4 101	2 433	8 756	6 323	610	573 641	467 533	1 623
940 573	176 434	285 056	108 348	29 700	9 686 617	5 407 667	2 027 575
30 562	1 102	2 774	1 672	354	182 639	168 288	21 060
993 477	210 768	424 416	196 417	51 216	8 260 305	5 419 746	2 823 893
195 214	80 118	164 691	61 688	20 683	1 751 304	976 820	293 409
4 280	241	1 139	898	44	93 865	42 113	32 111
705 979	123 597	250 561	132 619	30 159	6 009 449	4 119 562	2 248 551
79 175	739	1 563	823	187	350 508	252 288	230 188
1 510 408	705 321	1 417 271	711 948	41 934	18 517 043	10 133 588	1 684 625
223 473	20 833	50 872	30 039	5 414	1 055 273	791 017	138 649
10 200 874	1 324 191	2 075 095	749 403	224 553	99 844 145	80 764 912	18 407 186
1 122 193	208 408	333 011	124 328	33 382	12 278 390	7 318 527	2 354 001
799 876	126 419	257 598	136 833	30 953	6 670 181	4 565 317	2 539 442
1 552 686	257 722	466 337	184 581	38 771	16 008 713	11 626 453	1 953 915
2 945 519	332 578	559 635	225 882	54 463	17 929 457	14 464 586	5 401 867

单位：万元

项　目	Item	法人企业数（个）Number of Corporative Enterprises (unit)	流动资产合计 Total Current Assets	应收帐款 Accounts Payable
连锁总店	General Chain Stores	25	3 043 943	939 713
连锁门店	Chain Stores	16	320 178	116 328
其他	Others	5 043	106 665 089	27 666 810
二、零售业	**Retail Trade Sector**	**1 225**	**16 472 782**	**1 811 014**
1.按零售行业小类分组	Grouped by Sector			
综合零售	Integrated Retail	104	5 808 752	135 290
食品、饮料及烟草制品专门零售	Special Retail of Foods, Beverages&Tobaccos	54	759 321	76 199
纺织、服装及日用品专门零售	Special Retail of Textile, Garments and Daily-use Articles	181	2 172 113	428 866
文化、体育用品及器材专门零售	Special Retail of Cultural and Sports Goods and Appliances	66	592 170	89 348
医药及医疗器材专门零售	Special Retail of Medicine and Medical Appliances	32	402 598	43 052
汽车、摩托车、燃料及零配件专门零售	Special Retail of Automobiles, Motorcycles, Fuels and Related Accessories	510	4 263 899	455 510
家用电器及电子产品专门零售	Special Retail of Household Electrical Appliances and Electronic Products	128	1 425 203	358 104
五金、家具及室内装修材料专门零售	Special Retail of Hardware, Furniture and Indoor Decoration Materials	59	542 721	59 397
无店铺及其他零售	Retail without Shops and Other	91	506 004	165 249
2.按登记注册类型分组	Grouped by Registration			
内资企业	Domestic-funded	1 126	10 697 807	1 606 349
国有企业	State-owned	6	59 067	3 648
集体企业	Collective-owned	2	6 867	416
股份合作企业	Share-holding Cooperative Enterprise			
联营企业	Joint Ownership	1	525	77
有限责任公司	Limited Liabilities Companies	346	4 696 962	675 083
股份有限公司	Share-holding Limited Companies	26	720 852	54 842
私营企业	Private-owned	745	5 213 534	872 284
港、澳、台商投资企业	Funded by Entrepreneur from Hong Kong, Macao and Taiwan	69	2 123 368	150 882
外商投资企业	Foreign-funded	30	3 651 607	53 783
3.按控股情况分组	Grouped by Holding Condition			
国有控股	State-controlled	70	4 635 823	96 657
集体控股	Collective-controlled	7	42 610	5 171
私人控股	Private-controlled	930	7 627 334	1 333 459
港澳台商控股	Controlled by Entrepreneur from Hong Kong,Macao and Taiwan	69	1 351 523	140 848
外商控股	Foreign-funded-controlled	23	967 757	43 878
其他	Others	126	1 847 735	191 001
4.按经营形式分组	Grouped by Business Forms			
独立门店	Independent Stores	601	5 147 999	628 376
连锁总店	General Chain Stores	76	5 502 485	320 105
连锁门店	Chain Stores	52	1 514 568	156 505
其他	Other	496	4 307 730	706 028
5.按零售业态分组	Grouped by Retail Format			
有店铺零售	Store-based Retailing	914	14 353 663	1 321 939
无店铺零售	Non-Store Retailing	311	2 119 119	489 075

10-4 （一）续表 （10 000 yuan）

存货 Inventory	固定资产合计 Total Fixed Assets	固定资产原价 Original Value of Fixed Assets	累计折旧 Accumulative Depreciation	本年折旧 Depreciation of the Year	资产总计 Total Assets	流动负债合计 Total Current Liabilities	应付帐款 Accounts Payable
218 642	29 552	47 700	18 148	4 045	3 267 880	2 534 602	960 314
83 430	5 851	13 360	7 510	1 780	372 406	296 235	127 227
12 161 918	2 274 913	3 979 488	1 685 592	314 719	132 804 003	97 904 393	20 588 408
3 285 481	**985 319**	**1 953 627**	**964 093**	**173 464**	**20 437 451**	**13 546 343**	**3 600 942**
398 812	284 888	663 797	378 909	45 229	7 289 703	4 934 973	1 201 249
136 600	60 283	127 787	67 504	7 523	1 041 483	501 738	157 063
1 026 785	77 642	149 449	69 655	21 435	2 578 168	1 524 681	474 896
201 368	77 692	144 906	67 213	4 470	843 023	511 120	186 825
198 045	15 442	26 867	11 426	3 290	574 788	318 755	160 995
1 032 259	376 487	677 999	300 646	65 643	5 256 511	3 773 878	775 766
164 432	48 709	73 693	23 785	2 110	1 632 651	1 392 515	529 088
46 301	27 918	53 824	25 907	20 853	633 157	313 458	47 423
80 879	16 258	35 307	19 049	2 910	587 967	275 226	67 637
2 579 859	700 150	1 328 366	624 001	103 637	13 289 193	8 680 424	2 500 540
501	65 610	113 137	47 527	1 535	242 457	64 518	5 585
2 624	74	326	252	118	6 940	5 389	1 668
302	48	81	33	15	582	670	240
1 078 438	342 392	659 724	316 568	48 452	5 796 591	3 726 857	1 019 352
160 225	68 156	159 978	91 821	8 842	1 101 275	580 116	395 401
1 337 768	223 871	395 121	167 800	44 676	6 141 348	4 302 874	1 078 294
450 467	131 525	237 892	106 368	33 436	2 857 758	1 397 727	320 652
255 156	153 644	387 368	233 724	36 391	4 290 500	3 468 192	779 750
474 596	309 218	617 811	308 593	38 298	6 305 108	3 833 200	1 118 184
14 421	2 291	6 300	4 009	480	54 771	28 157	8 424
1 917 377	402 221	683 485	277 048	66 170	9 177 243	6 295 937	1 563 394
351 916	78 981	152 436	73 455	20 755	1 602 115	979 940	158 141
160 277	79 650	244 128	164 478	27 463	1 129 791	1 036 436	272 470
366 895	112 957	249 466	136 509	20 298	2 168 424	1 372 673	480 329
1 297 628	456 512	866 638	408 409	81 336	6 458 142	4 083 342	739 445
634 381	244 072	481 946	237 874	40 799	6 910 813	4 511 403	1 288 134
477 401	96 924	211 489	114 217	17 404	2 095 513	1 426 939	544 357
876 072	187 810	393 555	203 593	33 924	4 972 984	3 524 660	1 029 006
2 929 654	858 273	1 764 928	902 440	153 696	17 900 823	11 881 468	3 016 177
355 827	127 046	188 699	61 653	19 767	2 536 628	1 664 876	584 765

10-4 限额以上批发和零售业法人单位主要财务状况综合表（二）（2018年）

MAIN FINANCIAL INDICATORS OF WHOLESALE AND RETAIL SALES ABOVE THE SET SCALE II（2018）

单位：万元

项　目	Item	非流动负债合计 Total Non-working Liabilities	负债合计 Total Liabilities	所有者权益合计 Total Owner's Eguities
总　　计	**Total**	**6 623 424**	**135 219 566**	**39 590 678**
一、批发业	**Wholesale Trade**	**5 848 153**	**120 912 852**	**33 459 503**
1.按批发行业分组	Grouped by Sector			
农畜产品批发	Livestock products wholesale	113 700	1 348 098	1 485 914
食品、饮料及烟草制品批发	Wholesale of Foods, Beverages&Tobaccos	186 228	7 060 903	4 299 683
纺织、服装及日用品批发	Wholesale of Textiles, Garments and Daily-use Products	185 393	6 065 296	2 267 727
文化、体育用品及器材批发	Wholesale of Cultural and Sports Articles and Appliances	316 459	5 665 291	1 978 832
医药及医疗器材批发	Wholesale of Medicine and Medical Appliances	99 893	3 170 608	2 245 444
矿产品、建材及化工产品批发	Wholesale of Mineral Products, Building Material and Chemical Products	2 357 225	48 399 975	9 726 119
机械设备、五金交电及电子产品批发	Wholesale of Mechanical Equipment,Hardware and Electronic Products	1 921 741	35 732 569	8 401 466
贸易经纪与代理	Trade Broker and Agent	641 843	12 588 393	2 152 809
其他批发	Other Wholesales	25 670	881 719	901 509
2.按登记注册类型分组	Grouped by Registration Status			
内资企业	Domestic-funded	5 102 469	107 434 932	26 288 868
国有企业	State-owned	1 512	201 788	312 065
集体企业	Collective-owned			
股份合作企业	Share-holding Cooperative Enterprises			
联营企业	Joint Ownership			
有限责任公司	Limited Liabilities Companies	2 002 421	36 895 370	8 065 018
股份有限公司	Share-holding Limited Companies	1 171 209	12 955 209	7 006 815
私营企业	Private-owned	1 927 327	57 382 565	10 904 970
港、澳、台商投资企业	Funded by Entrepreneur from Hong Kong,Macao and Taiwan	297 477	7 610 114	4 777 970
合资经营企业（港或澳、台资）	Joint-venture(Hong Kong,Macao and Taiwan)	7 536	1 267 265	659 398
合作经营企业（港或澳、台资）	Cooperative(Hong Kong,Macao and Taiwan)	4 968	472 501	101 139
港、澳、台商独资经营企业	Enterprises with Sole Funds(Hong Kong,Macao and Taiwan)	282 741	5 688 907	3 997 710
港、澳、台商投资股份有限公司	Share-holding Corporations Ltd(Hong Kong,Macao and Taiwan)	2 232	170 520	12 119
外商投资企业	Foreign-funded	448 206	5 867 806	2 392 664
中外合资经营企业	Jointly-owned	260 947	1 237 767	513 537
中外合作经营企业	Cooperatively-owned		42 113	51 752
外资企业	Exclusively Foreign-owned	187 249	4 306 811	1 702 638
外商投资股份有限公司	Foreign-funded Investment Companies Limited		252 141	98 532
3.按控股情况分组	Grouped by Holding Condition			
国有控股	State-controlled	1 431 732	11 565 320	6 951 723
集体控股	Collective-controlled	111 936	794 702	260 571
私人控股	Private-controlled	3 087 350	83 827 045	16 015 544
港澳台商控股	Controlled by Entrepreneur from Hong Kong,Macao and Taiwan	300 308	7 617 334	4 661 056
外商控股	Foreign-funded-controlled	187 260	4 752 430	1 917 917
其他	Others	729 567	12 356 021	3 652 692
4.按经营形式分组	Grouped by Business Forms			
独立门店	Independent Stores	606 234	15 081 428	2 846 347

（10 000 yuan）

实收资本 Paid-in Capital	1.国家资本 State Capital	2.集体资本 Collective-owned Capital	3.法人资本 Capital of Juridical Person	4.个人资本 Private Capital	5.港澳台资本 Hong Kong, Macao and Taiwan Capital	6.外商资本 Foreign Capital	主营业务收入 Prime Operating Revenues	主营业务成本 Operating Losts	主营业务税金及附加 Sales Taxes and Extra Charges
26 398 548	**2 057 491**	**214 897**	**13 607 328**	**6 858 316**	**2 330 526**	**1 329 991**	**244 169 693**	**226 795 180**	**536 342**
22 965 221	**1 406 350**	**120 934**	**12 023 604**	**6 301 494**	**1 971 588**	**1 141 251**	**214 629 525**	**201 995 153**	**422 937**
1 185 777	15 845		1 116 546	43 345	5 693	4 349	2 767 778	2 623 150	1 503
1 483 351	178 876	1 200	704 260	320 337	43 591	235 087	20 506 916	18 685 539	240 722
1 557 619	9 854	2 682	677 496	509 360	279 137	79 090	9 992 245	8 550 653	20 824
1 471 859	6 297	5 411	1 081 754	285 520	69 566	23 311	10 105 344	9 399 832	13 198
618 229	60 632	15 106	234 584	211 126	70 381	26 399	5 566 319	4 497 057	18 866
6 543 095	719 119	23 375	2 338 127	2 537 154	879 076	46 244	76 670 405	74 727 037	40 955
8 859 191	299 037	45 840	5 005 921	2 217 587	573 869	716 938	69 004 957	65 357 128	73 909
961 349	116 189	26 081	641 692	127 521	45 237	4 628	17 058 281	16 304 814	10 757
284 752	500	1 240	223 224	49 544	5 038	5 206	2 957 281	1 849 942	2 204
19 097 222	1 396 426	116 734	11 283 670	6 275 121	15 430	9 842	184 428 627	174 299 805	382 832
99 524	54 016		45 508				2 032 088	1 727 107	186 487
4 532 468	1 107 682	51 879	2 882 149	469 220	13 182	8 356	64 089 288	61 085 971	89 992
2 335 783	228 472	30 261	909 925	1 166 852		273	17 532 780	16 224 173	14 996
12 129 446	6 255	34 594	7 446 088	4 639 049	2 248	1 213	100 774 471	95 262 554	91 357
2 099 382	1 049		167 252	8 833	1 917 052	5 196	14 072 048	12 610 745	24 279
325 146	873		49 688	8 723	262 483	3 379	1 914 039	1 824 845	1 833
55 350			52 980	110	2 260		930 066	922 779	225
1 707 130	176		63 534		1 642 602	818	11 077 124	9 759 427	21 506
10 088			1 050		9 038		118 222	77 814	603
1 768 617	8 875	4 200	572 683	17 540	39 106	1 126 213	16 128 851	15 084 603	15 827
580 383	8 875	4 200	497 339	14 399	24 565	31 004	3 769 794	3 594 041	4 802
22 518			2 418	500		19 600	61 382	49 339	212
1 128 403			67 926	67	1 072	1 059 338	10 947 482	10 229 320	9 719
15 686			4 000	700		10 986	1 252 296	1 134 002	889
2 371 501	1 313 265	2 913	764 565	279 671	291	10 797	29 284 479	27 554 099	247 324
188 163	2 105	34 120	147 121	1 391	3 425		1 275 395	1 038 217	2 361
14 977 496	6 415	75 556	9 251 587	5 630 319	4 769	8 849	135 799 728	128 480 447	118 915
2 052 512	176		108 662	5 483	1 936 285	1 906	13 392 993	11 899 319	24 802
1 217 102			91 085	847	20 431	1 104 739	12 422 318	11 555 060	11 045
2 158 446	84 388	8 345	1 660 585	383 783	6 386	14 959	22 454 613	21 468 012	18 492
3 755 579	146 727	22 185	2 845 374	625 155	84 186	31 953	31 219 376	29 125 594	173 969

单位：万元

项 目	Item	非流动负债合计 Total Non-working Liabilities	负债合计 Total Liabilities	所有者权益合计 Total Owner's Eguities
连锁总店	General Chain Stores	34 802	2 569 404	698 476
连锁门店	Chain Stores	11 590	307 825	64 581
其他	Others	5 195 527	102 954 196	29 850 100
二、零售业	**Retail Trade Sector**	**775 271**	**14 306 714**	**6 131 175**
1.按零售行业小类分组	Grouped by Sector			
综合零售	Integrated Retail	425 810	5 360 733	1 928 970
食品、饮料及烟草制品专门零售	Special Retail of Foods, Beverages&Tobaccos	4 179	505 916	535 566
纺织、服装及日用品专门零售	Special Retail of Textile, Garments and Daily-use Articles	29 140	1 552 468	1 025 700
文化、体育用品及器材专门零售	Special Retail of Cultural and Sports Goods and Appliances	62 233	573 352	269 671
医药及医疗器材专门零售	Special Retail of Medicine and Medical Appliances	15 577	334 332	240 456
汽车、摩托车、燃料及零配件专门零售	Special Retail of Automobiles, Motorcycles, Fuels and Related Accessories	76 681	3 837 972	1 418 977
家用电器及电子产品专门零售	Special Retail of Household Electrical Appliances and Electronic Products	10 465	1 402 626	230 025
五金、家具及室内装修材料专门零售	Special Retail of Hardware, Furniture and Indoor Decoration Materials	101 799	414 700	218 457
无店铺及其他零售	Retail without Shops and Other	49 388	324 614	263 354
2.按登记注册类型分组	Grouped by Registration			
内资企业	Civil Funded	531 023	9 196 546	4 093 085
国有企业	State-owned	51 780	116 298	126 159
集体企业	Collective-owned		5 389	1 551
股份合作企业	Share-holding Cooperative Enterprise			
联营企业	Joint Ownership		670	- 87
有限责任公司	Limited Liabilities Companies	244 392	3 970 963	1 825 629
股份有限公司	Share-holding Limited Companies	6 329	586 446	514 829
私营企业	Private-owned	228 521	4 516 781	1 625 005
港、澳、台商投资企业	Funded by Entrepreneur from Hong Kong, Macao and Taiwan	37 491	1 435 219	1 422 540
外商投资企业	Foreign-funded	206 758	3 674 950	615 551
3.按控股情况分组	Grouped by Holding Condition			
国有控股	State-controlled	228 837	4 062 037	2 243 071
集体控股	Collective-controlled		28 157	26 614
私人控股	Private-controlled	256 287	6 537 503	2 640 178
港澳台商控股	Controlled by Entrepreneur from Hong Kong,Macao and Taiwan	32 719	1 012 659	589 455
外商控股	Foreign-funded-controlled	38 231	1 074 667	55 124
其他	Others	219 198	1 591 691	576 733
4.按经营形式分组	Grouped by Business Forms			
独立门店	Independent Stores	356 696	4 427 782	2 030 797
连锁总店	General Chain Stores	206 941	4 718 344	2 192 469
连锁门店	Chain Stores	12 476	1 439 415	656 098
其他	Other	199 159	3 721 173	1 251 810
5.按零售业态分组	Grouped by Retail Format			
有店铺零售	Store-based Retailing	688 416	12 555 825	5 345 436
无店铺零售	Non-Store Retailing	86 856	1 750 889	785 739

10-4 （二）续表 (10 000 yuan)

实收资本 Paid-in Capital	1.国家资本 State Capital	2.集体资本 Collective-owned Capital	3.法人资本 Capital of Juridical Person	4.个人资本 Private Capital	5.港澳台资本 Hong Kong, Macao and Taiwan Capital	6.外商资本 Foreign Capital	主营业务收入 Prime Operating Revenues	主营业务成本 Operating Losts	主营业务税金及附加 Sales Taxes and Extra Charges
201 503	8 577	1 287	161 607	24 161	5 559	312	5 103 899	4 683 893	7 078
65 260		1 200	10 369	5 328	877	47 486	686 100	581 581	1 016
18 942 878	1 251 046	96 262	9 006 255	5 646 849	1 880 966	1 061 500	177 620 150	167 604 086	240 875
3 433 328	**651 141**	**93 963**	**1 583 723**	**556 823**	**358 939**	**188 739**	**29 540 168**	**24 800 027**	**113 405**
927 797	413 240	780	136 343	68 279	149 797	159 359	6 634 609	5 488 308	15 109
282 604	161 207		69 936	12 530	38 932		900 849	643 912	3 232
591 990	200	72 077	360 329	110 090	49 088	206	3 033 435	1 818 702	16 276
129 601	23 788		46 578	43 596	6 380	9 259	844 558	581 095	16 318
42 454	1 182		30 080	11 192			542 288	397 406	1 177
924 047	39 502	19 761	616 422	194 851	51 441	2 070	12 854 462	11 808 233	42 497
264 787		158	193 598	65 876	4 480	676	2 649 922	2 382 577	4 295
97 122		1 188	40 292	24 833	13 743	17 067	766 872	614 862	4 219
172 925	12 022		90 146	25 578	45 077	103	1 313 173	1 064 931	10 283
2 356 984	237 385	93 963	1 480 791	512 366	30 227	2 253	21 511 680	18 279 767	89 899
24 454	22 537		1 917				37 070	19 423	1 211
370		370					11 706	10 728	16
498			498				1 394	1 404	1
1 050 374	197 204	88 326	636 931	102 981	22 783	2 150	9 341 459	7 713 847	53 808
285 209	17 044		202 548	61 944	3 673		2 329 936	2 042 475	5 585
996 079	600	5 268	638 897	347 441	3 771	103	9 790 114	8 491 890	29 279
499 070	52 089		73 862	44 422	328 697		3 660 467	2 821 312	14 724
577 274	361 668		29 071	35	15	186 486	4 368 021	3 698 949	8 782
1 052 797	638 823	1 800	342 575	40 125	28 986	490	6 392 603	5 435 576	10 460
4 700	920	1 810	650	820	500		129 011	108 435	383
1 531 501	2 686	75 349	947 056	494 056	12 251	103	14 637 936	12 510 289	59 440
405 260		1 188	96 919		307 152		2 657 215	2 102 838	15 141
214 379	120		27 613			186 646	1 897 831	1 546 826	5 673
224 691	8 592	13 816	168 911	21 822	10 050	1 500	3 825 572	3 096 064	22 308
1 136 675	55 997	18 983	694 268	244 124	89 460	33 843	11 921 161	10 401 340	61 168
951 027	390 931	2 145	369 183	84 760	101 219	2 789	7 187 637	5 985 177	11 267
360 094	183 378		92 765	38 998	35 152	9 802	2 762 671	2 166 302	8 059
985 533	20 836	72 835	427 507	188 941	133 108	142 305	7 668 699	6 247 208	32 911
2 902 890	639 712	16 893	1 366 268	437 407	255 470	187 140	25 565 074	21 475 030	96 614
530 438	11 429	77 070	217 455	119 416	103 469	1 599	3 975 094	3 324 997	16 791

10-4 限额以上批发和零售业法人单位主要财务状况综合表（三）（2018年）

MAIN FINANCIAL INDICATORS OF WHOLESALE AND RETAIL SALES ABOVE THE SET SCALE III（2018）

单位：万元

项 目	Item	其他业务利润 Profits from Other Business	销售费用 Sale Expenses	管理费用 Management Expenses
总 计	**Total**	**857 985**	**8 814 128**	**5 073 952**
一、批发业	**Wholesale Trade**	**570 705**	**5 668 501**	**3 996 020**
1.按批发行业分组	Grouped by Sector			
农畜产品批发	Livestock products wholesale	1 579	69 897	37 789
食品、饮料及烟草制品批发	Wholesale of Foods, Beverages&Tobaccos	143 795	800 638	569 858
纺织、服装及日用品批发	Wholesale of Textiles, Garments and Daily-use Products	18 113	749 217	480 740
文化、体育用品及器材批发	Wholesale of Cultural and Sports Articles and Appliances	9 273	280 892	224 732
医药及医疗器材批发	Wholesale of Medicine and Medical Appliances	37 839	761 444	212 608
矿产品、建材及化工产品批发	Wholesale of Mineral Products, Building Material and Chemical Products	81 770	628 355	588 917
机械设备、五金交电及电子产品批发	Wholesale of Mechanical Equipment,Hardware and Electronic Products	256 293	1 475 964	1 584 581
贸易经纪与代理	Trade Broker and Agent	19 677	121 964	152 561
其他批发	Other Wholesales	2 366	780 131	144 235
2.按登记注册类型分组	Grouped by Registration Status			
内资企业	Domestic-funded	364 352	4 407 021	2 986 174
国有企业	State-owned	4 793	24 943	37 761
集体企业	Collective-owned			
股份合作企业	Share-holding Cooperative Enterprises			
联营企业	Joint Ownership			
有限责任公司	Limited Liabilities Companies	58 739	1 358 481	674 148
股份有限公司	Share-holding Limited Companies	13 167	496 108	335 489
私营企业	Private-owned	287 652	2 527 488	1 938 777
港、澳、台商投资企业	Funded by Entrepreneur from Hong Kong,Macao and Taiwan	28 452	752 770	474 804
合资经营企业（港或澳、台资）	Joint-venture(Hong Kong,Macao and Taiwan)	2 783	56 364	59 382
合作经营企业（港或澳、台资）	Cooperative(Hong Kong,Macao and Taiwan)	4 541	5 475	6 552
港、澳、台商独资经营企业	Enterprises with Sole Funds(Hong Kong,Macao and Taiwan)	21 083	663 644	394 819
港、澳、台商投资股份有限公司	Share-holding Corporations Ltd(Hong Kong,Macao and Taiwan)		23 484	13 088
外商投资企业	Foreign-funded	177 900	508 710	535 042
中外合资经营企业	Jointly-owned	9 496	127 460	64 137
中外合作经营企业	Cooperatively-owned	-2	5 908	2 671
外资企业	Exclusively Foreign-owned	167 768	356 888	429 283
外商投资股份有限公司	Foreign-funded Investment Companies Limited	24	5 029	28 725
3.按控股情况分组	Grouped by Holding Condition			
国有控股	State-controlled	29 886	521 534	272 062
集体控股	Collective-controlled	2 666	62 706	30 324
私人控股	Private-controlled	315 299	3 378 570	2 451 924
港澳台商控股	Controlled by Entrepreneur from Hong Kong,Macao and Taiwan	24 191	782 152	467 573
外商控股	Foreign-funded-controlled	168 679	375 435	470 161
其他	Others	29 984	548 105	303 976
4.按经营形式分组	Grouped by Business Forms			
独立门店	Independent Stores	101 416	1 000 579	524 951

(10 000 yuan)

财务费用 Financial Expenses	利息支出 Interest Expense	营业利润 Operating profits	投资收益 Profits of Investment	营业外收入 Non-operating Income	利润总额 Total Profits	应交所得税 Total Payable Tax	应付职工薪酬 Total Wages Payable	本年应交增值税 Total Value-added Payable	从业人员期末人数（人）Average Employed Persons (Persons)
1 395 212	**1 251 987**	**3 951 769**	**1 855 104**	**308 352**	**4 088 015**	**2 255 950**	**5 225 113**	**2 139 477**	**515 012**
1 297 958	**1 166 391**	**3 136 801**	**1 743 540**	**227 292**	**3 219 967**	**1 999 801**	**3 532 291**	**1 574 492**	**309 452**
20 233	20 196	37 836	25 425	6 804	44 297	3 053	38 477	3 131	3 301
23 046	29 039	448 696	147 364	34 992	473 755	96 055	519 550	214 365	48 091
53 864	51 399	340 858	188 243	20 172	347 934	59 555	444 155	150 390	46 719
84 738	69 288	110 409	13 159	7 591	115 512	40 763	205 609	107 825	24 426
25 773	32 027	290 194	120 765	9 737	280 767	41 685	280 376	151 368	23 403
352 424	421 726	1 160 015	893 440	30 299	1 148 008	181 070	516 662	364 179	39 454
424 792	304 534	378 521	276 628	97 888	425 108	1 497 333	1 262 105	515 900	99 583
298 353	230 159	248 108	75 658	13 072	257 523	53 987	93 929	46 281	7 820
14 735	8 023	122 165	2 858	6 737	127 064	26 301	171 427	21 053	16 655
1 177 954	1 051 844	1 971 095	928 815	164 010	2 025 464	495 675	2 645 426	1 340 625	251 188
−2 808	1 366	27 682	−1 037	255	27 851	7 071	48 245	48 837	1 738
383 082	388 695	726 011	333 013	51 220	729 659	169 671	747 093	382 627	57 189
255 239	255 343	521 928	356 717	16 411	528 598	55 470	345 280	161 339	25 368
542 441	406 439	695 475	240 123	96 123	739 356	263 463	1 504 807	747 823	166 893
55 443	84 926	1 007 120	753 876	37 101	1 025 704	127 325	482 201	166 718	35 258
20 042	27 380	132 799	177 069	6 824	139 236	4 770	40 621	6 629	2 984
8 874	9 165	−920	9 229	6 610	5 381	351	4 922	569	337
15 380	37 880	881 806	567 558	23 300	887 373	121 294	427 759	155 135	30 871
10 864	10 253	−7 780	20	367	−7 489	742	8 240	4 395	1 001
64 561	29 621	158 586	60 848	26 182	168 800	1 376 801	404 664	67 149	23 006
16 524	17 587	−17 151	−4 580	2 048	−16 334	12 597	91 542	−4 780	7 159
216	292	3 781	747	40	3 799	433	2 968	1 715	222
41 558	11 424	110 847	64 682	23 962	120 490	32 346	284 889	67 700	14 260
5 643	155	60 472		104	60 223	9 280	14 524	1 186	631
178 213	218 719	743 253	329 946	15 495	724 298	141 351	418 721	254 285	22 059
6 813	3 293	18 062	2 756	6 819	23 826	6 715	27 602	18 587	2 381
822 450	704 470	945 696	342 847	121 889	996 892	309 571	1 964 728	991 394	206 712
49 538	75 930	1 019 807	749 713	29 696	1 030 554	129 127	513 844	169 860	36 790
47 217	11 801	183 458	65 483	24 211	192 896	1 364 540	310 486	71 453	15 713
193 726	152 178	226 527	252 795	29 184	251 502	48 498	296 910	68 912	25 797
127 035	92 969	329 919	57 376	18 546	333 846	100 929	530 147	275 151	50 012

单位：万元

项　目	Item	其他业务利润 Profits from Other Business	销售费用 Sale Expenses	管理费用 Management Expenses
连锁总店	General Chain Stores	8 891	310 887	60 944
连锁门店	Chain Stores	237	84 498	33 259
其他	Others	460 161	4 272 538	3 376 867
二、零售业	**Retail Trade Sector**	**287 280**	**3 145 627**	**1 077 932**
1.按零售行业小类分组	Grouped by Sector			
综合零售	Integrated Retail	141 931	914 812	230 308
食品、饮料及烟草制品专门零售	Special Retail of Foods, Beverages&Tobaccos	4 094	194 908	42 512
纺织、服装及日用品专门零售	Special Retail of Textile, Garments and Daily-use Articles	2 535	815 857	227 809
文化、体育用品及器材专门零售	Special Retail of Cultural and Sports Goods and Appliances	-456	110 983	87 405
医药及医疗器材专门零售	Special Retail of Medicine and Medical Appliances	18 011	147 938	18 309
汽车、摩托车、燃料及零配件专门零售	Special Retail of Automobiles, Motorcycles, Fuels and Related Accessories	86 025	538 294	305 642
家用电器及电子产品专门零售	Special Retail of Household Electrical Appliances and Electronic Products	20 609	188 471	68 914
五金、家具及室内装修材料专门零售	Special Retail of Hardware, Furniture and Indoor Decoration Materials	1 409	74 942	38 867
无店铺及其他零售	Retail without Shops and Other	13 123	159 423	58 166
2.按登记注册类型分组	Grouped by Registration			
内资企业	Civil Funded	166 101	2 100 795	752 372
国有企业	State-owned	-1 835	1 550	10 427
集体企业	Collective-owned		532	271
股份合作企业	Share-holding Cooperative Enterprise			
联营企业	Joint Ownership		166	
有限责任公司	Limited Liabilities Companies	105 863	976 192	322 680
股份有限公司	Share-holding Limited Companies	9 670	221 227	50 265
私营企业	Private-owned	52 403	901 129	368 728
港、澳、台商投资企业	Funded by Entrepreneur from Hong Kong, Macao and Taiwan	63 773	593 226	196 914
外商投资企业	Foreign-funded	57 406	451 606	128 646
3.按控股情况分组	Grouped by Holding Condition			
国有控股	State-controlled	17 938	611 603	186 678
集体控股	Collective-controlled	40	9 748	3 525
私人控股	Private-controlled	83 541	1 440 156	546 063
港澳台商控股	Controlled by Entrepreneur from Hong Kong,Macao and Taiwan	60 406	398 909	151 915
外商控股	Foreign-funded-controlled	52 609	270 332	54 436
其他	Others	72 747	414 880	135 316
4.按经营形式分组	Grouped by Business Forms			
独立门店	Independent Stores	136 490	845 152	412 502
连锁总店	General Chain Stores	68 197	900 445	250 668
连锁门店	Chain Stores	19 741	482 700	99 005
其他	Other	62 851	917 330	315 757
5.按零售业态分组	Grouped by Retail Format			
有店铺零售	Store-based Retailing	271 219	2 760 352	908 504
无店铺零售	Non-Store Retailing	16 061	385 276	169 427

10-4 （三）续表 (10 000 yuan)

财务费用 Financial Expenses	利息支出 Interest Expense	营业利润 Operating profits	投资收益 Profits of Investment	营业外收入 Non-operating Income	利润总额 Total Profits	应交所得税 Total Payable Tax	应付职工薪酬 Total Wages Payable	本年应交增值税 Total Value-added Payable	从业人员期末人数（人） Average Employed Persons (Persons)
16 029	13 940	122 265	94 184	6 014	116 381	14 654	73 919	47 384	6 440
1 445	1 290	−9 340	305	927	−8 452	576	24 486	4 827	3 776
1 153 449	1 058 192	2 693 958	1 591 674	201 806	2 778 192	1 883 643	2 903 739	1 247 128	249 224
97 254	**85 596**	**814 967**	**111 564**	**81 060**	**868 048**	**256 149**	**1 692 822**	**564 985**	**205 560**
21 301	39 991	317 307	41 566	18 759	321 915	91 338	415 107	96 286	53 868
−9 659	250	1 183	1 314	6 143	5 862	14 393	112 164	21 986	17 097
11 204	5 168	156 486	23 035	10 724	164 807	46 017	417 267	126 571	55 895
2 263	1 100	59 996	8 693	2 779	61 293	13 721	84 408	15 229	9 454
1 885	907	−5 225	−698	8 174	2 494	1 981	68 241	10 648	10 703
53 297	26 615	231 888	39 105	23 367	249 184	66 015	387 624	218 919	38 279
10 487	6 762	−18 819	366	5 169	−14 843	2 299	106 056	32 745	8 978
3 191	1 629	36 329	159	1 947	37 953	10 674	40 795	14 244	4 562
3 285	3 175	35 823	−1 976	3 998	39 383	9 711	61 160	28 357	6 724
74 614	59 510	516 830	56 415	57 054	555 614	178 411	1 164 224	422 680	141 362
−851	8	14 358	7 969	103	14 295	462	7 317	948	281
26		127			103	40	382	126	68
−3	1	−158	1	15	−144		123	1	15
24 082	33 979	388 488	−619	27 759	403 526	110 480	500 144	180 029	54 875
602	780	77 587	46 846	5 885	81 629	6 638	99 257	36 092	10 597
50 759	24 743	36 428	2 217	23 292	56 206	60 791	557 001	205 484	75 526
1 617	2 853	168 377	46 339	12 652	175 561	33 215	299 620	95 673	30 939
21 024	23 234	129 761	8 810	11 354	136 872	44 523	228 979	46 632	33 259
9 457	26 289	283 393	93 131	15 540	292 456	50 739	362 752	69 175	37 127
384	26	6 682	50	3 461	9 960	2 521	6 251	3 140	711
68 928	36 478	185 048	15 584	36 953	209 335	91 940	823 324	286 285	105 649
4 761	2 746	33 291	108	8 742	37 939	17 858	192 072	69 777	21 944
4 214	−224	81 697	−462	3 191	82 923	34 581	113 582	42 313	17 515
9 510	20 281	224 857	3 153	13 173	235 435	58 510	194 841	94 296	22 614
43 158	38 229	380 407	38 722	22 118	399 673	102 350	522 337	238 314	59 517
25 685	31 097	144 237	81 962	35 154	166 388	34 520	455 735	102 475	51 645
−2 846	2 347	35 865	−16 676	4 695	37 278	21 198	215 239	50 028	31 530
31 257	13 923	254 459	7 556	19 093	264 709	98 081	499 512	174 168	62 868
82 668	76 150	738 673	113 614	70 764	784 847	216 460	1 476 257	483 086	185 559
14 586	9 446	76 294	−2 050	10 296	83 201	39 688	216 566	81 899	20 001

10-5 限额以上住宿和餐饮业法人企业主要财务状况综合表(一)(2018年)

MAIN FINANCIAL INDICAFORS OF ENTERPRISE ABOVE DESIGNATED SIZE OF HOTELS AND CATERING SERVICES I (2018)

单位：万元

项目	Item	法人企业数（个）Number of Corporative Enterprises (unit)	流动资产合计 Total Current Assets	应收帐款 Accounts Payable
总计	**Total**	**1 100**	**3 906 737**	**374 622**
一、住宿业	**Hotels**	**375**	**2 579 665**	**151 861**
1.按住宿行业分组	Grouped by Sector			
旅游饭店	Tour Restaurant	224	2 178 294	118 433
一般旅馆	General Restaurant	134	284 677	28 488
其他住宿服务	Other Hotel Services	17	116 694	4 939
2.按登记注册类型分组	Grouped by Registration Status			
内资企业	Domestic-funded	330	2 163 146	121 045
国有企业	State-owned	7	39 243	6 987
集体企业	Collective-owned	4	4 837	259
股份合作企业	Share-holding Cooperative Enterprise			
联营企业	Joint Ownership	2	7 679	522
有限责任公司	Limited Liabilities Companies	132	1 491 350	55 601
股份有限公司	Share-holding Limited Companies	11	41 830	4 049
私营企业	Private-owned	174	578 207	53 627
港、澳、台商投资企业	Funded by Entrepreneur from Hong Kong,Macao and Taiwan	29	244 126	24 602
合资经营企业（港或澳、台资）	Joint-venture(Hong Kong,Macao and Taiwan)	6	45 621	1 422
合作经营企业（港或澳、台资）	Cooperative(Hong Kong,Macao and Taiwan)	4	75 719	14 340
港、澳、台商独资经营企业	Enterprises with Sole Funds(Hong Kong,Macao and Taiwan)	19	122 786	8 840
港、澳、台商投资股份有限公司	Share-holding Corporations Ltd(Hong Kong,Macao and Taiwan)			
外商投资企业	Foreign-funded	16	172 393	6 214
中外合资经营企业	Jointly-owned	8	107 169	3 230
中外合作经营企业	Cooperatively-owned	2	18 736	606
外资企业	Exclusively Foreign-owned	5	42 881	1 468
外商投资股份有限公司	Foreign-funded Investment Companies Limited			
3.按控股情况分组	Grouped by Holding Condition			
国有控股	State-controlled	46	503 858	35 221
集体控股	Collective-controlled	7	7 844	497
私人控股	Private-controlled	234	1 344 518	85 004
港澳台商控股	Controlled by Entrepreneur from Hong Kong,Macao and Taiwan	27	202 119	10 451
外商控股	Foreign-funded-controlled	7	97 371	1 812
其他	Others	54	423 954	18 877
4.按经营形式分组	Grouped by Business Forms			
独立门店	Independent Stores	288	1 974 983	122 213
连锁总店	General Chain Stores	4	69 387	979
连锁门店	Chain Stores	32	237 783	6 876
其他	Other	51	297 512	21 793
5.按星级分组	Grouped by Star Rating			
五星	Five Star	23	816 716	59 851
四星	Four Star	43	345 334	25 133
三星	Three Star	53	136 020	15 358

(10 000 yuan)

存货 Inventory	固定资产合计 Total Fixed Assets	固定资产原价 Original Value of Fixed Assets	累计折旧 Accumulative Depreciation	本年折旧 Depreciation of the Year	资产总计 Total Assets	流动负债合计 Total Current Liabilities	应付帐款 Accounts Payable
79 622	**1 286 044**	**2 695 908**	**1 408 109**	**151 121**	**6 331 243**	**3 311 306**	**320 892**
19 596	**991 229**	**2 061 117**	**1 068 151**	**98 396**	**4 270 571**	**2 072 018**	**63 196**
16 601	896 569	1 858 143	959 838	86 710	3 646 183	1 776 343	39 766
2 373	53 114	147 146	94 031	8 786	456 786	268 857	21 716
622	41 546	55 829	14 283	2 900	167 602	26 817	1 714
14 564	737 885	1 429 527	689 905	82 543	3 412 996	1 730 853	112 175
2 438	48 931	105 797	56 865	3 332	94 402	10 307	1 922
62	5 843	10 043	4 200	606	10 792	4 240	2 545
94	586	8 102	5 780	79	11 048	1 370	6
6 331	476 422	910 179	433 757	60 172	2 354 618	1 219 952	69 049
871	17 309	43 149	25 840	2 943	81 705	34 114	4 174
4 769	188 794	352 258	163 463	15 412	860 431	460 869	34 479
3 687	203 452	458 988	255 536	11 879	535 453	260 519	17 952
386	15 533	106 831	91 297	2 033	69 763	13 521	2 881
1 045	77 598	147 899	70 301	4 352	186 818	91 347	3 809
2 256	110 321	204 259	93 938	5 495	278 873	155 650	11 263
1 345	49 892	172 602	122 710	3 974	322 122	80 647	−66 930
490	13 752	61 237	47 486	1 926	136 804	65 309	7 112
298	9 042	37 568	28 526	376	51 906	24 923	1 193
218	27 099	73 798	46 698	1 672	129 804	68 360	2 710
4 354	307 670	636 656	328 986	21 641	960 730	533 043	34 840
182	10 577	17 901	5 588	892	20 507	6 331	3 253
6 821	362 484	699 639	337 154	54 878	1 988 482	1 111 059	75 109
2 893	129 895	313 651	183 756	7 878	408 228	230 261	12 625
411	31 330	109 058	77 728	2 316	190 469	86 774	8 005
4 935	149 272	284 212	134 940	10 792	702 155	104 550	−70 636
16 390	664 523	1 558 760	892 501	60 419	3 127 891	1 443 333	18 701
216	9 094	17 038	7 944	1 037	160 554	59 350	2 621
343	4 631	16 679	12 048	1 657	270 396	233 395	17 499
2 648	312 981	468 641	155 659	35 284	711 730	335 940	24 376
5 311	310 932	770 120	459 188	18 738	1 258 577	669 104	−49 190
2 477	125 829	286 466	160 638	13 872	675 931	358 104	37 609
2 293	36 323	136 162	99 839	3 265	241 150	75 301	−1 765

单位：万元

项　目	Item	法人企业数（个）Number of Corporative Enterprises (unit)	流动资产合计 Total Current Assets	应收帐款 Accounts Payable
二星	Two Star	11	19 049	85
一星	One Star	2	443	10
其他	Others	243	1 262 104	51 424
二、餐饮业	**Catering Services**	**725**	**1 327 072**	**222 761**
1.按餐饮行业小类分组	Grouped by Sector			
正餐服务	Restaurant	625	883 045	121 240
快餐服务	Fast Food	47	180 751	27 857
饮料及冷饮服务	Beverages and Cold Drinks	16	177 661	43 026
其他餐饮服务	Others	37	85 616	30 638
2.按登记注册类型分组	Grouped by Registration			
内资企业	Domestic-funded	633	901 642	150 186
国有企业	State-owned	2	836	188
集体企业	Collective-owned	2	1 902	
股份合作企业	Share-holding Cooperative Enterprise			
联营企业	Joint Ownership			
有限责任公司	Limited Liabilities Companies	148	390 822	74 483
股份有限公司	Share-holding Limited Companies	4	8 892	6 175
私营企业	Private-owned	476	498 796	69 327
其他企业	Others	1	393	13
港、澳、台商投资企业	Funded by Entrepreneur from Hong Kong,Macao and Taiwan	72	366 073	66 380
合资经营企业（港或澳、台资）	Joint-venture(Hong Kong,Macao and Taiwan)	8	27 139	7 214
合作经营企业（港或澳、台资）	Cooperative(Hong Kong,Macao and Taiwan)	1	11 770	7 662
港、澳、台商独资经营企业	Enterprises with Sole Funds(Hong Kong,Macao and Taiwan)	61	326 311	51 454
港、澳、台商投资股份有限公司	Share-holding Corporations Ltd(Hong Kong,Macao and Taiwan)	1	196	
外商投资企业	Foreign-funded	20	59 358	6 196
中外合资经营企业	Jointly-owned	4	4 735	3 134
中外合作经营企业	Cooperatively-owned			
外资企业	Exclusively Foreign-owned	15	50 723	3 018
外商投资股份有限公司	Foreign-funded Investment Companies Limited	1	3 900	44
3.按控股情况分组	Grouped by Holding Condition			
国有控股	State-controlled	12	33 112	18 414
集体控股	Collective-controlled	2	1 902	
私人控股	Private-controlled	553	707 474	86 757
港澳台商控股	Controlled by Entrepreneur from Hong Kong,Macao and Taiwan	73	362 393	61 160
外商控股	Foreign-funded-controlled	18	54 897	3 062
其他	Others	67	167 295	53 367
4.按经营形式分组	Grouped by Business Forms			
独立门店	Independent Stores	495	535 117	112 731
连锁总店	General Chain Stores	51	224 709	12 730
连锁门店	Chain Stores	41	326 984	5 971
其他	Other	138	240 263	91 329

存货 Inventory	固定资产合计 Total Fixed Assets	固定资产原价 Original Value of Fixed Assets	累计折旧 Accumulative Depreciation	本年折旧 Depreciation of the Year	资产总计 Total Assets	流动负债合计 Total Current Liabilities	应付帐款 Accounts Payable
188	5 077	13 082	8 005	709	26 506	9 724	1 322
6	53	109	56	10	756	797	129
9 321	513 016	855 178	340 426	61 802	2 067 651	958 987	75 091
60 026	**294 815**	**634 791**	**339 957**	**52 725**	**2 060 672**	**1 239 288**	**257 695**
34 272	151 655	351 169	199 682	26 772	1 191 979	801 445	129 512
13 636	118 143	230 991	112 849	20 048	525 254	282 930	66 322
5 577	14 763	25 765	11 002	2 741	237 020	93 682	48 383
6 541	10 255	26 866	16 425	3 164	106 419	61 231	13 478
43 881	187 753	373 553	185 782	29 571	1 377 547	962 075	176 499
98	137	613	476	30	1 338	1 476	394
144	71	790	719	32	2 003	694	625
16 476	84 850	151 998	66 963	10 975	538 180	381 862	80 455
363	1 309	4 694	3 385	490	10 342	6 566	1 246
26 777	101 385	215 393	114 174	17 980	825 290	571 346	93 780
24		65	65	65	393	132	
9 372	73 401	190 824	117 424	12 010	517 916	180 017	40 819
706	4 809	6 996	2 188	500	33 908	25 188	8 801
260	1 342	4 853	3 512	288	13 317	4 475	2 712
8 382	66 914	178 550	111 636	11 161	468 334	149 154	29 306
	13	19	6	6	642	987	
6 773	33 662	70 414	36 752	11 145	165 209	97 196	40 377
96	49	158	109	9	5 319	5 745	195
6 201	33 514	70 017	36 503	10 996	155 869	89 424	38 643
477	100	240	140	140	4 021	2 027	1 540
1 727	3 367	13 537	10 170	853	37 827	22 222	9 350
144	71	790	719	32	2 003	694	625
31 865	173 119	328 980	156 027	25 299	1 136 260	794 377	117 053
9 416	71 902	186 327	114 425	11 706	512 999	180 335	38 612
6 678	33 677	70 363	36 687	11 180	160 477	91 755	40 239
10 195	12 680	34 794	21 930	3 656	211 106	149 906	51 818
20 712	107 749	265 798	158 033	16 331	730 420	486 024	88 174
11 553	107 680	177 432	69 752	20 575	433 016	244 458	76 071
10 867	62 400	156 340	93 940	9 211	615 406	349 699	47 837
16 894	16 987	35 222	18 233	6 609	281 831	159 107	45 614

10-5 限额以上住宿和餐饮业法人企业主要财务状况综合表(二)(2018年)

MAIN FINANCIAL INDICAFORS OF ENTERPRISE ABOVE DESIGNATED SIZE OF HOTELS AND CATERING SERVICES II (2018)

单位：万元

项 目	Item	非流动负债合计 Total Non-working Liabilities	负债合计 Total Liabilities	所有者权益合计 Total Owner's Eguities
总　　计	**Total**	**1 415 217**	**4 733 031**	**1 598 400**
一、住宿业	**Hotels**	**1 240 366**	**3 312 383**	**958 187**
1.按住宿行业分组	Grouped by Sector			
旅游饭店	Tour Restaurant	1 052 307	2 828 650	817 532
一般旅馆	General Restaurant	89 141	357 998	98 788
其他住宿服务	Other Hotel Services	98 917	125 735	41 868
2.按登记注册类型分组	Grouped by Registration Status			
内资企业	Domestic-funded	1 159 880	2 890 732	522 264
国有企业	State-owned	2 614	12 921	81 481
集体企业	Collective-owned	187	4 427	6 365
股份合作企业	Share-holding Cooperative Enterprise			
联营企业	Joint Ownership		1 370	9 678
有限责任公司	Limited Liabilities Companies	843 538	2 063 490	291 128
股份有限公司	Share-holding Limited Companies	29 039	63 153	18 552
私营企业	Private-owned	284 501	745 370	115 061
港、澳、台商投资企业	Funded by Entrepreneur from Hong Kong,Macao and Taiwan	17 508	278 027	257 427
合资经营企业（港或澳、台资）	Joint-venture(Hong Kong,Macao and Taiwan)	7 800	21 321	48 441
合作经营企业（港或澳、台资）	Cooperative(Hong Kong,Macao and Taiwan)	1 633	92 980	93 838
港、澳、台商独资经营企业	Enterprises with Sole Funds(Hong Kong,Macao and Taiwan)	8 075	163 726	115 147
港、澳、台商投资股份有限公司	Share-holding Corporations Ltd(Hong Kong,Macao and Taiwan)			
外商投资企业	Foreign-funded	62 978	143 624	178 497
中外合资经营企业	Jointly-owned	47 877	113 186	23 618
中外合作经营企业	Cooperatively-owned	7 813	32 736	19 170
外资企业	Exclusively Foreign-owned	7 288	75 648	54 157
外商投资股份有限公司	Foreign-funded Investment Companies Limited			
3.按控股情况分组	Grouped by Holding Condition			
国有控股	State-controlled	49 045	582 088	378 642
集体控股	Collective-controlled	187	6 519	13 988
私人控股	Private-controlled	718 444	1 829 503	158 980
港澳台商控股	Controlled by Entrepreneur from Hong Kong,Macao and Taiwan	23 754	254 015	154 213
外商控股	Foreign-funded-controlled	41 312	128 086	62 383
其他	Others	407 624	512 173	189 982
4.按经营形式分组	Grouped by Business Forms			
独立门店	Independent Stores	962 823	2 406 156	721 735
连锁总店	General Chain Stores	88 411	147 761	12 792
连锁门店	Chain Stores	7 947	241 342	29 054
其他	Other	181 184	517 124	194 606
5.按星级分组	Grouped by Star Rating			
五星	Five Star	214 763	883 867	374 710
四星	Four Star	253 490	611 594	64 337
三星	Three Star	13 691	88 992	152 158

(10 000 yuan)

实收资本 Paid-in Capital	1.国家资本 State Capital	2.集体资本 Collective-owned Capital	3.法人资本 Capital of Juridical Person	4.个人资本 Private Capital	5.港澳台资本 Hong Kong, Macao and Taiwan Capital	6.外商资本 Foreign Capital	主营业务收入 Prime Operating Revenues	主营业务成本 Operating Losts	主营业务税金及附加 Sales Taxes and Extra Charges
1 529 744	**351 215**	**21 883**	**555 464**	**269 050**	**230 506**	**101 627**	**4 306 599**	**1 825 229**	**23 245**
1 079 585	**343 504**	**20 443**	**398 026**	**134 295**	**134 211**	**49 107**	**1 366 106**	**467 413**	**13 455**
885 711	319 791	18 983	315 761	95 570	115 633	19 973	1 129 037	384 592	11 903
178 859	23 713	1 460	69 129	36 846	18 578	29 134	191 705	73 149	1 057
15 015			13 135	1 880			45 364	9 673	494
771 742	246 667	20 443	364 412	134 220		6 000	973 834	332 327	9 601
62 675	59 254		3 421				26 449	7 249	237
9 378		9 328	51				4 967	1 892	19
8 000		8 000					2 582	171	19
411 478	177 414	3 055	174 090	50 920		6 000	565 500	192 411	6 898
72 988	10 000		51 972	11 016			31 853	9 863	171
207 223		60	134 879	72 284			342 485	120 740	2 257
218 372	67 076		15 288	25	134 061	1 921	225 992	85 959	3 039
39 576	6 047		9 870		23 659		31 494	16 365	599
72 402	61 029		3 560		5 891	1 921	56 152	23 225	1 128
106 394			1 858	25	104 511		138 346	46 369	1 313
89 471	29 760		18 325	50	150	41 186	166 279	49 127	814
19 530	430		18 325	50	150	575	57 991	13 380	244
31 757	29 330					2 427	15 621	2 915	387
38 184						38 184	47 169	6 960	114
298 538	216 504	6 000	72 423		1 690	1 921	295 678	118 934	4 692
12 878		12 728	151				13 112	8 998	53
385 956	70 000	60	220 987	94 859	50		553 432	180 722	5 081
189 740	2 043		55 660	25	132 012		181 268	66 845	1 906
52 098			7 914			44 184	77 380	9 636	214
140 376	54 957	1 655	40 892	39 411	459	3 002	245 235	82 278	1 509
828 373	177 654	19 043	362 500	85 872	134 198	49 107	969 439	333 063	9 332
17 300	16 000		1 300				30 540	12 625	164
37 880	13 140		20 770	3 957	13		71 080	15 498	371
196 032	136 710	1 400	13 455	44 467			295 047	106 227	3 587
341 108	90 340		99 992	20 893	96 700	33 184	425 656	141 330	4 329
142 948	19 648		95 158	26 452	1 690		174 726	48 282	2 065
127 126	34 277	6 555	71 520	5 750	7 104	1 921	107 459	30 178	877

单位：万元

项　目	Item	非流动负债合计 Total Non-working Liabilities	负债合计 Total Liabilities	所有者权益合计 Total Owner's Eguities
二星	Two Star	681	10 405	16 101
一星	One Star	205	1 002	−246
其他	Others	757 536	1 716 523	351 127
二、餐饮业	**Catering Services**	**174 852**	**1 420 648**	**640 213**
1.按餐饮行业小类分组	Grouped by Sector			
正餐服务	Restaurant	114 071	922 024	270 144
快餐服务	Fast Food	57 214	340 145	185 110
饮料及冷饮服务	Beverages and Cold Drinks	3 277	96 959	140 061
其他餐饮服务	Others	290	61 521	44 899
2.按登记注册类型分组	Grouped by Registration			
内资企业	Domestic−funded	113 431	1 082 228	295 508
国有企业	State−owned		1 476	−137
集体企业	Collective−owned		694	1 309
股份合作企业	Share−holding Cooperative Enterprise			
联营企业	Joint Ownership			
有限责任公司	Limited Liabilities Companies	55 198	436 981	101 199
股份有限公司	Share−holding Limited Companies	1 346	7 913	2 430
私营企业	Private−owned	56 887	635 033	190 446
其他企业	Others		132	261
港、澳、台商投资企业	Funded by Entrepreneur from Hong Kong,Macao and Taiwan	38 647	218 451	299 466
合资经营企业（港或澳、台资）	Joint−venture(Hong Kong,Macao and Taiwan)	1 321	26 509	7 399
合作经营企业（港或澳、台资）	Cooperative(Hong Kong,Macao and Taiwan)	18	4 493	8 824
港、澳、台商独资经营企业	Enterprises with Sole Funds(Hong Kong,Macao and Taiwan)	37 088	186 242	282 092
港、澳、台商投资股份有限公司	Share−holding Corporations Ltd(Hong Kong,Macao and Taiwan)	6	993	−351
外商投资企业	Foreign−funded	22 774	119 970	45 240
中外合资经营企业	Jointly−owned		5 745	−426
中外合作经营企业	Cooperatively−owned			
外资企业	Exclusively Foreign−owned	22 774	112 198	43 671
外商投资股份有限公司	Foreign−funded Investment Companies Limited		2 027	1 994
3.按控股情况分组	Grouped by Holding Condition			
国有控股	State−controlled	24	22 247	15 580
集体控股	Collective−controlled		694	1 309
私人控股	Private−controlled	106 193	907 157	229 292
港澳台商控股	Controlled by Entrepreneur from Hong Kong,Macao and Taiwan	38 416	218 750	294 249
外商控股	Foreign−funded−controlled	22 774	114 449	46 028
其他	Others	7 445	157 351	53 755
4.按经营形式分组	Grouped by Business Forms			
独立门店	Independent Stores	90 783	577 229	153 380
连锁总店	General Chain Stores	26 087	270 545	162 470
连锁门店	Chain Stores	55 498	405 196	210 210
其他	Other	2 484	167 677	114 154

实收资本 Paid−in Capital	1.国家资本 State Capital	2.集体资本 Collective−owned Capital	3.法人资本 Capital of Juridical Person	4.个人资本 Private Capital	5.港澳台资本 Hong Kong, Macao and Taiwan Capital	6.外商资本 Foreign Capital	主营业务收入 Prime Operating Revenues	主营业务成本 Operating Losts	主营业务税金及附加 Sales Taxes and Extra Charges
11 381	10 164	50	531		635		10 070	5 323	86
600			100	500			1 340	460	5
456 423	189 075	13 838	130 725	80 701	28 082	14 002	646 855	241 841	6 093
450 159	**7 711**	**1 441**	**157 438**	**134 754**	**96 295**	**52 520**	**2 940 494**	**1 357 816**	**9 790**
293 778	3 909	1 441	107 193	113 704	62 404	5 128	1 510 684	672 937	7 112
116 456	500		27 966	15 994	24 704	47 292	878 399	404 823	1 754
18 631			13 309	78	5 143	101	351 205	158 508	233
21 294	3 302		8 970	4 978	4 044		200 207	121 548	691
286 552	5 222	941	141 424	134 511	2 550	1 904	1 876 549	926 881	7 816
1 996	1 996						3 195	1 586	32
1 265		265	1 000				3 612	2 111	5
69 981	2 414	507	45 574	17 033	2 550	1 904	657 243	352 746	2 357
1 815	813			1 001			16 123	11 390	107
211 396		169	94 850	116 377			1 194 595	558 000	5 307
100				100			1 781	1 048	8
100 533	1 788		5 676	243	92 826		616 377	216 795	1 536
2 445			331	167	1 946		38 001	15 941	101
2 551	1 788				763		24 790	19 566	278
95 409			5 217	76	90 117		548 924	179 694	1 157
							491	178	
63 074	700	500	10 338		920	50 616	447 568	214 140	438
2 220	700	500	100		920		12 393	9 897	6
59 754			9 138			50 616	421 610	195 332	370
1 100			1 100				13 565	8 911	62
7 853	5 917		790	846	300		97 918	82 589	394
1 265		265	1 000				3 612	2 111	5
243 044		169	116 581	126 137	158		1 501 439	697 283	6 813
100 209			7 328	106	92 774		594 791	198 198	1 278
61 089	6	7	10 439	21		50 616	437 784	205 482	439
36 700	1 788	1 000	21 301	7 644	3 063	1 904	304 950	172 153	862
197 846	6 188	1 441	58 006	84 914	43 973	3 324	901 493	449 514	4 862
78 777			19 689	11 655	22 511	24 921	665 781	245 756	1 642
69 830			17 736	2 212	25 926	23 957	910 906	381 438	1 030
103 707	1 523		62 007	35 972	3 886	318	462 314	281 108	2 257

10-5 限额以上住宿和餐饮业法人企业主要财务状况综合表(三)(2018年)

MAIN FINANCIAL INDICAFORS OF ENTERPRISE ABOVE DESIGNATED SIZE OF HOTELS AND CATERING SERVICES III (2018)

单位：万元

项 目	Item	其他业务利润 Profits from Other Business	销售费用 Sale Expenses	管理费用 Management Expenses
总 计	**Total**	**35 684**	**1 470 909**	**713 331**
一、住宿业	**Hotels**	**11 450**	**363 895**	**368 938**
1.按住宿行业分组	Grouped by Sector			
旅游饭店	Tour Restaurant	6 421	282 181	304 655
一般旅馆	General Restaurant	5 018	61 138	53 780
其他住宿服务	Other Hotel Services	11	20 576	10 503
2.按登记注册类型分组	Grouped by Registration Status			
内资企业	Domestic-funded	9 254	289 417	260 647
国有企业	State-owned	81	10 272	11 793
集体企业	Collective-owned	3	3 220	790
股份合作企业	Share-holding Cooperative Enterprise			
联营企业	Joint Ownership		1 564	79
有限责任公司	Limited Liabilities Companies	3 136	147 986	151 417
股份有限公司	Share-holding Limited Companies	142	12 078	11 443
私营企业	Private-owned	5 892	114 297	85 125
港、澳、台商投资企业	Funded by Entrepreneur from Hong Kong,Macao and Taiwan	2 196	39 618	51 833
合资经营企业（港或澳、台资）	Joint-venture(Hong Kong,Macao and Taiwan)	105	5 533	5 543
合作经营企业（港或澳、台资）	Cooperative(Hong Kong,Macao and Taiwan)		7 068	16 578
港、澳、台商独资经营企业	Enterprises with Sole Funds(Hong Kong,Macao and Taiwan)	2 091	27 017	29 713
港、澳、台商投资股份有限公司	Share-holding Corporations Ltd(Hong Kong,Macao and Taiwan)			
外商投资企业	Foreign-funded		34 860	56 458
中外合资经营企业	Jointly-owned		13 733	28 660
中外合作经营企业	Cooperatively-owned		5 889	4 186
外资企业	Exclusively Foreign-owned		12 968	20 038
外商投资股份有限公司	Foreign-funded Investment Companies Limited			
3.按控股情况分组	Grouped by Holding Condition			
国有控股	State-controlled	148	76 171	71 958
集体控股	Collective-controlled	3	3 363	1 075
私人控股	Private-controlled	8 242	169 471	154 950
港澳台商控股	Controlled by Entrepreneur from Hong Kong,Macao and Taiwan	2 196	34 749	41 767
外商控股	Foreign-funded-controlled		20 678	36 552
其他	Others	862	59 463	62 637
4.按经营形式分组	Grouped by Business Forms			
独立门店	Independent Stores	11 104	262 302	268 298
连锁总店	General Chain Stores		8 769	10 491
连锁门店	Chain Stores	172	33 546	18 067
其他	Other	174	59 278	72 081
5.按星级分组	Grouped by Star Rating			
五星	Five Star	2 395	75 005	121 299
四星	Four Star	2 159	61 551	48 172
三星	Three Star	2 331	43 014	28 264

(10 000 yuan)

财务费用 Financial Expenses	利息支出 Interest Expense	营业利润 Operating profits	投资收益 Profits of Investment	营业外收入 Non-operating Income	利润总额 Total Profits	应交所得税 Total Payable Tax	应付职工薪酬 Total Wages Payable	从业人员期末人数（人） Average Employed Persons (Persons)
82 723	**50 834**	**209 929**	**3 703**	**21 207**	**218 621**	**62 883**	**1 088 589**	**180 198**
70 493	**45 421**	**97 828**	**1 898**	**11 263**	**105 442**	**28 198**	**367 066**	**45 067**
59 048	36 225	98 525	1 881	10 000	105 045	25 103	306 784	34 630
5 011	3 077	1 766	17	564	2 182	2 289	50 143	8 928
6 434	6 119	−2 463		699	−1 785	806	10 139	1 509
62 458	43 368	32 545	1 554	9 590	39 503	18 469	269 142	33 726
−375	11	−2 021	96	5 304	3 255	419	13 058	1 153
−5	−1	−683		8	−681	1	1 588	225
10		725			724	178	941	164
40 569	28 487	34 695	279	2 219	34 703	14 115	156 551	17 643
1 688	643	−1 126	1 126	69	−1 115	15	11 479	1 427
20 573	14 228	954	53	1 990	2 617	3 741	85 524	13 114
3 396	107	42 988	281	1 098	43 188	8 655	53 789	6 997
268		3 566		75	3 620	925	8 647	1 017
−135	−3	8 343		415	8 443	2 510	13 316	1 375
3 263	110	31 080	281	609	31 125	5 220	31 827	4 605
4 638	1 946	22 295	62	575	22 751	1 074	44 135	4 344
2 583	1 326	902		325	1 157	63	16 460	1 581
36		3 119	15	175	3 265	892	4 776	738
1 706	620	4 875	48	75	4 930	51	10 918	1 274
−364	1 245	29 869	1 377	1 205	29 910	8 156	95 728	9 034
−18	−1	106	8	11	111	165	5 931	690
44 227	34 494	4 265	52	3 049	6 687	6 897	138 818	20 053
3 582	110	34 346	281	741	34 471	6 043	43 175	5 891
3 209	2 044	6 582	48	196	6 717	126	16 893	1 835
19 856	7 529	22 660	132	6 062	27 547	6 812	66 521	7 564
56 822	42 478	50 474	731	10 267	58 587	18 169	278 795	35 277
413	373	191	1 129	80	214	131	9 733	1 162
−175	7	4 140		196	4 273	1 160	12 156	1 521
13 433	2 563	43 022	38	720	42 368	8 738	66 382	7 107
18 294	9 395	67 706	249	2 266	69 224	10 699	105 160	10 413
19 157	15 912	499	122	1 765	2 062	2 419	51 608	7 292
990	1 314	6 469	315	1 009	6 516	2 863	37 373	5 155

单位：万元

项　目 Item		其他业务利润 Profits from Other Business	销售费用 Sale Expenses	管理费用 Management Expenses
二星	Two Star	2 264	1 796	1 661
一星	One Star		8	987
其他	Others	2 301	182 522	168 554
二、餐饮业	**Catering Services**	**24 233**	**1 107 014**	**344 394**
1.按餐饮行业小类分组	Grouped by Sector			
正餐服务	Restaurant	13 876	579 422	222 528
快餐服务	Fast Food	5 591	341 281	73 308
饮料及冷饮服务	Beverages and Cold Drinks	4 592	134 417	30 197
其他餐饮服务	Others	174	51 895	18 360
2.按登记注册类型分组	Grouped by Registration			
内资企业	Domestic−funded	13 111	634 577	252 433
国有企业	State−owned		486	1 347
集体企业	Collective−owned		1 014	566
股份合作企业	Share−holding Cooperative Enterprise			
联营企业	Joint Ownership			
有限责任公司	Limited Liabilities Companies	603	208 642	76 085
股份有限公司	Share−holding Limited Companies	1 860	3 711	928
私营企业	Private−owned	10 648	420 708	172 815
其他企业	Others		16	692
港、澳、台商投资企业	Funded by Entrepreneur from Hong Kong,Macao and Taiwan	4 344	303 386	53 179
合资经营企业（港或澳、台资）	Joint−venture(Hong Kong,Macao and Taiwan)		16 049	4 950
合作经营企业（港或澳、台资）	Cooperative(Hong Kong,Macao and Taiwan)		703	2 206
港、澳、台商独资经营企业	Enterprises with Sole Funds(Hong Kong,Macao and Taiwan)	4 344	283 840	45 362
港、澳、台商投资股份有限公司	Share−holding Corporations Ltd(Hong Kong,Macao and Taiwan)		460	203
外商投资企业	Foreign−funded	6 779	169 051	38 782
中外合资经营企业	Jointly−owned		1 388	740
中外合作经营企业	Cooperatively−owned			
外资企业	Exclusively Foreign−owned	2 186	166 247	35 524
外商投资股份有限公司	Foreign−funded Investment Companies Limited	4 592	1 417	2 518
3.按控股情况分组	Grouped by Holding Condition			
国有控股	State−controlled	115	2 889	4 927
集体控股	Collective−controlled		1 014	566
私人控股	Private−controlled	12 992	538 753	209 891
港澳台商控股	Controlled by Entrepreneur from Hong Kong,Macao and Taiwan	4 344	299 880	53 897
外商控股	Foreign−funded−controlled	6 779	168 745	38 248
其他	Others	4	95 733	36 865
4.按经营形式分组	Grouped by Business Forms			
独立门店	Independent Stores	11 582	293 603	142 666
连锁总店	General Chain Stores	5 072	317 466	50 774
连锁门店	Chain Stores	6 780	393 515	86 476
其他	Other	800	102 430	64 479

10-5 （三）续表（10 000 yuan）

财务费用 Financial Expenses	利息支出 Interest Expense	营业利润 Operating profits	投资收益 Profits of Investment	营业外收入 Non-operating Income	利润总额 Total Profits	应交所得税 Total Payable Tax	应付职工薪酬 Total Wages Payable	从业人员期末人数（人） Average Employed Persons (Persons)
132	2	1 475		22	1 481	372	3 553	465
		−119			−121	1	496	85
31 921	18 799	21 798	1 212	6 201	26 280	11 843	168 877	21 657
12 230	**5 413**	**112 102**	**1 805**	**9 944**	**113 179**	**34 686**	**721 524**	**135 131**
8 261	2 903	19 864	1 270	4 702	22 249	16 206	402 013	71 363
3 922	2 322	58 177	413	3 514	57 268	8 097	194 527	43 536
−344	39	27 845		1 191	28 217	9 037	80 058	12 766
391	149	6 216	122	537	5 445	1 345	44 926	7 466
11 442	4 813	38 323	816	5 223	39 294	18 160	494 649	88 904
8		−265			−265		1 143	232
5		−46			−46	11	712	163
3 344	1 989	11 837	162	1 387	11 874	7 834	170 700	29 311
125	119	50		65	114	128	5 766	803
7 964	2 708	26 727	654	3 771	27 597	10 187	316 059	58 320
−3	−3	20			20		270	75
−398	48	46 754	303	3 154	46 817	14 267	128 772	25 436
151	129	954	123	276	831	346	9 348	1 464
−29		1 977		46	1 796	468	8 422	800
−537	−80	44 213	166	2 823	44 573	13 452	109 747	22 940
1		−351			−351		186	26
1 186	552	27 025	686	1 567	27 068	2 259	98 103	20 791
1	1	326		9	322	2	1 259	176
1 226	549	26 002	686	1 514	26 042	2 078	95 607	20 468
−41	1	697		44	704	179	1 237	147
146	119	5 785		123	5 852	1 263	27 034	3 225
5		−46			−46	11	712	163
10 446	4 453	34 630	681	4 628	36 049	14 553	403 562	73 755
−443	53	45 419	289	3 108	45 654	13 971	121 526	24 726
1 186	551	26 772	686	1 558	26 819	2 272	97 300	20 745
891	237	−457	149	527	− 1 149	2 615	71 391	12 517
6 260	2 492	53	371	2 355	643	7 079	229 451	39 752
2 515	2 123	48 537	555	3 618	49 485	12 913	163 190	26 072
1 262	−103	53 947	559	3 474	53 434	11 906	210 592	46 770
2 193	901	9 565	320	498	9 618	2 787	118 290	22 537

10-6 限额以上住宿和餐饮业法人企业经营情况综合表（2018年）

CONSOLIDATED TABLE OF ENTERPRISES ABOVE DESIGNATED SIZE OF HOTELS AND CATERING SERVICES （2018）

单位：万元

项　目	Item	法人企业数（个）Number of Corporative Enterprises (unit)	从业人员期末人数（人）Average Employed Persons (Persons)	营业额 Business Revenue
总　　计	**Total**	**1 100**	**180 198**	**4 504 789**
一、住宿业	**Hotels**	**375**	**45 067**	**1 434 558**
1.按住宿行业小类分组	Grouped by sector			
旅游饭店	Tour Restaurant	224	34 630	1 184 649
一般旅馆	General Restaurant	134	8 928	202 619
其他住宿服务	Other Hotel Services	17	1 509	47 290
2.按登记注册类型分组	Grouped by Registration			
内资企业	Domestic-funded	330	33 726	1 029 323
国有企业	State-owned	7	1 153	28 132
集体企业	Collective-owned	4	225	5 102
股份合作企业	Share-holding Cooperative Enterprise			
联营企业	Joint Ownership	2	164	2 582
国有联营企业	State-owned Joint Ownership	1	119	2 407
集体联营企业	Collective Joint Ownership	1	45	175
国有与集体联营企业	State & Collective Joint Ownership			
其他联营企业	Other Jonit Ownership			
有限责任公司	Limited Liabilities Companies	132	17 643	599 236
国有独资公司	State-owned Companies Limited	10	2 684	100 399
其他有限责任公司	Other Companies Limited	122	14 959	498 837
股份有限公司	Share-holding Limited Companies	11	1 427	36 014
私营企业	Private-owned	174	13 114	358 258
私营独资企业	Exclusively Private-owned Companies	5	189	3 307
私营合伙企业	Joint Private-owned Companies	1	8	440
私营有限责任公司	Private-owned Companies Limited	167	12 808	352 177
私营股份有限公司	Share-holding Private-owned Companies	1	109	2 335
其他企业	Others			
港、澳、台商投资企业	Funded by Entrepreneur from Hong Kong,Macao and Taiwan	29	6 997	231 029
合资经营企业（港或澳、台资）	Joint-venture(Hong Kong,Macao and Taiwan)	6	1 017	32 366
合作经营企业（港或澳、台资）	Cooperative(Hong Kong,Macao and Taiwan)	4	1 375	58 965
港、澳、台商独资经营企业	Enterprises with Sole Funds(Hong Kong,Macao and Taiwan)	19	4 605	139 698
港、澳、台商投资股份有限公司	Share-holding Corporations Ltd(Hong Kong,Macao and Taiwan)			
外商投资企业	Foreign-funded	16	4 344	174 206
中外合资经营企业	Jointly-owned	8	1 581	60 302
中外合作经营企业	Cooperatively-owned	2	738	17 637
外资企业	Exclusively Foreign-owned	5	1 274	47 989
外商投资股份有限公司	Foreign-funded Investment Companies Limited			
3.按控股情况分组	Grouped by Holding Condition			
国有控股	State-controlled	46	9 034	316 386
集体控股	Collective-controlled	7	690	14 039
私人控股	Private-controlled	234	20 053	582 294
港澳台商控股	Controlled by Entrepreneur from Hong Kong,Macao and Taiwan	27	5 891	186 258
外商控股	Foreign-funded-controlled	7	1 835	78 624
其他	Others	54	7 564	256 957
4.按经营形式分组	Grouped by Business Forms			
独立门店	Independent Stores	288	35 277	1 019 976
连锁总店	General Chain Stores	4	1 162	32 849
连锁门店	Chain Stores	32	1 521	72 682
其他	Other	51	7 107	309 051
5.按星级分组	Grouped by Star			
五星	Five Star	23	10 413	441 398
四星	Four Star	43	7 292	188 638

(10 000 yuan)

客房收入 Revenue of Rooms	餐费收入 Total Revenue of Meals	商品销售收入 Total Sales of Commodities	其他收入 Others	客房间数（间） Number of Rooms (room)	床位数（张） Number of Beds (bed)	餐位数（位） Numder of Dining-seats (seat)	年末餐饮营业面积（平方米） Operating Area Catering (sq.m)
915 672	**3 225 005**	**153 882**	**210 231**	**90 869**	**129 284**	**986 345**	**2 565 612**
870 540	**411 248**	**6 272**	**146 498**	**84 989**	**120 787**	**175 453**	**1 066 247**
690 690	365 084	5 410	123 465	62 871	89 867	81 431	650 586
142 527	37 398	859	21 835	19 278	26 715	12 480	382 847
37 323	8 766	3	1 198	2 840	4 205	81 542	32 814
669 898	251 448	3 518	104 461	74 237	105 249	139 782	939 777
12 916	10 815	995	3 406	1 324	2 116	2 822	16 545
1 607	2 669		825	466	1 016	1 060	1 560
2 269	93	112	108	320	410	200	2 000
2 202	93	112		243	300	200	2 000
67			108	77	110		
373 458	159 959	2 195	63 624	29 089	40 289	37 540	429 372
51 607	40 405	111	8 277	2 640	4 186	6 680	50 173
321 851	119 554	2 084	55 347	26 449	36 103	30 860	379 199
19 171	6 791	91	9 961	11 492	16 394	2 711	13 854
260 477	71 120	124	26 537	31 546	45 024	95 449	476 446
2 934	353		20	547	688	450	7 427
425		14		105	145		
255 475	70 131	110	26 461	30 669	43 926	94 849	468 511
1 642	636		56	225	265	150	508
112 677	92 123	1 521	24 709	6 768	10 020	12 585	79 511
17 945	8 494	813	5 115	1 689	2 462	1 772	7 508
30 353	24 199	399	4 014	1 355	2 217	3 426	10 616
64 379	59 430	309	15 580	3 724	5 341	7 387	61 387
87 966	67 678	1 234	17 328	3 984	5 518	23 086	46 959
34 226	23 403	774	1 900	1 630	2 269	17 248	24 867
5 755	5 646		6 237	471	576	1 618	3 207
27 350	12 774	39	7 826	1 412	1 848	3 150	11 285
185 866	89 371	1 069	40 081	13 672	19 705	19 596	166 172
3 533	3 889	75	6 543	726	1 475	1 360	10 472
393 454	140 515	2 029	46 295	41 521	58 975	110 801	617 255
91 402	71 591	1 137	22 128	6 003	8 624	9 451	70 496
45 939	23 523	39	9 123	2 091	2 639	11 398	23 941
150 346	82 360	1 924	22 327	20 976	29 369	22 847	177 911
590 712	306 296	5 316	117 652	61 029	86 952	161 943	833 916
25 033	1 433	254	6 129	3 340	4 939	1 181	3 409
71 128	905	58	591	8 059	10 289	229	87 484
183 667	102 613	645	22 125	12 561	18 607	12 100	141 438
218 831	178 052	2 564	41 952	11 766	17 380	28 493	96 861
111 108	52 043	544	24 943	9 602	13 710	93 396	172 046

单位：万元

项　目	Item	法人企业数（个）Number of Corporative Enterprises (unit)	从业人员期末人数（人）Average Employed Persons (Persons)	营业额 Business Revenue
三星	Three Star	53	5 155	112 712
二星	Two Star	11	465	10 728
一星	One Star	2	85	1 406
其他	Other	243	21 657	679 675
二、餐饮业	**Catering Services**	**725**	**135 131**	**3 070 231**
1.按餐饮行业小类分组	Grouped by sector			
正餐服务	Restaurant	625	71 363	1 569 128
快餐服务	Fast Food	47	43 536	913 262
饮料及冷饮服务	Beverages and lold Drinrs	16	12 766	374 200
其他餐饮服务	Others	37	7 466	213 641
2.按登记注册类型分组	Grouped by Registration			
内资企业	Domestic-funded	633	88 904	1 950 371
国有企业	State-owned	2	232	3 195
集体企业	Collective-owned	2	163	2 785
股份合作企业	Share-holding Cooperative Enterprise			
联营企业	Joint Ownership			
国有联营企业	State-owned Joint Ownership			
集体联营企业	Collective Joint Ownership			
国有与集体联营企业	State & Collective Joint Ownership			
其他联营企业	Other Jonit Ownership			
有限责任公司	Limited Liabilities Companies	148	29 311	682 456
国有独资公司	State-owned Companies Limited	2	922	24 219
其他有限责任公司	Other Companies Limited	146	28 389	658 237
股份有限公司	Share-holding Limited Companies	4	803	17 105
私营企业	Private-owned	476	58 320	1 243 050
私营独资企业	Exclusively Private-owned Companies	26	1 350	26 425
私营合伙企业	Joint Private-owned Companies			
私营有限责任公司	Private-owned Companies Limited	444	56 448	1 206 222
私营股份有限公司	Share-holding Private-owned Companies	6	522	10 403
其他企业	Others	1	75	1 781
港、澳、台商投资企业	Funded by Entrepreneur from Hong Kong,Macao and Taiwan	72	25 436	643 500
合资经营企业（港或澳、台资）	Joint-venture(Hong Kong,Macao and Taiwan)	8	1 464	45 572
合作经营企业（港或澳、台资）	Cooperative(Hong Kong,Macao and Taiwan)	1	800	28 577
港、澳、台商独资经营企业	Enterprises with Sole Funds(Hong Kong,Macao and Taiwan)	61	22 940	564 687
港、澳、台商投资股份有限公司	Share-holding Corporations Ltd(Hong Kong,Macao and Taiwan)	1	26	491
外商投资企业	Foreign-funded	20	20 791	476 361
中外合资经营企业	Jointly-owned	4	176	13 884
中外合作经营企业	Cooperatively-owned			
外资企业	Exclusively Foreign-owned	15	20 468	446 883
外商投资股份有限公司	Foreign-funded Investment Companies Limited	1	147	15 594
3.按控股情况分组	Grouped by Holding Condition			
国有控股	State-controlled	12	3 225	100 967
集体控股	Collective-controlled	2	163	2 785
私人控股	Private-controlled	553	73 755	1 561 545
港澳台商控股	Controlled by Entrepreneur from Hong Kong,Macao and Taiwan	73	24 726	615 335
外商控股	Foreign-funded-controlled	18	20 745	465 196
其他	Others	67	12 517	324 404
4.按经营形式分组	Grouped by Business Forms			
独立门店	Independent Stores	495	39 752	936 589
连锁总店	General Chain Stores	51	26 072	697 717
连锁门店	Chain Stores	41	46 770	948 702
其他	Other	138	22 537	487 224

10-6 续表 (10 000 yuan)

				客房间数（间） Number of Rooms (room)	床位数（张） Number of Beds (bed)	餐位数（位） Numder of Dining-seats (seat)	年末餐饮营业面积（平方米） Operating Area Catering (sq.m)
客房收入 Revenue of Rooms	餐费收入 Total Revenue of Meals	商品销售收入 Total Sales of Commodities	其他收入 Others				
70 900	22 198	539	19 075	8 430	12 178	10 226	219 940
5 491	3 627	287	1 323	959	1 686	1 010	32 519
1 278	8		120	227	273	80	1 850
462 932	155 321	2 339	59 084	54 005	75 560	42 248	543 031
45 132	**2 813 756**	**147 609**	**63 733**	**5 880**	**8 497**	**810 892**	**1 499 365**
45 059	1 465 556	14 381	44 132	5 880	8 497	594 072	1 111 831
73	881 851	22 552	8 786			176 944	299 024
	296 244	77 956				12 421	38 001
	170 105	32 720	10 816			27 455	50 509
41 233	1 769 120	89 329	50 689	5 533	7 933	656 327	1 183 362
350	2 767		77	65	110	1 260	4 508
623	2 162			179	214	550	3 532
6 217	587 461	67 432	21 345	812	1 200	284 126	325 952
	16 020	2 243	5 956			3 580	7 400
6 217	571 441	65 189	15 389	812	1 200	280 546	318 552
	12 065	889	4 151			22 975	2 101
34 043	1 162 884	21 008	25 115	4 477	6 409	346 936	846 073
250	26 175			84	138	6 723	29 372
30 365	1 130 020	20 828	25 009	4 108	5 879	338 729	810 691
3 428	6 689	180	106	285	392	1 484	6 010
	1 781					480	1 196
3 899	598 864	34 912	5 824	347	564	91 294	167 809
	36 761	8 783	28			6 075	23 537
	28 577						1 205
3 899	528 863	26 129	5 796	347	564	84 087	140 404
	491					130	594
	445 773	23 368	7 221			63 271	148 194
	13 884					472	2 845
	430 386	9 276	7 221			62 792	144 659
	1 503	14 092				7	690
450	81 054	5 057	14 406	115	210	21 680	35 829
623	2 162			179	214	550	3 532
34 302	1 472 389	22 354	32 501	4 519	6 472	593 929	1 028 435
3 899	570 626	34 984	5 826	347	564	90 515	165 910
	434 608	23 368	7 221			63 269	145 699
5 859	252 918	61 847	3 780	720	1 037	40 949	119 960
41 033	854 477	15 120	25 958	5 278	7 576	404 319	764 564
	665 661	29 359	2 697			98 688	214 428
	902 445	33 024	13 232			115 430	263 121
4 099	391 172	70 106	21 846	602	921	192 455	257 252

10-7 居民消费价格总指数
CONSUMER PRICE INDICES

年 份 Year	以上年价格为100 Preceding Year=100			以1979年价格为100 1979=100		
	居民消费价格总指数 Consumer Price Index	# 食品类 Food	# 服务项目 Services	居民消费价格总指数 Consumer Price Index	# 食品类 Food	# 服务项目 Services
1979	100.0	100.0	100.0	100.0	100.0	100.0
1980	105.0	108.3	100.7	105.0	108.3	100.7
1981	110.7	117.9	101.6	116.2	127.7	102.3
1982	107.8	116.6	108.7	125.3	148.9	111.2
1983	102.0	105.9	100.9	127.8	157.7	112.2
1984	106.8	106.6	119.3	136.5	168.1	133.9
1985	122.5	128.5	117.2	167.2	216.0	156.9
1986	106.1	108.1	106.9	177.4	233.5	167.7
1987	114.4	118.7	107.4	203.0	277.1	180.1
1988	128.1	133.7	112.2	260.0	370.5	202.1
1989	125.4	126.6	125.7	326.0	469.1	254.1
1990	101.6	95.4	127.7	331.2	447.5	324.4
1991	103.0	99.2	115.4	341.2	443.9	374.4
1992	107.3	109.2	109.4	366.1	484.8	409.6
1993	120.1	122.6	120.9	439.7	594.3	495.2
1994	118.2	120.2	118.1	519.7	714.4	584.8
1995	112.4	116.7	118.1	584.1	833.7	690.6
1996	107.7	105.2	110.7	629.1	877.1	764.5
1997	103.3	100.2	118.2	649.9	878.9	903.6
1998	99.3	97.2	105.3	645.4	854.3	951.5
1999	99.3	94.5	107.7	640.9	807.3	1 024.8
2000	102.8	100.2	114.0	658.8	808.9	1 168.3
2001	97.8	97.5	99.3	644.3	788.7	1 160.1
2002	101.2	100.5	106.5	652.0	792.6	1 235.5
2003	100.7	101.2	101.6	656.6	802.1	1 255.3
2004	101.3	106.1	99.7	665.1	851.0	1 251.5
2005	101.6	104.5	100.8	675.7	889.3	1 261.5
2006	102.2	104.2	101.4	690.6	926.7	1 279.2
2007	104.1	108.6	103.4	718.9	1 006.4	1 322.7
2008	105.9	113.5	102.1	761.3	1 142.3	1 350.5
2009	98.7	98.5	99.5	751.4	1 125.2	1 343.7
2010	103.5	107.7	102.6	777.7	1 211.8	1 378.6
2011	105.4	111.9	103.0	819.7	1 356.0	1 420.0
2012	102.8	104.5	101.9	842.7	1 417.0	1 447.0
2013	102.7	102.9	105.2	865.5	1 458.1	1 522.2
2014	102.0	103.5	101.9	882.8	1 509.1	1 551.1
2015	102.2	103.2	103.8	902.2	1 557.4	1 610.0
2016	102.4	105.5	102.6	923.9	1 643.1	1 651.9
2017	101.4	98.4	101.9	936.8	1 616.8	1 683.3
2018	102.8	102.9	103.5	963.0	1 663.7	1 742.2

10-8 居民消费价格指数（2018年）
CONSUMER PRICE INDEX（2018）

以上年价格为100 (preceding year=100)

项目	Item	指数 Index	项目	Item	指数 Index
居民消费价格总指数	**Consumer Price Index**	**102.8**	鞋类	Shoes	102.4
一、食品烟酒	**Food,Tobacco and Liquor**	**103.2**	**三、居住**	**Residence**	**103.4**
食品	Food	102.9	住房保养维修及管理	Housing Maintenance and Management	101.1
其中：(1)粮食	#Grain	105.6	水电燃料	Hydropower Fuel	101.6
(2)薯类	Tubers	105.8	自有住房	Own Housing	104.5
(3)豆类	Beans	102.6	**四、生活用品及服务**	**Living Goods and Communications**	**101.5**
(4)食用油	Edible Oil	98.9	家具及室内装饰品	Furniture and Interior Decorations	101.1
(5)菜	Vegetables	106.1	家用器具	Home Appliances	98.7
(6)畜肉类	Livestock Meat	98.3	家用纺织品	Home Textiles	99.7
(7)禽肉类	Poultry	102.1	家庭日用杂品	The Family Daily Sundry Goods	100.8
(8)水产品	Aquatic Products	106.5	**五、交通和通信**	**Transportation and Communications**	**102.3**
(9)蛋类	Eggs	107.8	交通	Transportation	103.6
(10)奶类	Dairy Products	104.4	通信	Communications	99.9
(11)干鲜瓜果类	Dried and Fresh Melons and Fruits	103.9	**六、教育文化和娱乐**	**Education,Culture and Recreation**	**102.3**
(12)糖果糕点类	Confectionery,Cakes	101.4	教育	Education,Culture and Recreation	103.6
(13)调味品	Flavoring	102.9	文化娱乐	Culture and Recreation	100.4
(14)其他食品类	Other Foods	100.7	**七、医疗保健**	**Health Care**	**104.3**
烟酒	Tabacco,Liquor	101.1	药品及医疗器具	Medicine and Medical Equipment	103.6
在外餐饮	Dining Out	104.4	医疗服务	Medical Services	104.8
二、衣着	**Clothing**	**100.4**	**八、其它用品和服务**	**Other Aricles and Service**	**101.9**
服装	Garments	99.9	其他用品类	Other Aricles	99.3
服装材料	Materials for Clothing	100.8	其他服务类	Other Service	104.3

注：2016年1月起，国家统计局根据五年一次基期轮换的制度，对CPI构成分类及相应权重进行了调整。
Note: From 2016,the classification and weight of CPI have been adjusted,according to five-year period of rotation system formulated by National Bureau of Statistics of China.

10-9 住宅销售价格指数（一）（2018年）
SALES PRICES INDICES OF HOUSES（2018）

类别 Item		以上年同期为100											
		1月	2月	3月	4月	5月	6月	7月	8月	9月	10月	11月	12月
新建商品住宅	Newly-built Residential Buildings	96.6	97.5	97.7	97.8	98.3	98.7	99.3	100.3	100.0	99.6	99.6	100.1
$90m^2$及以下	Less than 90 sq.m.	96.9	97.2	97.3	97.4	98.1	98.6	99.0	99.6	99.6	99.3	99.1	99.8
$90-144m^2$	From 90 to 144 sq.m.	96.3	98.7	98.6	98.4	98.2	98.1	98.6	100.0	99.8	99.6	99.8	100.2
$144m^2$以上	More than 144 sq.m.	96.2	97.3	97.7	98.2	98.8	99.4	100.6	101.7	101.1	100.4	100.5	100.6
二手住宅	Second-hand Housing	102.6	104.7	105.0	104.4	105.0	105.6	105.6	106.9	107.0	105.9	105.5	104.8
$90m^2$及以下	Less than 90 sq.m.	103.7	104.4	105.4	104.7	104.9	105.1	105.1	106.7	106.3	104.5	103.5	103.3
$90-144m^2$	From 90 to 144 sq.m.	100.9	103.2	103.4	103.0	103.5	104.5	105.0	106.2	106.8	106.7	106.8	105.7
$144m^2$以上	More than 144 sq.m.	103.0	107.3	106.5	105.8	107.3	108.3	107.5	108.4	109.1	107.6	108.1	106.7

10-9 住宅销售价格指数（二）（2018年）
SALES PRICES INDICES OF HOUSES（2018）

类别 Item		以上月为100											
		1月	2月	3月	4月	5月	6月	7月	8月	9月	10月	11月	12月
新建商品住宅	Newly-built Residential Buildings	100.0	99.4	99.9	100.1	99.9	100.3	100.5	100.5	99.8	99.5	99.8	100.4
$90m^2$及以下	Less than 90 sq.m.	99.7	99.5	100.1	100.1	100.0	100.2	100.5	100.6	99.9	99.6	99.5	100.3
$90-144m^2$	From 90 to 144 sq.m.	99.6	99.5	99.9	99.9	99.8	100.1	100.4	100.9	100.0	99.8	100.2	100.2
$144m^2$以上	More than 144 sq.m.	101.0	99.3	99.6	100.2	99.8	100.8	100.5	100.1	99.6	99.1	99.9	100.5
二手住宅	Second-hand Housing	100.9	101.3	100.7	100.2	100.8	100.3	100.6	101.1	100.0	99.4	99.8	99.7
$90m^2$及以下	Less than 90 sq.m.	101.0	100.2	101.1	100.2	100.8	100.4	100.4	101.6	99.8	99.2	99.6	99.1
$90-144m^2$	From 90 to 144 sq.m.	100.6	101.7	100.5	100.1	100.8	100.2	101.3	100.5	100.2	99.5	100.0	100.2
$144m^2$以上	More than 144 sq.m.	101.2	102.9	100.0	100.0	101.0	100.4	100.1	101.0	100.3	99.5	99.9	100.3

10-10 工业生产者出厂价格指数
INDUSTRIAL PRODUCER PRICE INDEX

以上年价格为100 (Preceding year=100)

类别	Item	2007	2008	2009	2010	2011	2012	2013	2014	2015	2016	2017	2018
全部工业品	General Index	98.4	99.6	95.3	101.6	101.8	99.9	98.0	99.1	97.6	99.3	101.8	100.2
按轻重工业分	Grouped by industries												
轻工业	Light Industry	97.8	98.7	96.7	101.4	102.9	99.2	98.4	98.2	98.6	100.8	101.4	99.3
重工业	Heavy Industry	99.8	101.9	92.6	101.9	101.4	100.1	97.9	99.4	97.3	98.8	102.0	100.5
按生产、生活资料分	Grouped by Means of Production and Consumer Goods												
生产资料	Means of Production	97.9	99.1	94.4	100.7	101.3	100.3	98.0	99.5	97.4	98.7	102.2	100.3
生活资料	Consumer Goods	100.2	101.9	99.3	104.5	103.5	98.7	98.1	97.7	98.4	100.8	100.9	99.7
按工业部门分	Grouped by Industrial Department												
冶金工业	Metallurgical Industry	103.4	102.2	95.6	108.4	106.7	100.7	100.2	98.6	98.0	102.1	115.5	107.4
电力工业	Power Industry	100.2	100.8	98.4	99.3	99.6	100.5	100.5	99.7	99.3	99.4	98.9	98.3
石油工业	Petroleum Industry	104.1	130.8	62.4	136.8	126.9	101.7	92.4	95.2	64.2	86.7	123.2	119.5
化学工业	Chemical Industry	102.5	102.9	98.4	101.2	102.3	101.2	99.4	100.0	99.2	98.9	102.5	95.8
机械工业	Engineering Industry	96.9	97.4	95.9	99.0	99.8	99.6	97.7	99.1	98.5	99.0	100.9	99.7
建筑材料工业	Building Materials Industry	103.8	97.5	90.1	104.2	101.1	93.9	102.5	102.9	98.8	99.7	101.8	104.4
森林工业	Timber Industry	102.2	105.6	102.6	107.4	106.0	102.8	103.6	100.6	100.4	99.3	98.2	97.9
食品工业	Food Industry	104.7	109.1	92.4	102.7	106.1	107.0	102.3	100.2	100.4	102.8	101.6	102.0
纺织工业	Textile Industry	101.3	100.9	100.2	100.3	106.1	101.2	99.6	101.6	100.4	100.2	100.3	100.1
缝纫工业	Needlework Industry	108.4	103.2	104.6	103.9	107.5	102.5	104.3	104.8	102.9	104.8	102.5	100.4
皮革工业	Leather Industry	99.4	110.9	110.3	102.2	107.4	104.9	103.1	103.0	100.9	100.4	100.1	99.2
造纸工业	Paper Industry	101.2	108.5	100.2	101.1	104.1	102.2	99.3	100.4	101.4	104.3	104.3	104.9
文教艺术用品工业	Cultural, Educational & Handicrafts Articles	101.0	105.0	103.2	101.9	101.5	101.4	100.6	99.8	99.0	100.7	100.8	97.9
其它工业	Others	102.4	105.9	108.0	119.0	113.5	95.8	91.6	94.8	91.6	103.2	101.4	97.4

10-11 工业生产者购进价格指数
INDUSTRIAL PURCHASING PRICE INDEX

以上年价格为100 (Preceding year=100)

类别	Item	2009	2010	2011	2012	2013	2014	2015	2016	2017	2018
总指数	General Index	96.3	104.7	105.9	100.0	98.3	99.6	96.5	98.3	103.4	102.4
燃料、动力类	Fuels and Power	97.8	105.1	105.9	102.5	95.1	99.1	92.8	97.2	101.7	102.4
黑色金属材料类	Ferrous Materials	94.7	102.7	106.5	95.1	95.4	96.4	95.7	99.7	111.5	105.9
其中：钢材	Steel	96.0	104.0	106.7	92.8	92.8	94.7	93.7	99.4	110.1	103.6
其它	Others	91.9	100.2	105.9	99.9	100.4	99.9	99.9	100.2	113.9	109.6
有色金属材料及电线类	Nonferrous Metal and Electris Wire	89.9	115.0	108.3	97.9	96.5	95.8	92.8	99.8	109.1	102.3
化工原料类	Chemical Raw Materials	91.9	105.5	107.2	97.5	99.2	99.0	95.6	98.7	104.1	104.2
木材及纸浆类	Wood and Paper Pulps	94.5	103.9	107.7	100.5	99.9	100.7	98.1	96.8	106.0	103.5
建筑材料及非金属类	Building Materials and Nonmetal Minerals	90.1	114.0	105.4	97.9	102.7	107.8	91.0	95.4	113.3	119.2
其它工业原材料及半成品类	Other Industrial Raw and Processed Materials	97.1	101.8	105.0	100.8	99.1	99.4	98.3	98.8	101.9	100.2
农副产品类	Farm and Sideline Products	104.3	107.9	104.3	100.5	103.4	103.7	99.1	94.9	100.5	100.9
纺织原料类	Textile Raw Material	100.8	105.1	106.4	100.4	99.3	100.8	102.5	100.3	101.3	103.1

主要统计指标解释

社会消费品零售总额 指各种经济类型的批发零售业、住宿餐饮业和其他行业的企业（单位）或个体户，售予城乡居民用于生活消费和社会集团用于公共消费的商品金额的总和。

批发零售业商品购进总额 指从本企业以外的单位和个人购进（包括从国外直接进口）作为转卖或加工后转卖的商品金额。本指标由“从生产者购进额”、“从批发零售业购进额”、“进口额”和“其他购进”组成。这个指标反映批发零售企业从国内、国外市场上购进商品的总量。

批发零售业商品销售总额 指售予本企业以外的单位和个人的商品金额（包括对国（境）外直接出口及售给本单位消费用的商品）。本指标由“对生产经营单位批发额”、“对批发零售业批发额”、“出口额”和“对居民和社会集团商品零售额”项目组成。这个指标反映批发零售业在国内市场上销售商品以及出口商品的总量。

批发 指除零售以外的一切商品销售活动。包括对生产经营单位批发、对批发零售业批发和出口。

零售 指出售城乡居民用于生活消费商品和社会集团直接用于公用消费商品的活动。

批发零售业年末库存总额 指批发零售企业已取得所有权的全部商品。这个指标反映批发零售贸易企业的商品库存情况，对市场商品供应的保证程度。

批发零售业住宿餐饮业法人单位 指各种经济类型独立核算法人批发零售企业、住宿餐饮企业的单位个数。法人单位应同时具备以下条件：1. 依法成立，有自己的名称、组织机构和场所，能够独立承担民事责任；2. 独立拥有和使用资产，承担负债，有权与其他单位签订合同；3. 独立核算盈亏，并能够编制资产负债表。

批发业 是指从工农业生产者或从商品流通企业单位和个体户购进商品，转卖给工业、农业、建筑业、运输邮电业、住宿餐饮业、服务业等生产经营单位作为生产经营用，以及将商品转卖给其他批发企业或零售企业的商品流通企业(单位)和个体户。

零售业 是指从工农业生产者、批发业或居民购进商品，转卖给城乡居民作为生活消费和售给社会集团作为公共消费的商品流通企业(单位)和个体户。

住宿业 是指为顾客提供临时住宿服务的企业(单位)和个体户。

餐饮业 是指从事食品的烹饪、调制并直接售给居民和社会集团的企业(单位)和个体户。

居民消费价格指数 是度量消费商品及服务项目价格水平随着时间而变动的相对数，反映居民家庭购买的消费品及服务价格水平的变动情况。它是宏观经济分析、决策、调控和价格总水平监测以及国民经济核算的重要指标。其按年度计算的变动率通常被用来作为反映通货膨胀(或紧缩)程度的指标。

工业生产者出厂价格指数 反映工业企业产品第一次出售时的出厂价格的变化趋势和变动幅度。

工业生产者购进价格指数 反映工业企业作为中间投入产品的购进价格的变化趋势和变动幅度。

新建商品住宅 指新建的专供居住用的商品住房，本方案主要包括：90平方米及以下、90—144平方米、144平方米以上等。不包括新建的国家政策性住房；不包括住宅楼中作为人防用、不住人的地下室、车库等，也不包括托儿所、病房、疗养院、旅馆等具有专门用途的房屋。

二手住宅　指进入房屋市场进行交易，第二次及以上进行产权登记的住宅，包括二手商品住宅、允许上市交易的已售公房等。本方案主要包括90平方米及以下、90—144平方米、144平方米以上等分类。

90平方米及以下住宅　指住宅中套型建筑面积不大于90平方米的住宅。套型建筑面积由套内使用面积和分摊的共有建筑面积组成，报表时以销售合同中实际测绘的建筑面积为准，若销售合同为套内使用面积则需折算成建筑面积。

90平方米—144平方米住宅　指套型建筑面积大于90平方米，不超过144平方米的住宅。

144平方米以上住宅　指套型建筑面积在144平方米以上的住宅。

Explanatory Notes on Main Statistical Indicators

Total Retail Sales of Consumer Goods refer to the sum of retail sales of consumer goods sold by enterprises (establishments) or individuals in wholesale, retail trade, accommodations, catering services and other industries of various types of ownership to urban and rural households for living consumption and to social institutions for public consumption.

Total Purchases of Commodities by Wholesale and Retail Trades refer to the purchases of commodities from other establishments or individuals (including direct import from abroad) for the purpose of reselling, either with or without further processing of the commodities purchased This indicator includes the purchases from producers, the purchases from wholesale and retail trades, imports and other purchases

It is used to show the total value of purchases of commodities by wholesale and retail establishments from domestic and overseas markets.

Total Sales of Commodities by Wholesale and Retail Trades refer to the value of commodities sold to other establishments and individuals (including direct export and commodities sold to the sellers themselves for consumption). This indicator includes the value of wholesale to production and operation units, the value of wholesale to wholesale and retail trades, exports and retail sales to urban and rural households and social institutions It is an indicator of the total value of sales of commodities at domestic markets and export.

Wholesale refers to all selling activities of commodities except retail trade, including wholesale to production and operation units, wholesale to wholesale and retail trades and export.

Retail Sale refers to the selling of commodities to urban and rural households for living consumption and to social institutions for direct public consumption.

Total Inventory of Wholesale and Retail Trades at the Year-end refers to the total commodities possessed by wholesale and retail enterprises, which reflects the commodity stock level of various wholesale and retail enterprises and the potential for market supply.

Corporate Units in Wholesale and Retail Trades, Accommodations and Catering Services refer to the number of corporate enterprises of various types of ownership in the wholesale and retail trades, accommodations and catering services with independent accounting systems An enterprise can be called a corporate enterprise only when it simultaneously meets the following requirements:(1)It is established according to law, with its own name, organization and location for business operation, as well as the capability to independently assume civil responsibility (2)It owns and uses its assets independently, assumes liabilities and is entitled to sign contracts with other units (3)It has an independent accounting system and is able to compile balance sheets.

Wholesale Trade refers to the commodity circulation enterprises (establishments) and individuals which purchase commodities from producers in industry and agriculture or from commodity circulation enterprises and individuals for the purpose of reselling them to establishments in industry, agriculture, construction, transportation, postal and telecommunications services, accommodations and catering services and other services for their production and operation as well as reselling them to other wholesale or retail enterprises.

Retail Trade refers to the commodity circulation enterprises (establishments) and individuals which purchase commodities from producers in industry and agriculture, wholesale trade or residents for the purpose of reselling them to urban and rural households for living consumption and to social institutions for public consumption.

Hotel Services refers to the enterprises (establishments) and individuals engaged in providing temporary accommodation to customers.

Catering Services refer to the enterprises (establishments) and individuals engaged in food cooking, seasoning and selling food directly to households and social institutions.

Consumer Price Indices measure the relative change with time in prices of consumer goods and services, reflecting the rates of change in consumer goods and services purchased by households. It is an important indicator for macroeconomic analysis, decision–making, regularization and control, supervision of general price level and national economic accounting. The annualized rates of change are generally considered as an indicator of inflation or deflation.

EX-factory Price Indices of Industrial Producers reflect the trends and degree of changes in prices of industrial products to sell the first time.

Purchasing Price Indices of Industrial Producers reflect the trends and degree of changes in prices of products as intermediate inputs.

Newly-built Houses refer to newly–built houses for residential use. The program includes: 90 square meters and below, 90–144 square meters, 144 square meters and above. Excluding new national policy–related houses, houses used as civil defense, basements, garages, nursery, wards, nursing homes, hotels and other houses used for special purposes.

Second-hand Houses refer to houses transacted for twice and above in the market, and the property registrations have been changed twice and above, including second–hand commercial houses and public houses been sold and allowed for second transaction. The program includes 90 square meters and below, 90–144 square meters, 144 square meters and above.

90 Square Meters and Below Houses refer to houses with a residential dwelling size of not more than 90 square meters. Dwelling size of the building area is composed by private usable area and public shared construction area. The program subjects to the actual construction area recorded in sales contracts.

90 Square Meters -144 Square Meters Houses refer to houses with the residential dwelling size of more than 90 square meters and no more than 144 square meters.

144 Square Meters Houses refer to houses with the residential dwelling size of more than 144 square meters.

11 第十一部分 财政收支

FISCAL REVENUE AND EXPENDITURE

CHAPTER

11-1 地方财政收支

LOCAL GOVERNMENT BUDGETARY REVENUE AND EXPENDITURE

单位：万元 （10 000 yuan）

项目	Item	2014	2015	2016	2017	2018
一般公共预算收入	Local government General Budgetary Revenue	20 827 326	27 268 543	31 364 923	33 321 303	35 384 414
税收收入	Taxes	17 548 398	22 722 315	24 888 827	26 548 905	28 996 334
#增值税	Value-added Tax	3 156 076	3 362 040	6 509 463	9 912 775	10 469 728
营业税	Business Tax	4 798 432	6 846 839	3 639 382	–	–
企业所得税	Corporate Income Tax	3 450 200	4 649 574	5 695 240	6 678 536	6 806 150
个人所得税	Individual Income Tax	1 684 918	2 239 807	3 047 503	3 343 287	3 734 303
非税收入	Non-Tax Revenue	3 278 928	4 546 228	6 476 096	6 772 398	6 388 080
#专项收入	Special Program Receipts	487 301	1 562 019	3 823 354	3 721 265	3 891 746
行政事业性收费收入	Charge of Administrative and Units	910 550	438 659	279 760	267 919	341 452
罚没收入	Penalty Receipts	267 880	303 057	249 007	339 210	470 714
政府性基金收入	Government Fund Revenue	6 870 751	9 640 067	9 663 957	10 299 480	9 646 428
一般公共预算支出	Local Government General Budgetary Expenditure	21 661 841	35 216 708	42 110 429	45 938 003	42 825 598
#教育	Expenditure for Education	3 294 137	2 885 520	4 147 269	5 090 971	5 845 062
科学技术	Expenditure for Science and Technology	945 707	2 143 182	4 035 240	3 518 252	5 549 818
文化体育与传媒	Expenditure for Culture, Sport and Media	580 070	527 260	547 941	571 218	659 109
社会保障与就业	Expenditure for Social Safety Net and Employment Effort	738 828	845 801	1 054 524	2 397 159	1 977 496
医疗卫生	Expenditure for Medical and Health Care	1 576 028	1 505 974	2 012 739	2 442 264	2 814 988
节能环保	Expenditure for Energy Saving	1 352 999	1 083 493	1 402 415	2 130 427	2 524 860
城乡社区事务	Expenditure for Urban and Rural Community Affairs	2 458 768	4 656 457	5 584 938	9 829 642	8 213 591
农林水事务	Expenditure for Agriculture, Forestry and Water Conservancy	566 042	441 526	612 541	763 260	788 779
交通运输	Expenditure for Transportation	2 938 739	10 445 932	4 508 921	3 182 690	2 266 757
政府性基金支出	Expenditure for Government Funds	4 621 312	3 427 517	4 137 502	5 370 357	6 374 448

11-2 一般公共预算收支及指数

INDICES OF LOCAL GOVERNMENT GENERAL BUDGETARY REVENUE AND EXPENDITURE

年 份 Year	收入(万元) Financial Revenue (10 000 yuan)	指 数 Index		支出(万元) Expenditure (10 000 yuan)	指 数 Index	
		以1979年为100 1979=100	以上年为100 Preceding Year=100		以1979年为100 1979=100	以上年为100 Preceding Year=100
1979	1 721	100.0		2 971	100.0	
1980	3 043	176.8	176.8	4 003	134.7	134.7
1981	8 787	510.6	288.8	8 411	283.1	210.1
1982	9 163	532.4	104.3	8 815	296.7	104.8
1983	15 605	906.7	170.3	15 025	505.7	170.4
1984	29 435	1 710.3	188.6	27 954	940.9	186.0
1985	62 894	3 654.5	213.7	58 651	1 974.1	209.8
1986	74 160	4 309.1	117.9	68 073	2 291.2	116.1
1987	87 521	5 085.5	118.0	69 688	2 345.6	102.4
1988	146 521	8 513.7	167.4	110 992	3 735.8	159.3
1989	228 668	13 286.9	156.1	173 007	5 823.2	155.9
1990	217 037	12 611.1	94.9	198 073	6 666.9	114.5
1991	273 291	15 879.8	125.9	243 012	8 179.5	122.7
1992	429 599	24 962.2	157.2	420 035	14 137.8	172.8
1993	672 507	39 076.5	156.5	593 327	19 970.6	141.3
1994	743 992	43 230.2	110.6	746 181	25 115.5	125.8
1995	880 174	51 143.2	118.3	934 041	31 438.6	125.2
1996	1 317 490	76 553.7	149.7	1 380 376	46 461.7	147.8
1997	1 420 557	82 542.5	107.8	1 394 181	46 926.3	101.0
1998	1 643 884	95 519.1	115.7	1 767 714	59 499.0	126.8
1999	1 842 085	107 035.7	112.1	2 108 978	70 985.5	119.3
2000	2 219 184	128 947.3	120.5	2 250 441	75 746.9	106.7
2001	2 624 944	152 524.3	118.3	2 537 019	85 392.8	112.7
2002	2 659 287	154 519.9	101.3	3 077 761	103 593.4	121.3
2003	2 908 370	168 993.0	109.4	3 489 526	117 452.9	113.4
2004	3 214 680	186 791.4	110.5	3 775 720	127 085.8	108.2
2005	4 123 787	239 615.7	128.3	5 991 560	201 668.1	158.7
2006	5 008 827	291 041.7	121.5	5 714 231	192 333.6	95.4
2007	6 580 555	382 368.1	131.4	7 279 677	245 024.5	127.4
2008	8 003 603	465 055.4	121.6	8 898 555	299 513.8	122.2
2009	8 808 168	511 805.2	110.1	10 008 394	336 869.5	112.5
2010	11 068 166	643 124.1	125.7	12 660 668	426 141.6	126.5
2011	13 395 728	778 368.9	121.0	15 905 599	535 361.8	125.6
2012	14 820 800	861 173.7	110.6	15 690 071	528 107.4	98.6
2013	17 312 618	1 005 963.0	116.8	16 908 280	569 110.7	107.8
2014	20 827 326	1 210 187.4	120.3	21 661 841	729 109.4	128.1
2015	27 268 543	1 584 459.2	130.9	35 216 708	1 185 348.6	162.6
2016	31 364 923	1 822 482.5	115.0	42 110 429	1 417 382.3	119.6
2017	33 321 303	2 006 553.2	110.1	45 938 003	1 546 213.5	109.1
2018	35 384 414	2 130 959.5	106.2	42 825 598	1 441 454.0	93.2

注：一般公共预算收入2017年口径有调整，指数按可比口径计算。
Note: The caliber of Local Government General Budget in this table was adjusted and the index was calculated by comparable caliber in 2017.

11-3 财政收支分级情况
BUDGETARY REVENUE AND EXPENDITURE BY LEVEL

单位：万元 （10 000 yuan）

项目	Item	2014	2015	2016	2017	2018
一般公共预算收入合计	**Total General Budgetary Revenue**	**20 827 326**	**27 268 543**	**31 364 923**	**33 321 303**	**35 384 414**
市本级	City	12 760 545	17 445 184	19 959 464	20 867 601	21 901 333
福田区	Futian	1 205 797	1 424 709	1 471 267	1 637 062	1 810 367
罗湖区	Luohu	653 430	850 233	938 218	976 259	999 621
盐田区	Yantian	264 146	364 911	323 957	336 725	296 545
南山区	Nanshan	1 139 321	1 447 647	1 863 735	2 378 174	2 682 160
宝安区	Baoan	2 382 116	1 873 251	2 176 532	2 356 403	2 600 271
龙岗区	Longgang	1 742 555	2 043 257	2 401 429	2 367 764	2 546 531
龙华区	Longhua		974 827	1 140 313	1 207 981	1 333 745
坪山区	Pingshan	218 786	295 665	363 142	454 656	434 494
光明区	Guangming	460 630	372 872	497 347	497 476	526 702
大鹏新区	Dapeng		175 987	229 519	241 202	252 645
一般公共预算支出合计	**Total General Budgetary Expenditure**	**21 661 841**	**35 216 708**	**42 110 429**	**45 938 003**	**42 825 598**
市本级	City	12 666 435	22 340 358	22 765 872	23 614 624	21 155 211
福田区	Futian	1 256 272	1 554 492	2 291 063	2 055 398	2 422 423
罗湖区	Luohu	775 071	1 034 456	1 695 761	2 780 283	2 086 359
盐田区	Yantian	269 327	454 892	678 758	682 924	545 525
南山区	Nanshan	1 295 858	2 147 951	2 739 555	2 806 726	3 344 709
宝安区	Baoan	2 546 939	2 844 309	3 236 873	4 254 218	4 368 591
龙岗区	Longgang	2 102 536	1 950 065	3 352 037	3 708 544	3 368 749
龙华区	Longhua		1 701 351	2 606 123	2 673 273	2 447 267
坪山区	Pingshan	262 017	406 422	1 054 961	1 380 415	1 195 523
光明区	Guangming	487 386	491 190	993 636	1 383 617	1 209 627
大鹏新区	Dapeng		291 222	695 790	597 981	681 614

主要统计指标解释

一般公共预算收入　指国家财政参与社会产品分配所取得的收入，是实现国家职能的财力保证。主要包括：

（1）各项税收：包括国内增值税、国内消费税、进口货物增值税和消费税、出口货物退增值税和消费税、营业税、企业所得税、个人所得税、资源税、城市维护建设税、房产税、印花税、城镇土地使用税、土地增值税、车船税、船舶吨税、车辆购置税、关税、耕地占用税、契税、烟叶税等。财政收入按现行分税制财政体制划分为中央本级收入和地方本级收入。

（2）非税收入：包括专项收入、行政事业性收费、罚没收入和其他收入。

一般公共预算支出　指国家财政将筹集起来的资金进行分配使用，以满足经济建设和各项事业的需要。主要包括：一般公共服务、外交、国防、公共安全、教育、科学技术、文化体育与传媒、社会保障和就业、医疗卫生与计划生育、节能环保、城乡社区、农林水、交通运输、资源勘探信息等、商业服务业等、金融、援助其他地区、国土海洋气象等、住房保障、粮油物资储备、政府债务付息等方面的支出。财政支出根据政府在经济和社会活动中的不同职权，划分为中央财政支出和地方财政支出。

Explanatory Notes on Main Statistical Indicators

General Public Budgetary Revenue refers to income for the government finance through participating in the distribution of social products. It is the financial guarantee to ensure government functioning. The contents of government revenue include the following main items:

(1) Various tax revenues, including domestic value added tax (VAT), domestic consumption tax, VAT and consumption tax from imports, VAT and consumption tax rebate for exports, business tax, corporate income tax, individual income tax, resource tax, city maintenance and construct tax, house property tax, stamp tax, urban land use tax, land appreciation tax, tax on vehicles and boat operation, ship tonnage tax, vehicle purchase tax, tariffs, farm land occupation tax, deed tax, and tobacco leaf tax, etc.

(2) Non−tax revenue, including special program receipts, charge of administrative and institutional units, penalty receipts and others non−tax receipts.

General Public Budgetary Expenditure refers to the distribution and use of the funds which the government finance has raised, so as to meet the needs of economic construction and various undertakings. It includes the following main items: expenditure for general public services, expenditure for foreign affairs, expenditure for national defence expenditure for public security, expenditure for education, expenditure for science and technology, expenditure for culture, sport and media, expenditure for social safety net and employment effort, expenditure for medical and health care and family planning, expenditure for energy conservation and environment protection, expenditure for urban and rural community affairs, expenditure for agriculture, forestry and water conservancy, expenditure for transportation, expenditure for resource exploration and information, expenditure for affairs of commerce and services, expenditure for finance, aid to other regions, expenditure for land, ocean and weather, expenditure for housing security, expenditure for grain & oil reserves, interest payment for public debts. General public budget expenditure is divided into general public budget expenditure of central government and general public budget expenditure of local government according to the different functions of the governments played in economic and social activities.

12 第十二部分

金融保险业

FINANCE AND INSURANCE

CHAPTER

12-1 国内金融机构人民币存贷款
DEPOSITS AND LOANS IN RENMINBI OF DOMESTIC FINANCIAL INSTITUTIONS

单位：亿元　　　　(100 million yuan)

项目	Item	2015	2016	2017	2018
各项存款	**Total Deposits**	**51 806.18**	**57 793.30**	**62 760.40**	**66 890.51**
境内存款	Domestic Deposits	49 384.45	55 977.08	60 476.89	64 583.40
其中：住户存款	Household Deposits	9 429.42	10 361.19	10 807.45	13 441.61
#活期存款	Demand Deposits	5 792.67	6 539.70	6 856.52	8 502.67
定期及其他存款	Time and Other Deposits	3 636.75	3 821.48	3 950.93	4 938.94
非金融企业存款	Non-financial Corporations Deposits	16 451.54	22 949.35	27 779.15	31 465.71
#活期存款	Current Deposits	5 879.10	7 285.44	8 194.04	7 404.09
定期及其他存款	Time and Other Deposits	10 572.43	15 663.92	19 585.11	24 061.62
广义政府存款	Generalized Government Deposits	8 012.34	8 444.90	8 774.22	9 859.44
非银行业金融机构存款	Non-bank Financial Deposits	15 491.16	14 221.65	13 116.08	9 816.64
境外存款	Overseas Deposits	2 421.73	1 816.21	2 283.51	2 307.11
各项贷款	**Total Deposits**	**27 129.99**	**34 034.29**	**39 940.61**	**47 024.58**
境内贷款	Domestic Loans	26 852.40	33 674.96	39 545.69	46 596.85
其中：住户贷款	Household Loans	10 832.66	15 022.07	17 541.78	19 828.00
# 短期贷款	Short-term Loans	1 554.06	2 095.32	2 460.45	2 580.95
中长期贷款	Medium&Long-term Loans	9 278.60	12 926.75	15 081.33	17 247.05
非金融企业及机关团体贷款	Non-financial Corporations,Government and Organizations Loans	15 979.83	18 639.54	21 968.76	26 766.88
# 短期贷款	Short-term Loans	5 635.10	6 443.81	8 027.14	8 964.88
中长期贷款	Medium&Long-term Loans	8 412.34	9 900.05	11 972.29	14 816.81
票据融资	Bill Financing	1 034.33	1 391.26	952.48	1 643.06
融资租赁	Finance Lease	849.75	847.94	977.18	1 258.60
各项垫款	All Advances Money	48.31	56.49	39.67	83.53
非银行业金融机构贷款	Non-bank Financial Loans	39.91	13.35	35.15	1.96
境外贷款	Oveeseas Loans	277.59	359.33	394.92	427.73

注：　2015年起，人民银行调整了金融机构存贷款统计口径，2014年数据相应作了回溯调整，后同。

Note: From 2015, the statistical caliber of deposit and loan of financial institutions have been adjusted by the People's Bank of China, the date of 2014 have been adjusted by the same caliber，the same applied to the following tables.

12-2 金融机构（含外资）本外币信贷情况

SOURCES AND USES OF CREDIT FUNDS OF FINANCIAL INSTITUTIONS （INCLUDE FOREIGN FUNDS）

单位：亿元 （100 million yuan）

年 份 Year	各项存款余额 All Deposits	各项贷款余额 All Loans
1990	360.65	373.98
1991	517.95	491.44
1992	801.51	643.24
1993	977.06	820.13
1994	1 413.81	1 244.87
1995	1 705.94	1 501.84
1996	2 144.28	1 861.97
1997	2 455.25	2 275.51
1998	2 881.83	2 483.84
1999	3 235.66	2 621.85
2000	3 974.12	2 955.37
2001	4 988.20	3 543.11
2002	5 941.29	4 308.43
2003	7 071.94	5 411.96
2004	8 136.21	6 571.56
2005	9 486.71	7 596.75
2006	10 616.01	8 353.82
2007	12 729.68	10 121.37
2008	14 260.94	11 234.05
2009	18 357.47	14 783.39
2010	21 937.89	16 808.12
2011	25 095.78	19 244.68
2012	29 662.40	21 808.34
2013	33 943.15	24 680.07
2014	49 969.99	28 114.22
2015	57 778.90	32 449.04
2016	64 407.81	40 526.90
2017	69 668.31	46 329.33
2018	72 550.36	52 539.79

12-3 金融机构（含外资）本外币分类存贷款

SOURCES AND USES OF CREDIT FUNDS OF FINANCIAL INSTITUTIONS (INCLUDE FOREIGN FUNDS)

单位：亿元 (100 million yuan)

项目	Item	2016	2017	2018
各项存款	**Total Deposits**	**64 407.81**	**69 668.31**	**72 550.36**
境内存款	Domestic Deposits	62 033.75	66 324.93	68 670.97
其中：住户存款	Household Deposits	10 755.66	11 159.78	13 810.06
#活期存款	Demand Deposits	6 823.79	7 096.70	8 736.64
定期及其他存款	Time and Other Deposits	3 931.86	4 063.08	5 073.43
非金融企业存款	Non-financial Corporations Deposits	28 237.21	33 014.86	34 898.69
#活期存款	Current Deposits	8 118.16	9 117.29	8 247.79
定期及其他存款	Time and Other Deposits	20 119.05	23 897.57	26 650.90
广义政府存款	Generalized Government Deposits	8 454.18	8 777.32	9 862.24
非银行业金融机构存款	Non-bank Financial Deposits	14 586.70	13 372.97	10 099.97
境外存款	Overseas Deposits	2 374.07	3 343.38	3 879.39
各项贷款	**Total Deposits**	**40 526.90**	**46 329.33**	**52 539.79**
境内贷款	Domestic Loans	38 252.95	43 972.02	49 877.03
其中：住户贷款	Household Loans	15 135.44	17 647.27	19 942.95
# 短期贷款	Short-term Loans	2 100.45	2 464.89	2 585.92
中长期贷款	Medium&Long-term Loans	13 034.99	15 182.38	17 357.03
非金融企业及机关团体贷款	Non-financial Corporations,Government and Organizations Loans	23 058.16	26 238.60	29 916.02
# 短期贷款	Short-term Loans	9 600.88	11 190.06	10 937.06
中长期贷款	Medium&Long-term Loans	10 838.32	12 866.16	15 631.80
票据融资	Bill Financing	1 583.05	1 021.24	1 820.06
融资租赁	Finance Lease	975.17	1 113.17	1 419.11
各项垫款	All Advances Money	60.74	47.97	107.98
非银行业金融机构贷款	Non-bank Financial Loans	59.35	86.15	18.06
境外贷款	Oveeseas Loans	2 273.95	2 357.31	2 662.75

12-4 深圳证券交易所投资者开户情况
ACCOUNT-OPENING BY INVESTORS IN SHENZHEN STOCK EXCHANGE

单位：万户 (10 000 accounts)

指 标	Indicators	2012	2013	2014	2015	2016	2017	2018
年末开户总数	**Total Accounts Year-end**	**10 573.30**	**11 085.55**	**12 036.87**	**16 888.92**	**20 897.12**	**24 545.09**	**27 685.32**
个人	Private	10 537.82	11 047.51	11 995.30	16 839.71	20 841.00	24 482.57	27 621.26
机构	Institution	35.48	37.34	40.66	49.22	56.12	62.52	64.06
A股合计	A Shares Accounts	10 473.43	10 985.15	11 935.93	16 783.70	20 791.27	24 438.57	27 578.60
个人	Private	10 439.34	10 948.55	11 895.86	16 736.06	20 736.72	24 377.63	27 516.13
机构	Institution	34.09	36.61	40.08	47.65	54.55	60.94	62.47
B股合计	B Shares Accounts	99.87	100.40	100.94	105.22	105.85	106.52	106.72
个人	Private	98.47	98.96	99.44	103.65	104.28	104.94	105.14
机构	Institution	1.39	0.73	0.58	1.57	1.57	1.58	1.58
新开户总数	**Newly Opened Accounts During the Year**	**464.76**	**531.09**	**984.74**	**4 914.84**	**4 018.31**	**3 598.69**	**226.46**
个人	Private	462.25	528.08	980.76	4 906.60	4 010.15	3 590.60	225.95
机构	Institution	2.51	3.00	3.93	8.24	8.16	8.09	0.51
A股合计	Newly Opened Accounts of A Shares	464.15	530.38	984.02	4 910.29	4 017.37	3 597.71	226.43
个人	Private	461.75	527.46	980.14	4 902.15	4 009.29	3 589.70	225.92
机构	Institution	2.41	2.91	3.89	8,14	8.08	8.01	0.51
B股合计	Newly Opened Accounts of A Shares	0.61	0.71	0.72	4.55	0.94	0.98	0.03
个人	Private	0.50	0.62	0.62	4.45	0.86	0.90	0.03
机构	Institution	0.10	0.09	0.04	0.10	0.08	0.08	0.01

12-5 深圳证券交易所有价证券成交总额

TOTAL VOLUME OF PRICE SECURITIES TRADING IN SHENZHEN

单位：亿元 （100 million yuan）

指 标	Indicators	2010	2011	2012	2013	2014	2015	2016	2017	2018
合计	**Total**	**247 426.62**	**193 188.33**	**178 659.69**	**296 671.46**	**444 708.19**	**1 361 051.31**	**934 425.86**	**814 333.31**	**735 738.87**
股票	Stocks	241 321.53	184 089.28	150 122.41	238 462.58	366 750.87	1 224 950.00	775 979.90	616 855.01	499 774.39
# A股证券	A Shares	240 249.99	183 530.07	149 667.80	237 713.21	366 228.12	1 223 606.57	775 478.37	616 433.07	499 527.90
B股证券	B Shares	1 071.54	559.21	454.65	749.38	522.74	1 343.43	501.53	421.94	246.49
基金	Funds	4 224.73	3 464.40	4 952.49	5 796.68	9 753.40	48 884.71	22 085.09	19 882.32	31 053.13
债券	Bonds	1 291.60	5 634.65	23 584.79	52 412.20	68 203.92	87 216.59	136 344.37	177 595.98	204 911.35
# 国债现货	State Treasury Bond	71.61	10.02	8.62	32.65					

12-6 深证综合指数

SHENZHEN COMPOSITE INDEX

日历日期 Date	开市指数 Open	收市指数 Close	最高指数 High	交易日期 Exchange Date	最低指数 Low	交易日期 Exchange Date
2001-12-31	636.62	475.94	665.57	2001-06-14	438.00	2002-10-22
2002-12-31	475.14	388.76	523.38	2002-06-25	366.84	2002-01-23
2003-12-31	386.61	378.63	453.45	2003-04-16	349.86	2003-11-19
2004-12-31	377.93	315.81	472.18	2004-04-07	314.98	2004-09-13
2005-12-30	313.81	278.75	334.14	2005-03-09	235.64	2005-07-19
2006-12-29	541.07	550.59	552.93	2006-12-29	278.99	2006-01-04
2007-12-28	1 455.60	1 447.02	1 567.74	2007-10-08	547.89	2007-01-05
2008-12-31	560.17	553.30	1 576.50	2008-01-15	456.97	2008-11-04
2009-12-31	1 193.32	1 201.34	1 234.17	2009-12-03	571.13	2009-01-05
2010-12-31	1 262.19	1 290.87	1 412.64	2010-11-11	890.24	2010-07-02
2011-12-30	852.43	866.65	1 316.19	2011-01-06	828.83	2011-12-28
2012-12-31	874.56	881.17	1 020.29	2012-03-04	724.97	2012-12-04
2013-12-31	887.36	1 057.67	1 106.27	2013-10-22	815.89	2013-06-25
2014-12-31	1 055.88	1 415.19	1 504.48	2014-12-16	1 004.93	2014-04-29
2015-12-31	1 419.44	2 308.91	3 156.96	2015-06-12	1 408.99	2015-01-05
2016-12-31	2 304.48	1 969.11	2 304.49	2016-01-04	1 618.12	2016-01-27
2017-12-31	1 972.55	1 899.34	2 046.74	2017-03-24	1 773.61	2017-06-01
2018-12-31	1 903.49	1 267.87	1 960.93	2018-01-24	1 232.01	2018-10-18

12-7 社会保险费实际征收收入和支出

PREMIUMS INCOME AND PAYMENT

单位：万元 （10 000 yuan）

年 份 Year	社会保险费实际征收收入 Premium Income	社会保险基金支出 Social Insurance Fund Expenditure
1999	241 680	109 306
2000	315 636	136 454
2001	508 777	200 638
2002	569 878	246 587
2003	741 343	316 201
2004	1 092 084	446 943
2005	1 335 261	563 925
2006	1 724 096	701 087
2007	2 053 206	777 218
2008	2 637 923	926 975
2009	2 768 988	1 154 785
2010	3 401 499	1 437 736
2011	4 462 180	1 807 163
2012	5 499 183	2 021 871
2013	7 114 222	2 459 542
2014	7 993 834	2 921 421
2015	9 301 966	3 290 337
2016	10 151 440	4 109 401
2017	13 200 611	5 414 739
2018	14 268 113	7 570 084

12-8 保险费收入和赔款及给付

PREMIUMS INCOME, INDEMNITY EXPENDITURE AND PAYMENT

单位：亿元 (100 million yuan)

年 份 Year	保险费收入 Premium Income	赔款及给付支出 Indemnity Expenditure and Payment	赔款率(%) Indemnity and Payment Ratio (%)
1997	34.64	9.44	27.25
1998	34.94	9.06	25.93
1999	35.79	9.96	27.83
2000	40.66	9.64	23.71
2001	54.22	14.26	26.30
2002	65.84	18.40	27.95
2003	78.75	23.86	30.30
2004	91.77	24.44	26.63
2005	106.39	28.63	26.91
2006	134.69	35.15	26.10
2007	183.70	56.87	30.96
2008	240.82	67.94	28.21
2009	271.59	73.34	27.00
2010	361.49	73.94	20.45
2011	359.90	85.77	23.83
2012	401.27	107.71	26.84
2013	468.76	125.19	26.71
2014	548.66	155.76	28.39
2015	647.55	176.74	27.29
2016	834.45	218.55	26.19
2017	1 029.75	257.13	24.97
2018	1 191.51	364.76	30.61

12-9 保险公司及保险中介机构

INSURANCE COMPANIES AND INSURANCE AGENTS

单位：个 (unit)

年 份 Year	保险公司（法人机构） Insurance Companies (Legal Institution)	中 资 Domestic-Funded	外 资 Foreign-Funded	保险中介法人机构 Legal Institution of Insurance Intermediary
2013	17	14	3	126
2014	20	18	2	126
2015	20	18	2	125
2016	22	20	2	127
2017	25	23	2	129
2018	27	25	2	130

12-10 保险公司主要业务指标（一）（2018年）

MAIN BUSINESS OF INSURANCE COMPANIES（2018）

单位：亿元 (100 million yuan)

指标名称	Indicators	保险金额 Insurance Amount	原保险保费收入 Original Premium Income	赔付支出 Indemnity Expenditure and payment
机动车辆险	Motor Vehicles Insurance	56 198.56	177.60	106.54
企业财产险	Enterprise Property Insurance	61 880.72	20.58	9.66
家庭财产险	Household Property Insurance	25 724.33	4.14	1.70
工程险	Engineering Insurance	7 817.61	10.36	3.94
责任险	Liability Insurance	522 266.93	26.76	8.94
信用险	Credit Insurance	3 256.89	17.25	22.65
保证险	Guarantee Insurance	1 331.32	68.35	65.81
船舶险	Shipping Insurance	403.31	1.18	0.60
货运险	Freight Insurance	78 705.66	6.26	3.73
特殊风险	Special Insurance	6 119.77	9.48	3.71
农业险	Agricultural Insurance	3.43	0.01	0.03
健康险	Health Insurance	71 533.35	10.00	6.05
意外险	Accident Insurance	1 513 712.70	26.15	6.79
其他险	Others	10 173.89	2.23	0.62
财产险公司合计	Total Property Insurance	2 359 128.49	380.35	242.27

12-10 保险公司主要业务指标（二）（2018年）

MAIN BUSINESS OF INSURANCE COMPANIES（2018）

单位：亿元 (100 million yuan)

指标名称	Indicators	累计新增保险金额 Accumulative total Insurance Amount	原保险保费收入 Original Premium Income	赔付支出 Indemnity Expenditure and payment
人寿保险	Life Insurance	10 797.79	625.03	92.16
健康险	Health Insurance	659 094.34	168.57	34.61
人身意外伤害险	Accident Injury Insurance	165 672.60	53.72	10.06

主要统计指标解释

存款 指企业、机关、团体或居民根据必须收回的原则，把货币资金存入银行或其他信用机构保管并取 得一定利息的一种信用活动形式。根据存款对象的不同可划分为企业存款、财政存款、机关团体存款、基本建设存款、城镇居民储蓄、农村存款等科目。它是银行信贷资金的主要来源。

贷款 指银行或其他信用机构根据资金必须归还的原则，按一定利率，为企业、个人等提供资金的一种信用活动形式。我国银行贷款分流动资金贷款、固定资产贷款、城乡个体工商户贷款以及农业贷款等科目。

住户存款 个人客户在其他存款性公司开立账户并存入资金或货币，由其他存款性公司出具存款凭证，个人客户凭存款凭证可以支取本金或利息的存款。

保险金额 指保险人承担赔偿或者给付保险金责任的最高限额。

保费 指投保人为取得保险人在约定范围内所承担赔偿责任而支付给保险人的费用。

赔款 指保险人根据保险合同的规定，向被保险人支付的赔偿保险责任损失的金额。

给付 包括死伤医疗给付和满期给付。死伤医疗给付是指保险人根据人寿保险及长期健康保险合同的规定，因被保险人在保险期内发生保险责任范围内的保险事故支付给被保险人（或受益人）的金额。满期给付是指被保险人生存期满，保险人按人寿保险合同规定支付给被保险人的满期保险金额。

Explanatory Notes on Main Statistical Indicators

Deposit is a form of credit by which enterprises, institutions, organizations or residents can put money into banks and other credit institutions for safekeeping and interest earning under the principle of free withdrawal. According to the different depositors, deposits are divided into enterprise deposits, treasury deposits, deposits of government agencies and organizations, capital construction deposits, urban savings deposits, rural deposits and other deposits. Deposits are major sources of the credit funds of banks.

Loan is a form of credit by which banks and other credit institutions provide funds at certain interest rates to enterprises and individuals in the light of the principle of unconditional repayment. Loans from Chinese banks include circulating capital loans, fixed assets loans, loans to urban and rural individuals engaged in industrial and commercial business and agricultural loans.

Savings Deposits refer to the capital which is deposited in the account opened in the reserve corporation by the individual with a deposit certificate as the proof, the principal and interest of which can be withdrew with the deposit certificate.

Amount Insured refers to the maximum that the insurant will get for the claim of the case insured.

Premium is the fee paid by the insurant to the insurer to obtain the obligation of compensation from the insurance within the agreed terms. is the compensation paid by the insurer to the insurant in accordance with the insurance contract.

Settled Claim is the compensation paid by the insurer to the insurant in accordance with the insurance contract.

Payment includes payment for death, injury or medical treatment and payment at maturity. Payment for death, injury or medical treatment refers to the money paid to the insurant (or the beneficiary) in accordance with the life or health insurance contract when the insurant encounters accidents within the insured period covered in the contract. Payment at maturity refers to the payment to the insurant in accordance with the life insurance contract at the end of the insured period.

13 第十三部分 对外经济贸易和旅游

FOREIGN TRADE AND TOURISM

CHAPTER

13-1 对外经济主要指标

MAIN INDICATORS OF FOREIGN TRADE AND ECONOMIC COOPERATION

项　目	Item	2000	2010	2015	2016	2017	2018
进出口总额(亿美元)	**Total Value of Imports and Exports (USD 100 million)**	**639.40**	**3 467.49**	**4 424.59**	**3 984.39**	**4 141.46**	**4 539.22**
出口总额	Total Exports	345.63	2 041.84	2 640.39	2 375.47	2 443.58	2 463.35
进口总额	Total Imports	293.76	1 425.66	1 784.20	1 608.92	1 697.88	2 075.86
签订利用外商直接投资协议(合同)项目(个)	Number of Projects with Contracted Foreign Capital (unit)	1 130	1 929	3 359	4 132	6 757	14 834
签订利用外商直接投资协议(合同)金额(亿美元)	Amount of Contracted Foreign Capital (USD 100 million)	17.38	56.52	255.95	521.93	368.40	282.45
实际利用外商直接投资额(亿美元)	Amount of Foreign Capital Actually Utilized (USD 100 million)	19.61	42.97	64.97	67.32	74.01	82.03
外商投资企业年底工商登记数(户)	Number of Registered Enterprises with Foreign Investment at the Year-end(unit)		29 364	37 529	42 621	50 769	65 282
投资总额(亿美元)	Total Investment (USD 100 million)		933.32	1 694.92	2 630.15	3 606.52	3 914.74
注册资本(亿美元)	Registered Capital(USD 100 million)		546.62	1 107.25	1 984.17	2 835.10	3 086.85
外商投资企业本期工商登记数(户)	Number of Registered Enterprises with Foreign Investment at the Year-end(unit)		2 585	4 343	6 024	11 162	16 010
本期投资总额(亿美元)	Total Investment(USD 100 million)		27.25	249.15	809.98	569.82	210.46
本期注册资本(亿美元)	Registered Capital(USD 100 million)		17.49	222.51	772.11	538.09	191.27

13-2 利用外资签订协议（合同）项目

NUMBER OF THE SIGNED AGREEMENTS AND CONTRACTS FOR UTILIZATION OF FOREIGN CAPITAL

单位：项 (unit)

年 份 Year	总 计 Total	一、按投资方式分 Grouped by Investment Mode					
		对外借款 Foreign Loans	外商直接投资 Direct Foreign Investments	# 合资经营 Joint Ventures	# 合作经营 Cooperative Operation	# 外商独资 Soly-Funded Foreign Enterprises	外商其他投资 Other Foreign Investments
1979	169		37	7	30		132
1980	303		33	4	24	5	270
1981	578		70	13	39	18	508
1982	577		66	11	47	8	511
1983	878		253	92	149	12	625
1984	988	5	334	188	134	12	649
1985	1 203	40	282	192	73	17	881
1986	454	31	224	152	64	8	199
1987	334	13	310	231	62	17	11
1988	694	4	591	443	93	55	99
1989	711	5	647	473	94	80	59
1990	796	6	757	434	100	223	33
1991	986	6	951	534	122	295	29
1992	1 561	1	1 553	822	227	504	7
1993	3 257	2	3 255	1 735	358	1 162	
1994	2 223	2	2 221	1 049	208	964	
1995	1 638	5	1 633	764	109	760	
1996	999		999	491	38	470	
1997	1 786		957	454	30	471	829
1998	1 915		1 391	513	31	844	524
1999	1 558		797	321	15	461	761
2000	1 835		1 130	339	24	766	705
2001	1 860		1 501	396	18	1 087	359
2002	2 191		1 917	361	8	1 544	274
2003	2 573		2 254	333	6	1 913	319
2004			2 718	356	9	2 352	2 36
2005			2 797	308	12	2 469	141
2006			3 105	269	7	2 827	62
2007			4 200	215	8	3 975	25
2008			3 046	139	11	2 896	6
2009			1 498	114	1	1 382	11
2010			1 929	124	1	1 800	
2011			2 513	149	2	2 360	
2012			2 428	134		2 289	
2013			2 056	180	5	1 870	
2014			2 490	266		2 222	
2015			3 359	488	2	2 861	8
2016			4 132	877	6	3 241	8
2017			6 757	1 261	2	5 485	9
2018			14 834	650	3	14 173	8

注： 1. 根据《商务部、国家统计局关于印发〈外商投资统计制度〉的通知》从2004年开始外商投资统计制度发生变化：不再包括“对外借款”，且外商直接投资的统计口径缩小。

Note: There are two changes among the newly statistical system of foreign investment in 2004:The index was not include Foreign Loans and statistical scope of Direct Foreign Investments was reduced.

2. 本表数据来源为深圳市商务局，为广东省商务厅统计口径。

Data in this table are provided by Commerce Bureau of Shenzhen Mumicipality, the statistical caliber of the Department of Commerce of Guangdong Province.

单位：项 13-2 续表 1 continued (unit)

年 份 Year	二、按国民经济行业分 Grouped by Sector					
	农、林、牧、渔业 Agriculture, Forestry, Animal Husbandry and Fishery	工 业 Industry	建筑业 Construction	批发和零售业、住宿和餐饮业 Wholesale and Retail Sales ,Accommodation and Catering Services	交通运输、仓储和邮政业 Transportation,Storage,Postal and Telecommunications Services	信息传输、软件和信息技术服务业 Information Transmission, Software and Information Technology
1979	6	112		5	3	
1980	8	243		10	4	
1981	9	321		5	5	
1982	3	457		25	1	
1983	19	714		87	15	
1984	14	148		117	15	
1985	10	164		84	8	
1986	6	172	3	20	1	
1987	7	303		1		
1988	5	646	4	12	5	
1989	5	666		12	3	
1990	3	766	2	6	3	
1991	5	908	3	22	6	
1992	6	1 464	2	20	8	
1993	10	2 836	18	115	23	
1994	6	1 815	20	168	16	
1995	5	1 377	10	104	15	
1996	10	858	7	53	8	
1997	8	1 526	4	89	13	
1998	5	1 401	3	65	12	
1999	3	1 351	3	28	7	
2000	4	1 450	1	34	23	
2001	3	1 397	1	43	22	
2002	3	1 616	4	103	33	
2003		1 660	2	100	48	
2004	2	1 513	6	188	53	
2005	1	1 344	9	357	38	
2006	1	896	11	1 238	55	
2007	2	860	4	1 828	127	
2008		350	5	1 187	83	62
2009	1	388	3	737	28	30
2010	1	434	7	1 000	29	35
2011		1 030	6	924	23	54
2012	1	1 027	6	865	26	37
2013	1	335	6	971	27	43
2014		181	7	1 089	28	81
2015	7	163	16	1 406	43	253
2016	7	110	17	1 288	53	327
2017	6	202	41	3 036	109	784
2018	8	316	113	8 337	221	1 785

单位：项 13-2 续表 2 continued (unit)

年 份 Year	二、按国民经济行业分 Grouped by Sector						
	金融业 Financial Intermediation	房地产业 Real Estate	租赁和商务服务业 Leasing and Business Services	科学研究和技术服务业 Scientific Research, and Technical Services	卫生和社会工作 Health and Social Work	教育、文化、体育和娱乐业 Education,Culture Sports and Entertainment	其他行业 Others
1979		3					40
1980		14					24
1981		28					210
1982		8					83
1983		21					22
1984		31					663
1985		15					922
1986	1	14		1	1	2	233
1987	7	10					6
1988	4	11					7
1989		10		4		4	7
1990		3		5	1		7
1991	6	30		2		2	2
1992	1	51		4		4	1
1993	1	205		5	6	1	33
1994	1	135		33	5	8	15
1995	1	59		31	19	4	13
1996	2	30		11	8	3	9
1997		138		7	1		
1998		286		138	1	1	3
1999		157		9			
2000		307		13	1	2	
2001		315		77		1	1
2002	5	394		26	1		5
2003	6	439		298	1	2	17
2004	2	57		178		4	715
2005	6	77		348	1	2	614
2006	5	101		373		7	418
2007	2	49		947	1	8	372
2008	2	4	215	1 134		3	1
2009	3	15	191	95		6	1
2010	4	11	264	142		2	
2011	6	19	313	138			
2012	13	8	334	105	3	3	
2013	73	14	463	114		9	
2014	222	18	687	165		8	4
2015	405	25	808	209	2	20	2
2016	1 144	32	809	295	2	46	2
2017	741	38	1108	623	4	63	2
2018	156	55	2 211	1 512	3	114	3

单位：项　　　　　　13-2 续表 3 continued (unit)

年　份 Year	三、按国别(地区)分 Grouped by Country (Territory)							
	中国香港、澳门 HongKong China, Macao China	中国台湾 Taiwan China	新加坡 Singapore	韩　国 Korea Rep	日　本 Japan	泰　国 Thailand	澳大利亚 Australia	马来西亚 Malaysia
1991	885	36	8	3	17	3	1	
1992	1 330	88	20	5	16	8	6	3
1993	2 834	154	24	8	27	15	14	5
1994	1 885	124	29	8	25	8	7	3
1995	1 288	100	26	14	36	11	9	6
1996	760	85	15	11	15	4	6	6
1997	1 576	85	14	9	13	3	5	5
1998	1 614	119	19	7	12	1	4	2
1999	1 355	45	14	7	8		2	
2000	1 474	67	19	12	9	1	7	2
2001	1 288	179	28	22	25	3	10	6
2002	1 498	239	34	25	35	3	13	11
2003	1 852	260	25	35	33	3	14	6
2004	1 959	122	44	42	51		14	10
2005	1 974	144	51	43	45	3	9	6
2006	2 233	152	48	42	38	2	28	17
2007	3 427	165	48	50	46	6	19	10
2008	2 582	82	27	34	41	2	10	15
2009	1 142	85	17	25	24	4	9	11
2010	1 472	112	23	24	34	3	5	15
2011	1 985	125	29	37	27	2	10	12
2012	1 988	76	25	40	25	3	10	12
2013	1 611	110	29	38	22	2	12	11
2014	2 011	119	41	55	21	2	9	12
2015	2 673	164	48	91	16	2	17	26
2016	3 365	186	43	66	12	7	17	44
2017	5 717	234	54	59	27	6	26	53
2018	13 703	297	60	65	35	9	38	65

单位：项　　　　　　13-2 续表 4 continued (unit)

年　份 Year	三、按国别(地区)分 Grouped by Country (Territory)							
	美　国 The United States	加拿大 Canada	德　国 Germany	法　国 France	英　国 The United Kingdom	瑞　士 Switzerland	荷　兰 Netherlands	其　他 Others
1991	18	2	2	3	2	1	1	4
1992	57	8	1	2	5		1	11
1993	104	22	2	4	16	2	3	23
1994	74	10	5	3	19		1	22
1995	71	9	3	1	18	2	4	40
1996	42	7	3	4	14	1	2	24
1997	35	8	2	3	5	3		20
1998	58	4	5	1	4	1	3	61
1999	37	12	3		4		1	70
2000	52	17	4	1	3		2	165
2001	72	14	2	2	2	2	2	203
2002	77	12	4	3	9	1	7	220
2003	72	23	2	3	7		4	234
2004	84	22	12	5	15	1	6	331
2005	100	16	14	4	24	7	9	348
2006	110	19	11	5	21	5	7	367
2007	78	15	12	3	15	2	5	299
2008	62	13	4	3	9	6	3	153
2009	49	10	7	7	5	1		102
2010	46	7	7	9	6	2	3	161
2011	51	8	15	9	7	1	2	193
2012	30	11	7	5	6	3	1	186
2013	36	12	8	9	10	4	5	137
2014	38	13	5	3	14	2	6	139
2015	65	22	10	4	14	1	6	200
2016	80	29	14	11	25	4	4	225
2017	101	32	20	17	34	4	3	370
2018	117	50	19	15	36	3	9	313

13-3 协议利用外资额

AMOUNT OF FOREIGN CAPITAL TO BE UTILIZED IN THE SIGNED AGREEMENTS AND CONTRACTS

单位：万美元 (USD 10 000)

年 份 Year	总 计 Total	一、按投资方式分 Grouped by Investment Mode					
		1、对外借款 Foreign Loans	2、外商直接投资 Direct Foreign Investments	# 合资经营 Joint Ventures	# 合作经营 Cooperative Operation	# 外商独资 Soly-Funded Foreign Enterprises	3、外商其他投资 Other Foreign Investments
1979	2 984		1 790	851	939		1 194
1980	27 122		23 966	1 021	13 966	8 979	3 156
1981	86 360		86 360	442	72 636	13 282	
1982	18 028		17 546	643	14 498	2 405	482
1983	33 451		29 355	8 052	17 605	3 698	4 096
1984	64 564	1 962	53 342	21 240	31 704	398	9 260
1985	102 647	19 320	79 323	18 544	58 046	2 733	4 004
1986	51 360	22 474	24 396	9 776	13 189	1 431	4 490
1987	64 893	7 812	56 675	10 993	7 370	38 312	406
1988	48 739	4 500	43 021	25 163	9 310	8 548	1 218
1989	48 904	576	46 945	25 120	11 501	10 324	1 383
1990	69 344	1 062	67 899	18 869	16 099	32 931	383
1991	115 158	5 038	108 611	35 419	23 072	50 120	1 509
1992	251 774	1 188	249 496	75 010	65 597	108 889	1 090
1993	497 737	800	496 937	211 828	71 588	213 521	
1994	298 649	15 521	283 128	92 731	47 632	142 765	
1995	359 654	13 347	346 307	125 589	63 561	157 157	
1996	168 000		168 000	99 879	26 192	41 929	
1997	176 896		135 387	63 177	10 224	59 657	41 509
1998	274 571	42 093	203 475	78 016	8 484	115 293	29 003
1999	223 018	64 077	121 017	16 345	7 242	96 585	37 924
2000	263 996	43 671	173 813	28 374	11 926	128 739	46 512
2001	400 393	50 527	272 318	43 530	82 902	145 184	77 548
2002	518 626	38 735	354 400	61 955	5 952	202 075	125 491
2003	582 896	55 570	484 687	124 831	11 157	335 571	42 639
2004			412 131	103 316	13 546	281 272	71 913
2005			525 097	68 065	2 375	437 181	43 755
2006			526 410	93 298	6 117	412 952	107 288
2007			857 155	63 948	−3 985	787 701	15 570
2008			728 283	97 963	2 007	608 434	4 914
2009			355 805	81 851	−1 622	257 953	−4 195
2010			565 197	44 503	271	508 625	−6 219
2011			763 307	121 168	11 803	616 702	−14 417
2012			626 184	83 049	1 284	519 688	177
2013			670 003	122 240	911	541 041	
2014			1 089 537	123 337	840	950 075	
2015			2 559 531	323 952	−697	2 189 932	46 344
2016			5 219 259	710 746	4 539	4 303 336	200 638
2017			3 683 974	876 256	30 847	2 505 442	271 429
2018			2 824 526	217 822	99	2 230 654	375 951

注：本表数据来源为深圳市商务局，为广东省商务厅统计口径。

Note: Data in this table are provided by Commerce Bureau of Shenzhen Mumicipality, the statistical caliber of the Department of Commerce of Guangdong Province.

单位：万美元　　　　13-3 续表 1 continued （USD 10 000）

年　份 Year	二、按国民经济行业分 Grouped by Sector					
	农、林、牧、渔业 Agriculture, Forestry, Animal Husbandry and Fishery	工　业 Industry	建筑业 Construction	批发和零售业、住宿和餐饮业 Wholesale and Retail Sales ,Accommodation and Catering Services	交通运输、仓储和邮政业 Transportation,Storage,Postal and Telecommunications Services	信息传输、软件和信息技术服务业 Information Transmission, Software and Information Technology
1979	119	1 163		179	537	
1980	1 085	10 577		1 628	4 883	
1981	3 454	33 680		5 182	15 545	
1982	213	6 269		1 082	3 245	
1983	1 345	13 145		2 085	5 978	
1984	214	16 936		27 152	1 933	
1985	439	56 558		13 510	3 935	
1986	187	12 197	3 849	3 773	102	
1987	359	54 644		13		
1988	273	36 686	149	2 403	899	
1989	120	37 885		3 499	643	
1990	99	55 931	138	5 197	378	
1991	888	77 756	3 839	5 742	1 665	
1992	2 878	176 536	1 180	4 724	8 321	
1993	378	292 842	3 646	48 641	37 086	
1994	263	177 967	1 264	37 774	1 585	
1995	438	243 725	4 468	21 903	21 376	
1996	763	123 973	11 905	12 443	1 827	
1997	481	129 826	2 671	7 977	4 864	
1998	1 417	184 011	3 678	11 323	16 008	
1999	89	207 778	225	2 359	−2 439	
2000	94	216 845	−913	7 795	2 990	
2001	−202	343 834	445	5 936	6 299	
2002	98	357 927	650	15 303	29 752	
2003	699	362 144	466	18 346	40 517	
2004	1 040	246 824	525	12 230	8 923	
2005	184	227 994	20 041	42 019	41 960	
2006	84	215 287	490	78 194	39 107	
2007	−561	250 677	−24	197 432	16 890	
2008	−95	230 858	3 928	192 763	13 374	32 517
2009	52	90 645	682	64 715	51 452	2 367
2010	314	105 151	1 162	155 857	17 878	17 687
2011		262 143	1 222	144 719	20 028	16 848
2012		243 452	1 183	89 786	28 754	17 235
2013	524	122 170	594	141 389	2 490	8 517
2014	393	98 963	396	185 828	16 413	45 131
2015	1 627	112 971	6 149	292 058	36 982	189 865
2016	2 582	344 909	18 605	413 607	4 232	68 199
2017	72 941	183 512	8 733	565 083	42 376	367 195
2018	813	165 335	10 845	511 004	382 297	483 569

年份 Year	二、按国民经济行业分 Grouped by Sector						
	金融业 Financial Intermediation	房地产业 Real Estate	租赁和商务服务业 Leasing and Business Services	科学研究和技术服务业 Scientific Research, and Technical Services	卫生和社会工作 Health and Social Work	教育、文化、体育和娱乐业 Education, Culture Sports and Entertainment	其他行业 Others
1979		538					448
1980		4 883					4 066
1981		15 675					12 824
1982		3 245					3 974
1983		6 042					4 856
1984		6 349					11 980
1985		4 928					23 277
1986	129	4 075		4	19	16	27 009
1987	6 000	2 065					1 812
1988	4 500	3 568					261
1989		4 939		108		300	1 410
1990		3 802		123	2 574		1 102
1991	5 038	17 197		240		669	2 124
1992	1 188	51 153		97		3 239	2 458
1993	2 100	77 660		94	991	2 900	31 106
1994	29	59 615		1 393	628	6 552	11 572
1995	2 170	51 630		1 103	625	1 250	2 966
1996	2 301	9 200		487	2 664	1 750	687
1997		29 839		426	161		651
1998	4 911	44 075		8 043	1 584	36	−515
1999		16 108		579	−5 037		3 356
2000	27	36 672		486	−460	158	302
2001	1 000	38 853		5 886	120	793	−2 571
2002	60 980	43 677		2 396	707	38	7 098
2003	13 654	89 112		21 947	779	2 071	28 054
2004	144	29 502		13 697		1 563	97 683
2005	8 813	61 235		36 825	993	1 371	83 662
2006	3 085	80 598		38 188	−132	4 288	67 221
2007	1 250	109 325		115 229	2 190	371	164 376
2008	594	70 910	45 135	135 320		1 351	1 628
2009	38 750	56 192	32 584	17 549		783	34
2010	4 004	130 934	76 480	52 828		2 902	
2011	−22 595	95 492	190 892	52 673		1 866	19
2012	30 563	47 192	120 366	29 983	665	17 005	
2013	160 495	34 874	167 699	28 016		3 235	
2014	505 875	17 278	157 885	59 796	−20	185	1 414
2015	1 171 149	286 294	398 707	66 585	−187	−3 589	920
2016	3 337 411	281 796	580 578	145 886	227	21 077	150
2017	1 400 925	106 256	732 402	197 858	783	5 862	48
2018	173 872	78 104	790 989	214 096	916	11 803	883

年份 Year	三、按国别(地区)分 Grouped by Country (Territory)							
	中国香港、澳门 HongKong China, Macao China	中国台湾 Taiwan China	新加坡 Singapore	韩国 Korea Rep.	日本 Japan	泰国 Thailand	澳大利亚 Australia	马来西亚 Malaysia
1987	16 431		427		10 336	112	85	
1988	33 363	1 407	1 735		6 762			41
1989	40 214	986	328		1 131	2 585	48	
1990	54 729	4 839	3 134		1 058	1 092	550	17
1991	54 729	4 839	3 134		1 058	1 092	550	17
1992	206 231	10 814	2 151	1 174	5 843	416	3 198	1 679
1993	411 673	21 908	2 132	665	7 491	5 284	7 934	392
1994	260 535	12 075	6 996	384	2 692	1 421	184	114
1995	274 815	7 344	7 940	1 926	20 914	978	227	2 024
1996	80 115	3 376	1 847	50 895	1 120	347	340	210
1997	98 839	4 951	1 874		2 517	59		293
1998	153 002	6 375	10 002	343	15 184	1 030		
1999	111 587	2 965	6 569	7	15 842		32	−154
2000	141 259	3 976	5 359	628	1 677	7	511	300
2001	180 030	19 328	6 371	888	8 379	115	920	56
2002	205 225	26 226	5 879	1 543	1 998	−939	2 381	1 570
2003	340 288	18 290	9 916	2 608	10 027	1 165	340	96
2004	198 695	9 276	6 479	4 506	6 025	400	745	3 838
2005	265 109	1 802	13 508	861	8 802	171	−139	−237
2006	362 411	3 883	8 107	486	8 866	26	1 822	3 568
2007	667 020	4 837	5 989	2 407	4 110	242	−1 190	133
2008	618 340	−1 030	1 618	804	4 138	17	−585	678
2009	323 420	245	4 974	239	−3 251	198	−283	672
2010	449 569	980	8 180	316	3 730	61	24	517
2011	536 353	9 961	22 437	23 771	15 026	8	−67	−771
2012	508 831	6 997	2 666	939	23 173	164	−308	1 001
2013	497 375	771	24 819	3 763	7 022	179	194	−2 534
2014	961 581	4 044	9 940	1 016	11 468	28	2 741	1 757
2015	2 287 102	26 580	5 846	3 320	6 322	84	710	850
2016	4 871 076	17 212	279	12 945	6 512	560	765	11 696
2017	3 250 763	21 323	128 550	3 896	490	516	1 539	5 044
2018	2 088 660	25 923	− 2 020	2 599	8 606	1 653	1 758	3 799

单位：万美元　　　　13-3 续表 4 continued （USD 10 000）

年　份 Year	三、按国别(地区)分 Grouped by Country (Territory)							
	美　国 The United States	加拿大 Canada	德　国 Germany	法　国 France	英　国 The United Kingdom	瑞　士 Switzerland	荷　兰 Netherlands	其　他 Others
1987	779			300	23			36 400
1988	3 441	100	1 162	22	603			103
1989	2 290	63	48	249			562	400
1990	1 253	115		8	772	809		968
1991	981	34	210	392	1 700	83	819	320
1992	4 764	4 067	31	111	5 373		5	5 917
1993	18 289	7 245	368	534	7 352	500	175	5 795
1994	8 010	921	222	78	2 421		25	2 571
1995	17 020	426	1 995	3 900	3 641	6	6 315	10 183
1996	3 876	368	357	227	2 493	15	2 659	19 755
1997	2 177	553	1 365	182		128	1 061	62 897
1998	10 759	215	3 077	21 270	7 489		4 142	41 683
1999	22 954	144	2 367	23 561	8 543	−17	2 853	25 765
2000	11 611	987	3 214	26 698	11 894		1 388	54 487
2001	5 239	997	1 224	33 920	5 987	683	−1 383	137 639
2002	79 346	−32	492	24 533	65 794	1 565	−199	103 244
2003	17 082	907	399	3 753	10 540	83	7 219	160 183
2004	14 007	434	2 379	2 317	11 263	140	7 154	144 473
2005	5 532	121	1 857	177	3 710	537	3 264	220 022
2006	4 974	196	911	482	1 748	299	7 136	121 495
2007	7 946	572	612	751	2 267	439	3 772	157 248
2008	11 773	2 385	1 357	4 445	636	922	756	82 029
2009	4 223	198	152	−946	2 398	381	401	22 784
2010	12 622	−2 011	−262	2 040	−1 162	−35	−1 158	91 786
2011	34 899	204	782	31 436		−9	−70	89 347
2012	1 600	−120	−355	−86	69	451	−5 078	86 240
2013	3 849	−185	317	77	1 830	84	1 843	130 599
2014	9 196	199	85	−1 121	1 143	−7	390	87 077
2015	−803	6 820	1 055	79	2 664	227	1 745	216 930
2016	7 804	17 471	2912	223	93 199	7 829	1 265	263 845
2017	1 495	2 645	1 638	1 060	12 278	213	5 261	247 263
2018	10 587	3 962	2 826	28 018	1 081	4 012	−9 251	652 313

13-4 实际利用外资额

AMOUNT OF FOREIGN CAPITAL ACTUALLY USED

单位：万美元 (USD 10 000)

年份 Year	总计 Total	一、按投资方式分 Grouped by Investment Mode：对外借款 Foreign Loans	外商直接投资 Direct Foreign Investments	#合资经营 Joint Ventures	#合作经营 Cooperative Operation	#外商独资 Soly-Funded Foreign Enterprises	外商其他投资 Other Foreign Investments
1979	1 537		548	192	356		989
1980	3 264		2 755	252	1 891	612	509
1981	11 282		8 618	1 073	5 427	2 118	2 664
1982	7 379		5 771	1 114	3 823	834	1 608
1983	14 394		11 316	1 906	6 077	3 333	3 078
1984	23 013	1 962	18 640	8 008	5 990	4 642	2 411
1985	32 925	13 585	17 989	6 993	10 316	680	1 351
1986	48 933	10 860	36 450	5 124	30 241	1 085	1 623
1987	40 449	12 436	27 379	8 489	17 826	1 064	634
1988	44 429	14 430	28 716	9 644	10 085	8 987	1 283
1989	45 809	15 563	29 252	16 852	7 182	5 218	994
1990	51 857	12 360	38 994	26 849	4 917	7 228	503
1991	57 988	17 184	39 875	27 330	5 185	7 360	929
1992	71 539	25 808	44 879	20 554	8 716	15 609	852
1993	143 217	43 762	98 900	48 165	15 097	35 638	555
1994	172 959	47 367	125 046	49 312	21 388	54 346	546
1995	173 545	42 556	130 989	33 120	28 003	69 866	
1996	242 242	37 177	205 065	89 228	26 776	89 061	
1997	287 168	57 095	166 112	53 271	20 771	92 070	63 961
1998	255 222	55 717	166 357	73 762	22 354	67 561	33 148
1999	275 422	64 077	177 839	74 848	18 954	82 556	33 506
2000	296 839	43 671	196 145	71 789	19 102	103 061	57 023
2001	360 277	44 527	259 080	59 076	56 621	139 157	56 670
2002	490 220	49 511	319 101	79 480	39 550	149 642	121 608
2003	504 213	57 928	362 344	115 245	20 850	193 915	83 941
2004			234 994	48 868	6 281	169 650	126 232
2005			296 872	50 807	8 299	230 996	104 841
2006			326 852	56 623	2 609	252 313	158 419
2007			366 220	64 843	1 334	295 550	99 277
2008			403 018	43 441	2 038	354 971	75 827
2009			416 001	54 993	551	342 234	12 242
2010			429 724	63 281	1 292	341 964	17 218
2011			459 921	48 409	1 367	397 391	23 696
2012			522 944	81 675	3 949	418 054	2 768
2013			546 789	79 900	1 340	461 585	403
2014			580 469	80 834	163	484 416	
2015			649 733	57 037	1 719	581 450	9 527
2016			673 227	92 018	115	574 622	6 472
2017			740 126	194 084		501 601	44 441
2018			820 301	152 982		608 331	35 874

注：本表数据来源为深圳市商务局，为广东省商务厅统计口径。

Note: Data in this table are provided by Commerce Bureau of Shenzhen Mumicipality, the statistical caliber of the Department of Commerce of Guangdong Province.

单位：万美元　　13-4 续表 1 continued （USD 10 000）

年　份 Year	二、按国民经济行业分 Grouped by Sector 农、林、牧、渔业 Agriculture, Forestry, Animal Husbandry and Fishery	工　业 Industry	建筑业 Construction	批发和零售业、住宿和餐饮业 Wholesale and Retail Sales ,Accommodation and Catering Services	交通运输、仓储和邮政业 Transportation,Storage,Postal and Telecommunications Services	信息传输、软件和信息技术服务业 Information Transmission, Software and Information Technology
1979	30	645		200	31	
1980	65	1 371		424	65	
1981	226	4 738		1 467	226	
1982	148	3 099		959	148	
1983	216	6 013		1 809	273	
1984	57	8 235		5 251	881	
1985	73	6 549		1 221	1 457	
1986	138	31 874	13	974	416	
1987	232	25 216	239	387	432	
1988	383	28 645	45	1 069	917	
1989	200	27 406	53	1 530	1 071	
1990	28	32 306	6	858	440	
1991	143	34 869	12	831	894	
1992	55	44 056	122	807	300	
1993	94	74 851	54	3 216	18 514	
1994	626	113 192		6 798	18 900	
1995	433	121 125		2 305	17 195	
1996		193 141	30	11 852	6 944	
1997	64	222 822	3 195	3 318	26 095	
1998	428	156 925	7 906	7 715	35 333	
1999	1 049	195 450	412	8 794	10 182	
2000	145	222 702	5 384	5 587	12 129	
2001	294	293 765	776	9 283	9 476	
2002	27	336 943	657	13 115	18 696	
2003	824	315 730	1 102	29 410	45 608	
2004	169	145 123	2 223	11 407	12 313	
2005	146	181 804	134	14 497	21 139	
2006	146	189 097	12 690	15 423	23 308	
2007	113	181 439	7 073	53 884	19 723	
2008	207	152 987	27	80 362	30 071	15 161
2009	111	158 939	427	127 000	8 567	9 134
2010		164 623	2	89 554	5 947	23 705
2011	172	164 480	469	90 304	30 673	25 697
2012	150	181 153	810	121 492	32 239	5 135
2013	65	187 485	3 224	66 716	14 732	7 258
2014	392	124 187	494	104 299	6 233	22 184
2015		82 354	159	65 391	10 398	30 007
2016		50 294	170	55 407	12 274	35 793
2017	5	95 539	1 525	110 070	11 041	19 727
2018	3	174 025	811	89 923	48 859	41 542

单位：万美元　　　　13-4 续表 2 continued （USD 10 000）

年　份 Year	二、按国民经济行业分 Grouped by Sector						
	金融业 Financial Intermediation	房地产业 Real Estate	租赁和商务服务业 Leasing and Business Services	科学研究和技术服务业 Scientific Research, and Technical Services	卫生和社会工作 Health and Social Work	教育、文化、体育和娱乐业 Education,Culture Sports and Entertainment	其他行业 Others
1979		553					78
1980		1 175					164
1981		4 061					564
1982		2 656					369
1983		5 124					959
1984		4 412					4 177
1985		7 976					15 649
1986	8 948	2 965				6	3 599
1987	10 247	454			6	39	3 197
1988	4 168	4 652		20	161	30	4 339
1989	10 666	4 744				33	106
1990	5 913	5 576				34	6 696
1991	9 837	10 835			35		532
1992	14 008	9 503			13	17	2 658
1993	254	31 664			500		14 070
1994	5 751	14 220		132	234	1 445	11 661
1995	4 327	15 982			10 921	625	632
1996	9 339	16 970		550	1 236	68	2 112
1997	6 638	14 372		17	1 750	470	8 427
1998	12 021	31 208		234	831	548	2 073
1999		48 992		3 383	4 659	441	2 060
2000	1 579	40 473		379	1 600	377	6 484
2001	1 000	44 137		501	758	18	269
2002	58 734	51 018		2 846	1 514	63	6 607
2003	18 587	64 587		2 809	220	626	19 586
2004	1 285	18 694		6 384	100		37 196
2005	20	19 457		9 366	120	346	49 843
2006	7 266	21 097		12 841		597	44 387
2007	1 566	32 405		22 843	439	334	46 401
2008		42 717	52 587	27 852	372	675	
2009		25 249	26 634	57 935		2 005	
2010	1 591	56 872	49 597	37 460		373	
2011	7 072	45 815	54 331	39 164		1 678	66
2012	1 338	55 414	76 601	39 668	186	8 758	
2013	19 972	71 830	130 122	39 518		5 867	
2014	67 505	80 317	138 504	34 870	556	928	
2015	71 649	225 873	136 267	25 079		2 395	161
2016	106 958	191 914	209 606	10 810		1	
2017	88 726	204 094	160 434	48 787	121	13	44
2018	77 900	164 843	204 015	17 066		832	482

单位：万美元　　　　13-4 续表 3 continued （USD 10 000）

年　份 Year	三、按国别(地区)分 Grouped by Country (Territory)							
	中国香港、澳门 HongKong China, Macao China	中国台湾 Taiwan China	新加坡 Singapore	韩　国 Korea Rep.	日　本 Japan	泰　国 Thailand	澳大利亚 Australia	马来西亚 Malaysia
1987	25 632		247		9 291	32	29	
1988	28 198	316	146		14 567		10	
1989	28 729	1 006	1 177		10 004		166	
1990	26 291	371	897		17 257		723	
1991	32 375	216	339	125	14 265		700	
1992	46 134	475	475		15 806	914	323	117
1993	92 455	4 532	1 197	170	20 822	1 577	155	
1994	125 890	10 671	1 270		18 740	102	645	
1995	105 172	6 954	845		32 067		520	
1996	150 126	13 665	7 525	7 094	29 860	3 381	340	2 024
1997	203 035	6 732	2 502	309	17 616	1 133	19	750
1998	182 956	3 479	1 089	352	8 959	257	56	45
1999	144 214	3 842	9 855	11 133	18 666	1 047	145	64
2000	184 531	3 940	6 023	8 136	5 113		219	1 724
2001	194 212	12 518	7 521	162	8 183	6	365	263
2002	216 516	28 876	8 449	541	10 498	1 307	687	245
2003	318 337	28 479	10 471	4 489	12 154	69	172	348
2004	125 379	4 002	4 576	411	3 215	200	345	1 394
2005	157 487	5 328	5 368	1 507	6 590	148	848	888
2006	167 338	3 044	11 352	484	4 660	31	422	587
2007	223 877	3 278	7 348	322	4 319	261	1 643	253
2008	256 893	4 565	4 280	1 339	2 887	35	264	540
2009	275 819	2 186	6 297	489	3 942	13	54	1 127
2010	310 221	1 737	9 393	472	2 774	136	148	398
2011	326 079	1 852	11 395	4 674	10 745	65	180	94
2012	379 918	4 484	6 112	19 729	5 235	51	46	1 320
2013	418 654	3 541	9 285	451	7 167	88	17	28
2014	438 748	5 635	7 143	3 708	7 027	43	25	123
2015	561 412	797	8 304	496	4 330	10	167	88
2016	599 055	761	4 004	427	7 070	30	12	168
2017	657 404	494	4 714	29 317	1 483	6		
2018	602 497	801	8 152	7 373	8 908	98		214

单位：万美元

13-4 续表 4 continued （USD 10 000）

年 份 Year	三、按国别(地区)分 Grouped by Country (Territory)							
	美 国 The United States	加拿大 Canada	德 国 Germany	法 国 France	英 国 The United Kingdom	瑞 士 Switzerland	荷 兰 Netherlands	其 他 Others
1987	3 101	899	18	1 194	6			
1988	294	150	201	501	5			41
1989	1 143	16		3 399	112			57
1990	4 011		35	1 112	235	500	337	88
1991	6 963	5		1 668	457		819	56
1992	2 029			3 225	1 109	84	633	155
1993	14 531	450		3 153	64	510	3 511	90
1994	3 371	628	130	2 206	6 662		2 520	124
1995	14 145	194	250	8 963	1 099	2 623		713
1996	10 576	162	911	2 985	1 820	794	125	10 854
1997	24 306	215	1 365	182	3 888	6		25 110
1998	4 326	364	505	24 610	9 002	188	1 601	17 433
1999	688	22 111	650	23 933	9 291	170	5 721	23 892
2000	11 498	739	3 477	26 613	11 498	1 080	3 677	28 571
2001	5 929	668	1 339	27 912	8 238	1 551	497	90 913
2002	63 310	632	1 811	24 814	49 112	1 142	2 783	79 506
2003	10 540	907	289	3 759	9 417	1 006	1 686	102 090
2004	8 189	436	517	23	3 014	200	2 266	80 827
2005	9 066	594	347	1 449	8 517	21	3 251	95 463
2006	7 129	189	2 274	186	1 536	253	2 164	125 203
2007	4 052	181	1 437	931	1 555	137	6 227	110 399
2008	7 613	244	142	870	923	30	3 037	119 356
2009	5 071	263	626	1 721	1 328	202	1 282	115 581
2010	8 960	91	381	4	1 065	558	1 805	91 581
2011	8 188	196	890	1 109	116	133	12	94 193
2012	28 437	145	395	550	84	16	669	75 753
2013	4 705	70	842	22 026	995		1 077	77 843
2014	2 875	82	168	9 365	44	440	1 462	103 581
2015	1 108	21	34		213	3	12	72 738
2016	1 424	34	37	8		6 334	391	53 472
2017	1 238	257	1 313	283	121		620	42 876
2018	806	1 130	71 898	27 228	114		538	90 544

13-5 实际外商直接投资

DIRECT FOREIGN INVESTMENTS ACTUALLY USED

单位：亿美元 (USD 100 million)

年 份 Year	实际利用外资金额 Direct Foreign Investments Actually Used	指 数（%）Indices(%) 以1979年为100 1979=100	以上年为100 Preceding Year=100
1979	0.05	100.0	
1980	0.28	502.7	502.7
1981	0.86	1 572.6	312.8
1982	0.58	1 053.1	67.0
1983	1.13	2 065.0	196.1
1984	1.86	3 401.5	164.7
1985	1.80	3 282.7	96.5
1986	3.65	6 651.5	202.6
1987	2.74	4 996.2	75.1
1988	2.87	5 240.1	104.9
1989	2.93	5 338.0	101.9
1990	3.90	7 115.7	133.3
1991	3.99	7 276.5	102.3
1992	4.49	8 189.6	112.5
1993	9.89	18 047.4	220.4
1994	12.50	22 818.6	126.4
1995	13.10	23 903.1	104.8
1996	20.51	37 420.6	156.6
1997	16.61	30 312.4	81.0
1998	16.64	30 357.1	100.1
1999	17.78	32 452.4	106.9
2000	19.61	35 792.9	110.3
2001	25.91	47 277.4	132.1
2002	31.91	58 230.1	123.2
2003	36.23	66 121.2	113.6
2004	23.50	72 997.8	110.4
2005	29.69	92 196.2	126.3
2006	32.69	101 508.0	110.1
2007	36.62	113 689.0	112.0
2008	40.30	125 171.6	110.1
2009	41.60	129 177.1	103.2
2010	42.97	133 439.9	103.3
2011	45.99	142 780.7	107.0
2012	52.29	162 341.7	113.7
2013	54.68	169 809.4	104.6
2014	58.05	180 337.6	106.2
2015	64.97	201 797.8	111.9
2016	67.32	209 062.5	103.6
2017	74.01	229 759.7	109.9
2018	82.03	254 573.8	110.8
年平均增长率 Average Annual Growth Rate		**22.3**	

注：1.本表指数按可比口径计算。
Note: Data in this table are calculated at comparable scope.
2.本表数据来源为深圳市商务局，为广东省商务厅统计口径。
Data in this table are provided by Commerce Bureau of Shenzhen Mumicipality,the statistical caliber of the Department of Commerce of Guangdong Province.

13-6 外商投资企业工商登记情况（按企业类别分）（2018年末）

BUSINESS REGISTRATION OF FOREIGN INVESTED ENTERPRISES AT YEAR-END (GROUPED BY REGISTRATION STATUS) (2018)

单位：万美元　　　　(USD 10 000)

项目 Item		期末实有 Final Actual Amount			
		户数（户） Enterprises (Unit)	投资总额 Total Investment	注册资本（认缴出资金额） Registered Capital (Subscribed Capital Contribution)	
				小计 Subtotal	#外方 Foreign Side
合计	**Total**	**65 282**	**39 147 424**	**30 868 510**	**20 839 851**
中外合资	Sino-foreign Joint Ventures	5 101	13 595 185	10 775 376	2 804 158
中外合作（法人）	Sino-foreign Cooperative Enterprises (Juridical Person)	299	721 347	321 186	140 533
中外合作（非法人）	Sino-foreign Cooperative Enterprises (Unincorporated)	102			
外资企业	Foreign-funded Enterprises	49 669	22 549 765	17 000 182	17 000 182
外商投资股份有限公司	Companies Limited by Shares with Foreign Investment	189	2 281 047	2 197 043	572 092
其他外商投资企业	Other Foreign-invested Enterprises				
合伙企业	Partnership Enterprises	364		574 641	322 844
普通合伙	General Partnership Enterprises	18		1 021	219
#特殊的普通合伙	Special General Partnership Enterprises	4			
有限合伙	Limited Partership Enterprises	346		573 620	322 625
其他企业	Other Enterprises	2	81	81	42
外商投资企业分支机构	Foregin-invested Enterprises Branches	9 556			

注：　本表数据来源为深圳市市场监督管理局。

Note: Data in this table are provided by Market Supervision and Regulation Bureau of Shenzhen Municipality.

单位：万美元 13-6 续表1 continued(USD 10 000)

项目 Item		本期登记 Registration of the Current Period			
		户数（户） Enterprises (Unit)	投资总额 Total Investment	注册资本（认缴出资金额） Registered Capital（Subscribed Capital Contribution)	
				小计 Subtotal	#外方 Foreign Side
合计	**Total**	**16 010**	**2 104 586**	**1 912 742**	**1 721 941**
中外合资	Sino-foreign Joint Ventures	468	335 803	317 089	147 149
中外合作（法人）	Sino-foreign Cooperative Enterprises (Juridical Person)	7	2 765	2 693	299
中外合作（非法人）	Sino-foreign Cooperative Enterprises (Unincorporated)				
外资企业	Foreign-funded Enterprises	14 388	1 754 355	1 561 421	1 561 421
外商投资股份有限公司	Companies Limited by Shares with Foreign Investment	3	11 664	11 664	900
其他外商投资企业	Other Foreign-invested Enterprises				
合伙企业	Partnership Enterprises	91		19 875	12 172
普通合伙	General Partnership Enterprises	3		230	37
#特殊的普通合伙	Special General Partnership Enterprises				
有限合伙	Limited Partership Enterprises	88		19 645	12 134
其他企业	Other Enterprises				
外商投资企业分支机构	Foregin-invested Enterprises Branches	1 053			

单位：万美元

13-6 续表2 continued(USD 10 000)

项目 Item		注销（户） Logouted Enterprises(unit)		吊销（户） Revoked Enterprises(unit)	
		本期注销 Logouted Enterprises of the current period	累计注销 Total Number of Logouted Enterprises	本期吊销 Revoked Enterprises of the current period	累计吊销 Total Number of Revoked Enterprises
合计	**Total**	**1 620**	**14 084**	**437**	**25 976**
中外合资	Sino-foreign Joint Ventures	99	1 069	33	1 327
中外合作（法人）	Sino-foreign Cooperative Enterprises (Juridical Person)	12	182	3	1 167
中外合作（非法人）	Sino-foreign Cooperative Enterprises (Unincorporated)	11	296		372
外资企业	Foreign-funded Enterprises	678	5 790	401	19 464
外商投资股份有限公司	Companies Limited by Shares with Foreign Investment		7		32
其他外商投资企业	Other Foreign-invested Enterprises				
合伙企业	Partnership Enterprises	4	14		1
普通合伙	General Partnership Enterprises	2	6		
#特殊的普通合伙	Special General Partnership Enterprises				
有限合伙	Limited Partership Enterprises	2	8		1
其他企业	Other Enterprises				
外商投资企业分支机构	Foregin-invested Enterprises Branches	816	6 726		3 613

13-7 外商投资企业工商登记情况（按行业类别分）（2018年末）

BUSINESS REGISTRATION OF FOREIGN INVESTED ENTERPRISES AT YEAR-END (GROUPED BY SECTOR)(2018)

单位：万美元 (USD 10 000)

项目	Item	期末实有 Final Actual Amount			
		户数（户） Enterprises (Unit)	投资总额 Total Investment	注册资本（认缴出资金额） Registered Capital (Subscribed Capital Contribution)	
				小计 Subtotal	#外方 Foreign Side
合计	**Total**	**65 282**	**39 147 424**	**30 868 510**	**20 839 851**
农、林、牧、渔业	Agriculture,Forestry,Animal Husbandry and Fishery	69	39 971	36 793	31 774
农、林、牧、渔服务业	Agriculture,Forestry,Animal Husbandry and Fishery Services	19	6 104	4 759	2 684
采矿业	Mining	7	16 994	6 052	2 158
开采辅助活动	Mining Auxiliary Activities	1	140	100	100
制造业	Manufacturing	10 912	7 685 614	4 896 151	3 300 484
金属制品、机械和设备修理业	Metal Products Machinery And Equipmet Repair Services	74	50 753	28 946	27 958
电力、热力、燃气及水生产和供应业	Production and Supply of Electric Power,Gas and Water	205	2 015 200	1 137 636	355 434
建筑业	Construction	548	391 429	337 003	189 658
批发和零售业	Wholesale and Retail Trade	25 331	3 667 447	2 953 575	2 532 968
交通运输、仓储和邮政业	Transport,Storage and Postal Services	1 552	987 320	626 407	509 355
住宿和餐饮业	Hotels and Catering Services	2 224	167 452	113 993	87 406
信息传输、软件和信息技术服务业	Information Transmission,Computer Services and Software	5 975	2 814 773	1 849 005	1 659 141
金融业	Financial Intermediation	2 903	10 365 502	10 341 465	5 804 064
房地产业	Real Estate	1 683	2 988 299	1 620 952	1 446 447
租赁和商务服务业	Leasing and Business Services	8 275	6 049 189	5 452 814	3 679 280
科学研究和技术服务业	Scientific Research and Technical Services	3 364	1 229 431	955 292	793 242
水利、环境和公共设施管理业	Management of Water Conserancy, Environment and Public facilities	49	22 105	18 961	15 331
居民服务、修理和其他服务业	Resident Services,Repair and Other Servies	1 586	494 124	380 465	307 782
教育	Education	110	16 133	13 765	8 124
卫生和社会工作	Health Care and Social Work	21	7 282	6 296	3 462
文化、体育和娱乐业	Culture,Sports and Recreation	452	188 606	121 363	113 213
其他	Others	16	552	526	525

注：　本表数据来源为深圳市市场监督管理局。
Note: Data in this table are provided by Market Supervision and Regulation Bureau of Shenzhen Municipality.

单位：万美元

13-7 续表1 continued（USD 10 000）

项目		本期登记 Registration of the Current Period			
		户数（户） Enterprises (Unit)	投资总额 Total Investment	注册资本（认缴出资金额） Registered Capital（Subscribed Capital Contribution)	
	Item			小计 Subtotal	#外方 Foreign Side
合计	**Total**	**16 010**	**2 104 586**	**1 912 742**	**1 721 941**
农、林、牧、渔业	Agriculture,Forestry,Animal Husbandry and Fishery	12	6 635	5 801	3 772
农、林、牧、渔服务业	Agriculture,Forestry,Animal Husbandry and Fishery Services	2	158	158	157
采矿业	Mining				
开采辅助活动	Mining Auxiliary Activities				
制造业	Manufacturing	158	77 664	64 998	32 864
金属制品、机械和设备修理业	Metal Products Machinery And Equipmet Repair Services				
电力、热力、燃气及水生产和供应业	Production and Supply of Electric Power,Gas and Water	12	4 320	4 320	4 320
建筑业	Construction	199	31 040	30 950	14 355
批发和零售业	Wholesale and Retail Trade	8 466	487 117	450 953	423 750
交通运输、仓储和邮政业	Transport,Storage and Postal Services	235	147 794	147 713	147 026
住宿和餐饮业	Hotels and Catering Services	417	14 259	11 025	8 735
信息传输、软件和信息技术服务业	Information Transmission,Computer Services and Software	2 557	451 746	395 514	353 061
金融业	Financial Intermediation	73	175 149	179 329	170 323
房地产业	Real Estate	67	88 940	65 897	65 806
租赁和商务服务业	Leasing and Business Services	2 048	378 071	326 129	301 082
科学研究和技术服务业	Scientific Research and Technical Services	985	180 280	173 358	148 432
水利、环境和公共设施管理业	Management of Water Conservancy, Environment and Public facilities	5	3 776	1 684	207
居民服务、修理和其他服务业	Resident Services,Repair and Other Servies	639	39 329	39 613	38 411
教育	Education	34	10 085	7 170	2 457
卫生和社会工作	Health Care and Social Work	3	433	433	433
文化、体育和娱乐业	Culture,Sports and Recreation	93	7 775	7 681	6 729
其他	Others	7	174	175	174

单位：万美元

13-7 续表2 continued(USD 10 000)

项目	Item	注销（户） Logouted Enterprises(unit)		吊销（户） Revoked Enterprises(unit)	
		本期注销 Logouted Enterprises of the current period	累计注销 Total Number of Logouted Enterprises	本期吊销 Revoked Enterprises of the current period	累计吊销 Total Number of Revoked Enterprises
合计	**Total**	**1 620**	**14 084**	**437**	**25 976**
农、林、牧、渔业	Agriculture,Forestry,Animal Husbandry and Fishery	1	17		95
农、林、牧、渔服务业	Agriculture,Forestry,Animal Husbandry and Fishery Services		4		9
采矿业	Mining		7		56
开采辅助活动	Mining Auxiliary Activities				2
制造业	Manufacturing	306	4 431	200	17 304
金属制品、机械和设备修理业	Metal Products Machinery And Equipmet Repair Services	1	8	1	5
电力、热力、燃气及水生产和供应业	Production and Supply of Electric Power,Gas and Water	26	44		10
建筑业	Construction	9	81	5	100
批发和零售业	Wholesale and Retail Trade	498	3 367	124	2 121
交通运输、仓储和邮政业	Transport,Storage and Postal Services	36	330	4	248
住宿和餐饮业	Hotels and Catering Services	159	709	11	371
信息传输、软件和信息技术服务业	Information Transmission,Computer Services and Software	85	603	12	747
金融业	Financial Intermediation	31	85	5	12
房地产业	Real Estate	122	805	2	290
租赁和商务服务业	Leasing and Business Services	208	2 011	47	2 308
科学研究和技术服务业	Scientific Research and Technical Services	63	437	22	735
水利、环境和公共设施管理业	Management of Water Conservancy, Environment and Public facilities	1	17		28
居民服务、修理和其他服务业	Resident Services,Repair and Other Servies	57	208	3	174
教育	Education		2	1	9
卫生和社会工作	Health Care and Social Work		6		12
文化、体育和娱乐业	Culture,Sports and Recreation	10	43	1	92
其他	Others	8	881		1 264

13-8 外商投资企业工商登记情况(按国别、地区分)（2018年末）

BUSINESS REGISTRATION OF FOREIGN INVESTED ENTERPRISES AT YEAR-END (GROUPEDBY COUNTRIES AND REGIONS)（2018）

单位：万美元 （USD 10 000）

项目	Item	期末实有 Final Actual Amount			
		户数（户） Enterprises (Unit)	投资总额 Total Investment	注册资本（认缴出资金额） Registered Capital（Subscribed Capital Contribution）	
				小计 Subtotal	#外方 Foreign Side
合　计	**Total**	**55 258**	**39 147 343**	**30 293 788**	**20 516 966**
一、亚洲	**Asia**	**42 895**	**32 475 284**	**25 565 521**	**17 162 019**
日本	Japan	377	306 407	148 051	136 031
韩国	Korea	448	46 016	28 808	24 213
中国香港	Hongkong China	30 815	18 935 573	13 879 908	10 580 578
中国澳门	Macao China	180	132 081	121 788	113 262
中国台湾	Taiwan China	1 615	191 923	162 058	149 008
亚洲其他国家（地区）	Other Asian Countries(Regions)	9 460	12 863 283	11 224 907	6 158 927
二、非洲	**Africa**	**300**	**89 123**	**57 745**	**51 021**
埃及	Egypt	21	878	878	878
南非	South Africa	8	178	174	174
毛里求斯	Mauritius	81	68 425	40 737	34 454
塞舌尔	Seychelles	127	16 167	12 535	12 148
非洲其他国家（地区）	Other African Countries(Regions)	63	3 474	3 420	3 366
三、欧洲	**Europe**	**858**	**531 505**	**231 943**	**156 129**
英国	Britain	151	160 663	59 975	26 755
德国	Germany	133	44 739	25 418	17 988
法国	France	84	124 683	44 859	31 101
俄罗斯联邦	Russian Federation	85	15 423	14 974	7 601
欧洲其他国家（地区）	Other European Countries(Regions)	405	185 998	86 716	72 685
四、拉丁美洲	**Latin America**	**1 034**	**2 431 608**	**1 386 585**	**1 176 877**
巴西	Brazil	12	736	736	126
开曼群岛	Cayman Islands	96	734 957	362 568	282 938
英属维尔京群岛	British Virgin Islands	854	1 661 895	998 216	874 093
拉丁美洲其他国家（地区）	Other Latin American Countries(Regions)	72	34 020	25 065	19 720
五、北美洲	**North America**	**919**	**383 936**	**302 633**	**212 092**
加拿大	Canda	193	43 006	37 186	26 362
美国	America	714	287 712	218 537	141 588
百慕大群岛	Bermuda	12	53 219	46 911	44 142
北美洲其他国家（地区）	Other North American Countries(Regions)				
六、大洋洲	**Oceania**	**587**	**370 076**	**184 899**	**174 725**
澳大利亚	Australia	159	23 468	17 438	12 316
新西兰	Newzealand	22	2 840	2 499	2 001
萨摩亚	Samoa	40	15 436	11 784	11 727
大洋洲其他国家（地区）	Other Oceanian Countries(Regions)	366	328 332	153 178	148 682
七、其他	**Others**	**8 665**	**2 865 812**	**2 564 463**	**1 584 103**

注：　本表数据来源为深圳市市场监督管理局。
Note: Data in this table are provided by Market Supervision and Regulation Bureau of Shenzhen Municipality.

单位：万美元

13-8 续表1 continued（USD 10 000）

项目 Item		本期登记 Registration of the Current Period			
		户数（户） Enterprises (Unit)	投资总额 Total Investment	注册资本（认缴出资金额） Registered Capital (Subscribed Capital Contribution)	
				小计 Subtotal	#外方 Foreign Side
合　计	**Total**	**14 866**	**2 104 586**	**1 892 867**	**1 709 769**
一、亚洲	**Asia**	**11 552**	**1 795 592**	**1 627 212**	**1 483 730**
日本	Japan	25	2 702	1 870	1 606
韩国	Korea	47	1 573	1 436	871
中国香港	Hongkong China	7 251	926 959	845 052	775 800
中国澳门	Macao China	22	1 596	1 596	1 377
中国台湾	Taiwan China	256	19 104	18 789	17 598
亚洲其他国家（地区）	Other Asian Countries(Regions)	3 951	843 659	758 469	686 478
二、非洲	**Africa**	**25**	**1 343**	**1 300**	**1 217**
埃及	Egypt	2	86	86	86
南非	South Africa	2	86	86	86
毛里求斯	Mauritius				
塞舌尔	Seychelles	8	724	681	610
非洲其他国家（地区）	Other African Countries(Regions)	13	447	447	433
三、欧洲	**Europe**	**154**	**19 352**	**18 922**	**11 064**
英国	Britain	20	2 471	2 471	2 411
德国	Germany	16	260	215	194
法国	France	14	306	306	241
俄罗斯联邦	Russian Federation	26	12 534	12 525	5 325
欧洲其他国家（地区）	Other European Countries(Regions)	78	3 781	3 405	2 893
四、拉丁美洲	**Latin America**	**40**	**19 025**	**15 495**	**15 495**
巴西	Brazil				
开曼群岛	Cayman Islands	8	7 064	3 974	3 974
英属维尔京群岛	British Virgin Islands	21	11 338	10 899	10 899
拉丁美洲其他国家（地区）	Other Latin American Countries(Regions)	11	623	623	623
五、北美洲	**North America**	**111**	**9 802**	**9 381**	**8 662**
加拿大	Canda	36	3 416	3 361	3 138
美国	America	74	5 809	5 732	5 236
百慕大群岛	Bermuda	1	576	288	288
北美洲其他国家（地区）	Other North American Countries(Regions)				
六、大洋洲	**Oceania**	**42**	**6 019**	**4 471**	**4 438**
澳大利亚	Australia	26	1 002	1 002	969
新西兰	Newzealand	2	1 512	1 512	1 512
萨摩亚	Samoa	12	3 424	1 888	1 888
大洋洲其他国家（地区）	Other Oceanian Countries(Regions)	2	81	69	69
七、其他	**Others**	**2 942**	**253 453**	**216 086**	**185 163**

单位：万美元

13-8 续表2 continued（USD 10 000）

项目 Item		注销（户） Logouted Enterprises(unit)		吊销（户） Revoked Enterprises(unit)	
		本期注销 Logouted Enterprises of the current period	累计注销 Total Number of Logouted Enterprises	本期吊销 Revoked Enterprises of the current period	累计吊销 Total Number of Revoked Enterprises
合　计	**Total**	**789**	**7 048**	**437**	**21 990**
一、亚洲	**Asia**	**669**	**5 971**	**389**	**20 170**
日本	Japan	7	104	3	178
韩国	Korea	16	86	9	232
中国香港	Hongkong China	480	4 941	315	17 928
中国澳门	Macao China	3	17	1	110
中国台湾	Taiwan China	48	359	26	1 185
亚洲其他国家（地区）	Other Asian Countries(Regions)	115	464	35	537
二、非洲	**Africa**	**10**	**71**	**3**	**52**
埃及	Egypt	1	1		6
南非	South Africa				3
毛里求斯	Mauritius	4	36	1	19
塞舌尔	Seychelles	4	30	1	8
非洲其他国家（地区）	Other African Countries(Regions)	1	4	1	16
三、欧洲	**Europe**	**21**	**140**	**11**	**232**
英国	Britain	5	32	2	67
德国	Germany	1	18	1	36
法国	France	4	16	1	22
俄罗斯联邦	Russian Federation		3	3	15
欧洲其他国家（地区）	Other European Countries(Regions)	11	71	4	92
四、拉丁美洲	**Latin America**	**22**	**364**	**10**	**484**
巴西	Brazil		3		3
开曼群岛	Cayman Islands	1	38		30
英属维尔京群岛	British Virgin Islands	20	307	9	410
拉丁美洲其他国家（地区）	Other Latin American Countries(Regions)	1	16	1	41
五、北美洲	**North America**	**15**	**245**	**16**	**812**
加拿大	Canda	3	29	2	119
美国	America	12	213	14	691
百慕大群岛	Bermuda		3		2
北美洲其他国家（地区）	Other North American Countries(Regions)				
六、大洋洲	**Oceania**	**20**	**208**	**8**	**214**
澳大利亚	Australia	5	24		96
新西兰	Newzealand	1	4		8
萨摩亚	Samoa	2	24		19
大洋洲其他国家（地区）	Other Oceanian Countries(Regions)	12	156	8	91
七、其他	**Others**	32	49		26

13-9 进出口总额

TOTAL IMPORTS AND EXPORTS

单位：万美元 （USD 10 000）

年 份 Year	进出口总额 Total Imports and Exports	出口总额 Total Exports	进口总额 Total Imports	进出口差额 Balance
1979	1 676	930	746	184
1980	1 751	1 124	627	497
1981	2 807	1 745	1 062	683
1982	2 534	1 597	937	660
1983	78 642	6 230	72 412	−66 182
1984	107 247	26 539	80 708	−54 169
1985	130 632	56 340	74 292	−17 952
1986	184 696	72 552	112 144	−39 592
1987	255 784	141 354	114 430	26 924
1988	344 277	184 949	159 328	25 621
1989	375 259	217 428	157 831	59 597
1990	1 570 136	815 165	754 971	60 194
1991	1 947 635	986 240	961 395	24 845
1992	2 357 562	1 200 019	1 157 543	42 476
1993	2 820 392	1 421 776	1 398 616	23 160
1994	3 498 281	1 830 921	1 667 360	163 561
1995	3 876 960	2 052 736	1 824 224	228 512
1996	3 905 342	2 120 781	1 784 561	336 220
1997	4 500 921	2 561 844	1 939 077	622 767
1998	4 527 417	2 639 611	1 887 806	751 805
1999	5 042 750	2 820 811	2 221 939	598 872
2000	6 393 982	3 456 333	2 937 649	518 684
2001	6 861 055	3 747 955	3 113 100	634 855
2002	8 723 148	4 655 704	4 067 444	588 260
2003	11 739 941	6 296 208	5 443 733	852 475
2004	14 728 302	7 784 632	6 943 670	840 962
2005	18 281 689	10 151 829	8 129 860	2 021 969
2006	23 738 573	13 609 556	10 129 017	3 480 539
2007	28 753 345	16 849 299	11 904 046	4 945 253
2008	29 995 499	17 971 995	12 023 504	5 948 491
2009	27 016 306	16 197 825	10 818 481	5 379 344
2010	34 674 930	20 418 355	14 256 575	6 161 780
2011	41 409 312	24 551 760	16 857 552	7 694 208
2012	46 683 020	27 136 163	19 546 857	7 589 306
2013	53 747 437	30 570 191	23 177 246	7 392 945
2014	48 774 049	28 436 157	20 337 892	8 098 265
2015	44 245 863	26 403 895	17 841 968	8 561 927
2016	39 843 893	23 754 674	16 089 218	7 665 456
2017	41 414 596	24 435 790	16 978 806	7 456 984
2018	45 392 183	24 633 543	20 758 640	3 874 904

注： 本表1992年以前为深圳市贸工局口径数；1993年以后为深圳海关口径数，按现行统计方法计算。

Note: The figures adopted from Shenzhen Bureau of Trade and Industry before 1992 and calculated from Shenzhen CIQ after 1993 by current statistical method.

13-10 进出口总额指数

INDICES OF TOTAL IMPORTS AND EXPORTS

年 份 Year	以上年为100 Preceding Year=100			以1979年为100 1979=100		
	进出口总额 Total Imports and Exports	出口总额 Total Exports	进口总额 Total Imports	进出口总额 Total Imports and Exports	出口总额 Total Exports	进口总额 Total Imports
1980	104.5	120.9	84.0	104.5	120.9	84.0
1981	160.3	155.2	169.4	167.5	187.6	142.4
1982	90.3	91.5	88.2	151.2	171.7	125.6
1983	3 103.5	390.1	7 728.1	4 692.2	669.9	9 706.7
1984	136.4	426.0	111.5	6 399.0	2 853.7	10 818.8
1985	121.8	212.3	92.1	7 794.3	6 058.1	9 958.7
1986	141.4	128.8	151.0	11 020.0	7 801.3	15 032.7
1987	138.5	194.8	102.0	15 261.6	15 199.4	15 339.1
1988	134.6	130.8	139.2	20 541.6	19 887.0	21 357.6
1989	109.0	117.6	99.1	22 390.2	23 379.4	21 157.0
1990	145.8	137.8	156.8	32 643.8	32 213.0	33 180.8
1991	124.0	121.0	127.3	40 478.3	38 977.7	42 239.2
1992	121.0	121.7	120.4	48 978.8	47 435.9	50 856.0
1993	119.6	118.5	120.8	58 578.6	56 211.5	61 434.0
1994	124.0	128.8	119.2	72 637.5	72 400.5	73 229.3
1995	110.8	112.1	109.4	80 482.3	81 160.9	80 112.9
1996	100.7	103.3	97.8	81 045.7	83 839.2	78 350.4
1997	115.3	120.8	108.7	93 445.7	101 277.8	85 166.9
1998	100.6	103.0	97.4	94 006.4	104 316.1	82 952.6
1999	111.4	106.9	117.7	104 706.7	111 477.0	97 634.8
2000	126.8	122.5	132.2	132 763.4	136 592.5	129 084.0
2001	107.3	108.4	106.0	142 455.1	148 066.3	136 829.0
2002	127.1	124.2	130.7	181 060.4	183 898.3	178 835.5
2003	134.6	135.2	133.8	243 707.3	248 630.5	239 281.9
2004	125.5	123.6	127.6	305 852.7	307 307.3	305 323.7
2005	124.1	130.4	117.1	379 563.2	400 728.7	357 534.1
2006	129.8	134.1	124.6	493 052.6	537 377.2	445 487.5
2007	121.1	123.8	117.5	597 086.7	665 273.0	523 447.8
2008	104.3	106.6	101.0	622 761.4	709 181.0	528 682.3
2009	89.6	89.4	89.9	557 994.2	634 007.8	475 285.4
2010	128.4	126.1	131.8	716 464.6	799 483.8	626 426.2
2011	119.4	120.2	118.2	855 458.7	960 979.5	740 435.8
2012	112.7	110.5	115.9	964 102.0	1 061 882.3	858 165.1
2013	115.1	112.7	118.5	1 109 681.4	1 196 741.4	1 016 925.6
2014	90.7	93.0	87.7	1 006 480.9	1 112 969.5	891 843.8
2015	90.7	92.9	87.7	912 878.2	1 033 948.7	782 147.0
2016	90.1	90.0	90.2	822 503.3	930 553.8	705 496.6
2017	103.9	102.9	105.5	854 580.9	957 539.9	744 298.9
2018	109.6	100.8	122.3	936 620.7	965 200.2	910 277.6
年平均增长率 Average Annual Growth Rate				**26.4**	**26.5**	**26.3**

13-11 进出口总额分类

TOTAL IMPORTS AND EXPORTS

单位：万美元 (USD 10 000)

项 目	Item	2014	2015	2016	2017	2018
进出口总额	**Total Imports and Exports**	**48 774 049**	**44 245 863**	**39 843 893**	**41 414 596**	**45 392 183**
一、出口总额	**Total Exports**	**28 436 157**	**26 403 895**	**23 754 674**	**24 435 790**	**24 633 543**
1.按隶属关系分类：	Grouped by Administrative Relationship					
①国有企业	State-owned Enterprises	2 616 552	2 608 362	2 233 973	2 235 801	1 868 850
②民营、集体和其他企业	Collective-owned and Others	11 678 654	10 881 274	10 870 609	11 978 768	12 371 781
③"三资"企业	Foreign Investment Enterprises	14 140 951	12 914 259	10 650 092	10 221 221	10 392 908
2.按贸易方式分类：	Grouped by Form of Trade					
①一般贸易	Original Trade	9 885 448	10 551 181	9 815 084	10 565 089	10 927 830
②补偿贸易	Compensation Trade					
③来料加工贸易	Processing and Assembly Trade	468 194	233 592	168 839	90 098	124 441
④进料加工贸易	Processing Trade for Imported Material	12 630 380	10 262 573	8 231 619	8 424 123	9 503 755
⑤出料加工贸易	Processing Trade for Exported Material				1 619	1 233
⑥易货贸易	Barter Trade				3	4
⑦其他	Others	5 452 135	5 356 549	5 539 133	5 354 858	94 196
二、进口总额	**Total Imports**	**20 337 892**	**17 841 968**	**16 089 218**	**16 978 806**	**20 758 640**
1.按隶属关系分类：	Grouped by Administrative Relationship					
①国有企业	State-owned Enterprises	1 019 885	932 560	840 447	802 121	622 374
②民营、集体和其他企业	Collective-owned and Others	9 758 673	8 138 504	7 868 097	9 132 535	12 070 981
③"三资"企业	Foreign Investment Enterprises	9 559 334	8 770 904	7 380 674	7 044 150	8 064 779
2.按贸易方式分类：	Grouped by Form of Trade					
①一般贸易	Original Trade	7 626 027	7 826 137	8 009 658	8 797 624	10 158 956
②补偿贸易	Compensation Trade					
③来料加工贸易	Processing and Assembly Trade	255 778	255 449	180 505	96 454	135 627
④进料加工贸易	Processing Trade for Imported Material	8 680 131	5 915 696	4 635 584	5 021 803	6 338 480
⑤以工缴费补偿期进口的设备	Imported Equipment by Processing Fee during Compensation Period					
⑥租赁贸易	Leasing Trade	31 992	30 508	19 128	1 153	7 783
⑦外商投资企业作为投资进口的设备	Imported Equipment and Materials as Investment of Foreign Investment Enterprises	26 064	9 403	9 404	9 531	13 432
⑧外商投资企业进口供加工内销产品的料、件	Imported Materials and Parts of Foreign Investment Enterprises for Processing and Selling on Domestic Market					
⑨易货贸易	Barter Trade					
⑩其　他	Others	3 717 900	3 804 775	3 234 938	3 052 241	44330

13-12 深圳市与主要国家（地区）进出口总额

SHENZHEN' S FOREIGN TRADE WITH MAIN RELATED COUNTRIES AND TERRITORIES

单位：万美元 （USD 10 000）

国家（地区） Country（territory）		2016			2017			2018		
		合计 Total Imports and Exports	出口总额 Exports	进口总额 Imports	合计 Total Imports and Exports	出口总额 Exports	进口总额 Imports	合计 Total Imports and Exports	出口总额 Exports	进口总额 Imports
中国香港	Hongkong China	10 538 883	10 432 380	106 502	9 687 902	9 607 709	80 193	10 262 810	10 187 799	75 012
日本	Japan	2 015 455	673 200	1 342 255	2 047 836	716 914	1 330 922	2 220 974	734 030	1 486 944
美国	The United States	3 800 970	3 182 220	618 750	4 314 663	3 738 114	576 549	4 188 365	3 610 512	577 853
法国	France	394 832	248 607	146 225	403 484	254 877	148 607	431 283	257 602	173 681
德国	Germany	785 013	516 091	268 922	828 943	550 077	278 866	880 366	562 802	317 564
泰国	Thailand	896 725	312 552	584 173	892 083	308 630	583 453	1 031 763	337 705	694 057
新加坡	Singapore	965 058	658 146	306 912	1 013 395	643 579	369 816	901 426	530 209	371 217
韩国	Korea Rep.	1 841 770	336 913	1 504 857	2 085 774	427 564	1 658 210	2 480 982	395 670	2 085 312
中国台湾	Taiwan China	3 150 124	190 459	2 959 665	3 341 347	195 314	3 146 033	4 158 561	217 517	3 941 044
澳大利亚	Australia	488 754	299 579	189 176	550 609	330 602	220 007	565 138	310 668	254 469
印度尼西亚	Indonesia	297 650	219 666	77 985	369 736	256 902	112 834	366 017	265 121	100 896
马来西亚	Malaysia	1 322 528	239 533	1 082 995	1 265 026	387 930	877 096	1 384 805	283 050	1 101 755
英国	The United Kingdom	617 982	563 979	54 003	666 748	599 773	66 975	596 021	525 091	70 930
意大利	Italy	268 247	193 294	74 953	308 576	218 177	90 399	290 219	200 184	90 035
巴西	Brazil	223 827	163 840	59 987	283 947	216 165	67 782	290 823	212 764	78 059
加拿大	Canada	308 460	225 834	82 626	341 316	278 938	62 378	386 555	290 645	95 911
其它	Others	11 927 614	5 298 382	6 629 232	13 013 211	5 704 525	7 308 686	14 956 074	5 712 173	9 243 901

13-13 进口主要商品金额

TOTAL VALUE OF FOREIGN IMPORTS OF MAJOR COMMODITIES

单位：万美元　　　　(USD 10 000)

项目	Item	2015	2016	2017	2018
集成电路	Semiconductor lntegrated Circuit	5 616 764	5 524 075	5 828 447	7 506 229
自动数据处理设备及其部件	Automatic Data Processing Equipment and Parts	830 050	843 012	812 569	1 064 769
液晶显示板	LCD Monitor	713 869	587 474	517 533	458 349
农产品	Farm Produce	644 619	713 743	731 993	864 942
钢材	Steel	67 250	53 696	57 725	52 040
纺织纱线、织物及制品	Spinning, Textile and Related Products	101 873	91 276	89 626	87 815
电视、收音机及无线电讯设备的零附件	TV, Radio and Telecommunication Equipments	121 149	163 065	214 860	254 715
成品油	Oil	43 946	34 717	35 998	10 861
电线和电缆	Wire and Cable	96 801	77 006	76 442	81 911
粮食	Food	82 051	76 153	91 088	79 790

13-14 出口主要商品金额

TOTAL VALUE OF FOREIGN EXPORTS OF MAJOR COMMODITIES

单位：万美元　　　　(USD 10 000)

项目	Item	2015	2016	2017	2018
自动数据处理设备及其部件	Automatic Data Processing Equipment and Parts	2 905 194	2 653 546	2 417 171	2 452 114
电话机	Telephone Sets	3 016 768	2 255 422	2 143 236	2 451 360
服装及衣着附件	Clothing and Dresses	807 558	788 057	769 493	594 248
打印机(包括多功能一体机)	Printer(include MFP)	375 634	323 898	305 531	271 214
录、放像机	Radio Cassette Players	234 474	129 587	137 696	173 096
鞋类	Shoes	372 902	347 821	383 639	308 658
家具及其零件	Furniture and Dresses	434 917	449 257	432 842	390 054
纺织纱线、织物及制品	Spinning, Textile and Related Products	312 662	272 702	282 343	277 466
塑料制品	Plastic Products	344 483	345 222	424 071	391 205
液晶显示板	LCD Monitor	484 821	366 389	314 099	273 871

13-15 旅游业基本情况
BASIC CONDITIONS OF TOURISM

年 份 Year	过夜入境游客 (万人) Overnight International Tourists (10 000 persons)	外国人 Foreigners	华 侨 Overseas Chinese	港澳同胞 Compatriots from Hongkong and Macao	台 胞 Compatriots Form Taiwan
1995	185.37	35.32	1.10	131.41	17.54
1996	151.47	30.91	1.37	101.48	17.71
1997	140.41	32.00	0.75	89.49	18.17
1998	148.47	30.83	0.72	97.52	19.41
1999	158.08	35.49	1.45	101.03	20.11
2000	397.34	61.09		287.62	48.63
2001	423.87	67.95		307.33	48.59
2002	449.35	80.59		319.87	48.89
2003	435.13	69.89		331.45	33.79
2004	559.79	105.19		406.99	47.61
2005	616.45	120.24		445.31	50.90
2006	712.74	139.16		520.40	53.18
2007	831.30	161.64		615.24	54.42
2008	869.57	151.42		671.98	46.17
2009	896.36	146.38		706.15	43.83
2010	1 020.61	167.58		806.57	46.45
2011	1 104.55	171.20		886.87	46.48
2012	1 206.43	169.10		991.81	45.52
2013	1 214.89	166.82		1 004.88	43.19
2014	1 182.18	161.12		979.37	41.69
2015	1 218.70	164.65		1 011.74	42.31
2016	1 171.18	168.32		963.20	39.66
2017	1 207.01	177.56		988.20	41.25
2018	1 220.21	172.96		1 009.39	37.86

注： 1. 1990-1999年过夜国际游客为宾馆、酒店部分，2000年后为旅游全口径，包括：宾馆、酒店、饭店、招待所、居民家住等各种住宿设施所接待的国际游客。
Note: The figures of overnight international tourists from 1990 to 1999 have been collected from hotels and guesthouses, and from 2000, it include hotels, guesthouses, public houses and residential houses.
2. 本表数据来源为深圳市文化广电旅游体育局。
Data in this table are provided by Culture, Radio, Television, Tourism and Sports Bureau of ShenZhen Municipality.

13-15 续表 continued

年 份 Year	过夜国内游客 (万人) Overnight Domestic Tourists (10 000 persons)	旅游外汇收入 (万美元) Total Foreign Exchange Earnings from International Tourism (USD 10 000)	商品性收入 Commody Income	劳务性收入 Service Income	宾馆、酒店、度假村开房率(%) Room Occupancy Rate of Hotels and Holiday Countries (%)
1995	357.27	63 633	20 574	43 059	58.9
1996	360.55	58 384	21 489	36 895	56.3
1997	341.11	53 225	17 176	36 049	57.6
1998	340.33	59 025	18 413	40 612	55.5
1999	346.81	62 186	19 743	42 443	57.9
2000	927.71	141 100			62.5
2001	1 031.70	151 054	95 037	56 017	64.3
2002	1 073.54	172 342	98 904	73 438	64.1
2003	1 013.69	130 097	77 703	52 394	55.2
2004	1 383.14	178 723	111 496	67 227	60.6
2005	1 526.38	200 900	129 334	71 519	61.9
2006	1 604.54	226 515	147 496	79 019	62.5
2007	1 728.98	262 330	172 187	90 143	62.7
2008	1 789.73	270 865	174 835	96 030	61.5
2009	1 943.95	276 029	179 629	96 400	59.3
2010	2 264.71	317 976	204 895	113 081	62.4
2011	2 627.98	374 563	241 845	132 718	64.9
2012	2 941.29	432 879	288 947	143 932	63.0
2013	3 351.91	453 114	289 833	163 281	64.1
2014	3 808.88	456 568	309 473	147 095	67.2
2015	4 156.50	496 830	331 928	164 902	68.2
2016	4 524.56	477 100	320 700	156 400	67.6
2017	4 814.98	498 420	335 400	163 020	69.44
2018	5 187.71	511 801	348 900	162 901	69.33

注：1990-1999年过夜国内游客为宾馆、酒店部分，2000年后为旅游全口径，包括：宾馆、酒店、饭店、招待所、居民家住等各种住宿设施所接待的国内游客。
Note: The figures of overnight domestic tourists before from 1990 to 1999 have been collected from hotels and guesthouses, and from 2000 it include hotels , guesthouses , public houses and residential houses.

13-16　按国别分的外国旅游者人数（过夜）

NUMBER OF FOREIGN TOURISTS BY COUNTRY（Over night）

单位：人　　　　　　　　　　　　　　　　　　　　　　　　　　　　(person)

国别	Country	1996	1997	1998	1999	2000	2001	2002	2003	2004	2005	2006
合　计	**Total**	**309 126**	**320 076**	**308 279**	**354 911**	**610 900**	**679 464**	**805 937**	**698 867**	**1 051 896**	**1 202 373**	**1 391 612**
日　本	Japan	83 203	78 264	74 275	93 172	150 479	197 853	245 265	221 780	319 817	315 128	355 401
菲律宾	Philippines	3 134	3 338	4 266	5 042	9 158	12 461	15 204	7 161	7 913	10 640	12 272
新加坡	Singapore	19 024	19 266	24 264	29 337	42 264	53 788	59 668	37 391	66 303	76 569	81 658
泰　国	Thailand	8 550	6 176	4 536	4 613	6 531	18 344	29 367	24 451	66 857	87 239	99 970
印度尼西亚	Indonesia	12 688	14 329	5 779	6 217	29 010	33 909	40 714	33 322	49 781	53 026	72 637
英　国	The United Kingdom	10 820	9 043	10 007	12 242	17 728	20 916	23 925	23 915	32 959	33 137	40 595
法　国	France	4 265	4 826	6 524	6 765	10 529	15 722	15 331	13 316	19 333	23 542	27 305
德　国	Germany	5 234	4 720	6 549	7 842	9 015	11 337	13 848	14 859	21 495	26 092	30 658
意大利	Italy	2 163	2 399	3 043	3 636	3 627	4 108	6 722	7 133	12 264	16 411	18 359
美　国	The United States	39 173	32 771	39 490	49 130	64 083	75 328	104 130	92 608	131 996	146 959	176 378
加拿大	Canada	6 939	6 208	8 476	9 217	11 431	14 092	16 356	14 183	21 293	26 325	30 440
澳大利亚	Australia	6 205	5 441	6 851	10 124	10 985	12 796	15 219	14 413	19 783	25 534	29 249
新西兰	New Zealand	993	804	1 397	1 642	1 702	2 292	2 937	2 888	4 342	4 682	4 445
俄罗斯	Russia	656	2 084	874	893	2 102	4 018	3 514	3 539	4 090	6 911	8 051
韩　国	Korea Rep.	32 015	30 885	18 696	20 133	27 612	45 172	65 443	69 068	90 640	108 688	116 976
马来西亚	Malaysia	24 430	23 269	43 931	50 554	50 537	42 186	50 516	32 075	46 536	61 256	68 624
其他	Others	49 634	76 253	49 321	44 352	164 107	115 142	97 778	86 765	136 494	180 234	218 594

注：本表数据来源为深圳市文化广电旅游体育局。

Note:Data in this table are provided by Culture,Radio,Television,Tourism and Sports Bureau of ShenZhen Municipality.

单位：人　　　　13-16 续表 continued (person)

国别	Country	2007	2008	2009	2010	2011	2012	2013	2014	2015	2016	2017	2018
合　计	**Total**	**1 616 415**	**1 514 186**	**1 463 809**	**1 675 798**	**1 712016**	**1 691 045**	**1 668 230**	**1 611 200**	**1 646 515**	**1 683 168**	**1 775 639**	**1 729 624**
日　本	Japan	393 176	352 516	345 864	372 023	366 266	371 557	316 669	302 349	296 431	274 232	272 360	308 374
菲律宾	Philippines	12 783	10 422	15 455	13 447	15 741	15 570	21 063	25 515	12 662	13 213	14 576	17 090
新加坡	Singapore	90 997	79 829	83 411	89 400	95 785	92 840	87 256	80 735	86 402	85 421	89 383	80 054
泰　国	Thailand	93 170	65 665	45 988	40 338	35 623	37 507	38 065	24 843	30 361	30 474	36 439	37 789
印度尼西亚	Indonesia	79 389	68 286	58 338	70 727	94 257	89 292	70 707	39 286	31 369	39 497	46 316	42 707
英　国	The United Kingdom	49 637	47 898	45 590	47 749	44 486	45 172	44 752	45 530	43 303	46 974	55 415	48 835
法　国	France	36 301	37 191	39 099	40 338	40 607	38 493	43 265	43 150	42 039	43 523	43 618	38 931
德　国	Germany	35 706	33 822	34 714	41 430	41 993	40 197	40 401	42 133	41 775	41 748	46 856	40 251
意大利	Italy	22 968	21 010	22 512	22 298	23 238	20 958	21 269	21 357	22 994	24 270	24 530	21 704
美　国	The United States	226 468	212 532	197 168	246 880	242 128	252 622	248 450	261 736	305 909	302 872	311 866	254 889
加拿大	Canada	36 893	36 391	34 547	39 184	38 306	36 651	35 841	35 398	39 517	43 332	41 221	39 935
澳大利亚	Australia	40 326	41 853	40 949	46 871	46 667	42 795	41 405	36 606	38 117	40 202	41 596	40 150
新西兰	New Zealand	5 743	6 066	6 425	6 291	6 128	6 271	6 864	6 198	6 934	7 070	9 496	9 407
俄罗斯	Russia	10 358	11 048	13 585	17 449	20 772	19 379	20 168	17 558	14 426	15 895	21 550	21 051
韩　国	Korea Rep.	152 234	134 340	108 389	142 505	141 365	141 952	173 537	160 301	169 690	218 886	225 018	221 274
马来西亚	Malaysia	81 513	88 265	84 052	105 664	112 675	106 889	95 042	78 475	73 094	78 121	85 345	86 643
其他	Others	248 753	267 052	287 723	333 204	345 979	332 900	363 476	390 030	391 492	377 438	410 054	420 540

13-17 旅游部门主要财务指标（2018年）
MAIN FINANCIAL INDICATORS OF TOURISM（2018）

单位：万元　　　　（10 000 yuan）

指　标	Item	合　计 Total	宾馆、酒店 Hotels	旅行社 Travel Agencies	景　点 Scenic Spots
营业收入	Business Revenue	6 868 090	909 311	5 574 167	384 613
营业成本	Business Cost	5 233 780	299 405	4 773 435	160 902
营业费用	Business Expenses	597 821	154 501	419 038	24 148
营业税金及附加	Business Taxes and Extra Charges	24 267	9 308	5 454	9 497
经营利润(主营业务利润)	Operating Profits(Main Business Profits)	1 368 264	583 225	574 736	210 303
管理费用	Management Expenses	718 553	230 837	410 425	77 291
财务费用	Financial Expenses	72 839	35 319	19 874	17 646
营业利润	Business Profits	-70 929	84 898	-252 387	96 692
投资收益	Earnings of Investment	12 954	521	1 314	11 119
营业外收支差	Non-operating Net Revenue or Expenditure	40 709	12 986	26 299	1 424
利润总额	Total Profits	-33 977	95 850	-227 378	97 552
年末固定资产原值	Original Value of Fixed Assets(year-end)	2 160 947	1 194 676	155 866	810 405
年末固定资产净值	Net Value of Fixed Assets (year-end)	887 177	470 463	35 669	381 045
年末职工人数(人)	Number of Staff and Workers (year-end)(person)	52 100	24 540	16 019	11 541

13-18 星级酒店基本情况（2018年末）
STATISTICS ON STAR-RATED HOTELS AT YEAR-END（2018）

单位：家 (unit)

项 目 Item		合 计 Total	五 星 Five-star	四 星 Four-star	三 星 Three-star	二 星 Two-star	一 星 One-star	出租率（%）Room Occupancy Rate	平均房价（元/间天）Average Price (yuan/pre room)
合计	**Total**	**102**	**24**	**23**	**41**	**14**		**68.8**	**523.13**
福田区	Futian	21	6	2	7	6		77.1	670.22
罗湖区	Luohu	35	5	3	20	7		65.6	427.44
盐田区	Yantian	5	1	3	1			53.9	672.56
南山区	Nanshan	10	2	5	2	1		77.9	616.53
宝安区	Baoan	14	2	6	6			71.2	414.44
龙岗区	Longgang	13	6	3	4			64.1	439.26
龙华区	Longhua	2	2					75.6	655.97
坪山区	Pingshan	1		1				70.6	331.25
光明区	Guangming								
大鹏新区	Dapeng	1			1			16.3	563.71

注：本表数据来源为深圳市文化广电旅游体育局。
Note:Data in this table are provided by Culture,Radio,Television,Tourism and Sports Bureau of ShenZhen Municipality.

13-19　星级酒店客房基本情况（2018年末）

STATISTICS OF STAR-RATED HOTELS AT YEAR-END（2018）

单位：间　　(Unit)

项　目	Item	合　计 Total	五　星 Five-star	四　星 Four-star	三　星 Three-star	二　星 Two-star	一　星 One-star
合计	**Total**	**18 603**	**8 458**	**4 474**	**4 910**	**761**	
福田区	Futian	3 803	2 221	644	508	430	
罗湖区	Luohu	6 085	1 952	733	3 193	207	
盐田区	Yantian	1 095	370	554	171		
南山区	Nanshan	2 069	908	1 045	86	30	
宝安区	Baoan	2 171	768	784	619		
龙岗区	Longgang	2 453	1 786	433	140	94	
龙华区	Longhua	584	453		131		
坪山区	Pingshan	281		281			
光明区	Guangming						
大鹏新区	Dapeng	62			62		

注：本表数据来源为深圳市文化广电旅游体育局。
Note: Data in this table are provided by Culture, Radio, Television, Tourism and Sports Bureau of ShenZhen Municipality.

13-20　星级酒店床位基本情况（2018年末）

FACILITIES OF STAR-RATED HOTELS AT YEAR-END（2018）

单位：张　　(Unit)

项　目	Item	合　计 Total	五　星 Five-star	四　星 Four-star	三　星 Three-star	二　星 Two-star	一　星 One-star
合计	**Total**	**27 457**	**12 139**	**6 271**	**7 560**	**1 487**	
福田区	Futian	5 572	2 953	859	775	985	
罗湖区	luofu	9 206	2 677	1 097	5 104	328	
盐田区	Yantian	1 960	617	1 026	317		
南山区	Nanshan	3 093	1 608	1 280	145	60	
宝安区	Baoan	2 790	1 018	1 010	762		
龙岗区	Longgang	3 505	2 603	598	190	114	
龙华区	Longhua	805	663		142		
坪山区	Pingshan	401		401			
光明区	Guangming						
大鹏新区	Dapeng	125			125		

注：本表数据来源为深圳市文化广电旅游体育局。
Note: Data in this table are provided by Culture, Radio, Television, Tourism and Sports Bureau of ShenZhen Municipality.

主要统计指标解释

进出口总额 指实际进出我国国境的货物（包括贸易和非贸易）的价值总和。主要包括对外贸易实际进出口货物，来料加工装配、补偿贸易、进料加工进出口货物，国家间及国际组织无偿援助物资和赠送品，华侨、港澳台同胞和外籍华人捐赠品，租赁期满归承租人所有的租赁货物，边境地方贸易及边境地区小额贸易进出口货物（边民互市贸易除外），中外合资、合作经营企业、外商独资经营企业进出口货物和公用物品，到、离岸价格在规定限额以上的进出口货样和广告品（无商业价值、无使用价值和免费提供出口的除外），从保税仓库提取在中国境内销售的进出口货物，以及其他进出口货物。进出口总额反映一个国家在对外经济贸易方面实际进出口货物的总规模。

利用外资 指我国政府、部门、企业和其他经济组织通过对外借款、吸收外商直接投资以及向境外发行债券、股票等方式筹借的境外资金。

外资的形式可以是现汇、实物、工业产权或专有技术等有形资本和无形资本。

我国自有外汇和中国银行自有外汇资金发放的外汇贷款购置国外设备和材料，华侨、港澳同胞的捐赠，联合国或其他国际组织的无偿赠送资金、无偿援建的项目均不属于外资范围 。

利用外资的方式有：对外借款，外国（或港澳地区）企业和经济组织或个人在我国境内开办独资企业、与我国境内的企业或组织共同开办合资企业、合作经营(企业)项目或合作开发资源，以及补偿贸易、国际租赁等。

对外借款 指我国政府、部门、企业和中国银行等单位向国际金融组织 、外国政府、企业等借用的长期、短期资本，到期需还本付息。借款按不同渠道划分为：①外国政府贷款； ②国际金融组织贷款；③外国银行贷款；④出口信贷；⑤发行债券。

外商直接投资 指外国企业和经济组织或个人（包括华侨、港澳同胞以及我在境外注册的企业）按我国有关政策、法规，在我国境内开办外商独资企业，与我国境内的企业或经济组织共同举办中外合资企业、合作经营企业或合作开发资源的投资，以及外商从企业得到收益的再投资。2002年起“外商直接投资”统计口径调整，“企业投资总额内的境外借款”只包括“企业投资总额内直接投资者对企业的贷款,即外方股东贷款”，不包括“直接投资者提供担保的第三方对企业的贷款即外方股东担保贷款”和“其他方式的企业境外借款即其他境外借款。

旅游人数 (1)入境旅游人数：指报告期内来我国观光、度假、探亲访友、就医疗养、购物、参加会议或从事经济、文化、体育、宗教活动的外国人、港澳台同胞等入境游客。统计时，外国人、港澳台同胞每入境一次统计1人次。

(2)出境人数：指中国（大陆）居民因公或因私出境前往其他国家、中国香港特别行政区、澳门特别行政区和台湾省观光、度假、探亲访友、就医疗养、购物、参加会议或从事经济、文化、体育、宗教活动的人数，即出境游客。统计时，按每出境一次统计1人次。

(3)国内旅游人数：指在报告期内在中国（大陆）观光游览、度假、探亲访友、就医疗养、购物、参加会议或从事经济、文化、体育、宗教活动的中国（大陆）居民人数，其出游的目的不是通过所从事的活动谋取报酬。统计时，国内游客按每出游一次统计1人次。

国际旅游(外汇)收入 指入境游客在中国（大陆）境内旅行、游览过程中用于交通、参观游览、住宿、餐饮、购物、娱乐等全部花费。

Explanatory Notes on Main Statistical Indicators

Total Imports and Exports refer to the real value of commodities (both trade and non–trade) imported and exported across the border of China. They mainly include actual imports and exports through foreign trade, imported and exported goods in the categories of processing and assembling of customer's materials, compensation trade, and processing of import materials, supplies and gifts as aid given gratis between governments and by international organizations, donations by overseas Chinese, compatriots in Hong Kong, Macao and Taiwan and Chinese with foreign citizenship, leasing commodities owned by tenants at the expiration of leasing period, local trade and Small–amount trade in border areas (excluding exchange trade between border residents), imported and exported commodities and articles for public use of Sino–foreign joint ventures, cooperative enterprises and ventures with sole foreign investment. Also included are import or export of samples and advertising articles above designated CIF or FOB prices (excluding goods of no trading or use value and free commodities for export), import and export goods sold in China from bonded warehouse and other import and export goods. Total imports and exports is an indicator of the total size of actual imported and exported goods of a country in foreign trade and economic cooperation.

Utilization of Foreign Capital refers to funds financed from abroad by means of loans, foreign direct investment, and issuing bonds and shares undertaken by the Chinese governments at all levels, various departments, enterprises and other economic units.

The types of foreign capital include tangible capital and intangible capital, such as remittance, goods, industrial property rights and know–how.

Those excluded are the purchases of foreign equipment and materials with loans from state–owned foreign exchange and foreign exchange owned by the Bank of China, donations by overseas Chinese, compatriots in Hong Kong and Macao, and funds and projects as aid given gratis by the United Nations and other international organizations.

Utilization of foreign capital takes the forms of loans from abroad, sole investment in enterprises in the boundary of China by foreign (or Hong Kong and Macao) enterprises, economic organizations or individuals, investment in Sino–foreign joint ventures, cooperative projects (enterprises), cooperative exploitation of natural resources with enterprises or organizations in China, compensation trade and international lease, etc.

Foreign Loans refer to long–term capital and short–term capital borrowed from international financial organizations, foreign governments and enterprises by the Chinese governments at all levels, by various departments, enterprises and the Bank of China, etc, and repaid with interest at maturity. Foreign loans can be divided according to channels into: ①loans from foreign governments; ②loans from international financial organizations; ③loans from foreign banks; ④export credit; ⑤bonds and shares issued abroad.

Foreign Direct Investment refers to investment inside China by foreign enterprises and economic organizations or individuals (including overseas Chinese, compatriots from Hong Kong and Macao, and Chinese enterprises registered abroad), following the relevant policies and laws of China, for the establishment of foreign sole investment enterprises, Sino–foreign joint ventures and cooperative enterprises or for cooperative exploitation of resources with enterprises or economic organizations in China, and re–investment of foreign entrepreneurs with the profits gained from such enterprises and corporations. Starting from 2002, the foreign direct investment statistic has been adjusted such that the overseas borrowings in total investment of enterprises only include loans to the enterprises by direct investors or, in other terms, loans by foreign shareholders, but exclude loans from the third party guaranteed by the direct investors or, in other terms, loans guaranteed by the foreign shareholders, and overseas borrowings by enterprises in other manners or, in other terms, other overseas borrowings.

Number of Tourists (1) Visitor arrivals refer to the number of foreigners, Chinese compatriots from Hong Kong, Macao and Taiwan Chinese (mainland) who come to China (mainland) for sight−seeing, vacation, visiting relatives, medical treatment, shopping, attending conference, or to engage in economic, cultural, sports and religious activities. In compiling statistics, each time of entering China is counted as one person−time.

(2) Number of Chinese residents going abroad refer to the number of Chinese (mainland) residents going to other countries, Hong Kong Special Administrative region, Macao Special Administrative region and Taiwan for on official or private purposes, for sight−seeing, vacation, visiting relatives, medical treatment, shopping, attending conference, or to engage in economic, cultural, sports and religious activities. In compiling statistics, each time of leaving is counted as one person−time.

(3) Number of domestic tourists refers to the number of Chinese (mainland) residents who travel within China (mainland) for sight−seeing, vacation, visiting relatives, medical treatment, shopping, attending conference, or to engage in economic, cultural, sports and religious activities. In compiling statistics, each time of travelling is counted as one person−time.

Foreign Exchange Earnings from International Tourism refer to the total expenditure of foreigners, overseas Chinese, Chinese compatriots from Hong Kong, Macao and Taiwan during their stay in the mainland of China on transportation, sighting, accommodation, food, shopping and entertainment.

14 第十四部分 劳动工资

LABOR FORCE AND WAGE

CHAPTER

14-1 城镇单位在岗职工人数、工资总额及平均工资

NUMBER, TOTAL WAGE BILL AND AVERAGE WAGE OF FULLY EMPLOYED STAFF AND WORKERS IN URBAN UNITS

年 份 Year	年末在岗职工人数(万人) Number of Fully Employed Staff and Workers (Year-end) (10 000 persons)	# 国有单位 State-owned Units	工资总额(万元) Total Wage Bill (10 000 yuan)	# 国有单位 State-owned Units	年平均工资(元) Average Wage (yuan)	# 国有单位 State-owned Units
1980	4.86	4.05	4 366	3 691	979	990
1981	5.31	4.51	5 930	5 046	1 132	1 119
1982	8.28	7.00	10 000	8 477	1 366	1 358
1983	12.57	10.10	16 142	12 976	1 545	1 571
1984	18.33	14.14	35 306	28 642	2 179	2 257
1985	22.66	16.84	51 912	38 465	2 418	2 427
1986	25.88	18.97	59 773	44 324	2 452	2 476
1987	32.29	22.04	80 013	54 333	2 677	2 637
1988	41.74	28.04	134 218	87 607	3 388	3 269
1989	48.24	30.34	179 042	114 650	3 858	3 917
1990	55.41	33.85	227 392	140 935	4 304	4 339
1991	64.89	38.77	307 950	175 169	5 016	4 908
1992	71.10	38.85	403 790	226 079	5 931	6 026
1993	78.11	41.45	619 647	356 949	8 145	8 854
1994	82.29	38.71	852 332	445 286	10 572	11 632
1995	88.75	40.17	1 076 083	545 013	12 276	13 709
1996	89.13	41.07	1 284 558	679 349	14 507	16 625
1997	91.18	40.92	1 479 515	744 781	16 531	18 515
1998	91.93	33.75	1 674 771	707 004	18 381	21 161
1999	92.52	32.94	1 890 338	775 020	20 714	23 602
2000	93.36	31.00	2 113 366	805 421	23 039	26 193
2001	94.88	31.31	2 441 713	968 330	25 941	31 187
2002	101.76	29.62	2 832 799	1 035 092	28 218	35 501
2003	108.20	30.10	3 259 896	1 213 966	30 611	40 893
2004	135.88	31.94	4 192 834	1 422 271	31 928	45 212
2005	165.38	35.85	5 167 453	1 640 306	32 476	47 762
2006	184.25	39.85	6 296 568	1 919 979	35 107	49 312
2007	193.04	40.03	7 335 805	2 293 671	38 798	58 347
2008	198.35	41.31	8 674 142	2 663 083	43 454	65 431
2009	220.16	42.89	10 029 764	3 051 566	46 723	72 278
2010	251.09	46.86	12 338 778	3 603 655	50 456	79 734
2011	261.43	48.92	14 384 948	4 117 941	55 143	85 218
2012	277.90	49.58	16 421 777	4 453 377	59 010	90 492
2013	445.84	48.60	28 135 080	4 310 481	62 619	90 393
2014	448.93	42.91	32 879 754	4 602 261	72 651	108 192
2015	447.41	43.18	36 627 244	5 003 862	81 034	117 432
2016	442.55	41.84	39 940 453	5 105 545	89 757	124 927
2017	447.32	41.92	44 697 603	6 232 786	100 173	150 444
2018	466.91	39.02	52 364 784	6 682 348	111 709	172 466

注：根据国家劳动统计报表制度的统一规定，从2013年年报起，原属于乡镇企业且符合城镇非私营单位条件的“四上”企业纳入城镇非私营单位就业人员及工资统计范围。后同。

Note: According to the provision of national labor statistics reporting form system, since the year reporting of 2013, the scope of statistics on employed persons in urban corporate unit excluding private units and labor wage covers four above designated size enterprises (refers to industrial enterprises above designated size, construction enterprises by qualification criteria, enterprises above designated size of wholesale trade, retail trade, hotels and catering services), which originally has been included township enterprises and in accordance with the condition of urban corporate unit excluding private units. The same applies to the following tables.

14-2 城镇单位在岗职工工资总额指数和年平均工资指数

RELATED INDICES OF TOTAL WAGE BILL AND AVERAGE WAGE OF FULLY EMPLOYED STAFF AND WORKERS IN URBAN UNITS

以上年为100 (preceding year=100)

年份 Year	工资总额指数 Related Indices Bill of Total Wage Bill	#国有单位 State-owned Units	在岗职工年平均货币工资指数 Related Indices of Average Money Wage	#国有单位 State-owned Units	在岗职工年平均实际工资指数 Related Indices of Average Real Wage	#国有单位 State-owned Units
1980	147.9	147.3	127.3	126.1	121.2	120.1
1981	135.8	136.7	115.6	113.0	104.4	102.1
1982	168.6	168.0	120.8	121.4	112.1	112.6
1983	161.4	153.1	113.1	115.7	110.9	113.4
1984	218.7	220.7	141.0	143.7	132.0	134.6
1985	147.0	134.3	111.0	107.5	90.6	87.8
1986	115.1	115.2	101.4	102.0	95.6	96.1
1987	133.9	122.6	109.2	106.5	95.5	93.1
1988	167.7	161.2	126.6	124.0	98.8	96.8
1989	133.4	130.9	113.9	119.8	90.8	95.5
1990	127.0	122.9	111.6	110.8	109.8	109.1
1991	135.4	124.3	116.5	113.1	113.1	109.8
1992	131.1	129.1	118.2	122.8	110.2	114.4
1993	153.5	157.9	137.3	146.9	114.3	122.3
1994	137.6	124.7	129.8	131.4	109.8	111.2
1995	126.3	122.4	116.1	117.9	103.3	104.9
1996	119.4	124.6	118.2	121.3	109.7	112.6
1997	115.2	109.6	114.0	111.4	110.3	107.8
1998	113.8	95.7	110.2	112.3	111.0	113.1
1999	112.9	109.6	112.7	111.5	113.5	112.3
2000	111.8	103.9	111.2	111.0	108.2	108.0
2001	115.5	120.2	112.6	119.1	115.1	121.8
2002	116.0	106.9	108.8	113.8	107.5	112.5
2003	115.1	117.3	108.5	115.2	107.7	114.4
2004	120.7	114.1	105.6	110.6	104.2	109.1
2005	123.2	115.3	101.7	105.6	100.1	104.0
2006	121.9	117.1	108.1	103.2	105.8	101.0
2007	116.5	119.5	110.5	118.3	106.2	113.6
2008	118.2	116.1	112.0	112.1	105.8	105.9
2009	115.6	114.6	107.5	110.5	108.9	111.9
2010	123.0	118.1	108.0	110.3	104.3	106.6
2011	116.6	114.3	109.3	106.9	103.7	101.4
2012	114.2	108.1	107.0	106.2	104.1	103.3
2013	171.3	96.8	106.1	99.9	103.3	97.3
2014	116.9	106.8	116.0	119.7	113.7	117.4
2015	111.4	108.7	111.5	108.5	109.1	106.2
2016	109.0	102.0	110.8	106.4	108.2	103.9
2017	111.9	122.1	111.6	120.4	110.1	118.8
2018	117.2	107.2	111.5	114.6	108.5	111.5

14-3 城镇单位在岗职工工资总额指数和年平均工资指数

RELATED INDICES OF TOTAL WAGE BILL AND AVERAGE WAGE OF FULLY EMPLOYED STAFF AND WORKERS IN URBAN UNITS

以1979年为100 （1979=100）

年 份 Year	工资总额指数 Related Indices Bill of Total Wage Bill	# 国有单位 State-owned Units	在岗职工年平均货币工资指数 Related Indices of Average Money Wage	# 国有单位 State-owned Units	在岗职工年平均实际工资指数 Related Indices of Average Real Wage	# 国有单位 State-owned Units
1980	147.9	147.3	127.3	126.1	121.2	120.1
1981	200.9	201.4	147.2	142.5	126.5	122.6
1982	338.8	338.4	177.6	173.0	141.8	138.0
1983	546.8	518.0	200.9	200.1	157.3	156.5
1984	1 196.0	1 143.4	283.4	287.5	207.6	210.6
1985	1 758.5	1 535.5	314.4	309.2	188.1	184.9
1986	2 024.8	1 769.4	318.9	315.4	179.8	177.7
1987	2 710.5	2 169.0	348.1	335.9	171.7	165.4
1988	4 546.7	3 497.3	440.6	416.4	169.6	160.1
1989	6 065.1	4 576.8	501.7	499.0	154.0	152.9
1990	7 703.0	5 626.1	559.7	552.7	169.1	166.8
1991	10 431.9	6 992.8	652.3	625.2	191.3	183.1
1992	13 678.5	9 025.1	771.3	767.6	210.8	209.5
1993	20 990.8	14 249.5	1 059.2	1 127.9	240.9	256.2
1994	28 873.0	17 775.9	1 374.8	1 481.8	264.5	284.9
1995	36 452.7	21 757.0	1 596.4	1 746.4	273.2	298.9
1996	43 514.8	27 119.7	1 886.5	2 117.8	299.7	336.6
1997	50 119.1	29 731.8	2 149.7	2 358.6	330.6	362.9
1998	57 035.5	28 453.3	2 369.0	2 648.7	367.0	410.4
1999	64 393.1	31 184.8	2 669.9	2 953.3	416.5	460.9
2000	71 991.5	32 401.0	2 968.9	3 278.2	450.7	497.8
2001	83 150.2	38 946.0	3 343.0	3 904.3	518.8	606.3
2002	96 454.2	41 633.3	3 637.2	4 443.1	557.7	682.1
2003	111 018.8	48 835.9	3 946.4	5 118.5	600.6	780.3
2004	133 999.7	55 721.8	4 167.4	5 661.1	625.8	851.3
2005	165 087.6	64 247.2	4 238.2	5 978.1	626.4	885.4
2006	201 241.8	75 233.5	4 581.5	6 169.4	662.7	894.3
2007	234 446.7	89 904.0	5 062.6	7 298.4	703.8	1 015.9
2008	277 116.0	104 378.5	5 670.1	8 181.5	743.9	1 075.8
2009	320 346.1	119 617.8	6 095.4	9 040.6	810.1	1 203.8
2010	394 025.7	141 268.6	6 583.0	9 971.8	844.9	1 283.3
2011	459 039.9	161 470.0	7 195.2	10 659.9	876.2	1 301.3
2012	524 223.6	174 549.1	7 698.9	11 320.8	912.1	1 344.2
2013	897 995.0	168 963.5	8 168.5	11 309.5	942.2	1 307.9
2014	1 049 756.2	180 453.0	9 475.5	13 537.5	1 071.3	1 535.5
2015	1 169 428.4	196 152.4	10 565.2	14 688.2	1 168.8	1 630.7
2016	1 274 677.0	200 075.4	11 706.2	15 628.2	1 264.6	1 694.3
2017	1 426 363.6	244 292.1	13 064.1	18 816.4	1 392.3	2 012.8
2018	1 671 698.1	261 881.1	14 566.5	21 563.6	1 510.6	2 244.3
年平均增长率(%) **Average Annual Growth Rate(%)**	**28.3**	**22.4**	**13.6**	**14.8**	**7.2**	**8.3**

14-4 城镇单位在岗职工工资总额和年平均工资

TOTAL WAGE BILL AND AVERAGE WAGE OF FULLY EMPLOYED STAFF AND WORKERS IN URBAN UNITS

年份 Year	工资总额(亿元) Total Wage Bill (100 million yuan)				年平均工资(元) Average Wage (yuan)			
	合计 Total	国有单位 State-owned Units	城镇集体单位 Urban Collective-owned Units	其他单位 Units of Other Types of Ownership	合计 Total	国有单位 State-owned Units	城镇集体单位 Urban Collective-owned Units	其他单位 Units of Other Types of Ownership
1998	167.48	70.70	4.72	92.05	18 381	21 161	11 260	17 204
1999	189.03	77.50	5.38	106.15	20 714	23 602	13 228	19 530
2000	211.34	80.54	4.85	125.94	23 039	26 193	13 234	21 974
2001	244.17	96.83	5.00	142.34	25 941	31 187	13 427	23 981
2002	283.28	103.51	4.32	175.45	28 218	35 501	16 969	25 544
2003	325.99	121.40	4.02	200.58	30 611	40 893	17 061	26 940
2004	419.28	142.23	3.29	273.77	31 928	45 212	20 256	27 868
2005	516.75	164.03	4.72	348.00	32 476	47 762	17 112	28 521
2006	629.66	192.00	3.20	434.46	35 107	49 312	20 591	31 286
2007	733.58	229.37	3.26	500.95	38 798	58 347	21 793	33 787
2008	867.41	266.31	3.43	597.68	43 454	65 431	25 291	37 933
2009	1 002.98	305.16	3.11	694.71	46 723	72 278	24 715	40 582
2010	1 233.88	360.37	4.15	869.36	50 456	79 734	27 801	43 939
2011	1 438.49	411.79	4.78	1 021.92	55 143	85 218	31 830	48 422
2012	1 642.18	445.34	5.59	1 191.25	59 010	90 492	34 444	52 374
2013	2 813.51	431.05	12.60	2 369.86	62 619	90 393	30 207	59 627
2014	3 287.98	460.23	14.64	2 813.11	72 651	108 192	39 993	69 224
2015	3 662.72	500.39	11.14	3 151.20	81 034	117 432	45 546	77 436
2016	3 994.05	510.55	13.35	3 470.14	89 757	124 927	56 682	86 374
2017	4 469.76	623.28	21.20	3 825.28	100 173	150 444	71 380	95 203
2018	5 236.48	668.23	8.99	4 559.25	111 709	172 466	67 768	106 353

注： 从2000年起统计口径为在岗职工。
Note: Since 2000, statistical coverage refers to the fully employed staff and workers.

14-5 分经济类型和行业城镇单位就业人员和在岗职工人数（2018年末）

NUMBER OF EMPLOYED PERSONS AND FULLY EMPLOYED STAFF AND WORKERS BY OWNERSHIP AND SECTOR IN URBAN UNITS AT YEAR-END （2018）

项　目	Item	单位就业人员年末人数（人）Number of Employed Persons (Year-end) (Person)	# 女 性 Female	# 在岗职工年末人数 Number of Fully Employed Staff and Workers (Year-end)
总　　计	**Total**	**4 864 889**	**1 856 387**	**4 669 060**
一、按登记注册类型分	Grouped by Registration			
1. 内资单位	Domestic Funded Units	3 112 507	1 042 170	2 952 206
①国有单位	State-owned Units	398 770	159 896	390 235
②集体单位	Collective-owned Units	15 310	7 193	14 937
③股份合作单位	Cooperative Units	21 094	6 582	19 624
④联营单位	Joint ownership Units	5 480	1 911	5 469
⑤有限责任公司	Limited Liability Corporations	1 781 229	556 375	1 664 943
⑥股份有限公司	Share-holding Corporations Ltd.	844 009	279 120	811 420
⑦其他内资单位	Others	46 615	31 093	45 578
2. 港澳台商投资单位	Units with Funded from Hongkong,Macao and Taiwan	1 158 462	550 218	1 137 814
3. 外商投资单位	Foreign Funded Units	593 920	263 999	579 040
二、按企业、事业、机关分	Grouped by Enterprises, Institutions and Agencies			
1. 企业	Enterprises	4 553 666	1 715 713	4 365 400
2. 事业	Institutions	160 709	89 279	158 148
3. 机关	Agencies & Organizations	144 068	46 731	139 188
4.民间非营利组织	Private non-protit organization	3 275	2 570	3 247
5.其他	Others	3 171	2 094	3 077
三、按国民经济行业分	Grouped by Sector			
1. 农、林、牧、渔业	Agriculture, Forestry, Animal Husbandry and Fishery	257	53	256
①农业	Agriculture	159	41	159
②林业	Forestry			
③畜牧业	Animal Husbandry	18	2	18
④渔业	Fishery	80	10	79
⑤农、林、牧、渔专业及辅助性活动	Professional and Ancillary Activities in Agriculture, Forestry, Animal Husbandry and Fishery			
2. 采矿业	Mining	3 689	470	3 686
3. 制造业	Manufacturing	2 218 756	912 517	2 205 509
4. 电力、热力、燃气及水生产和供应业	Production and Distribution of Electricity,Heat,Gas and Water	21 624	5 036	21 557
5. 建筑业	Construction	384 209	39 121	300 151
①房屋建筑业	Building	162 356	10 514	135 320
②土木工程建筑业	Civil Engineering	54 657	5 108	33 159
③建筑安装业	Construction installation	34 866	5 511	33 264
④建筑装饰、装修和其他建筑业	Construction Decoration, renovation and Other Construction	132 330	17 988	98 408
6. 批发和零售业	Wholesale and Retail Trades	300 320	155 879	287 853
①批发业	Wholesale	158 258	75 694	155 199
②零售业	Retail Sales	142 062	80 185	132 654
7. 交通运输、仓储和邮政业	Transportation, Storage and Post Services	266 631	72 283	252 358
①铁路运输业	Railway Transportation	42 933	10 354	34 986
②道路运输业	Road Transportation	111 480	25 356	108 735
③水上运输业	Water Transportation	8 739	1 092	8 640
④航空运输业	Air Transportation	34 089	10 807	33 404
⑤管道运输业	Petroleum and Gas Pipelines Transportation	20	5	13
⑥多式联运和运输代理业	Multimodal Transport and Transport Agent Industry	28 215	13 396	27 960
⑦装卸搬运和仓储业	Handling, Handling and Warehousing Industry	14 310	4 553	14 021
⑧邮政业	Post Services	26 845	6 720	24 599
8. 住宿和餐饮业	Hotels and Catering Services	121 435	63 841	109 117
①住宿业	Hotels	33 410	16 282	33 038
②餐饮业	Catering Services	88 025	47 559	76 079
9. 信息传输、软件和信息技术服务业	Information Transmission,Computer Services and Software	265 239	101 358	258 312
①电信、广播电视和卫星传输服务	Tele communications,broadcast and satellite transmission services	32 932	13 222	28 191
②互联网和相关服务	Internet and related services	43 776	17 269	42 916

14-5 续表 continued

项　目 Item		单位就业人员年末人数（人）Number of Employed Persons (Year-end) (Person)	# 女 性 Female	# 在岗职工年末人数 Number of Fully Employed Staff and Workers (Year-end)
③软件和信息技术服务业	Software and IT Services	188 531	70 867	187 205
10. 金融业	Financial Intermediation	178 671	88 630	162 449
①货币金融服务业	Monetary and Financial Services	66 126	36 263	65 942
②资本市场服务业	Capital market Services	45 984	20 274	44 114
③保险业	Insurance	64 266	31 088	50 114
④其他金融业	Other Financial Actioities	2 295	1 005	2 279
11. 房地产业	Real Estate	264 042	87 119	261 536
其中：①房地产开发经营	Real Estate Development and Operation	24 886	9 563	24 212
②物业管理	Real Estate Management	196 687	61 852	195 992
③房地产中介服务	Real Estate Services	18 395	7 443	18 317
④房地产租赁经营	Real Estate Leasing Operation	23 479	8 038	22 423
12. 租赁和商务服务业	Leasing and Business Services	290 000	84 850	273 445
①租赁业	Leasing	4 647	1 019	3 776
②商务服务业	Business Services	285 353	83 831	269 669
13. 科学研究和技术服务业	Scientific Research and Technical Services	129 920	42 415	128 108
①研究和试验发展	Research and Experiment Development	11 772	4 511	11 505
②专业技术服务业	Professional Technology Services	106 591	33 538	105 144
③科技推广和应用服务业	Services of Science and Technology Exchanges and Promotion	11 557	4 366	11 459
14. 水利、环境和公共设施管理业	Management of Water Conserancy,Environment and Public Facilities	15 050	5 161	14 915
①水利管理业	Water Conservancy Administration	1 030	208	1 003
②生态保护和环境治理业	Ecological Protection and Environmental management	2 884	760	2 853
③公共设施管理业	Management of Public Facilities	11 125	4 186	11 048
④土地管理业	Land Management	11	7	11
15. 居民服务、修理和其他服务业	Services to Households and Other Services	25 504	10 639	24 897
①居民服务业	Services to Households	5 480	2 383	5 093
②机动车、电子产品和日用产品修理业	Repair Industry of motor Vehicles,Electronics and Household Goods.	3 364	872	3 326
③其他服务业	Other Services	16 660	7 384	16 478
16. 教育	Education	125 710	73 429	120 995
其中：①学前教育	Preschool Education	12 653	11 127	12 538
②初等教育	Primary Schools	40 103	23 918	39 213
③中等教育	Regular Secondary Schools	43 860	23 622	43 210
④高等教育	Regular Institution of Higher Education	11 364	5 099	11 075
⑤特殊教育	Special Education			
⑥技能培训、教育辅助及其他教育	Skills Training, Educational Assistance and Other Education	17 730	9 663	14 959
17. 卫生和社会工作	Health and Social Work	71 802	49 106	70 824
①卫生	Health Care	69 682	47 699	68 750
②社会工作	Social Work	2 120	1 407	2 074
18. 文化、体育和娱乐业	Culture,sports and Entertainment	26 555	13 689	22 632
①新闻和出版业	Journalism and Publishing Activities	2 482	1 470	2 482
②广播、电视、电影和录音制作业	Radio, Television, film and recording production	9 235	4 559	5 652
③文化艺术业	Cultural and Art Activies	3 142	1 511	3 036
④体育	Sports	6 077	3 226	5 976
⑤娱乐业	Entertainment	5 619	2 923	5 486
19. 公共管理、社会保障和社会组织	Publich Management,Securities and Social Organization	155 475	50 791	150 460
其中：①中国共产党机关	Organs of Communist Party of China	2 067	803	2 040
②国家机构	Government Agencies	151 643	49 294	146 673
③人民政协、民主党派	People's Political Consultative Conference and Democratic Parties	447	122	446
④社会保障	Social Securities	333	97	333
⑤群众团体、社会团体和其他成员组织	Non-Government Groups, Social Groups and Other member Organizations	985	475	968

14-6 分经济类型和行业城镇单位就业人员工资总额、平均人数和年平均工资（2018年）

TOTAL WAGE BILL, AVERAGE NUMBER AND AVERAGE WAGE OF EMPLOYED PERSONS BY OWNERSHIP AND SECTOR IN URBAN UNITS（2018）

项　目	Item	单位就业人员工资总额（万元）Total Wage Bill of Employed Persons (10 000 yuan)	单位就业人员年平均人数（人）Average Number of Employed Persons (Person)	年平均工资（元）Average Wage (yuan)
总　计	**Total**	**53 814 899**	**4 878 768**	**110 304**
一、按登记注册类型分	Grouped by Registration			
1. 内资单位	Domestic Funded Units	37 578 037	3 074 274	122 234
①国有单位	State-owned Units	6 756 628	395 875	170 676
②集体单位	Collective-owned Units	90 238	13 520	66 744
③股份合作单位	Cooperative Units	140 740	21 399	65 769
④联营单位	Joint ownership Units	59 048	5 550	106 393
⑤有限责任公司	Limited Liability Corporations	19 005 120	1 766 593	107 581
⑥股份有限公司	Share-holding Corporations Ltd.	11 098 808	825 490	134 451
⑦其他内资单位	Others	427 455	45 847	93 235
2. 港澳台商投资单位	Units with Funded from Hongkong,Macao and Taiwan	10 472 134	1 199 751	87 286
3. 外商投资单位	Foreign Funded Units	5 764 728	604 743	95 325
二、按企业、事业、机关分	Grouped by Enterprises, Institutions and Agencies			
1. 企业	Enterprises	48 199 166	4 570 118	105 466
2. 事业	Institutions	3 138 267	158 671	197 785
3. 机关	Agencies & Organizations	2 432 355	143 763	169 192
4.民间非营利组织	Private non-protit organization	23 293	3 284	70 930
5.其他	Others	21 818	2 932	74 413
三、按国民经济行业分	Grouped by Sector			
1. 农、林、牧、渔业	Agriculture, Forestry, Animal Husbandry and Fishery	3 135	276	113 594
①农业	Agriculture	2 118	178	119 006
②林业	Forestry			
③畜牧业	Animal Husbandry	86	18	48 000
④渔业	Fishery	931	80	116 313
⑤农、林、牧、渔专业及辅助性活动	Professional and Ancillary Activities in Agriculture, Forestry, Animal Husbandry and Fishery			
2. 采矿业	Mining	94 728	3 711	255 262
3. 制造业	Manufacturing	21 007 772	2 293 432	91 600
4. 电力、热力、燃气及水生产和供应业	Production and Distribution of Electricity,Heat,Gas and Water	444 607	21 543	206 381
5. 建筑业	Construction	2 608 655	349 975	74 538
①房屋建筑业	Building	1 008 911	136 338	74 001
②土木工程建筑业	Civil Engineering	345 706	49 501	69 838
③建筑安装业	Construction installation	267 179	34 356	77 768
④建筑装饰、装修和其他建筑业	Construction Decoration, renovation and Other Construction	986 859	129 780	76 041
6. 批发和零售业	Wholesale and Retail Trades	2 850 647	304 501	93 617
①批发业	Wholesale	1 766 306	161 210	109 566
②零售业	Retail Sales	1 084 341	143 291	75 674
7. 交通运输、仓储和邮政业	Transportation, Storage and Post Services	2 983 661	265 163	112 522
①铁路运输业	Railway Transportation	539 580	43 394	124 344
②道路运输业	Road Transportation	1 042 540	109 427	95 273
③水上运输业	Water Transportation	164 532	8 950	183 834
④航空运输业	Air Transportation	469 997	32 685	143 796
⑤管道运输业	Petroleum and Gas Pipelines Transportation	1 036	20	517 850
⑥多式联运和运输代理业	Multimodal Transport and Transport Agent Industry	273 002	28 371	96 226
⑦装卸搬运和仓储业	Handling, Handling and Warehousing Industry	139 278	14 099	98 786
⑧邮政业	Post Services	353 697	28 217	125 349
8. 住宿和餐饮业	Hotels and Catering Services	635 269	116 615	54 476
①住宿业	Hotels	238 886	33 481	71 350
②餐饮业	Catering Services	396 383	83 134	47 680
9. 信息传输、软件和信息技术服务业	Information Transmission,Computer Services and Software	4 818 684	256 441	187 906
①电信、广播电视和卫星传输服务	Tele communications,broadcast and satellite transmission services	557 465	32 509	171 480
②互联网和相关服务	Internet and related services	1 188 316	42 724	278 138

项 目 Item		单位就业人员工资总额（万元） Total Wage Bill of Employed Persons (10 000 yuan)	单位就业人员年平均人数（人） Average Number of Employed Persons (Person)	年平均工资（元） Average Wage (yuan)
③软件和信息技术服务业	Software and IT Services	3 072 902	181 208	169 579
10. 金融业	Financial Intermediation	4 548 270	174 769	260 245
①货币金融服务业	Monetary and Financial Services	1 869 409	65 270	286 412
②资本市场服务业	Capital market Services	1 670 013	46 247	361 107
③保险业	Insurance	889 913	60 898	146 132
④其他金融业	Other Financial Actioities	118 935	2 354	505 248
11. 房地产业	Real Estate	2 453 294	257 838	95 149
其中：①房地产开发经营	Real Estate Development and Operation	536 571	24 578	218 314
②物业管理	Real Estate Management	1 276 788	189 517	67 371
③房地产中介服务	Real Estate Services	302 192	19 293	156 633
④房地产租赁经营	Real Estate Leasing Operation	330 044	23 850	138 383
12. 租赁和商务服务业	Leasing and Business Services	2 731 484	291 640	93 659
①租赁业	Leasing	44 411	4 692	94 652
②商务服务业	Business Services	2 687 074	286 948	93 643
13. 科学研究和技术服务业	Scientific Research and Technical Services	2 130 173	126 538	168 343
①研究和试验发展	Research and Experiment Development	247 442	10 912	226 761
②专业技术服务业	Professional Technology Services	1 744 705	104 858	166 387
③科技推广和应用服务业	Services of Science and Technology Exchanges and Promotion	138 027	10 768	128 182
14. 水利、环境和公共设施管理业	Management of Water Consercancy,Environment and Public Facilities	142 456	15 242	93 463
①水利管理业	Water Conservancy Administration	12 185	1 027	118 647
②生态保护和环境治理业	Ecological Protection and Environmental management	35 413	2 790	126 928
③公共设施管理业	Management of Public Facilities	94 468	11 411	82 787
④土地管理业	Land Management	390	14	278 571
15. 居民服务、修理和其他服务业	Services to Households and Other Services	154 748	25 352	61 040
①居民服务业	Services to Households	44 608	5 182	86 082
②机动车、电子产品和日用产品修理业	Repair Industry of motor Vehicles,Electronics and Household Goods.	27 778	3 561	78 005
③其他服务业	Other Services	82 362	16 609	49 589
16. 教育	Education	1 990 961	123 064	161 783
其中：①学前教育	Preschool Education	96 583	12 564	76 873
②初等教育	Primary Schools	645 537	39 681	162 682
③中等教育	Regular Secondary Schools	766 344	43 067	177 942
④高等教育	Regular Institution of Higher Education	293 334	11 102	264 217
⑤特殊教育	Special Education			
⑥技能培训、教育辅助及其他教育	Skills Training, Educational Assistance and Other Education	189 163	16 650	113 611
17. 卫生和社会工作	Health and Social Work	1 307 403	71 290	183 392
①卫生	Health Care	1 288 756	69 153	186 363
②社会工作	Social Work	18 648	2 137	87 261
18. 文化、体育和娱乐业	Culture,sports and Entertainment	318 642	26 480	120 333
①新闻和出版业	Journalism and Publishing Activities	42 418	2 459	172 499
②广播、电视、电影和录音制作业	Radio, Television, film and recording production	97 876	8 982	108 969
③文化艺术业	Cultural and Art Activies	52 415	3 149	166 449
④体育	Sports	76 358	6 075	125 693
⑤娱乐业	Entertainment	49 574	5 815	85 253
19. 公共管理、社会保障和社会组织	Publich Management,Securities and Social Organization	2 590 310	154 898	167 227
其中：①中国共产党机关	Organs of Communist Party of China	44 103	2 033	216 935
②国家机构	Government Agencies	2 512 927	151 099	166 310
③人民政协、民主党派	People's Political Consultative Conference and Democratic Parties	9 658	445	217 040
④社会保障	Social Securities	4 906	334	146 886
⑤群众团体、社会团体和其他成员组织	Non-Government Groups, Social Groups and Other member Organizations	18 716	987	189 626

14-7 分经济类型和行业城镇单位在岗职工工资总额、平均人数和年平均工资（2018年）

TOTAL WAGE BILL，AVERAGE NUMBER AND AVERAGE WAGE OF FULLY EMPLOYED STAFF AND WORKERS BY OWNERSHIP AND SECTOR IN URBAN UNITS（2018）

	项　目 Item	在岗职工工资总额(万元) Total Wage Bill of Fully Employed Staff and Workers (10 000 yuan)	在岗职工年平均人数(人) Average Number of Fully Employed Staff and Workers (person)	年平均工资(元) Average Wage (yuan)
总　　计	**Total**	**52 364 784**	**4 687 623**	**111 709**
一、按登记注册类型分	Grouped by Registration			
1. 内资单位	Domestic Funded Units	36 414 958	2 919 146	124 745
①国有单位	State-owned Units	6 682 348	387 459	172 466
②集体单位	Collective-owned Units	89 895	13 265	67 768
③股份合作单位	Cooperative Units	132 987	19 907	66 804
④联营单位	Joint ownership Units	58 989	5 539	106 497
⑤有限责任公司	Limited Liability Corporations	18 231 864	1 655 016	110 161
⑥股份有限公司	Share-holding Corporations Ltd.	10 807 583	793 148	136 262
⑦其他内资单位	Others	411 293	44 812	91 782
2. 港澳台商投资单位	Units with Funded from Hongkong,Macao and Taiwan	10 309 553	1 179 201	87 428
3. 外商投资单位	Foreign Funded Units	5 640 274	589 276	95 715
二、按企业、事业、机关分	Grouped by Enterprises, Institutions and Agencies			
1. 企业	Enterprises	46 813 834	4 386 348	106 726
2. 事业	Institutions	3 110 505	156 179	199 163
3. 机关	Agencies & Organizations	2 396 655	139 003	172 417
4.民间非营利组织	Private non-protit organization	22 715	3 255	69 783
5.其他	Others	21 076	2 838	74 264
三、按国民经济行业分	Grouped by Sector			
1. 农、林、牧、渔业	Agriculture, Forestry, Animal Husbandry and Fishery	3 130	275	113 815
①农业	Agriculture	2 118	178	119 006
②林业	Forestry			
③畜牧业	Animal Husbandry	86	18	48 000
④渔业	Fishery	925	79	117 114
⑤农、林、牧、渔专业及辅助性活动	Professional and Ancillary Activities in Agriculture, Forestry, Animal Husbandry and Fishery			
2. 采矿业	Mining	94 577	3 708	255 062
3. 制造业	Manufacturing	20 846 268	2 278 036	91 510
4. 电力、热力、燃气及水生产和供应业	Production and Distribution of Electricity,Heat,Gas and Water	443 302	21 470	206 475
5. 建筑业	Construction	2 028 339	270 377	75 019
①房屋建筑业	Building	833 093	111 027	75 035
②土木工程建筑业	Civil Engineering	213 139	29 746	71 653
③建筑安装业	Construction installation	255 411	32 843	77 767
④建筑装饰、装修和其他建筑业	Construction Decoration, renovation and Other Construction	726 696	96 761	75 102
6. 批发和零售业	Wholesale and Retail Trades	2 785 814	290 573	95 873
①批发业	Wholesale	1 725 475	157 147	109 800
②零售业	Retail Sales	1 060 340	133 426	79 470
7. 交通运输、仓储和邮政业	Transportation, Storage and Post Services	2 855 278	251 232	113 651
①铁路运输业	Railway Transportation	468 834	35 302	132 807
②道路运输业	Road Transportation	1 032 236	106 706	96 736
③水上运输业	Water Transportation	164 154	8 901	184 422
④航空运输业	Air Transportation	445 859	32 075	139 005
⑤管道运输业	Petroleum and Gas Pipelines Transportation	329	13	253 077
⑥多式联运和运输代理业	Multimodal Transport and Transport Agent Industry	270 787	28 116	96 311
⑦装卸搬运和仓储业	Handling, Handling and Warehousing Industry	137 801	13 863	99 402
⑧邮政业	Post Services	335 278	26 256	127 696
8. 住宿和餐饮业	Hotels and Catering Services	608 941	104 879	58 061
①住宿业	Hotels	235 141	33 046	71 156
②餐饮业	Catering Services	373 801	71 833	52 037
9. 信息传输、软件和信息技术服务业	Information Transmission,Computer Services and Software	4 753 923	249 827	190 289
①电信、广播电视和卫星传输服务	Tele communications,broadcast and satellite transmission services	513 789	28 066	183 065
②互联网和相关服务	Internet and related services	1 184 566	41 862	282 969

项 目	Item	在岗职工工资总额(万元) Total Wage Bill of Fully Employed Staff and Workers (10 000 yuan)	在岗职工年平均人数(人) Average Number of Fully Employed Staff and Workers (person)	年平均工资(元) Average Wage (yuan)
③软件和信息技术服务业	Software and IT Services	3 055 568	179 899	169 849
10. 金融业	Financial Intermediation	4 412 976	158 944	277 643
①货币金融服务业	Monetary and Financial Services	1 853 068	65 080	284 737
②资本市场服务业	Capital market Services	1 656 374	43 874	377 530
③保险业	Insurance	787 339	47 652	165 227
④其他金融业	Other Financial Actioities	116 195	2 338	496 985
11. 房地产业	Real Estate	2 437 732	255 297	95 486
其中：①房地产开发经营	Real Estate Development and Operation	531 620	23 908	222 361
②物业管理	Real Estate Management	1 272 697	188 796	67 411
③房地产中介服务	Real Estate Services	301 727	19 214	157 035
④房地产租赁经营	Real Estate Leasing Operation	324 009	22 782	142 221
12. 租赁和商务服务业	Leasing and Business Services	2 608 703	276 586	94 318
①租赁业	Leasing	39 555	3 873	102 130
②商务服务业	Business Services	2 569 148	272 713	94 207
13. 科学研究和技术服务业	Scientific Research and Technical Services	2 097 961	124 587	168 393
①研究和试验发展	Research and Experiment Development	244 979	10 675	229 489
②专业技术服务业	Professional Technology Services	1 716 057	103 257	166 193
③科技推广和应用服务业	Services of Science and Technology Exchanges and Promotion	136 925	10 655	128 508
14. 水利、环境和公共设施管理业	Management of Water Consercancy,Environment and Public Facilities	141 617	15 074	93 948
①水利管理业	Water Conservancy Administration	11 983	1 000	119 834
②生态保护和环境治理业	Ecological Protection and Environmental management	35 337	2 774	127 386
③公共设施管理业	Management of Public Facilities	93 906	11 286	83 206
④土地管理业	Land Management	390	14	278 571
15. 居民服务、修理和其他服务业	Services to Households and Other Services	151 990	24 766	61 370
①居民服务业	Services to Households	43 008	4 792	89 750
②机动车、电子产品和日用产品修理业	Repair Industry of motor Vehicles,Electronics and Household Goods.	27 536	3 520	78 228
③其他服务业	Other Services	81 446	16 454	49 499
16. 教育	Education	1 949 656	118 887	163 992
其中：①学前教育	Preschool Education	94 825	12 447	76 183
②初等教育	Primary Schools	637 639	38 842	164 162
③中等教育	Regular Secondary Schools	756 189	42 429	178 224
④高等教育	Regular Institution of Higher Education	290 286	10 806	268 634
⑤特殊教育	Special Education			
⑥技能培训、教育辅助及其他教育	Skills Training, Educational Assistance and Other Education	170 718	14 363	118 859
17. 卫生和社会工作	Health and Social Work	1 295 610	70 354	184 156
①卫生	Health Care	1 277 154	68 259	187 104
②社会工作	Social Work	18 456	2 095	88 094
18. 文化、体育和娱乐业	Culture,sports and Entertainment	295 350	22 747	129 841
①新闻和出版业	Journalism and Publishing Activities	42 418	2 459	172 499
②广播、电视、电影和录音制作业	Radio, Television, film and recording production	77 681	5 623	138 149
③文化艺术业	Cultural and Art Activies	51 526	3 046	169 161
④体育	Sports	75 480	5 944	126 986
⑤娱乐业	Entertainment	48 245	5 675	85 012
19. 公共管理、社会保障和社会组织	Publich Management,Securities and Social Organization	2 553 618	150 004	170 237
其中：①中国共产党机关	Organs of Communist Party of China	43 965	2 012	218 511
②国家机构	Government Agencies	2 476 505	146 245	169 339
③人民政协、民主党派	People's Political Consultative Conference and Democratic Parties	9 643	444	217 191
④社会保障	Social Securities	4 906	334	146 886
⑤群众团体、社会团体和其他成员组织	Non-Government Groups, Social Groups and Other member Organizations	18 599	969	191 937

14-8 城镇单位工业、建筑业企业在岗职工人数、工资总额和年平均工资（2018年）

NUMBER, TOTAL WAGE BILL AND AVERAGE WAGE OF FULLY EMPLOYED STAFF AND WORKERS IN INDUSTRY AND CONSTRUCTION ENTERPRISES IN URBAN UNITS（2018）

项　目	Item	在岗职工年末人数(人) Number of Fully Employed Staff and Workers (Year-end) (person)	工资总额(万元) Total Wage Bill (10 000 yuan)	年平均工资(元) Average Wage (yuan)
总　　计	**Total**	**2 530 903**	**23 412 486**	**90 972**
一、工　业	**Industry**	**2 230 752**	**21 384 147**	**92 845**
(一)按登记注册类型分	Grouped by Registration			
1. 国有单位	State-owned Units	919	10 773	115 098
2. 城镇集体单位	Urban Collective Owned Units	362	2 284	63 439
3. 其他类型单位	Units of Other Types of Ownership	2 229 471	21 371 090	92 840
(二)按行业分	Grouped by Sector			
1. 采矿业	Mining	3 686	94 577	255 062
煤炭开采和洗选业	Mining and Washing of Coal			
石油和天然气开采业	Extraction of Petroleum and Natural Gas	2 988	79 500	263 506
黑色金属矿采选业	Mining and Processing of Ferrous Metal Ores			
有色金属矿采选业	Mining and Processing of Nonferrous Metal Ores			
非金属矿采选业	Mining and Processing of Nonmetal Ores			
开采专业及辅助性活动	Mining Professional and Auxiliary Activities	698	15 077	218 194
其他采矿业	Mining and Processing of Other Ores			
2.制 造 业	Manufacturing	2 205 509	20 846 268	91 510
农副食品加工业	Processing of Food from Agricultural Products	7 394	71 344	94 607
食品制造业	Manufacture of Foods	10 675	73 714	70 831
酒、饮料和精制茶制造业	Manufacture of Wine, Beverages and Refined tea	14 099	137 543	96 896
烟草制品业	Manufacture of Tobacco	758	17 975	198 181
纺织业	Manufacture of Textile	9 269	82 366	81 108
纺织服装、服饰业	Manufacture of Textile Wearing Apparec	60 457	430 935	66 867
皮革、毛皮、羽毛及其制品和制鞋业	Leather, Fur, Feather and Their Products and Footwear Industry	24 665	149 410	57 503
木材加工和木、竹、藤、棕、草制品业	Wood Processing and Wood, Bamboo, Rattan, Brown and Grass Products Industry	844	5 280	57 954
家具制造业	Manufacture of Furniture	17 598	111 778	59 678
造纸和纸制品业	Manufacture of Paper and Paper Products	21 267	139 861	60 973
印刷和记录媒介复制业	Printing and Record Medium Reproduction	31 680	227 892	69 867
文教、工美、体育和娱乐用品制造业	Manufactue of Articles for Culture, Education and Sport Activities	79 743	469 700	55 640

项　目 Item		在岗职工年末人数(人) Number of Fully Employed Staff and Workers (Year-end) (person)	工资总额(万元) Total Wage Bill (10 000 yuan)	年平均工资(元) Average Wage (yuan)
石油、煤炭及其他燃料加工业	Petroleum, Coal and Other Fuel Processing Industry	790	32 421	415 122
化学原料和化学制品制造业	Manufacture of Raw Chemical Materials and Chemical Products	18 522	148 853	78 269
医药制造业	Manufacture of Medicines	17 989	235 246	135 839
化学纤维制造业	Manufacture of Chemical Fibers	360	2 578	72 020
橡胶和塑料制品业	Manufacture of Rubber and Plastics	140 683	984 942	67 911
非金属矿物制品业	Manufacture of Non-metallic Mineral Products	40 698	311 862	76 369
黑色金属冶炼和压延加工业	Smelting and Pressing of Ferrous Metals	785	5 447	66 100
有色金属冶炼和压延加工业	Smelting and Pressing of Nonferrous Metals	3 206	23 727	72 895
金属制品业	Manufacture of Metal Products	71 721	513 286	69 117
通用设备制造业	Manufacture of General-purpose Machinery	83 252	709 057	81 869
专用设备制造业	Manufacture of Special-purpose Machinery	115 762	1 327 465	109 567
汽车制造业	Manufactue of Automobiles	70 121	628 822	91 791
铁路、船舶、航空航天和其他运输设备制造业	Manufacture of Railway, Ship, Aerospace and Other Transportation Equipment	15 613	138 247	87 349
电气机械和器材制造业	Manufacture of Electrical Machinery and Equipment	264 227	2 044 245	73 172
计算机、通信和其他电子设备制造业	Manufacture of Communication Equipment, Computers and Other Electronic Equipment	1 017 557	11 247 290	107 686
仪器仪表制造业	Manufacture of Measuring Instruments	53 520	478 122	87 950
其他制造业	Other Manufacturing	10 661	77 712	69 841
废弃资源综合利用业	Recycling and Disposal of Waste	60	347	46 253
金属制品、机械和设备修理业	Manufacture of Metal Products,Machinery and Eguipment Repair	1 533	18 804	117 158
3.电力、热力、燃气及水生产和供应业	Production and Distribution of Electricity,Heat,Gas and Water	21 557	443 302	206 475
电力、热力生产和供应业	Production and Supply of Electric Power and Heat Power	8 801	240 791	275 063
燃气生产和供应业	Production and Supply of Gas	3 607	68 656	190 605
水的生产和供应业	Production and Supply of Water	9 149	133 856	146 868
二、建筑业	**Construction**	**300 151**	**2 028 339**	**75 019**
按登记注册类型分	Grouped by Registration			
1.国有单位	State-owned Units	2 901	21 819	74 189
2.城镇集体单位	Urban Collective Owned Units	99	1 522	160 200
3.其他单位	Units of Other Types of Ownership	297 151	2 004 998	74 998

主要统计指标解释

就业人员 指在16周岁及以上，从事一定社会劳动并取得劳动报酬或经营收入的人员。这一指标反映了一定时期内全部劳动力资源的实际利用情况，是研究我国基本国情国力的重要指标。

单位就业人员 指报告期最后一日在本单位工作，并取得工资或其他形式劳动报酬的人员数。该指标为时点指标，不包括最后一日当天及以前已经与单位解除劳动合同关系的人员，是在岗职工、劳务派遣人员及其他就业人员之和。就业人员不包括：

(1)离开本单位仍保留劳动关系，并定期领取生活费的人员；

(2)在本单位实习的各类在校学生；

(3)本单位因劳务外包而使用的人员，如建筑业整建制使用的人员。

城镇私营和个体就业人员 城镇私营就业人员指在工商管理部门注册登记，其经营地址设在县城关镇(含县城关镇)以上的私营企业就业人员，包括私营企业投资者和雇工。城镇个体就业人员指在工商管理部门注册登记，并持有城镇户口或在城镇长期居住，经批准从事个体工商经营的就业人员，包括个体经营者和在个体工商户劳动的家庭帮工和雇工。

在岗职工 指在本单位工作且与本单位签订劳动合同，并由单位支付各项工资和社会保险、住房公积金的人员，以及上述人员中由于学习、病伤、产假等原因暂未工作仍由单位支付工资的人员。在岗职工还包括：

(1)应订立劳动合同而未订立劳动合同人员；

(2)处于试用期人员；

(3)编制外招用的人员，如临时人员；

(4)派往外单位工作，但工资或其他形式劳动报酬仍由本单位发放的人员(如挂职锻炼、外派工作等情况)。

工资总额 本单位在报告期内(季度或年度)直接支付给本单位全部就业人员的劳动报酬总额。包括计时工资、计件工资、奖金、津贴和补贴、加班加点工资、特殊情况下支付的工资，是在岗职工工资总额、劳务派遣人员工资总额和其他就业人员工资总额之和。

工资总额是税前工资，包括单位从个人工资中直接为其代扣或代缴的个人所得税、社会保险基金和住房公积金等个人缴纳部分，以及房费、水电费等。

工资总额不论是计入成本的还是不计入成本的，不论是以货币形式支付的还是以实物形式支付的，均应列入工资总额的计算范围。

平均工资 是指在报告期内单位发放工资的人均水平。计算公式为：

$$\text{平均工资} = \frac{\text{报告期工资总额}}{\text{报告期平均人数}}$$

Explanatory Notes on Main Statistical Indicators

Employed Persons refer to persons aged 16 and over who are engaged in gainful employment and thus receive remuneration payment or earn business income. This indicator reflects the actual utilization of total labour force during a certain period of time and is often used for the research on China's economic situation and national power.

Persons Employed in Various Units refer to the total number of employees who work at his unit and obtain wages or other forms of payment at the end of the reporting period. This indicator is a kind of time point index and it equals to the sum of the number of employed staff and workers, labor dispatch personnel and other employed persons. Employed persons do not include:

1)persons who have left their working units while keeping their labour contract (employment relation) unchanged and receiving regular alimony;

2) all kinds of enrolled students who do internship in various units;

3)persons employed due to labor outsourcing,for example,persons employed in the organizational system of construction industry;

Persons Employed in Private Enterprises and Self-Employed Individuals in Urban Areas Persons employed in private enterprises refer to the persons employed in the private enterprises which have been registered at the departments of industrial and commercial administration for which the business operation are situated at a county town (i.e. a town where the county government is located), or at urban areas with administrative hierarchy higher than a county town. The self–employed individuals in urban areas refer to persons who hold the certificates of residence in urban areas or have resided in the urban areas for a long time and have been registered at the departments of industrial and commercial administration and approved to be engaged in individual industrial or commercial business, including self–employed persons as well as helpers and hired laborers who work in individual households.

Fully Employed Staff and Workers refer to persons who signed labor contracts with working units and working units would pay wages, social insurance and housing funds for them. Persons who have their work posts but are temporarily absent from work for reasons of study or on sick, injury or maternal leave and still receive wages from their working units are also included. Employed staff and workers also include:

1)Persons who should have signed the labor contracts but not ;

2)Employees on probation;

3)Employees beyond the staffing quota, for example, temporary employees;

4)Employees who are sent to other working units but still obtain wages from their original units (situations like on–the–job placement, expatriated assignment, etc.)

Total Wage Bill refer to the total remuneration payment to all employed persons in various units during the reporting period (by quarter or by year), including hourly–paid wages, piece–rate wages, bonuses, allowance and subsidies, overtime wages and wages paid under special circumstances. It equals to the sum of total wages of employed staff and workers, dispatch labors and other employed persons.

Total wage bill is pre−tax wages, including the personal payment of personal income tax, social insurance and housing fund, room charges, utility bills, paid or withheld by employee's units.

Total wage bill, whether or not included in cost, whether or not paid in money or in kind, shall be included in the calculation of total wage.

Average Wage refers to the average per capita wage in money terms during a certain period of time for employed persons. It shows the general level of wage income of staff and worker during a certain period of time, one major indicator to reflect the wage level. It is calculated as follows:

$$\text{Average Wage} = \frac{\text{Total Wage Bill of Employed Persons at Reference Time}}{\text{Average Number of Persons Employed at Reference Time}}$$

15 第十五部分 科学技术

SCIENCE AND TECHNOLOGY

CHAPTER

15-1 高新技术产品进出口情况

TOTAL IMPORTS AND EXPORTS OF HIGH TECHNOLOGY INDUSTRY

单位：万美元 (USD 10 000)

年 份 Year	高新技术产品进出口总额 Total Imports and Exports of High Technology Industry	进 口 Imports	出 口 Exports
2001	2 335 757	1 198 796	1 136 961
2002	3 344 119	1 775 195	1 568 924
2003	5 158 146	2 643 846	2 514 300
2004	6 928 262	3 422 565	3 505 697
2005	8 868 653	4 159 435	4 709 218
2006	11 536 580	5 401 421	6 135 159
2007	13 463 800	6 209 300	7 254 500
2008	14 099 495	6 162 273	7 937 222
2009	15 345 520	6 843 409	8 502 111
2010	19 770 075	8 897 407	10 872 668
2011	22 416 000	9 936 000	12 480 000
2012	25 206 532	11 084 532	14 122 000
2013	30 784 842	13 884 285	16 900 557
2014	24 762 288	11 088 208	13 674 080
2015	25 424 844	11 391 071	14 033 773
2016	22 764 476	10 610 185	12 154 291
2017	22 775 570	11 355 379	11 420 191
2018	26 875 307	14 414 570	12 460 737

15-2 专利申请授权概况

PATENT APPLICATIONS EXAMINED AND GRANTED

单位：件 (piece)

年 份 Year	申请总量 Number of Patent Applications	发明专利 Invention Patent	授权总量 Number of Patents Certified	发明专利 Invention Patent	PCT国际专利申请量 Number of PCT International Patent Applications
1991	261	49	160	1	
1992	507	73	174	5	
1993	696	82	427	10	
1994	1 009	160	414	9	
1995	1 104	124	721	7	
1996	1 405	116	923	18	
1997	1 440	165	1 260	13	
1998	2 093	233	1 364	16	
1999	3 314	490	2 116	31	
2000	4 431	669	2 401	1	
2001	6 033	1 033	3 506	7	
2002	7 917	1 846	4 486	91	
2003	12 361	3 526	4 937	276	
2004	14 918	4 751	7 737	864	331
2005	20 940	8 327	8 983	917	789
2006	29 728	14 576	11 494	1 361	1 661
2007	35 808	19 198	15 552	2 257	2 170
2008	36 249	18 757	18 805	5 409	2 709
2009	42 279	20 520	25 894	8 132	3 800
2010	49 430	23 956	34 951	9 615	5 584
2011	63 522	28 823	39 363	11 826	7 933
2012	73 130	31 075	48 662	13 068	8 024
2013	80 657	32 208	49 756	10 987	10 049
2014	82 254	31 077	53 687	12 040	11 639
2015	105 481	40 028	72 120	16 957	13 308
2016	145 294	56 336	75 043	17 666	19 648
2017	177 103	60 258	94 250	18 926	20 457
2018	228 608	69 969	140 202	21 309	18 081

15-3 R&D经费支出和人员情况

EXPENDITURES ON R&D AND R&D PERSONNEL

项目	Item	2009
一、R&D经费支出（万元）	**Expenditures on R&D(10 000 yuan)**	**2 797 112**
按活动类型分	Grouped by Type of Activity	
基础研究	Basic Research	6 833
应用研究	Applied Research	29 436
试验发展	Experimental Development	2 760 843
按单位类型分	Grouped by Type of Unit	
科研院所	Scientific Research and Technological Development Institutions	15 772
高等院校	Institutions Of Higher Education	18 321
规模以上工业企业	Industrial Enterprises above Designated Size	2 590 000
规模以上服务业企业	Service Enterprises above Designated Size	
建筑业	Construction	
其他	Others	173 019
按资金来源分	Grouped by Sources of Funds	
政府资金	Government Appropriation Funds	130 380
企业资金	Self-raise Funds by Enterprise	2 633 795
境外资金	Overseas Funds	20 449
其他资金	Other Funds	12 488
二、R&D人员（人）	**R&D Personnel(person)**	**145 923**
#全时人员	Full-time Personnel	125 053
#研究人员	Researcher	83 212
三、R&D人员折合全时当量（人年）	**Full-time Equivalent of R&D Personnel(man-year)**	**123 651**
#研究人员	Researcher	74 599
基础研究	Basic Research	590
应用研究	Applied Research	2 788
试验发展	Experimental Development	120 273

注：本章节所有科技数据均为年报数，不可用于与专业快报数据直接计算相关比例关系。

Note: All scientific and technological data in this chapter are annual reports, which cannot be used to directly calculate the relevant proportion relationship with the professional flash annual report data.

2010	2011	2012	2013	2014	2015	2016	2017	2018
3 333 102	**4 161 363**	**4 883 738**	**5 846 115**	**6 400 662**	**7 323 851**	**8 429 693**	**9 769 377**	**11 635 386**
6 734	24 755	23 336	51 776	57 558	67 298	243 347	306 264	309 505
42 681	103 163	429 697	552 821	733 254	925 129	828 856	1 074 700	923 817
3 283 687	4 033 445	4 430 705	5 241 518	5 609 850	6 331 424	7 357 490	8 388 413	10 402 064
7 982	85 967	74 479	172 207	150 428	203 780	109 652	159 222	173 485
14 224	13 460	17 585	24 518	27 566	81 659	105 573	184 697	223 002
3 137 877	3 888 917	4 618 655	5 329 401	5 883 496	6 726 494	7 600 311	8 410 974	9 683 528
			298 085	298 085	298 085	560 658	787 726	1 281 739
						39 666	198 669	251 542
173 019	173 019	173 019	21 904	41 087	13 833	13 833	28 089	22 089
130 272	177 131	214 841	298 889	295 235	355 635	407 670	608 211	671 811
3 050 485	3 819 046	4 626 628	5 487 436	6 011 693	6 890 041	7 952 592	9 047 206	10 907 996
139 449	141 387	22 009	19 731	17 929	16 476	13 779	25 539	10 293
12 895	23 799	20 260	40 059	75 805	61 699	55 652	88 421	45 286
177 756	**176 107**	**218 090**	**213 641**	**192 600**	**206 327**	**233 927**	**281 369**	**340 899**
160 139	155 511	189 832	186 056	164 103	172 608	198 556	239 606	301 839
86 093	98 734	109 581	105 769	98 978	86 351	93 603	106 818	148 037
157 429	**158 023**	**192 584**	**181 321**	**163 689**	**173 764**	**176 040**	**196 398**	**287 408**
79 481	93 180	101 760	94 181	89 256	77 869	73 831	77 504	126 635
553	1 345	1 747	1 766	1 750	2 335	4 428	5 436	5 841
3 442	5 884	16 950	15 189	18 378	20 926	15 236	20 275	21 908
153 434	150 794	173 887	164 366	143 561	150 503	156 376	170 687	270 663

15-4 规模以上工业企业科技活动情况

SCIENTIFIC AND TECHNOLOGICAL ACTIVITIES OF INDUSTRIAL ENTERPRISES ABOVE DESIGNATED SIZE

项目	Item	2009
一、企业基本情况	**statics on Industrial Enterprises**	
有R&D活动企业数（个）	Number of Enterprises Having R&D Activities(unit)	1 018
有研发机构企业数（个）	Number of Enterprises Having R&D Institutions(unit)	630
二、科技经费支出（万元）	**Expenditure on Science and Technology Funds (10 000 yuan)**	**4 046 336**
#R&D经费支出	Expenditure on R&D	2 590 000
基础研究	Basic Research	
应用研究	Applied Research	
试验发展	Experimental Development	2 590 000
三、R&D经费支出占主营业务收入的比重（%）	**Percentage of Expenditure on R&D to Sales Revenue(%)**	**1.77**
四、科技活动人员（人）	**Scientists ans Engineers(person)**	**186 607**
#R&D人员	R&D Personnel(person)	128 208
#全时人员	Full-time Personnel	113 665
#研究人员	Researcher	76 638
#R&D人员折合全时当量（人年）	Full-time Equivalent of R&D Personnel(man-year)	110 944
基础研究	Basic Research	
应用研究	Applied Research	
试验发展	Experimental Development	110 944
五、科技项目情况	**Situation on Science and Technology Project**	
参加项目人员（人）	Participants (person)	148 619
#R&D项目人员（人）	R&D Project Personnel (person)	106 655
科技项目经费支出（万元）	Expenditure on Science and Technology Project(10 000 yuan)	3 356 235
#R&D项目经费支出（万元）	Expenditure on R&D Project (10 000 yuan)	2 458 682
六、新产品开发经费支出（万元）	**Expenditure on New Products Development(10 000 yuan)**	**2 936 794**
七、新产品产值（万元）	**New Product Output Value(10 000 yuan)**	**27 946 838**

2010	2011	2012	2013	2014	2015	2016	2017	2018
798	841	928	1 009	1 181	1 304	2 117	3 507	3 489
586	673	482	457	542	830	2 147	3 562	4 348
4 849 681	**6 228 277**	**6 892 046**	**7 854 503**	**9 940 538**	**11 707 641**	**12 346 417**	**15 090 782**	**17 226 576**
3 137 877	3 888 917	4 618 655	5 329 402	5 883 496	6 726 494	7 600 311	8 410 974	9 683 529
	2 695	90	5 268	10 246	4 998	125 145	139 379	106 276
18 127	39 357	361 002	475 848	647 365	820 614	720 810	877 169	653 853
3 119 750	3 846 865	4 257 563	4 848 286	5 225 885	5 900 882	6 754 356	7 394 426	8 923 399
1.70	**1.93**	**2.20**	**2.39**	**2.45**	**2.69**	**2.84**	**2.73**	
246 797	**239 929**	**283 887**	**267 527**	**293 258**	**293 416**	**345 387**	**414 923**	**435 390**
160 148	155 912	196 202	187 045	176 345	174 953	202 684	232 421	289 453
148 550	141 577	175 321	168 063	154 456	150 739	175 916	203 288	251 544
79 876	90 605	99 979	90 736	89 349	70 759	78 060	82 797	114 396
144 588	142 605	176 354	162 497	150 803	149 748	155 780	164 381	246 593
	91	17	250	180	83	1 794	1 822	1 943
622	1 379	12 312	10 393	12 336	13 797	12 425	14 037	13 573
143 966	141 135	164 025	151 854	138 287	135 868	141 561	148 522	231 077
206 997	197 260	235 832	223 942	244 154	242 848	309 598	384 189	409 420
146 905	141 089	178 556	171 028	159 782	160 300	194 192	225 881	273 365
4 197 838	4 905 302	5 646 650	6 484 263	8 432 529	9 823 032	12 029 250	14 242 106	12 540 513
3 113 550	3 768 019	4 463 613	5 108 052	5 657 289	6 566 820	7 516 607	8 403 844	9 559 608
2 104 077	**4 780 146**	**5 082 580**	**5 849 360**	**7 329 189**	**8 722 544**	**10 902 729**	**13 402 850**	**15 399 808**
52 649 725	**57 555 275**	**62 226 474**	**65 858 037**	**69 415 715**	**88 719 507**	**104 986 925**	**128 017 918**	**128 420 224**

15-5　创新载体情况
INNOVATION CARRIER

单位：个

项目	Item	2010
总计	**Total**	**419**
国家级	**National Level**	**41**
国家级重点实验室	National Key Laboratory	8
国家工程实验室	National Engineering Laboratory	5
国家工程（技术）研究中心	National Engineering(technology） Research Center	2
国家认定企业技术中心	National Enterprise Technology Center	13
国家地方联合工程研究中心（工程实验室）	National and Local Union Engineering Research Cente(Engineering Laboratory)	
国家基因库	National Gene Bank	
深圳超级计算中心	Super Computing Center in Shenzhen	1
国家级孵化器	National Incubator	10
国家级平台	National Platform	2
部级	**Ministerial Level**	**20**
交通运输研发中心	Transportation Research and Development Center	7
省级	**Provincial Level**	**20**
省级重点实验室	Provincial Key Laboratory	7
省级工程实验室	Provincial Engineering Laboratory	
省级工程（技术）研究中心	Provincial Engineering（ technology） Research Center	13
省级公共技术服务平台	Provincial Public Technical Service Platform	
省级创新平台	Provincial Innovation Platform	
市级	**Municipal Level**	**358**
市级重点实验室	Municipal Key Laboratory	88
市级工程实验室	Municipal Engineering Laboratory	34
市级工程（技术）研究中心	Municipal Engineering（ technology） Research Center	102
市级企业技术中心	Municipal Enterprise Technology Center	74
市级公共技术服务平台	Municipal Public Technical Service Platform	52
市级孵化器	Municipal incubator	8

注：　数据为累计数。
Note: Data in this table is Cumulative data.

（unit）

2011	2012	2013	2014	2015	2016	2017	2018
563	**760**	**966**	**1107**	**1283**	**1 493**	**1 688**	**1 877**
57	**61**	**72**	**73**	**80**	**94**	**103**	**113**
11	11	12	12	14	14	14	14
5	5	7	7	7	7	11	11
5	5	7	7	7	7	7	7
16	17	19	20	20	24	26	31
5	8	11	11	16	26	26	31
1	1	1	1	1	1	1	1
1	1	1	1	1	1	1	1
11	11	12	12	12	12	15	15
2	2	2	2	2	2	2	2
							1
							1
32	**45**	**73**	**76**	**129**	**165**	**253**	**302**
13	17	17	18	22	24	24	32
2	5	5	7	10	10	10	12
17	23	51	51	96	130	218	255
				1	1	1	1
							2
474	**654**	**821**	**958**	**1074**	**1 234**	**1 332**	**1 461**
112	142	164	191	206	221	238	250
75	153	212	247	298	394	419	450
111	135	154	166	183	186	197	217
96	119	143	172	193	211	211	256
71	96	112	124	136	144	166	173
9	9	36	58	58	78	101	115

主要统计指标解释

科技活动 是指在所有科学技术领域内，即自然科学、农业科学、医学科学、工程与技术科学、人文科学与社会科学中，与科技知识的产生、发展、传播和应用密切相关的全部的、有组织的、系统的科技活动。所谓有组织的、系统的科技活动，是指在一个机构的范围之内，并列入这一机构的工作计划，由这一机构的人员有计划地进行的科技活动。科技活动包括三类：(1)研究与试验发展活动（简称R&D,包括基础研究、应用研究和实验发展）；(2)科学研究与试验发展成果应用活动；(3)科技服务活动。我们的统计调查只包括前两类活动。

科技活动人员 指直接从事科技活动、以及专门从事科技活动管理和为科技活动提供直接服务累计从事科技活动的实际工作时间占全年制度工作时间10％及以上的人员。（1）直接从事科技活动的人员包括：在独立核算的科学研究与技术开发机构、高等学校、各类企业及其他事业单位内设的研究室、实验室、技术开发中心及中试车间（基地）等机构中从事科技活动的研究人员、工程技术人员、技术工人及其它人员；虽不在上述机构工作，但编入科技活动项目（课题）组的人员；科技信息与文献机构中的专业技术人员；从事论文设计的研究生等。（2）专门从事科技活动管理和为科技活动提供直接服务的人员包括：独立核算的科学研究与技术开发机构、科技信息与文献机构、高等学校、各类企业及其他事业单位主管科技工作的负责人，专门从事科技活动的计划、行政、人事、财务、物资供应、设备维护、图书资料管理等工作的各类人员，但不包括保卫、医疗保健人员、司机、食堂人员、茶炉工、水暖工、清洁工等为科技活动提供间接服务的人员。

研究与试验发展（R&D） 是指在科学技术领域，为增加知识总量、以及运用这些知识去创造新的应用进行的系统的创造性的活动，包括基础研究、应用研究、试验发展三类活动。

基础研究 是指为了获得关于现象和可观察事实的基本原理的新知识（揭示客观事物的本质、运动规律，获得新发现、新学说）而进行的实验性或理论性研究，它不以任何专门或特定的应用或使用为目的。其成果以科学论文和科学著作为主要形式。

应用研究 是指为获得新知识而进行的创造性研究，主要针对某一特定的目的或目标。应用研究是为了确定基础研究成果可能的用途，或是为达到预定的目标探索应采取的新方法（原理性）或新途径。其成果形式以科学论文、专著、原理性模型或发明专利为主。

试验发展 是指利用从基础研究、应用研究和实际经验所获得的现有知识，为产生新的产品、材料和装置，建立新的工艺、系统和服务，以及对已产生和建立的上述各项作实质性的改进而进行的系统性工作。其成果形式主要是专利、专有技术、具有新产品基本特征的产品原型或具有新装置基本特征的原始样机等。在社会科学领域，试验发展是指把通过基础研究、应用研究获得的知识转变成可以实施的计划（包括为进行检验和评估实施示范项目）的过程。人文科学领域没有对应的试验发展活动。

研究与试验发展人员 指参与研究与试验发展项目研究、管理和辅助工作的人员，包括项目（课题）组人员，企业科技行政管理人员和直接为项目（课题）活动提供服务的辅助人员。

全时人员 指报告年内从事R&D活动的时间占全年工作时间90%及以上的人员。

全时当量 指全时人员数加非全时人员按工作量折算为全时人员数的总和。例如：有两个全时人员和三个非全时人员（工作时间分别为20%、30%和70%，则全时当量为2+0.2+0.3+0.7=3.2人年。

政府资金 指从各级政府部门获得的计划用于科技活动的经费，包括科学事业费、科技三项费、科研基建费、科学基金、教育等部门事业费中计划用于科技活动的经费以及政府部门预算外资金中计划用于科技活动的经费等。

企业资金 指从自有资金中提取或接受其他企业委托的、科研院所和高校等事业单位接受企业委托获得的，计划用于科研和技术开发的经费。不包括来自政府、金融机构及国外的计划用于科技活动的资金。

新产品 指采用新技术原理、新设计构思研制、生产的全新产品，或在结构、材质、工艺等某一方面比原有产品有明显改进，从而显著提高了产品性能或扩大了使用功能的产品。既包括政府有关部门认定并在有效期内的新产品，也包括企业自行研制开发，未经政府有关部门认定，从投产之日起一年之内的新产品。

专利 是专利权的简称，是对发明人的发明创造经审查合格后，由专利局依据专利法授予发明人和设计人对该项发明创造享有的专有权。包括发明、实用新型和外观设计。反映拥有自主知识产权的科技和设计成果情况。

发明（专利） 指对产品、方法或者其改进所提出的新的技术方案。是国际通行的反映拥有自主知识产权技术的核心指标。

Explanatory Notes on Main Statistical Indicators

Scientific and Technological Activities refer to all those organized and systematic activities of science and technology which are closely connected with the emergence, development, diffusion and application of scientific and technological knowledge in all scientific and technological fields, such as natural sciences, agricultural science, medical science, engineering and technical science, humanities and social sciences. Organized and systematic activities refer to activities within the range of an institution, regarded as regular work of the institution and organized in a planned way by the personnel of the institution. Scientific and technological activities classified into three categories: (1) activities of research and development (R&D, it includes basic research, applied research and experiments and development); (2) applied activities of research and development; (3) service activities of science and technology. Our survey only included the first two activities.

Personnel Engaged in S&T Activities refer to personnel directly engaged in S&T activities, in the management of S&T activities, and in providing direct service to S&T activities, who spend over 10% of the total working hours in a year in S&T activities. (1) Personnel directly engaged in S&T activities include researchers, engineers, technicians and other related personnel engaged in S&T activities in independent–accounting R&D institutions, institutions of higher learning, and in research institutes, laboratories, technology development centers and central experiment workshops under enterprises and institutions. Also included people are working in S&T research project teams, professional and technical personnel working in S&T information archiving institutes, and graduate students working on the design of their thesis. (2) Personnel engaged in the management of S&T activities and in providing direct service to S&T activities include senior management people responsible for S&T activities in independent–accounting R&D institutions, S&T information archiving institutes, institutions of higher learning, and in enterprises and institutions where S&T activities are undertaken. Also included are people responsible for the planning, administration, personnel management, financial management, logistics supply, equipment maintenance, information and library management that are related with S&T activities. People providing indirect services are excluded, such as security, medical service, drivers, plumbers, cleaners and those providing catering and related service.

Research and Development (R&D) refers to systematic and creative activities in the field of science and technology aiming at increasing the knowledge and using the knowledge for new application. R&D includes 3 categories of activities: basic research, applied research and experiments and development.

Basic Research refers to empirical or theoretical research aiming at obtaining new knowledge on the fundamental principles of phenomena of observable facts to reveal the nature and law of movement of objects and to acquire new discoveries or new theories. Basic research takes no specific or designated application as the aim of the research. Results of basic research are mainly released or disseminated in the form of scientific papers or monographs.

Applied Research refers to creative research aiming at obtaining new knowledge on a specific objective or target. Purpose of the applied research is to identify the possible use of results from basic research, or to explore new (fundamental) methods or new approaches. Results of applied research are expressed in the form of scientific papers, monographs, fundamental models or invention patents.

Experimental Development refers to systematic activities aiming at using the knowledge from basic and applied researches or from practical experience to develop new products, materials and equipment, to establish new production process, systems and services, or to make substantial improvement on the existing products, process or services. Results of experiment and development activities are embodied in patents, exclusive technology, and monotype of new products or equipment. In social sciences, experiment and development activities refer to the process of converting the knowledge from basic or applied researches into feasible programs (including conduct of demonstration projects for assessment and evaluation). There are no experiment and development activities in the science of humanities.

R&D Personnel refer to persons engaged in research, management and supporting activities of R&D, including persons in the project teams, persons engaged in the management of S&T activities of enterprises and supporting staff providing direct service to the research projects.

Full-time Personnel refer to the persons who spend over 90% of the total working hours in a year on R&D activities.

Full-time Equivalent of R&D Personnel refers to the sum of the full−time persons and the full−time equivalent of part−time persons converted by workload. For instance, if there are 2 full−time persons and 3 part−time workers (20%, 30% and 70% of working hours respectively on R&D activities), the full−time equivalent is 2+0.2+0.3+0.7=3.2 person−year.

Government Funds refer to funds obtained from government agencies at all levels to be used for S&T activities, including funds for scientific undertakings, 3 kinds of funds for S&T activities, funds for capital construction for scientific researches, science funds, funds from education expenditures by education departments for S&T activities, and extra−budget funds from government agencies for S&T activities.

Enterprise Funds refer to funds raised by enterprises from their own expenditures or from other enterprises and funds received by universities or research institutions from enterprises for scientific research or technical development projects. Excluded in this category are funds from government agencies, financial institutions or from foreign institutions.

Patent is an abbreviation for the patent right and refers to the exclusive right of ownership by the inventors or designers for the creation or inventions, given from the patent offices after due process of assessment and approval in accordance with the Patent Law. Patents are granted for inventions, utility models and designs. This indicator reflects the achievements of S&T and design with independent intellectual property.

Patented Inventions refer to new technical proposals to the products or methods or their modifications. This is universal core indicator reflecting the technologies with independent intellectual property.

New Products refer to products produced with new technology and new design, or products that represent noticeable improvement in terms of structure, material, or production process so as to improve significantly the character or function of the older versions. They include new products certified by relevant government agencies within the period of certification, as well as new products designed and produced by enterprises within a year without certification by government agencies.

16 第十六部分 文化和教育

CULTURE AND EDUCATION

CHAPTER

16-1 各级各类学校数

NUMBER OF SCHOOL BY LEVEL AND TYPE

单位：所 (unit)

年 份 Year	普通高等学校 Institutions of Higher Education	中等职业学校 Vocational Secondary Schools	普通中学 Regular Secondary Schools	小 学 Primary Schools	幼儿园 Kindergartens
1979			24	226	90
1980			24	238	52
1981			26	244	32
1982			28	246	50
1983	1		30	248	69
1984	2		35	260	87
1985	2		38	258	79
1986	2		40	257	273
1987	2		43	255	187
1988	2		47	257	195
1989	2		47	264	207
1990	2		49	263	228
1991	2		51	260	257
1992	2		53	261	282
1993	3		51	267	281
1994	3		56	269	333
1995	2		62	274	349
1996	2		71	274	380
1997	2		73	275	446
1998	2		78	286	488
1999	2		83	325	560
2000	2		94	353	562
2001	3		107	377	588
2002	9		132	395	634
2003	9	25	179	376	656
2004	9	16	216	378	699
2005	9	16	245	358	744
2006	9	13	260	357	758
2007	8	13	273	347	819
2008	8	13	277	342	865
2009	8	13	285	346	974
2010	8	13	295	340	1 040
2011	9	13	299	334	1 093
2012	10	15	302	333	1 186
2013	10	15	314	335	1 313
2014	10	16	325	331	1 402
2015	12	15	335	334	1 489
2016	12	15	352	337	1 579
2017	12	15	368	342	1 683
2018	13	15	390	344	1 771

注： 根据教育部的统一要求及深圳实际，将普通中专、成人中专和职业高中合并统称为中等职业教育。该指标由于深圳市布局调整的原因产生了波动。

Note: According to unified requirements of the Ministry of Education and the actual situation of Shenzhen, the index, vocational secondary educa-tion was mergered by technical secondary school, specialized secondary schools for adults and vocational senior secondary schools. This index was fluctuated by layout adjusting in shenzhen.

16-2 各级各类学校教职工数

STAFF AND WORKERS BY LEVEL AND TYPE OF SCHOOL

单位：人　　　　(person)

年　份 Year	普通高等学校 Institutions of Higher Education	中等职业学校 Vocational Secondary Schools	普通中学 Regular Secondary Schools	小　学 Primary Schools	幼儿园 Kindergartens
1986	816		2 871	3 632	
1987	972		3 182	3 959	1 616
1988	1 034		3 455	4 302	1 558
1989	1 393		3 758	4 596	1 969
1990	1 348		3 920	5 061	2 267
1991	1 381		4 308	5 388	2 716
1992	1 405		4 650	5 768	3 113
1993	1 536		5 106	6 337	4 154
1994	2 753		5 589	7 129	5 294
1995	1 187		6 063	7 666	5 929
1996	1 331		6 669	8 702	6 817
1997	1 430		7 079	9 148	8 328
1998	1 649		7 369	9 786	9 761
1999	1 819		7 886	11 449	11 605
2000	1 902		8 739	14 697	12 787
2001	2 165		9 763	17 370	14 515
2002	3 369		11 662	20 621	16 483
2003	3 820	2 029	13 379	23 382	17 778
2004	4 421	1 758	15 401	25 460	19 345
2005	5 025	1 733	18 713	30 194	21 376
2006	4 995	1 712	20 500	31 748	23 167
2007	5 458	1 711	23 191	33 985	25 711
2008	5 796	1 791	26 044	35 816	28 483
2009	6 149	1 868	27 577	36 203	33 156
2010	6 042	2 077	28 874	37 167	38 693
2011	6 260	2 184	45 293	23 624	42 837
2012	6 823	2 739	47 733	24 805	46 617
2013	7 603	2 790	50 332	25 476	52 400
2014	8 057	3 023	53 254	26 792	57 021
2015	9 061	3 136	57 146	28 157	62 813
2016	9 741	3 296	62 164	29 842	68 017
2017	11 242	3 447	67 423	31 098	74 366
2018	13 948	3 505	74 992	32 665	78 890

注：根据全国教育事业统计口径，2014年九年一贯制学校教职工纳入初中阶段学校统计；十二年一贯制学校、完全中学学校教职工纳入普通高中阶段学校统计。

Note:According to the statistical scope of national education, in 2014, the numbers of 9-Year Schools' educational personnel is included in senior secondary education; the numbers of 12-Year Schools and their educational personnel are included in senior secondary education.

16-3 各级各类学校专任教师数

FULL-TIME TEACHERS BY LEVEL AND TYPE OF SCHOOL

单位：人 (person)

年 份 Year	普通高等学校 Institutions of Higher Education	中等职业学校 Vocational Secondary Schools	普通中学 Regular Secondary Schools	小 学 Primary Schools	幼儿园 Kindergartens
1979			752	1 588	
1980			625	1 763	159
1981			676	1 948	141
1982			860	1 954	259
1983	80		1 044	2 025	365
1984	162		1 372	2 282	575
1985	288		1 902	2 749	483
1986	406		2 138	2 977	573
1987	468		2 376	3 265	1 005
1988	524		2 603	3 571	937
1989	533		2 771	3 810	1 193
1990	484		2 915	4 221	1 317
1991	533		3 255	4 514	1 451
1992	493		3 533	4 832	1 698
1993	535		3 892	5 342	2 288
1994	978		4 290	6 015	2 745
1995	629		4 675	6 429	3 202
1996	747		5 004	7 046	3 665
1997	793		5 276	7 567	4 613
1998	865		5 502	7 940	5 257
1999	1 049		5 935	8 914	6 092
2000	1 170		6 596	11 550	7 234
2001	1 295		7 224	13 254	7 690
2002	2 080		8 643	15 763	8 893
2003	2 341	1 392	9 989	17 920	9 539
2004	2 572	1 215	11 625	19 660	10 670
2005	2 796	1 216	14 196	23 866	11 973
2006	2 905	1 234	15 678	25 203	12 815
2007	3 139	1 251	17 846	27 209	14 381
2008	3 293	1 282	20 091	28 540	15 761
2009	3 592	1 330	21 335	28 906	18 133
2010	3 550	1 534	22 417	29 769	20 786
2011	3 528	1 638	23 897	31 186	21 627
2012	3 889	1 948	25 807	33 496	24 154
2013	4 184	2 070	27 048	35 546	26 803
2014	4 462	2 279	28 320	39 115	28 782
2015	4 826	2 395	29 252	42 630	31 704
2016	5 092	2 511	30 674	46 975	33 746
2017	5 572	2 636	32 590	50 805	36 904
2018	6 644	2 694	35 544	55 160	38 431

注：根据全国教育事业统计口径，2013年开始小学专任教师含九年一贯制学校、十二年一贯制学校小学部的专任教师；初中专任教师含九年一贯制学校、十二年一贯制学校初中部专任教师；高中专任教师含十二年一贯制学校、完全中学学校高中部专任教师。

Note: According to the statistical scope of national education, from 2013, the numbers of fulltime teachers from primary department of 9-Year Schools and 12-Year Schools is included in the number of Primary Schools ' fulltime teachers; the numbers of fulltime teachers from junior secondary department of 9-Year Schools and 12-Year Schools is included in the number of Junior Secondary schools' fulltime teachers; the numbers of fulltime teachers from senior secondary department of 12-Year Schools and Secondary Schools(FromGrade7-12) is included in the number of Senior Secondary schools ' fulltime teachers.

16-4 各级各类学校在校学生数

STUDENTS ENROLLMENT BY LEVEL AND TYPE OF SCHOOL

单位：人 (person)

年 份 Year	普通高等学校 Institutions of Higher Education	中等职业学校 Vocational Secondary Schools	普通中学 Regular Secondary Schools	小 学 Primary Schools	幼儿园 Kindergartens
1979		80	13 686	47 022	4 587
1980		142	12 296	49 168	3 377
1981		133	13 088	51 560	5 074
1982		262	17 080	54 538	7 723
1983	216	466	20 982	56 319	9 252
1984	1 236	2 009	27 636	62 021	12 140
1985	3 206	3 766	35 334	70 277	14 338
1986	3 478	5 225	40 208	77 884	22 703
1987	4 330	7 257	44 910	84 601	26 072
1988	4 710	9 696	43 267	96 474	27 106
1989	4 419	10 252	45 056	104 041	34 781
1990	3 964	11 478	46 473	111 711	36 041
1991	3 779	10 654	50 625	118 460	43 877
1992	3 653	11 766	55 857	127 978	49 985
1993	3 680	12 353	60 337	139 272	56 024
1994	4 227	12 954	66 073	147 186	63 316
1995	5 291	13 393	71 540	157 210	62 571
1996	6 493	13 999	76 949	170 983	68 769
1997	7 601	14 790	82 155	190 192	71 378
1998	8 497	14 386	86 009	215 652	77 623
1999	10 568	20 385	91 260	256 060	88 322
2000	14 123	18 764	106 996	313 852	93 164
2001	18 743	18 013	126 190	363 657	103 083
2002	26 778	17 047	150 654	415 097	110 390
2003	32 106	17 010	179 628	469 684	123 856
2004	41 251	18 833	211 224	526 419	135 019
2005	45 314	21 598	240 508	566 278	147 672
2006	51 220	24 779	256 630	564 891	152 330
2007	58 910	25 978	279 180	575 160	169 496
2008	64 675	27 706	298 939	585 852	191 222
2009	66 952	28 604	316 024	589 481	221 182
2010	67 324	29 731	334 752	618 459	260 873
2011	70 004	29 336	346 942	651 307	285 146
2012	75 570	32 067	359 643	683 058	316 929
2013	82 401	33 618	371 735	730 232	368 937
2014	87 674	36 870	378 690	793 178	399 014
2015	90 511	38 145	385 221	864 841	438 498
2016	91 883	39 665	396 455	910 974	463 319
2017	96 702	39 234	417 641	964 510	504 955
2018	103 829	38 922	448 004	1 027 969	524 193

16-5 各级各类学校招生数

NEW STUDENTS ENROLLMENT BY LEVEL AND TYPE OF SCHOOL

单位：人　　　　　　　　　　(person)

年 份 Year	普通高等学校 Institutions of Higher Education	中等职业学校 Vocational Secondry Schools	普通中学 Regular Secondary Schools	小 学 Primary Schools	幼儿园 Kindergartens
1979			5 612	8 978	
1980			5 344	9 064	
1981			5 046	9 978	
1982			7 401	9 561	
1983	216		8 142	8 936	
1984	473		10 053	9 700	8 734
1985	1 482		12 954	11 876	10 148
1986	1 173		12 826	14 269	10 932
1987	1 573		15 121	15 191	9 344
1988	1 378		12 583	17 235	8 369
1989	1 228		16 654	18 525	15 273
1990	1 041		17 034	19 122	17 494
1991	1 126		17 956	19 634	28 493
1992	1 070		21 242	22 129	32 847
1993	1 309		22 417	26 333	37 035
1994	1 664		24 286	27 860	26 213
1995	2 134		26 463	31 198	35 630
1996	2 470		27 752	33 692	37 869
1997	2 580		29 773	37 306	33 906
1998	3 078		31 286	41 824	32 822
1999	4 211		34 380	55 876	39 019
2000	6 522		41 980	64 265	39 392
2001	7 239		48 533	72 220	50 354
2002	10 210		58 847	81 107	40 523
2003	11 915	6 108	69 711	88 203	51 989
2004	14 455	7 430	79 359	96 554	54 735
2005	15 044	8 913	92 305	101 274	58 658
2006	17 916	9 071	94 866	95 359	57 007
2007	19 396	8 439	102 093	98 106	63 442
2008	20 578	10 198	111 454	98 525	71 062
2009	20 488	10 051	113 516	103 166	87 747
2010	20 330	9 610	120 335	118 028	110 977
2011	22 914	10 223	123 382	128 091	118 843
2012	25 794	12 233	127 983	137 276	122 138
2013	27 613	12 076	131 160	147 097	143 792
2014	28 062	13 628	130 769	162 498	174 195
2015	27 653	13 691	135 326	172 097	159 728
2016	28 523	13 964	143 681	173 804	173 978
2017	31 390	13 005	152 395	181 516	202 474
2018	33 662	12 875	164 088	206 327	193 675

16-6 各级各类学校毕业生数

GRADUATES BY LEVEL AND TYPE OF SCHOOL

单位：人 (person)

年 份 Year	普通高等学校 Institutions of Higher Education	中等职业学校 Vocational Secondary Schools	普通中学 Regular Secondary Schools	小 学 Primary Schools	幼儿园 Kindergartens
1984			4 677	8 505	6 710
1985			7 468	10 669	7 824
1986			9 169	11 481	9 892
1987	1 028		11 401	14 411	7 529
1988	828		14 305	8 821	7 741
1989	1 491		13 388	12 947	13 090
1990	1 334		13 914	13 363	13 848
1991	1 191		11 885	14 428	23 140
1992	1 187		14 035	16 555	27 126
1993	1 203		14 739	17 685	30 000
1994	1 064		15 345	19 010	17 749
1995	1 143		17 617	20 876	33 187
1996	1 210		18 891	21 030	25 889
1997	1 474		20 215	22 095	32 459
1998	2 126		23 651	23 871	26 560
1999	2 146		23 179	27 040	35 545
2000	2 382		24 874	33 219	39 917
2001	2 779		28 424	38 987	44 157
2002	3 927		32 503	47 025	43 912
2003	4 740	5 141	40 200	55 017	48 797
2004	6 282	5 680	48 061	62 032	49 575
2005	9 007	5 429	58 363	75 517	54 204
2006	12 413	5 325	66 047	81 554	58 421
2007	13 568	6 836	71 162	84 734	59 134
2008	13 635	8 227	80 616	88 805	65 231
2009	17 230	8 659	85 599	91 176	72 451
2010	18 003	8 083	92 053	91 909	76 909
2011	18 311	9 075	100 845	92 979	78 547
2012	18 327	9 519	105 384	99 359	100 648
2013	18 618	8 937	109 616	98 650	118 688
2014	21 187	9 593	112 233	97 928	131 220
2015	23 397	11 413	118 481	100 181	149 862
2016	25 473	11 449	121 304	111 008	154 655
2017	25 279	12 205	119 643	119 948	168 600
2018	27 935	12 743	124 106	130 388	189 124

16-7 文化事业
CULTURAL INSTITUTIONS

项 目	Item	2010	2011	2012	2013	2014	2015	2016	2017	2018
电影放映企业数(个)	Film Projection Units (unit)	56	68	88	104	130	160	188	250	286
电影观众人数(万人次)	Spectators (10 000 person-times)	1 820	2 175	2 347	2 926	3 528	4 903	5 303	6 109	6 212
群众艺术、文化馆(座)	Art and Cultural Centers(unit)	7	7	8	8	8	8	8	8	8
公共图书馆(座)	Public Libraries (unit)		643	641	633	625	620	623	638	650
公共图书馆总藏量	Collection of Public Libraries	2 297	2 492	2 696	2 854	3 063	3 282	3 604	4 075	4 296
(万册件)	(10 000 books)									
博物馆、纪念馆(座)	Museums (unit)	25	25	28	37	41	41	46	47	50
广播电台(座)	Broadcasting Stations (unit)	1	1	1	1	1	1	1	1	1
电视台(座)	Television Stations (unit)	2	2	2	2	2	2	2	2	2
广播人口覆盖率(%)	Listener Rating(%)	100	100	100	100	100	100	100	100	100
电视人口覆盖率(%)	Viewer Rating(%)	100	100	100	100	100	100	100	100	100

主要统计指标解释

普通高等学校 指按照国家规定的设置标准和审批程序批准举办，通过全国普通高等教育统一招生考试，招收高中毕业生为主要培养对象，实施高等学历教育的全日制大学、独立设置的学院和高等专科学校、高等职业学校和其他机构。

电影放映企业数 指具有放映机器设备、固定或不固定的放映场所与专职或兼职的放映技术人员，经有关部门登记批准，经常为一定的观众对象放映电影的机构。包括经批准对外开放进行营业，并与电影发行放映管理机构分帐的专用放映单位和军委系统租片单位。

Explanatory Notes on Main Statistical Indicators

Regular Institutions of Higher Education refer to educational establishments set up according to government standards and evaluation and approval procedures, mainly enrolling graduates from senior secondary schools through uniform national matriculation examinations and providing higher education. Such institutions include full–time universities, independent colleges, technical colleges, professional colleges, and other institutions.

Film Projection Units refer to units with film projection equipment, full or part–time projectionists, permanent or non–permanent cinemas, approved by and registered with related administrative departments to show films regularly for certain groups of audience, including film projection units which have been approved to give commercial shows and share profits with administrative agencies of film circulation and projection, as well as film renting units of the military system.

17 第十七部分 卫生、社会保障和社会福利业

PUBLIC HEALTH,SOCIAL SECURITY AND SOCIAL WELFARE

CHAPTER

17-1 卫生事业（一）
PUBLIC HEALTH（Ⅰ）

年份 Year	一、医疗卫生机构数合计（个） Health Care Institutions (unit)	1. 医院合计 Total Hospitals	#综合医院 General Hospitals	2. 疗养院 Sanatoriums	3. 门诊部、私人诊所、企事业内部医务室 Outpatient Departments, Private Clinic and Clinic in Enterprises	4. 专科疾病防治院 Specialized Prevention & Treatment Stations	5. 疾病预防控制中心（卫生防疫站） Disease Prevention and Control Centers (Antiepidemic Stations)
1979	62	25	25		31	1	1
1980	74	24	24		44	1	1
1981	77	24	24		47	1	1
1982	121	26	26		87	1	2
1983	128	30	28		91	1	2
1984	150	29	26		109	2	6
1985	215	31	27		169	2	6
1986	297	32	28	1	243	2	7
1987	311	34	30	1	253	2	7
1988	308	35	30	1	249	4	6
1989	332	35	29	1	271	5	6
1990	354	38	32	1	291	4	6
1991	360	41	35	1	293	4	6
1992	397	45	37	1	326	4	6
1993	400	45	37	1	324	3	8
1994	496	48	38	1	416	3	8
1995	506	63	53	1	407	6	8
1996	1 422	65	54	1	1 314	7	8
1997	1 126	72	59	1	1 011	7	8
1998	899	72	59	1	784	7	8
1999	687	71	58	1	574	7	7
2000	683	72	59	1	568	4	7
2001	723	75	62	1	600	4	7
2002	761	77	62	1	638	5	7
2003	893	85	68	1	759	5	7
2004	856	87	71	1	706	6	7
2005	1 063	97	78	1	902	7	7
2006	1 692	99	80	1	1 529	7	7
2007	1 781	101	81	1	1 615	7	7
2008	1 806	100	79	1	1 638	7	7
2009	1 963	101	79	1	1 794	7	7
2010	1 827	107	79	1	1 651	7	7
2011	1 854	110	78	1	1 676	7	8
2012	2 008	115	80	1	1 823	7	9
2013	2 228	117	79	1	2 038	8	10
2014	2 532	122	80	1	2 338	8	11
2015	2 946	123	77	1	2 751	8	11
2016	3 339	134	78	1	3 114	8	11
2017	3 492	135	77	1	3 238	8	10
2018	3 806	139	78	1	3 544	8	10

注：　自2002年开始计划生育指导中心、药检所等不记入卫生事业机构中；医生仅统计执业医师与执业助理医师，护士仅统计注册护士，未取得执业证的医师和未注册的护士计入其他卫生技术人员，不得从事医护工作。

Note: The number of health care institutions since 2002 does not include the number of birth-control centers and medicines and chemical reagent test labs. The numder of doctors just include licensed doctors and licensed assistant doctors, the number of nurses include registered nurses only.

17-1（一） 续表 1 continued

年　份 Year	6. 妇幼保健院 Women and Children Care Agencies	7. 医学科学研究机构 Institutions of Medical Science	8. 其他卫生机构 Other Health Care Institutions	二、床位数(张) Beds(bed)	1. 医院病床 Hospital Beds	(1)综合医院 General Hospitals
1979	1		3	597	597	597
1980	1		3	643	643	643
1981	1		3	790	790	790
1982	1		4	717	717	717
1983	1		3	1 023	1 023	965
1984	1		3	1 634	1 634	1 455
1985	1	1	5	1 885	1 885	1 600
1986	5	1	6	2 112	2 028	1 749
1987	6	2	6	2 309	2 225	1 941
1988	5	2	6	2 580	2 496	2 086
1989	5	2	7	2 922	2 838	2 305
1990	5	2	7	3 192	3 108	2 560
1991	6	2	7	3 582	3 498	2 847
1992	6	2	7	4 550	4 466	3 483
1993	7	4	8	5 252	5 168	4 146
1994	7	4	9	6 124	6 040	4 844
1995	7	4	10	6 724	6 640	5 351
1996	7	4	16	7 455	7 105	5 777
1997	7	4	16	8 288	7 813	6 224
1998	7	4	16	8 899	8 353	6 760
1999	7	4	16	9 332	8 720	7 120
2000	7	4	20	10 294	9 616	7 983
2001	7	4	25	11 159	10 542	8 919
2002	7	3	23	12 404	11 808	10 019
2003	7	3	26	13 588	12 607	10 818
2004	7	3	39	15 069	14 186	12 125
2005	7	3	39	16 824	15 577	13 332
2006	7	3	39	17 553	16 193	13 946
2007	7	3	40	18 086	16 766	14 325
2008	7	3	43	19 913	18 435	15 482
2009	7	3	43	21 399	19 872	16 517
2010	7	3	44	22 842	21 166	17 474
2011	7	3	42	24 079	22 322	18 202
2012	7	3	43	27 984	26 124	21 294
2013	9	3	42	29 261	27 079	22 096
2014	10	3	39	31 042	28 853	23 061
2015	10	3	39	33 771	31 425	24 361
2016	10	3	58	41 512	38 124	28 815
2017	10	2	88	43 868	39 899	29 449
2018	10	1	93	47 551	43 569	32 216

年 份 Year	(2) 专科医院 Specialized Hospitals	2.其他医疗卫生机构 Other Health Care Institutions	三、卫生工作人员数（人） Medical Personnel (person)	1. 卫生技术人员 Medical Technical Personnel	(1)执业医师 Licensed Doctors
1979			1 214	988	364
1980			1 335	1 088	438
1981			1 514	1 270	518
1982			1 967	1 609	708
1983	58		2 910	2 343	1 073
1984	179		3 869	3 064	1 484
1985	285		4 861	3 857	1 862
1986	279	84	5 800	4 657	2 217
1987	284	84	6 354	5 117	2 408
1988	410	84	7 115	5 715	2 754
1989	533	84	7 923	6 451	3 103
1990	548	84	8 619	6 996	3 426
1991	651	84	9 405	7 618	3 737
1992	983	84	10 643	8 571	4 247
1993	1 022	84	12 261	9 888	4 798
1994	1 196	84	13 853	11 034	5 347
1995	1 289	84	15 591	12 449	6 050
1996	1 328	350	17 925	14 652	7 266
1997	1 589	475	18 553	14 932	7 400
1998	1 593	546	18 707	14 975	7 191
1999	1 600	612	18 841	15 143	7 062
2000	1 633	678	19 691	15 720	7 418
2001	1 623	617	21 362	17 135	8 097
2002	1 789	596	23 100	18 615	7 853
2003	1 789	981	26 178	21 234	8 909
2004	2 061	883	28 593	22 895	9 846
2005	2 245	1 247	31 577	25 681	10 961
2006	2 247	1 360	53 441	43 266	16 238
2007	2 441	1 320	59 170	46 877	17 450
2008	2 953	1 478	63 488	50 608	18 807
2009	3 355	1 527	67 028	53 778	19 963
2010	3 692	1 676	67 678	54 081	20 122
2011	4 120	1 757	71 969	58 059	21 517
2012	4 830	1 860	76 684	61 961	22 831
2013	4 983	2 182	82 105	65 782	24 221
2014	5 792	2 189	86 535	69 936	25 728
2015	7 064	2 346	92 682	74 884	27 834
2016	9 309	3 388	96 955	78 826	29 300
2017	10 450	3 969	104 363	85 282	31 838
2018	11 353	3 982	114 882	93 660	34 747

注： 由于卫生工作人员统计口径的变化，而使该类人数指标产生了较大的增幅。
Note: Because of changing of statistics range,the data of medical personnel increased substantially.

17-1（一） 续表 3 continued

年 份 Year	执业中医师 Licensed Doctors of Chinese Medicine	（2）执业助理医师 Licensed Assistant Doctors	中医执业助理医师 Licensed Assistant Doctors of Traditional Chinese Medicine	（3）注册护士 Registered Nurses	（4）药剂人员 Pharmacists	（5）检验人员 Laboratory Technicians	（6）其它 Others	2.其他技术人员 Other Technical Personnel
1979	96			138	22	32	432	
1980	88			186	31	41	392	13
1981	98			237	46	48	421	15
1982	116			323	76	60	442	5
1983	141			551	121	91	507	21
1984	171			716	173	125	566	41
1985	243			997	222	158	618	29
1986	304			1 246	260	211	723	44
1987	341			1 450	292	257	710	48
1988	374			1 734	409	283	535	86
1989	433			1 971	431	321	625	85
1990	463			2 145	475	355	595	118
1991	503			2 372	539	365	605	156
1992	579			2 705	630	375	614	183
1993	650			3 225	744	464	657	169
1994	739			3 625	823	538	701	318
1995	823			4 034	906	612	847	386
1996	1 292			4 654	1 005	664	1 063	427
1997	1 122			4 828	1 063	708	933	519
1998	928			5 025	1 111	760	888	502
1999	879			5 230	1 108	812	931	614
2000	919			5 425	1 130	847	900	689
2001	958			5 945	1 194	871	1 028	605
2002	865	407	28	6 635	1 292	965	1 463	800
2003	939	530	41	7 321	1 499	1 085	1 890	1 056
2004	1 015	521	42	7 975	1 569	1 219	1 765	1 243
2005	1 134	658	45	8 981	1 710	1 362	2 009	1 191
2006	1 548	1 347	110	16 583	2 796	2 340	3 962	2 117
2007	1 625	1 335	121	17 869	2 876	2 190	5 157	1 974
2008	1 873	1 366	93	19 339	2 979	2 382	5 735	2 072
2009	2 017	1 425	155	21 008	3 046	2 578	5 758	2 171
2010	2 151	1 109	85	21 866	2 896	2 486	5 602	2 213
2011	2 230	1 140	89	23 987	3 021	2 615	5 779	2 232
2012	2 649	1 111	124	25 931	3 143	2 652	6 293	2 192
2013	2 911	1 137	284	28 035	3 343	3 022	6 024	2 592
2014	3 069	1 130	103	29 723	3 469	3 086	6 800	2 779
2015	3 452	1 173	119	31 717	3 607	3 216	7 337	2 933
2016	3 616	1 259	115	34 065	3 644	3 364	7 194	3 998
2017	4 079	1 460	148	36 389	3 842	3 517	8 236	4 514
2018	4 630	1 574	172	40 309	4 029	3 739	9 262	5 569

年 份 Year	3.管理人员 Managerial Personnel	4.工勤人员 Logistics Workers	四、医疗机构总诊疗人次 (万人次) Total Patients Treated	五、入院人次 (万人次) Total Inpatients (10 000 persons)	六、病床使用率(%) Utilization Rate of Beds (%)	七、病床周转次数 (次) Turnover of Beds(time)
1979	123	103				
1980	112	122				
1981	120	109	148	1.41		
1982	168	185	169	1.97		
1983	193	353	212	3.44		
1984	221	543	280	4.11		
1985	354	621	345	4.88		
1986	394	705	389	4.68	66.2	24.4
1987	411	778	461	5.84	73.6	22.2
1988	465	849	563	6.97	75.6	28.8
1989	517	870	607	7.87	78.4	29.0
1990	463	1 042	729	8.73	81.4	29.0
1991	514	1 117	840	10.08	85.2	30.3
1992	645	1 244	976	11.40	81.9	28.0
1993	965	1 239	1 050	12.59	80.3	26.6
1994	1 108	1 393	1 057	12.81	70.8	23.2
1995	1 195	1 561	1 202	13.07	65.0	20.8
1996	1 252	1 594	1 168	14.63	64.3	21.5
1997	1 426	1 676	1 231	16.15	67.4	21.9
1998	1 381	1 849	1 386	19.05	68.6	24.1
1999	1 386	1 698	1 520	21.12	69.3	24.5
2000	1 479	1 803	1 699	26.61	75.4	28.3
2001	1 729	1 893	1 912	30.23	77.3	29.4
2002	1 753	1 932	2 062	35.74	80.0	30.6
2003	1 807	2 081	3 052	41.57	84.0	33.5
2004	2 100	2 355	3 514	49.00	82.4	34.9
2005	2 367	2 338	4 055	54.68	79.9	34.6
2006	3 058	5 000	5 170	59.24	81.6	35.6
2007	3 450	6 869	5 954	68.09	87.5	38.6
2008	3 867	6 941	6 842	75.34	89.1	37.9
2009	3 925	7 154	7 549	79.70	86.1	38.4
2010	4 060	7 324	8 127	89.1	89.2	40.1
2011	3 638	8 040	8 878	96.2	90.5	41.4
2012	3 557	8 974	8 638	105.4	85.8	40.1
2013	3 620	10 111	9 112	109.4	84.2	38.4
2014	3 590	10 230	8 853	119.4	85.5	39.4
2015	4 092	10 773	8 901	124.1	84.0	38.1
2016	4 182	9 949	9 598	138.4	85.2	39.0
2017	4 447	10 120	9 960	150.8	84.8	39.3
2018	5 182	10 471	9 986	162.0	84.0	39.6

注： 根据最新国家卫生统计调查制度，从2012年开始总诊疗人次变更统计口径，不包括健康体检和计划免疫人次。

Note: According to the latest national health system, from 2012, the statistics range of Total Patients Treated has changed,not including health examination and planned immunization personnel.

17-1 卫生事业（二）
PUBLIC HEALTH（Ⅱ）

项目	Item	2012	2013	2014	2015	2016	2017	2018
总诊疗人次（万人次）	Total Patients Treated (10000 person-times)	8 638.0	9 112.1	8 852.6	8 900.6	9 598.3	9 959.8	9 985.9
#门诊人次（万人次）	#Outpatient Visits (10000 person-times)	7 326.1	7 629.3	7 685.6	7 834.3	8 417.0	8 815.4	8 982.9
急诊人次（万人次）	Emergency Visits (10000 person-times)	686.8	747.3	724.5	708.2	789.1	749.9	673.8
出院人次（人次）	Number of Discharged Patients(person-time)	1 050 687	1 092 137	1 193 257	1 238 808	1 381 748	1 502 949	1 618 872
出院病人平均住院日（日）	Average Stay Days in Hospital(day)	7.8	7.9	7.7	7.9	7.8	7.7	7.6
门诊病人次均医疗费用（元）	The Average Medical Expenses Of Outpatient Every Time(yuan)	157.4	170.1	201.7	218.4	230.4	246.9	278.5
住院病人次均医疗费用（元）	The Average Medical Expenses Of Discharged Patients Every Time(yuan)	6 979.7	7 745.4	8 243.3	9 117.2	9 547.0	10 124.1	11 367.8

注：2013年起，“急诊人次”口径有调整。
Note: From 2013, the statistical coverage of “Emergency Visits” has been adjusted.

17-2 体育事业

BASIC STATISTICS ON SPORTS

项目	Item	2012	2013	2014	2015	2016	2017	2018
二级运动员发展人数（人）	New Number of Athletes of Grade II(person)	378	250	541	499	420	477	522
二级裁判员发展人数（人）	New Number of Referees of Grade II(person)	266	320	652	543	376	413	425
举办单项比赛次数（次）	Number of Individual Sports Activities(times)	112	111	119	167	230	299	342
全民健身活动情况	Nationwide Body-building Activities							
#举办1000人以上的群体健身活动次数（次）	Number of Nationwide Body-building Activities more than 1000 persons(times)	186	190	200	200	145	160	150
参加活动人数（万人）	Number of Persons Taking Part in(10 000 persons)	360	370	380	375	246	251	230
国民体质测试（受测人数）（人）	National Physical Fitness Test (number of subjects) (person)	86 741	91 441	91 268	62 507	60 809	64 305	70 641
国民体质合格以上率（%）	Pass Rate of National Physical Fitness Test(%)	89.9	90.2	89.8	88.5	91.8	92.0	89.7

注：　2015年开始，国民体质测试（受测人数）不含学生测试人数。
Note: From 2015, the national physical test (the number of people subjects) does not contain the number of students tested.

17-3 建立最低生活保障制度以来历年低保情况
LIST OF MINIMUM STANDARD OF LIVING SECURITY

年 份 Year	户 数（户） Households (Household)	人 数（人） Persons (Person)	最低生活保障金 （万元） Minimum Subsistence Allowance (10 000 yuan)	最低生活保障标准 Minimum Standard of Living
1998	771	2 014	212	
1999	1 150	3 145	375	
2000	1 372	3 783	559	
2001	1 796	4 978	730	
2002	2 783	8 478	1 288	
2003	3 718	11 203	1 972	
2004	4 467	13 364	2 427	
2005	4 887	14 602	3 523	344
2006	5 103	15 026	3 700	361
2007	5 105	14 833	4 049	361
2008	4 962	14 214	4 513	415
2009	4 885	13 601	5 522	415
2010	4 470	12 220	4 122	450
2011	4 009	10 716	4 752	510
2012	3 320	8 598	5 358	560
2013	2 866	7 095	3 658	560
2014	2 787	6 729	3 688	620
2015	2 653	6 309	4 715	800
2016	2 550	5 916	4 301	800
2017	2 280	5 126	4 464	900
2018	1 861	4 013	4 052	1 070

17-4 社会养老机构、救助管理站基本情况

BASIC STATISTICS ON SOCIAL PENSION INSTITUTIONS AND RELIEF MANAGEMENT STATIONS

年 份 Year	社会养老机构 Social Pension Institutions			救助管理站 Relief Management Stations		
	单位（个） Units（unit）	床位数（张） Beds（bed）	年末收养人数（人） Year-end Population Housed（person）	单位（个） Units（unit）	床位数（张） Beds（bed）	年度累计救助人数（人次） Number of Rescued Persons Yearly（person-time）
2003	26	2 919		3	700	1 322
2004	26	2 919		3	700	12 075
2005	26	2 919	2 340	3	700	15 948
2006	27	3 419	2 457	3	700	19 440
2007	27	2 288	1 316	3	700	26 980
2008	29	2 797	1 530	3	700	38 976
2009	30	3 597	1 760	3	740	35 292
2010	30	3 597	1 742	3	810	51 375
2011	30	4 597	1 869	3	830	21 721
2012	31	5 194	2 063	3	830	23 815
2013	31	4 908	2 554	3	820	25 109
2014	31	5 996	2 448	3	820	23 024
2015	31	6 662	2 745	3	850	22 116
2016	34	7 116	3 213	3	600	25 238
2017	35	8 247	3 384	3	600	30 322
2018	45	9 497	3 719	3	624	20 179

注： 救助管理站2003年人数为2003年8月至2003年12月。
Note: Number of relief management stations in 2003 is from Aug 2003 to Dec 2003.

主要统计指标解释

卫生技术人员 指从事卫生技术工作并在卫生事业机构领取劳动报酬的专业人员。包括中医师、西医师、中西医结合高级医师、护师、中药师、西药师、检验师、其他技师、中医士、西医士、护士、助产士、中药剂士、西药剂士、检验士、其他技士、其他中医、护理员、中药剂员、西药剂员、检验员以及其他初级卫生技术人员。

执业医师 指具有《医师执业证》及其“级别”为“执业医师”且实际从事医疗、预防保健工作的人员，不包括实际从事管理工作的执业医师。执业医师类别分为临床、中医、口腔和公共卫生。

执业助理医师 指具有《医师执业证》及其“级别”为“执业助理医师”且实际从事医疗、预防保健工作的人员，不包括实际从事管理工作的执业助理医师。执业助理医师类别同样分为临床、中医、口腔和公共卫生四类。

Explanatory Notes on Main Statistical Indicators

Medical Technical Personnel refer to all permanent and contract medical staff and workers employed by medical institutions, including doctors of Chinese and Western medicine, senior doctors who integrate traditional Chinese therapeutics with Western therapeutics in practice, senior nurses, pharmacists of Chinese and Western medicine, laboratory specialists, other specialists, paramedics of Chinese and Western medicine, nurses, midwives, druggists in Chinese and Western medicine, laboratory technicians, other technicians, other practitioners of Chinese medicine, nursing attendants, pharmacological workers of Chinese and Western medicine, laboratory workers, and other primary medical personnel.

Licensed Doctors refer to the medical workers who have obtained the licenses of qualified doctors and are employed in medical treatment, disease prevention or healthcare institutions, excluding the licensed doctors engaged in management job. The classification of licensed doctors is clinician, Chinese medicine, dentist and public health.

Licensed Assistant Doctors refer to the medical workers who have obtained the licenses of qualified assistant doctors and are employed in medical treatment, disease prevention or healthcare institutions, excluding the licensed assistant doctors engaged in management job. The classification of licensed assistant doctors is clinician, Chinese medicine, dentist and public health.

18 第十八部分 城市建设和环境保护

URBAN CONSTRUCTIO N AND ENVIRONMENTAL PROTECTION

CHAPTER

18-1 城市建设及公用设施

URBAN CONSTRUCTIONS AND PUBLIC UTILITY

指标名称	Indicators	2013	2014	2015	2016	2017	2018
一、城市园林绿化	**Parks,Gardens and Green Areas in UrbanDistricts**						
绿化覆盖面积（公顷）	Coverage Area of Afforestation (hectare)	98 635	98 805	99 841	99 841	101 860	101 842
其中：建成区（公顷）	Developed Areas(hectare)	39 267	40 123	40 590	41 638	41 726	41 738
建成区绿化覆盖率（%）	Green Coverage Rate in Developed Areas(%)	45	45	45	45	45	45
园林绿地面积（公顷）	Area of Gardens and Green Areas(hectare)	96 697	97 442	97 850	97 870	97 889	97 901
其中：建成区（公顷）	Developed Areas(hectare)	34 136	34 881	35 289	36 191	36 267	35 912
建成区绿地率（%）	Rate of Green Areas in Developed Areas(%)	39.2	39.2	39.2	39.2	39.2	38.7
公园绿地面积（公顷）	Public Green Areas(hectare)	17 750	18 152	19 241	19 588	19 980	19 992
人均公园绿地面积（按常住人口计算）（平方米）	Per Capita Public Green Areas(sq.m)	16.7	16.8	16.9	16.5	16.0	15.4
公园数（个）	Number of Parks(unit)	869	889	911	921	942	973
公园面积（公顷）	Area of Parks(hectare)	21 950	21 953	21 955	21 958	21 968	30 980
二、市政及环卫设施	**Public Facilities and Environmental Sanitation in urban Districts**						
道路长度（公里）	Length of Roads(1000 m)	6 364	6 375	6 447	6 556	6 668	6 443
道路面积（万平方米）	Area of Roads(10 000 sq.m)	11 496	11 633	11 838	11 920	12 151	11 849
人均道路面积（平方米）	Per Capita Area of Roads(sq.m)	10.8	10.8	10.4	10.0	9.8	9.1
城市排水管道总长度（公里）	Total Length of Sewer Pipelines(1000 m)	10 420	11 634	12 331	13 507	13 815	15 992
污水处理厂设计规模（万吨/日）	Design Scale of Sewage Disposal(10 000 tons/day)	445	480	480	520	520	623
道路照明灯（盏）	Number of Street Lights(unit)	250 771	275 768	305 062	405 500	406 566	432 964
生活垃圾转运站座数（座）	Waste Transfer Stations(set)	733	853	895	895	965	962
公共厕所数量（座）	Public Toilets(set)	2 590	2 590	2 610	3 343	3 343	3 343
市容环卫专用车辆（辆）	Special Vehicle for Municipal Sanitation(set)	1 848	1 325	1 724	2 456	2 825	3 348

18-2 城市环境

URBAN ENVIRONMENT

年 份 Year	水资源总量（亿立方米） Water Resources (100 million m^3)	森林面积（公顷） Area of Woods (hectare)	森林覆盖率（%） Forest coverage (%)	空气中二氧化硫日均值（微克/立方米） Daily Average Concentration of SO_2 in the Air (ug/m^3)	空气中二氧化氮日均值（微克/立方米） Daily Average Concentration of NO_2 in the Air (ug/m^3)	空气中可吸入颗粒物日均值（微克/立方米） Daily Average Concentration of PM^{10} in the Air (ug/m^3)	空气质量优良（二级）天数（天） Days of Air Quality Equal to or Above Grade II (day)
2001	25.5			27	58	63	364
2002	15.68			18	50	61	363
2003	16.29			20	57	70	349
2004	13.84			24	72	76	344
2005	19.93	72 619	38.9	21	39	64	360
2006	20.34	72 053	38.9	30	53	64	359
2007	17.57	72 224	39.0	23	54	64	361
2008	27.09	72 263	39.2	16	47	63	364
2009	18.86	73 202	39.7	13	42	57	364
2010	18.70	73 200	39.7	11	45	57	356
2011	14.48	80 227	41.1	11	48	57	362
2012	19.56	80 968	41.5	10	40	54	365
2013	25.20	82 866	41.5	11	40	62	324
2014	21.51	82 868	41.5	9	35	53	348
2015	18.49	82 915	41.5	8	33	49	340
2016	30.40	80 840	40.9	8	33	42	354
2017	19.58	79 339	40.0	8	30	45	343
2018	22.64	78 543	39.8	7	29	44	345

18-2 续表 1 continued

年 份 Year	灰霾日（天） Days of Haze (day)	城市饮用水源水质达标率（%） Rate of Urban Drinking Water Quality Reaching Standard (%)	城市生活污水处理率（%） Rate of Treatment of City Living Waste Water (%)	生活垃圾清运量（万吨） Consumption Wastes Collected and Transported (10 000 tons)	生活垃圾无害化处理量（万吨） Consumption Wastes Harmless Disposal (10 000 tons)	生活垃圾无害化处理率（%） Treatment Rate of Consumption Wastes (%)	工业废气排放量（亿标立方米） Volume of Industrial Waste Gas Emission(100 million standard cubic meters)
2001	95	93.45	20.2	122	122	100	4 683.98
2002	104	96.11	27.8	129	129	100	7 313.37
2003	147	97.13	31.7	325	225	69.2	820.64
2004	187	96.71	38.1	325	263	81.0	1 082.42
2005	161	98.11	38.7	333	300	90.0	1 389.74
2006	147	98.07	38.9	360	337	93.7	1 264.02
2007	153	98.86	65.9	407	383	94.1	1 917.96
2008	154	99.87	70.8	441	415	94.2	1 631.61
2009	115	100	80.0	476	449	94.3	1 740.67
2010	115	100	81.3	479	453	94.6	1 683.53
2011	112	100	90.1	482	458	95.0	1 871.46
2012	77	100	95.6	490	466	95.1	2 136.96
2013	98	100	96.2	522	513	98.4	2 181.63
2014	68	100	96.5	541	541	100	2 214.89
2015	35	100	96.6	575	575	100	2 312.25
2016	27	100	96.7	572	572	100	2 779.52
2017	22	100	96.8	619	619	100	3 005.02
2018	20	100	97.0	702	702	100	3 322.77

注：从2017年开始，生活垃圾清运量、无害化处理量和处理率口径均有调整。
Note: From 2017, the statistical caliber of Consumption Wastes Collected and Transported, Consumption Wastes Harmless Disposal and Treatment Rate have been adjusted.

18-2 续表 2 continued

年　份 Year	工业二氧化硫排放总量（万吨） Volume of Indusrial Sulphur Dioxide Emission (10 000 tons)	工业氮氧化物排放总量（万吨） Volume of Indusrial Nitrogen Oxide Emission (10 000 tons)	工业烟粉尘排放量（万吨） Volume of Indusrial Soot Emission (10 000 tons)	工业固体废物产生量（万吨） Industrial Solid Wastes Produced (10 000 tons)	城市区域环境噪声均值（分贝） Average Noise Value of Urban Environment(dB)	城市道路交通噪声均值（分贝） Average Noise Value of Urban Road Traffic(dB)
2001	3.93		0.35	49.97	56.1	68.3
2002	4.09		0.43	49.64	56.0	68.2
2003	4.55		0.51	68.67	56.0	68.5
2004	4.36		0.61	95.49	56.1	69.2
2005	4.35		0.64	104.07	56.2	69.4
2006	4.24	3.60	0.4	132.02	56.5	69.6
2007	3.83	7.23	0.33	193.55	56.5	69.4
2008	3.42	5.01	0.41	175.42	56.5	69.2
2009	3.23	4.28	0.36	173.11	56.8	69.5
2010	3.3	2.57	0.17	184.82	56.7	69.2
2011	0.95	3.30	0.13	169.52	56.7	69.0
2012	0.98	2.99	0.08	152.82	56.9	68.9
2013	0.57	1.84	0.07	123.84	56.8	68.9
2014	0.53	1.43	0.07	141.42	56.8	68.8
2015	0.41	1.07	0.11	124.63	56.8	69.3
2016	0.47	1.14	0.17	142.13	56.9	69.6
2017	0.13	0.66	0.09	165.21	57.5	70.0
2018	0.10	0.56	0.05	166.30	57.2	69.0

18-3 用电量、供水量

ELECTRICITY CONSUMPTION AND TAP WATER SUPPLY

年 份 Year	用电总量 (万千瓦小时) Total Electricity Consumption (10 000 kwh)	农、林、牧、渔业 Farming, Forestry Animal Husbandry and Fishery	工 业 Industry	建筑业 Construction	交通运输、仓储、邮政业 Transportation, Storage and Post Services	信息传输、软件和信息技术服务业 Information Transmission, Software and Information Technology
1994	879 100	11 609	503 780	26 502	14 229	
1995	913 600	11 258	499 757	27 081	15 877	
1996	1 014 427	13 041	547 085	26 138	22 364	
1997	1 125 781	14 558	617 016	23 974	20 571	
1998	1 294 332	16 225	644 973	25 805	21 982	
1999	1 498 759	22 045	749 834	36 735	28 215	
2000	1 903 494	34 659	1 018 794	42 482	24 329	
2001	2 122 871	48 247	1 168 146	50 425	28 584	
2002	2 599 161	114 324	1 472 361	60 653	36 477	
2003	3 234 299	172 253	1 793 262	57 644	37 904	
2004	3 903 060	228 808	2 234 774	62 493	41 722	
2005	4 402 089	252 793	2 462 690	81 148		
2006	4 872 038	245 405	2 790 275	85 968	41 541	91 925
2007	5 678 193	241 447	3 331 541	94 212	54 364	94 400
2008	5 837 586	225 570	3 462 946	96 540	58 013	102 807
2009	5 856 808	113 898	3 237 528	75 192	84 721	114 674
2010	6 635 475	29 049	4 161 345	63 880	108 383	59 286
2011	6 960 198	24 658	4 186 359	62 642	151 177	70 315
2012	7 221 044	22 116	4 232 405	62 331	176 093	83 141
2013	7 297 680	22 003	4 393 588	72 041	182 803	84 425
2014	7 886 841	24 325	4 731 235	90 222	208 186	87 900
2015	8 155 442	24 601	4 795 635	96 380	226 320	103 032
2016	8 510 789	25 184	4 839 234	104 212	265 857	119 802
2017	8 844 861	25 787	4 872 227	112 545	349 749	151 986
2018	9 172 307	14 862	4 909 845	101 710	396 421	149 589

18-3 续表 continued

年 份 Year	批发和零售业、住宿和餐饮业 Wholesale and Retail Trades,Hotels and Catering Services	金融、房地产、商务及居民服务业 Banking, Real Estate Trade, Business and Residential Services	公共事业及管理组织 Public Service and Management Organizations	城乡居民生活用电 Residential Electricity Consumption	自来水生产能力 (万立方米/日) Tap Water Production Capacity (10 000 m^3/day)	公共供水总量(万立方米) Volume of Tap Water Supply (10000 m3)
1994	102 166		125 292	95 447	244	52 308
1995	105 512		128 134	125 834	268	57 408
1996	121 650		132 108	151 795	328	64 743
1997	150 755		124 155	174 576	328	70 194
1998	168 155		150 517	266 520	339	79 596
1999	176 589		195 198	289 927	364	86 560
2000	218 196		231 113	333 585	380	92 068
2001	226 547		248 025	352 722	390	97 334
2002	347 290		245 553	322 334	412	108 070
2003	374 271		389 140	409 616	442	122 795
2004	428 738		445 363	460 985	508	135 026
2005	380 550		687 479	537 429	534	139 487
2006	400 936	472 581	149 949	583 485	591	145 227
2007	430 487	529 424	182 882	717 521	638	154 230
2008	431 764	558 283	197 898	702 181	670	156 956
2009	466 208	717 667	254 082	791 322	670	150 094
2010	475 271	706 670	263 752	766 538	692	156 470
2011	501 705	774 252	293 417	894 161	692	161 480
2012	526 599	758 050	315 756	1 043 007	692	160 360
2013	588 761	680 041	317 648	1 039 391	674	159 139
2014	521 487	682 603	335 878	1 203 653	675	164 132
2015	559 474	755 442	368 900	1 248 873	674	169 698
2016	579 285	830 797	402 706	1 343 218	709	199 342
2017	600 755	891 335	429 257	1 409 230	709	174 887
2018	617 224	927 099	671 644	1 383 914	700	179 498

18-4 公共交通

PUBLIC TRANSPORTATION

年 份 Year	年末实有公共汽车(辆) Number of Buses (year-end)	的士(辆) Taxi (unit)	年末公共汽车营运线路条数(条) Number of Operating Bus Lines (year-end)	公共汽车客运总人数（万人次） Number of Passengers Carried of Bus Lines (10 000 person-times)	轨道交通线路长度（公里） Length of Operation Lines(km)	轨道交通客运总量（万人次） Volume of Pussenger Traffic of Operation Lines(10 000 person-times)	轨道交通线路条数(条) Number of Operation Lines(line)
1979	12	10	2				
1980	38	160	3				
1981	44	199	6				
1982	52	233	7				
1983	88	860	9	1 399			
1984	132	1 226	19	2 974			
1985	153	1 700	27	5 184			
1986	171	1 794	29	5 827			
1987	205	1 896	32	9 068			
1988	248	2 305	37	16 399			
1989	305	2 365	38	16 747			
1990	403	2 394	42	21 947			
1991	501	3 152	51	19 821			
1992	507	6 083	55	27 248			
1993	851	6 212	61	30 600			
1994	1 144	7 400	68	31 020			
1995	1 468	8 255	80	35 390			
1996	1 784	8 505	89	35 495			
1997	2 128	8 505	125	36 202			
1998	2 461	8 505	137	37 250			
1999	2 772	8 505	145	40 600			
2000	2 920	8 505	131	42 800			
2001	3 495	8 505	138	47 072			
2002	3 495	9 705	138	51 714			
2003	4 885	10 255	185	50 719			
2004	5 376	10 305	208	100 820			
2005	6 091	10 305	227	101 621	22	5 766	2
2006	7 305	10 305	277	123 084	23	8 990	2
2007	8 188	11 205	316	135 668	24	11 765	2
2008	8 396	12 991	340	145 701	25	13 550	2
2009	11 928	13 411	578	213 603	25	13 823	2
2010	12 456	14 340	758	228 058	64	16 271	4
2011	15 365	14 735	825	223 735	177	45 985	5
2012	14 546	15 300	854	228 305	177	78 129	5
2013	14 617	15 973	881	220 178	177	91 715	5
2014	15 074	16 275	886	225 739	177	103 675	5
2015	15 120	16 596	903	206 892	177	112 188	5
2016	15 483	17 842	976	186 799	285	129 713	8
2017	17 430	18 379	992	165 425	297	165 545	9
2018	17 177	21 551	981	162 882	297	188 651	9

注： 由于指标调整，本表中指标口径2009年以前为“公共大巴”口径，2009年及以后为“公共汽车”口径，包括原大巴、中巴、小巴。

Note: After the adjustment in 2009, the statistical scope of Buses include Large-sized buses, medium-sized buses and small-sized buses, while it just refters to large-sized buses before.

18-5 气象情况
CLIMATE

年 份 Year	平均气温(摄氏度) Mean Air Temperature (℃)	降水量(毫米) Precipitation (mm)	日照时数(小时) Sunshine Duration (hour)	平均相对湿度(%) Mean Relative Humidity (%)
1990	23.0	1 396.9	1 842.1	76
1995	22.5	2 309.8	1 858.2	74
2000	23.4	2 533.6	1 939.5	75
2001	23.6	2 747.3	1 811.3	74
2002	23.7	1 608.1	1 975.0	72
2003	23.9	1 833.4	1 655.3	74
2004	23.6	1 299.4	1 921.5	71
2005	23.2	2 143.6	1 574.3	70
2006	23.4	1 936.5	1 624.3	73
2007	23.5	1 581.5	1 937.1	70
2008	22.8	2 710.0	1 907.6	69
2009	23.2	1 611.0	1 987.3	70
2010	23.0	1 634.0	1 775.6	73
2011	22.6	1 269.7	2 054.4	71
2012	23.1	1 554.8	1 781.5	79
2013	23.1	2 203.6	1 906.6	75
2014	23.2	1 725.5	2 034.6	73
2015	23.9	1 500.8	1 964.3	72
2016	23.2	2 490.6	1 759.3	79
2017	23.6	1 967.1	1 919.1	77
2018	23.4	1 957.2	1 905.5	76

主要统计指标解释

水资源总量 指当地降水形成的地表和地下产水总量，即地表径流量与降水入渗补给量之和。

工业固体废物产生量 指工业企业在生产过程中产生的固体状、半固体状和高浓度液体状废弃物的总量，包括冶炼废渣、粉煤灰、炉渣、煤矸石、化工废渣、尾矿、放射性废渣和其它废渣等；不包括矿山开采的剥离废石和掘进废石（煤矸石和呈酸性或碱性的废石除外）。酸性或碱性废石是指采掘的废石其流经水、雨淋水PH值小于4或PH值大于10.5者。

生活垃圾清运量 指报告期收集和运送到各生活垃圾处理厂(场)和生活垃圾最终消纳点的生活垃圾数量。生活垃圾指城市日常生活或为城市日常生活提供服务的活动中产生的固体废物以及法律行政规定的视为城市生活垃圾的固体废物。

生活垃圾无害化处理率 指报告期生活垃圾无害化处理量与生活垃圾产生量的比率。在统计上，由于生活垃圾产生量不易取得，可用清运量代替。计算公式为：

$$\text{生活垃圾无害化处理率}=\frac{\text{生活垃圾无害化处理量}}{\text{生活垃圾产生量}}\times 100\%$$

Explanatory Notes on Main Statistical Indicators

Total Water Resources refers to total volume of surface water and groundwater and is measured as run–off for surface water and replenishment of groundwater with rainfall in local area.

Volume of Industrial Solid Wastes Produced refers to the total volume of solid, semi solid or high concentration liquid residues produced by industrial enterprises in their production process, including residues from melting, slag, powdered coal ash, gangue, chemical residues, tailings, radioactive residues and other residues, but excluding stripped or dug stones in mining (except gangue and acid or alkali waste stones, which are waste stones washed or soaked by water with a PH value smaller than 4 or larger than 10.5).

Consumption Wastes Transported refers to volume of consumption wastes collected and transported to disposal factories or sites during the reference period. Consumption wastes are solid wastes produced from urban households or from service activities for urban households, and solid wastes regarded by laws and regulations as urban consumption wastes.

Ratio of Consumption Wastes Treated refers to consumption wastes treated over that produced. In practical statistics, as it is difficult to estimate, the volume of consumption wastes produced is replaced with that transported. It is calculated as:

$$\text{Ratio of consumption wastes treated} = \frac{\text{consumption wastes treated}}{\text{consumption wastes produced}} \times 100\%$$

19 第十九部分

人民生活

PEOPLE'S LIVELIHOOD

CHAPTER

19-1 城镇单位在岗职工年平均工资

AVERAGE WAGE OF FULLY EMPLOYED STAFF AND WORKERS IN URBAN UNITS

年 份 Year	在岗职工年平均工资(元) Average Wage of Fully Employed Staff and Workers (yuan)	国有单位 State-owned Units	城镇集体单位 Urban Collective-owned Units	其他单位 Units of Other Types of Ownership
1979	769	785	688	
1980	979	990	922	687
1981	1 132	1 119	1 211	1 156
1982	1 366	1 358	1 410	1 363
1983	1 545	1 571	1 470	1 528
1984	2 179	2 257	1 805	2 023
1985	2 418	2 427	1 932	2 753
1986	2 452	2 476	2 048	2 637
1987	2 677	2 637	3 223	3 021
1988	3 388	3 267	2 737	3 615
1989	3 858	3 917	2 855	3 733
1990	4 304	4 339	3 348	4 203
1991	5 016	4 908	3 984	5 240
1992	5 931	6 026	4 435	6 270
1993	8 145	8 854	5 681	7 633
1994	10 572	11 632	7 076	10 208
1995	12 276	13 709	7 229	12 184
1996	14 507	16 625	8 668	13 685
1997	16 531	18 515	10 320	15 872
1998	18 381	21 161	11 260	17 204
1999	20 714	23 602	13 228	19 530
2000	23 039	26 193	13 234	21 974
2001	25 941	31 187	13 427	23 981
2002	28 218	35 501	16 969	25 544
2003	30 611	40 893	17 061	26 940
2004	31 928	45 212	20 256	27 868
2005	32 476	47 762	17 112	28 521
2006	35 107	49 312	20 591	31 286
2007	38 798	58 347	21 793	33 787
2008	43 454	65 431	25 291	37 933
2009	46 723	72 278	24 715	40 582
2010	50 456	79 734	27 801	43 939
2011	55 143	85 218	31 830	48 422
2012	59 010	90 492	34 444	52 374
2013	62 619	90 393	30 207	59 627
2014	72 651	108 192	39 993	69 224
2015	81 034	117 432	45 546	77 436
2016	89 757	124 927	56 682	86 374
2017	100 173	150 444	71 380	95 203
2018	111 709	172 466	67 768	106 353

19-2 居民家庭生活基本情况

BASIC CONDITIONS OF PERMANENT HOUSEHOLDS

年 份 Year	平均每户家庭人口 (人) Average Persons per Household (person)	平均每户就业人口 (人) Average Employees per Household (person)	平均每一就业者负担人口 (人) Persons Supported by Each Employee (person)	平均每人每月可支配收入(元) Per Capita Monthly Disposable Income(yuan)	平均每人每月消费性支出(元) Per Capita Monthly Consumption Expenditures(yuan)
1988	3.90	2.17	1.80	214.10	195.45
1989	3.92	2.16	1.82	304.71	256.59
1990	3.81	2.16	1.76	343.95	305.92
1991	3.78	2.21	1.71	380.31	347.98
1992	3.73	2.23	1.67	481.94	419.54
1993	3.59	2.14	1.68	644.72	515.97
1994	3.60	2.10	1.72	875.27	789.43
1995	3.61	2.06	1.75	1 064.22	919.86
1996	3.50	2.06	1.70	1 357.97	1 087.00
1997	3.46	2.03	1.70	1 548.23	1 217.53
1998	3.48	1.96	1.78	1 601.16	1 230.35
1999	3.41	1.89	1.80	1 626.70	1 169.48
2000	3.42	1.86	1.84	1 742.14	1 358.89
2001	3.43	1.82	1.88	1 896.66	1 418.73
2002	3.32	1.86	1.79	2 078.39	1 577.16
2003	3.38	1.80	1.88	2 161.32	1 663.36
2004	3.34	1.68	1.99	2 299.70	1 630.80
2005	3.35	1.73	1.94	1 791.20	1 325.99
2006	3.33	1.80	1.85	1 880.59	1 385.68
2007	3.29	1.83	1.80	2 025.12	1 539.54
2008	3.25	1.59	2.04	2 227.44	1 648.26
2009	3.24	1.66	1.95	2 437.04	1 793.84
2010	3.22	1.68	1.92	2 698.41	1 900.55
2011	3.15	1.67	1.89	3 042.09	2 006.67
2012	3.21	1.70	1.89	3 395.16	2 227.31
2013	3.19	1.68	1.90	3 721.09	2 401.04
2014	2.20	1.40	1.57	3 412.33	2 404.40
2015	2.24	1.39	1.61	3 719.44	2 696.60
2016	2.26	1.40	1.61	4 057.92	3 040.05
2017	2.31	1.43	1.62	4 411.50	3 193.34
2018	2.46	1.53	1.61	4 795.30	3 377.92

注：从2014年起，国家统计局开展了城乡一体化住户收支与生活状况调查，19-2至19-6表数据来源于此调查样本，与2013年及之前住户调查的调查范围、调查方法、指标口径有所不同。

Note: The NBS started an integrated household income and expenditure survey in 2014, including both urban and rural households. The data shown in Tables 19-2 to 19-6 are compiled on the basis of the survey. The coverage, methodology and definitions used in the survey are different from those used for the separate urban and rural household surveys prior to 2014.

19-3 一体化住户调查样本调查户基本情况（2018年）

ASIC CONDITIONS OF INTEGRATED HOUSEHOLD AND EXPENDITURE SURVEY（2018）

单位：人　　　　(person)

指标名称	Item	2018
样本量（宅）	Sample Size（household）	1 240
户均常住成员	Average Resident per Household	2.46
户均常住从业人数	Employed Resident Persons per Household	1.53
每一从业人员负担人口	Average Number of Dependents per Employed Person	1.61
恩格尔系数（%）	Engel Coefficient（%）	29.2
人均住房建筑面积（平方米/人）	Per Capita Floor Space of Residential Building（sq.m/person）	21.80

19-4 居民人均可支配收入（2018年）

PER CAPITA DISPOSABLE INCOME OF PERMANENT HOUSEHOLDS（2018）

单位：元　　　　(yuan)

指标名称	Item	2018
可支配收入	**Per Capita Disposable Income**	**57 543.60**
一、工资性收入	**Income from Wages and Salaries**	**47 767.30**
(一)工资	Wages	44 405.32
(二)实物福利	Welfare	972.14
(三)其他	Others	2 389.83
二、经营净收入	**Net Business Income**	**7 022.76**
(一)第一产业净收入	Net Income of Primary Industry	
(二)第二产业净收入	Net Income of Secondary Industry	762.87
(三)第三产业净收入	Net Income of Tertiary Industry	6 259.89
三、财产净收入	**Net Income from Properties**	**6 137.21**
其中：出租房屋净收入	Net Income from Rent	2 105.65
四、转移净收入	**Net Income from Transfer**	**-3 383.67**
(一)转移性收入	Income from Transfer	2 992.65
#养老金或离退休金	Old-age Pension or Retired Pay	2 540.27
(二)转移性支出	Expenses on Transfer	6 376.32
#外来从业人员寄给家人的支出	Expenture for Sending to Their Families	654.96
赡养支出	Expenditure for Support	781.58

19-5 居民人均消费支出（2018年）

PER CAPITA CONSUMPTION EXPENDITURE OF PERMANENT HOUSEHOLDS（2018）

单位：元 （yuan）

指标名称	Item	2018
居民生活消费支出	**Daily Consumption Expenditure**	**40 535.02**
一、食品烟酒	**Food,Tobacco and Liquor**	**11 836.23**
(一)食品	Food	6 904.28
(二)烟酒	Tobacco and Liquor	789.76
(三)饮料	Drink	266.65
(四)饮食服务	Catering	3 875.53
二、衣着	**Clothing**	**2 177.50**
(一)衣类	Clothes	1 797.63
(二)鞋类	Shoes	379.87
三、居住	**Residence**	**12 160.03**
其中：租赁房房租	Rent	3 703.63
四、生活用品及服务	**Household Facilities, Articles and Services**	**2 268.22**
(一)家具及室内装饰品	Furniture and Interior Decoration	124.80
(二)家用器具	Household Appliances	407.90
(三)家用纺织品	Home Textiles	184.60
(四)家庭日用杂品	Family Daily Groceries	701.23
(五)个人用品	personal Belongings	579.92
(六)家庭服务	Domestic Service	269.76
五、交通通信	**Transport and Communications**	**5 694.22**
(一)交通	Transport	4 368.18
(二)通信	Communications	1 326.04
六、教育文化娱乐	**Education, Cultural and Recreation**	**3 934.54**
(一)教育	Education	2 284.77
(二)文化娱乐	Cultural and Recreation	1 649.78
七、医疗保健	**Health Care and Medical Services**	**1 278.48**
(一)医疗器具及药品	Medical Apparatus and Medicine	443.48
(二)医疗服务	Medical Services	835.00
八、其他用品及服务	**Miscellaneous Goods and Services**	**1 185.80**
(一)其他用品	Miscellaneous Goods	511.38
(二)其他服务	Miscellaneous Services	674.42

19-6 居民物质文化生活提高情况

IMPROVEMENT IN RESIDENTS' MATRIAL AND CULTURAL LIFE

项 目	Item	2012	2013	2014	2015	2016	2017	2018
就业	**Employment**							
城镇登记失业率(%)	Urban Unemployment Rate(%)	2.42	2.35	2.26	2.34	2.33	2.20	2.30
收入	**Income**							
可支配收入(元/人)	Per Capita Disposable Income (yuan)	40 742	44 653	40 948	44 633	48 695	52 938	57 544
支出	**Expenditure**							
消费性支出(元/人)	Per Capita Consumption Expenditure (yuan)	26 728	28 812	28 853	32 359	36 481	38 320	40 535
居住	**Residence**							
人均住房建筑面积（平方米）	Per Capita Building Space (sq.m)	27.91	27.58	21.1	20.6	19.6	19.7	21.80
通讯	**Telecommunication**							
每百人拥有电话(部)	Number of Telephone Sets per 100 Persons	296	286	362	296	264	254	263
城市公用业	**Public Utilities in Urban Areas**							
人均生活用电量(千瓦时)	Per Capita Residential Electicity Consumption(kwh)	993	982	1 124	1 127	1 154	1 150	1 083
自来水普及率(%)	Rate of Access to Tap Water(%)	100	100	100	100	100	100	100
教育娱乐	**Education and Recreation**							
教育文化娱乐支出(元)	Expenditures of education, Recreation and Cultural Service (yuan)	2 960.13	3 015.14	2 559.83	2 678.62	3 092.27	3 559.81	3 934.54
#文化娱乐	Cultural Recreational Articles and	546.78		1 394.09	1 456.79	1 570.45	1 530.90	1 649.78
教育	Education	1 406.47		1 165.74	1 221.83	1 521.82	2 028.91	2 284.77
卫生	**Public Health**							
每万人拥有医生数(人)	Number of Doctors per 10 000 Persons (person)	23	24	25	25	26	27	28
每万人拥有医院病床(张)	Number of Hospital Beds per 10 000 Persons(bed)	25	25	27	28	32	32	34

主要统计指标解释

可支配收入 指调查户在调查期内获得的、可用于最终消费支出和储蓄的总和，即调查户可以用来自由支配的收入。可支配收入既包括现金，也包括实物收入。按照收入的来源，可支配收入包含四项，分别为：工资性收入、经营净收入、财产净收入和转移净收入。计算公式为：

可支配收入 = 工资性收入 + 经营净收入 + 财产净收入 + 转移净收入

其中：经营净收入 = 经营收入 – 经营费用 – 生产性固定资产折旧 – 生产税

财产净收入 = 财产性收入 – 财产性支出

转移净收入 = 转移性收入 – 转移性支出

消费支出 指住户用于满足家庭日常生活消费需要的全部支出，包括用于消费品的支出和用于服务性消费的支出。根据用途不同，消费支出可划分为食品烟酒、衣着、居住、生活用品及服务、交通通信、教育文化娱乐、医疗保健、其他用品及服务八大类。根据来源不同，消费支出可划分为现金消费支出、实物消费支出（含自产自用、来自单位、来自政府和其他社会组织）。

Explanatory Notes on Main Statistical Indicators

Disposable Income of Households Disposable Income of Households refers to the income of households for purpose of final expenditure and savings. It includes income both in cash and in kind. By sources of income, disposable income includes four categories: income from wages and salaries, net business income, net income from properties and net income from transfer.

Consumption Expenditure of Households Consumption Expenditure of Households refers to all expenditure of households for living expenditure to satisfy family daily living. It includes expenditure in cash and in kind. It includes eight categories: food, tobacco and liquor; clothing; residence; household facilities, articles and services; transport and communications; education, cultural and recreational activities; health care and medical services, and miscellaneous goods and services.

中国统计出版社最新图书简目

（仅供参考,以实际出版为准）

统计资料

中国统计年鉴　中国统计摘要　中国第三产业统计年鉴
中国第三次全国农业普查综合资料　国际统计年鉴　金砖国家联合统计手册
中国-东盟国家统计手册　中国农村统计年鉴　中国县域统计年鉴
中国农产品价格调查年鉴　中国城市统计年鉴　中国价格统计年鉴
中国贸易外经统计年鉴　中国零售和餐饮连锁企业统计年鉴　中国商品交易市场统计年鉴
大中型批发零售和住宿餐饮企业统计年鉴　中国住户调查年鉴　中国工业统计年鉴
中国环境统计年鉴　中国能源统计年鉴　中国建筑业统计年鉴
中国房地产统计年鉴　中国固定资产投资统计年鉴　中国对外直接投资统计公报
中国人口和就业统计年鉴　中国劳动统计年鉴　中国社会统计年鉴
中国科技统计年鉴　中国高技术产业统计年鉴　全国企业创新调查年鉴
中国文化及相关产业统计年鉴　2018年时间利用调查资料　中国妇女儿童状况统计资料
中国基本单位统计年鉴　中国教育统计年鉴　中国教育经费统计年鉴
中国民族统计年鉴　中国残疾人事业统计年鉴　长江经济带发展统计年鉴

省级综合统计年鉴系列

北京　天津　河北　山西　内蒙古　辽宁　吉林　黑龙江　上海　江苏　浙江　安徽　福建　江西　山东
河南　湖北　湖南　广东　广西　海南　重庆　四川　贵州　云南　西藏　陕西　甘肃　青海　宁夏
新疆　新疆生产建设兵团

市(县)级综合统计年鉴系列

滨海新区　石家庄　唐山　邯郸　保定　沧州　邢台　廊坊　承德　衡水　秦皇岛　张家口　太原　大同　阳泉
长治　晋城　朔州　晋中　运城　忻州　临汾　吕梁　呼和浩特　鄂尔多斯　包头　沈阳　大连　长春　延吉
四平　白山　通化　哈尔滨　齐齐哈尔　黑龙江垦区　上海浦东新区　南京　无锡　徐州　常州　苏州　南通
连云港　淮安　盐城　扬州　镇江　泰州　宿迁　江阴　丹阳　海门　张家港　杭州　宁波　温州　嘉兴
湖州　绍兴　金华　衢州　舟山　台州　丽水　合肥　安庆　福州　厦门　宁德　漳州　龙岩　莆田
泉州　三明　南平　南昌　九江　上饶　新余　抚州　赣州　景德镇　济南　青岛　潍坊　枣庄　潍坊
聊城　郑州　洛阳　平顶山　三门峡　南阳　商丘　信阳　济源　汝州　武汉　十堰　荆州　宜昌　荆门
咸宁　黄冈　长沙　鹰潭　广州　深圳　惠州　东莞　汕尾　湛江　肇庆　南宁　柳州　桂林　贵港
梧州　来宾　河池　防城港　海口　三亚　儋州　成都　内江　贵阳　黔南　毕节　昆明　文山　德宏
西安　延安　安康　铜川　汉中　商洛　银川　兰州　庆阳　乌鲁木齐　昌吉　阿勒泰　兵团一师、二师、三师、
四师、六师、七师、八师、十师、十三师、十四师

调查年鉴系列

天津　内蒙古　上海　河南　湖北　湖南　广东　广西　重庆　四川　云南　甘肃　宁夏　南宁　贵港
昆明

统计方法应用/实用手册

Python数据分析基础（第二版）　医用多元统计分析（第三版）　中华生物统计用表
中国国民经济核算体系（2016）基础知识　国民经济核算初级教程　医学统计学手册
全国统计专业技术资格考试系列考试用书:　统计业务知识（第四版修订版）　统计业务知识学习指导与习题
全国统计专业技术资格考试系列考试用书:　统计相关知识（第四版）　统计相关知识学习指导与习题

统计通俗读物/统计科普图书

领导干部统计知识问答　《防范和惩治统计造假、弄虚作假督察工作规定》辅导读本
统计新媒体运营指南　统计公文知识问答　理解国民账户
中国古代统计史简编

重点图书

新中国70年　第三次全国农业普查农作物面积遥感测量图集　中国第四次经济普查年鉴
新编英汉汉英统计大词典　中国国民经济核算体系2016　国民经济行业分类注释
挑大学选专业2019—考研择校指南　挑大学选专业2019—高考志愿填报指南　中华医学统计百科全书